中国古代清官史话

魏孔俊　张鉴　李实　编著

敦煌文艺出版社

图书在版编目（CIP）数据

中国古代清官史话 / 魏孔俊，张鉴，李实编著. --
兰州 ：敦煌文艺出版社，2017. 12（2022.12重印）
　ISBN 978-7-5468-0577-1

　Ⅰ．①中… Ⅱ．①魏… ②张… ③李… Ⅲ．①政治人
物-生平事迹-中国-当代　Ⅳ．①K827-2

　中国版本图书馆CIP数据核字（2017）第254535号

中国古代清官史话

魏孔俊　张鉴　李实　编著

责任编辑：漆晓勤　王　倩
装帧设计：孟孜铭

敦煌文艺出版社出版发行
地址：（730030）兰州市城关区读者大道568号
邮箱：dunhuangwenyi1958@163.com
博客（新浪）：http://blog.sina.com.cn/lujiangsenlin
微博（新浪）：http://weibo.com/1614982974
0931-8773233（编辑部）　　0931-8773235（发行部）

北京市兴怀印刷厂印刷
开本 720 毫米×1020 毫米　1/16　印张 21　字数 375 千
2018 年 6 月第 1 版　2022 年 12 月第 2 次印刷
印数：1 001～11 050

ISBN　978-7-5468-0577-1
定价：49.00 元

序 言

在几千年的中国政治思想史上,廉政思想集中表现为八个基本理念:民本、德治、任贤、治吏、法治、勤政、节用和教化。从古到今,为政清廉的人各有不同,有的慎独不取,有的体国恤民,有的清操励节,有的俭约朴素。

金代边元忠说:"吏有不为利回,不为义疚,世称曰廉;才足以经济,智足以决断,世称曰能;奉法遵职,履正奉公,世称曰循;明国家之大体,通古今之时务,世称曰良。"以不为利益驱使,深明大义,办事干练,决策果断,奉公守法,识大体博古今的廉、能、循、良四项标准是古代清官文化所体现的基本内容。

"清官"一词,最早出现在西晋时期,指的是清贵简要之官职。宋元时期,"清官"被民间说唱文学赋予了新的语义,指公正清廉、轻徭薄赋、勤政爱民、执法公平、敢于为民请命的封建官吏。

司马迁在《史记》中第一次使用了"循吏"一词,"循吏即奉法循理之吏也",是古之良吏、能吏,封建社会官吏的典范。唐颜师古为《汉书·循吏传》作注曰:"循,顺也,上顺公法,下顺人情也。"中国古代历朝都奖掖清廉,为廉吏树碑立传,二十四史中有十九史载有循吏(良吏、能吏)列传,形成了一个优良的传统,使廉吏青史留名,对本人是极大的褒奖,又为百官树立了效法的榜样,具有很好的教化作用。

"以铜为镜,可以正衣冠;以古为镜,可以知兴替;以人为镜,可以明得失。"泱泱中华史,上下五千年,清正廉洁、勤政爱民,是中华民族的传统美德。历代清官正是以清廉勤政为节操,以自身的爱国、为民、勤政、重义、忠诚等高尚美德,在历史的长河中镌刻下了不朽的名字。

正如鲁迅先生在《中国人失掉自信力了吗》所说:"我们从古以来,就有埋头苦干的人,有拼命硬干的人,有为民请命的人,有舍身求法的人……虽是等于为帝王将相作家谱的所谓'正史',也往往掩不住他们的光耀,这就是中国的脊梁。"中国古代的清官们,堪称中国古代社会的脊梁。

本书共分六个部分,具体分工是:先秦时期、明清时期由张鉴执笔,魏晋南北朝时期、宋元时期由李实执笔,秦汉时期、隋唐时期由魏孔俊执笔,全书由魏孔俊统稿。

由于时间紧迫,加之编者才疏学浅,书中存在诸多遗漏和错讹之处,敬请专家学者以及广大读者批评指正。

编 者

2017 年 8 月

目录

第一章　先秦时期

第二章　秦汉时期

第五章　宋元时期

第一章　先秦时期

中国古代的廉政文化是博大精深中国古代思想文化的重要组成部分，尧选择有德行的舜作为接班人，经过民主推荐、人事考察、三年试用，才予以摄政。舜对于管理队伍和地方政事，"三岁一考功，三考绌陟"。舜的贤臣皋陶提出了从政者要有的九种品德："宽而栗，柔而立，愿而共，治而敬，扰而毅，直而温，简而廉，刚而实，强而义。"夏朝通过召集盟会和巡狩诸侯等形式，实行政务监督；商朝对官员政务活动进行巡视、考察；西周时，"廉"作为官员的一种必备品质纳入考核范围，建立了监督、监察官员队伍。

春秋是中国古代社会发生第一次剧烈变革的时期，由奴隶制社会向封建制社会转变，社会结构从宗族为主的单位逐步转化为编户齐民。政权结构冲破了天子一统天下的格局，周王室衰微，礼崩乐坏，群雄逐鹿，诸侯征战，私有经济进一步发展。战国时期，思想解放，各国竞相变法，制度创新迭出，魏国李悝编制了中国第一部系统的法典《法经》，其中有专门惩治"不廉""淫侈"等贪官污吏的条款。各国普遍出现了荐举入仕、以功授官、俸禄养廉、上计考课、教育惩戒等廉政制度。先秦时期人物的贪墨和廉洁有鲜明的时代特色，奋发有为之君、贤良卓越之士，廉洁自强，注重自身修养，他们是"政以贿成"时代浊流中的一股清流，《史记》记载先秦时期循吏5人。

天下归心——周公

周公(生活于公元前 12 世纪),姓姬名旦,是武王姬发的弟弟。武王九年,周公随武王征战,向东讨伐到了盟津。武王十一年,周再次发兵讨伐商,到达牧野。周公辅佐武王,武王作有《牧誓》。其后,武王率领各路诸侯攻破商的国都殷,周公手持大斧,召公手持小斧,陪伴在武王左右,祭祀社神,向上天与商朝百姓历数纣王的罪行。武王还释放了被关押的大臣箕子,册封纣王的儿子武庚,让管叔、蔡叔去管教他,以延续商朝的祭祀。随后,武王遍封有功的群臣和同姓的兄弟、亲戚,将周公封于少昊的旧址曲阜,即为鲁公。但是周公没有去封地赴任,而是留下来辅助武王。

武王灭商的第二年,天下仍未安定,武王不幸生病,大臣都很担心,太公吕尚、召公去占卜。周公说:"不能使先王担忧。"周公就以自己的生命为担保,设立三个祭坛,向北站立,戴着玉璧,手持玉圭,向先人太王、王季和文王祈祷。史官在旁宣读祷告词:"现在先王的长孙武王姬发,因为勤于政事,身染疾病。如果是姬发有什么过失,使三位先祖无以面对上天,就让我姬旦来代替姬发。我姬旦灵巧聪明,多才多艺,能够侍奉鬼神。而姬发不如我多才多艺,不能侍奉鬼神。但他却受命于天,要他治理天下,一定能够使得姬氏子孙安居乐业,四方百姓对他都心怀敬畏。姬发一定不会辜负上天的使命,各位先祖也一定能够永得祭祀。现在我就以龟甲占卜,如果先祖答应我的请求,我就将玉璧和玉圭带回去,恭候你们的命令。如果各位祖先不答应我的请求,我就抛弃玉璧和玉圭。"说完,周公就在三位祖先的神灵面前占卜,占卜的官员都说吉利。周公打开藏兆书的箱子,亲自验看,卜辞也大吉。周公于是入宫恭贺武王,说:"大王您一定会平安无事。我刚才接受了三位先王的命令,说是一切从长考虑,祖先非常眷顾大王。"周公随后将占卜所用的龟甲藏在金滕柜中,并密封好。第二天,武王的病果真痊愈了。

武王驾崩时,成王尚在襁褓之中。周公怕天下听到武王驾崩的消息而发生叛乱,就代替成王登上王位,处理政事。管叔与其他兄弟等纷纷散布谣言,说:"周公将不利于成王的王位。"周公听说后,告诉太公吕尚、召公奭说:"我之所以不避嫌,愿意代替新天子执政,是因为我怕天下叛乱,使我无以告知祖先。三位先祖为了天下大事费尽心力,现在好不容易成功。武王又英年早逝,即位的新王年幼,为了天下太平,我才如此做。"周公一直留在国都辅助成王,派他的儿子伯禽到鲁国接受封地。伯禽临行时,周公告诫他说:"我是文王的儿子,武王的弟弟,成王的叔父。在天下人眼中,我的政治、社会地位已相当高了。但有时我正在洗头发,赶上贤人远道而来,我不得不将湿漉漉的头发扎起来;有时正在吃饭,有贤人拜访,我也要匆忙将来不及咽下的食物吐出来,去接见他们。唯恐失去天下的贤人。所以,你到了鲁国以后,一定要谦虚谨慎,绝不能因为是国君就目空一切。"曹操诗云:"周公吐哺,天下归心。"

管叔、蔡叔、武庚率领黄淮、江淮一带的诸侯国造反,周公奉命率师东征,历经两年平定叛乱。周公还作了《大诰》,又收拢商朝遗民,封康叔于卫地,微子于宋地,以便能够延续商人的祭祀。

成王七年二月乙未日,成王驾至丰地,命太保召公先行前往雒邑察看地势。三月,周公奉命在雒邑修建王城,并定都雒邑。

成王长大以后,周公将朝政交还给成王,成王开始独立处理政事。当周公摄政时,周公曾经坐在王位上南面称尊,接受诸侯朝见。七年后,周公将政权交给成王,北面称臣,对成王极为敬畏尊重。成王年幼时,曾经生病,周公便剪断自己的指甲沉入河中,向河神祈祷说:"成王年幼无知,亵渎神灵之命的人是我周公旦。"祭祀完毕,周公也将策文藏在内府。成王亲政后,有人诋毁周公,周公逃到楚地。成王查看内府档案,发现周公的祈祷文,感动得泪流满面,立即命人迎回周公。

周公返回国都后,担心成王长大后沉迷女色、生活奢靡,撰写了《多士》《毋逸》二文以为规谏。《多士》说:"从商汤到帝乙,帝王们都是恭敬神明而继承祖先遗德,无人违背天命。其后,纣王荒淫无度,不顾天命,不恤百姓,百姓都认为他应该被诛杀。"《毋逸》说:"为人父母,为使其业千秋万代,可后世子孙却多骄奢淫逸,忘记了先人的教诲,以至于家破国亡,子孙怎么能不引以为戒？从前,商朝中宗敬畏天命,奉公守法,日理万机,不敢松懈,他能够平安在位七十五年。商高宗时,因为自幼在外行役,与普通百姓生活在一起。即位以后,三年居丧期间不发一言。三年以后,一说话便一鸣惊人,尽心处理国事,心系百姓,上下和悦,高宗平安在位五十五年。商王祖甲,早年不愿听从父王越过哥哥祖庚而继承王位的安排,便离开王宫与百姓生活在一起,深知人民的痛苦,即位后能够安定百姓,从不欺凌孤寡,祖甲因此得以在位三十三年。"

周公临终之际说:"我死以后,一定要将我安葬在雒邑,以表明我时刻不敢离开成王。"周公死后,成王让他陪葬在文王身边,以表示自己不敢将周公视为臣子。

周公去世的那年秋天,庄稼未熟,狂风暴雨不断,庄稼全被吹倒,大树也被连根拔起,全国惊恐。成王与朝臣身穿朝服,打开当年周公所藏策文,才知道周公当年代武王祈祷的事情。成王手执策文,感动得留下了泪水说:"从今以后没有准确的占卜了。当年周公为了国事操劳,我年幼无知。现在,上天发怒以彰显周公的威德,也应该只有我一个人前往承受上天的惩罚。"成王亲自出城到郊外,向上天谢罪,又特别命令鲁国举行郊祭之礼以祭祀文王,鲁国得以享此天子礼乐的特权,是因为成王褒奖周公的品德而赋予鲁国的。

周公为西周王朝的建立、稳定和巩固立下了不朽功勋,曾随武王灭商,又辅佐成王七年:"一年救乱,二年伐殷,三年践奄,四年建侯卫,五年营成周,六年制礼乐,七年致政成王",可谓功劳赫赫。周公体察民情,施行德政,关心人民疾苦,勤于政事,把民意作为行政得失的晴雨表,他的思想也成为后来儒家"仁政"思想的重要理论依据。周公是我国历史上一位备受推崇的人物,是千古能吏和廉吏的典型,是孔子最崇敬的古代圣人之一。

甘棠遗爱——召公

　　召公(生活于公元前 12 世纪),姓姬名奭,又作"邵公""召康公""太保召公",经历了武、成、康三世,居官数十载,为西周王朝的建立与巩固做出了重要贡献。《尚书·君奭》云:"召公为保,周公为师,相成王,为左右。"《史记·周本纪》中也有"召公为保,周公为师,东伐淮夷"等内容。周灭商前,召公始封地在召(今陕西扶风县城东北)。辅助周武王灭商后,他又被封于郾(今河南漯河市郾城区)。周公八师东征,平定了叛乱的殷商属国和淮夷后,召公再被封于燕,都城在蓟(今北京),是后来燕国的始祖。因最初采邑在召,故称召公或召伯。

　　召公是中国古代一位杰出的政治家、军事家、外交家。虽然召公就封于燕,但他派长子姬克去管理燕国,自己仍留在镐京辅政。召公在军事、外交和行政事务方面都有很高的才能,因而在武王伐纣时能"日辟国百里"。以后,他又奉命四处活动,时而南巡"省南国",去江汉流域宣扬王命;时而北上,平息封国的叛乱;时而东征,讨伐东夷之叛;时而去中土洛邑"相宅";时而又出现于宗周的盛大祭祀活动场所。成王时,他出任太保,与周公旦分陕(今河南陕县)而治,陕以东的地方归周公旦管理,陕以西的地方归他管理。召公将其辖区治理得政通人和,贵族和平民都各得其所,《史记·燕召公》记载"自侯伯至庶人各得其所,无失职者",倍受百姓爱戴。

　　武王伐纣灭商以后,封召公为右相。他经常巡行乡邑,为了不打扰百姓,就常常在甘棠树旁搭建一个草舍,在树下决狱治事,教化百姓,并聚集子仆、兵士、当地百姓讲学论道,习周公之礼,论学问之道,开创了周代"学在官府"的教育模式。召公去世后,百姓思念其公廉勤政、爱民惜民的品行,爱屋及乌,对甘棠也渐渐产生了浓厚的感情,不但不愿意砍伐,还做成诗歌吟咏传唱。《诗经·召南·甘棠》:"蔽芾甘棠,勿剪勿伐,召伯所茇。蔽芾甘棠,勿剪勿败,召伯所憩。蔽芾甘棠,勿剪勿拜,召伯所说。"诗中描述这个故事,也留下"甘棠遗爱""甘棠之爱"的成语典故。慈禧于光绪二十六年(公元1900年),拨银在岐山刘家塬"召伯甘棠"树附近修建召公祠,且亲笔题写"甘棠遗爱"牌匾一块,悬挂在祠堂门额之上。

召公有一大爱好,就是非常喜欢栽植菊花,众人知其爱好,许多人帮助他一起栽植,在当地逐渐形成菊花园。每到秋季,菊花盛开,金黄一片,观赏者络绎不绝,逐渐形成了一个小集镇。后来,人们就把此地的名字叫"召公""召村"或者叫"菊村"。据《扶风县志》载:"在县东北30里,有召公古迹,今为召公镇,亦名召村,俗名菊村,召康公祠在焉。"

召公被后人奉为"廉洁奉公之祖""勤政爱民之范",其勤政爱民精神与廉洁风范已成为中华民族传承不辍的宝贵财富。数千年来,人们对这种精神歌咏不绝,司马迁《史记·燕召公世家》说:"召伯作相,分陕而治。人惠其德,甘棠是思。"唐玄宗"树古棠阴在,耕馀让畔空",明代李元伯"在昔召公去,国人爱甘棠",近代梁启超"东篱采客陶潜菊,南国人怀召伯棠",郭沫若"五里横排遗荷树,千秋蔽芾胜甘棠"等,都是对召公精神的缅怀。

逃富灭亲——斗子文

斗子文(生活于公元前8世纪),若敖族,楚云梦泽地(今湖北天门)人。斗氏,名榖於菟,字子文。

《左传·宣公四年》记载了2700多年前发生在今云梦境内的一件非常神奇的事情:楚国的国君若敖在郧国(今云梦)娶亲,生了一个儿子叫伯比。不久若敖去世了,伯比跟他母亲回到郧国。正好郧君有一个女儿,年龄与伯比相上下,姑表兄妹一起长大,青梅竹马,产生了爱情,生下了一个男孩。郧夫人很正统,认为女儿伤风败俗,派心腹侍女将小男孩抛弃于"梦中"。"梦"是楚地方言,指草泽,即季节湖,每到夏秋丰水季节,则湖网相连,烟波浩渺;冬春枯水季节,则水退陆进,草木茂盛,成为理想的猎场。这天,邳君到云梦泽中打猎,见到一只雌虎正在给一个弃婴喂奶,大惊失色,非常害怕,罢猎而归。邳君把所见奇闻告诉了邳夫人,邳夫人便将女儿的隐私如实告知邳君,邳君惊诧不已,立即派人驱车云梦泽,把他的外甥抱了回来,并给这个孩子取名"穀於菟",字"子文"。邳国是多民族杂居之地,多种语言混用。"穀"是古越语,喂奶的意思;"於菟"是古彝语,义为"虎";"穀於菟"是越彝混合语,意为老虎喂奶;子文的"文"取老虎斑纹之义。邳君比邳夫人开明,成全了女儿和伯比的终身大事。后来,伯比为楚武王的执政大夫,辅佐楚武王开拓千里疆土,功勋卓著,被封于"斗"地,因此以斗为氏,人称斗伯比。

斗子文后来任楚国的最高行政长官——令尹。斗子文为令尹,勤政廉洁,堪称古今典范。他经常不等天明就穿上朝服,到朝堂去工作,直到傍晚才饿着肚子回家,在家时他总是穿着极其粗陋简朴的衣服。成王听说他每天饿着肚子从事繁重的工作,家里也是吃了上顿就没有下顿,不胜感动,下令每天给他准备一份工作餐。成王每次给斗子文增加薪俸,他总是避而不受,直至成王收回成命,停止给他增薪,他才不再回避。人们都觉得不可思议,有人对他说:"人生就是追求财富,可是你总是逃避财富,这是为什么?"斗子文回答说:"为官从政就是要保护民众,为人民谋福祉。如果百姓穷困,而我却得到了富贵,这是用百姓的劳动成果来增加自己的财富,这样下去,那我的死期也就不远了。所以,我不是在逃避富贵,而是在逃避死亡!"《国语·楚语》载:昔日斗子文三次当令尹,家中却无一日之积蓄,是因为体恤民情的缘故。

斗子文为官廉洁,处事公平,不徇私情。斗子文有个亲戚,认为同族中出了斗子文这样一个大官,一定会包庇亲朋,便有恃无恐地在外边胡作非为。一次他在市上买东西,不但不给钱,反而把卖东西的农夫打倒在地,被当时负责司法的官员廷理抓了起来。审问的时候,被拘捕的犯人不但不服罪,反而十分嚣张,大声说:"我是令尹斗子文的堂弟,你们敢把我怎么样?"廷理本来对犯人有一肚子气,决心依法审判,一听说这犯人是令尹的堂弟,吓出一身冷汗,暗自庆幸发现得及时。否则,一旦用了刑,岂不是闯下了大祸?想到这里,赶忙命人给犯人松绑,还连连道歉说:"误会,误会!"笑嘻嘻地一直把犯人送到门外,回转身倒把手下人痛骂了一顿，说他们有眼无珠，成事不足，败事有余。廷理放了人，觉得立了大功，连忙整理衣冠，兴冲冲地去报告斗子文。以为这回令尹会感谢他，赏识他，说不定还能在楚王面前进言保举，得到提拔重用。斗子文听完汇报，不动声色地问道："是你放的人吗？"廷理答道："是的，是的，大人，这是我应该做的。"斗子文猛拍几案，站起来厉声说："你马上给我把人抓回来！"这突如其来的愤怒，把廷理吓呆了。他愣愣地站着，半天也答不出话。他怎么也不明白，令尹为什么发这么大的火。斗子文说："国家之所以设廷理一官，就是要他专门处理违反国王命令和触犯国法之人。正直之士主管司法，执法温和而不迁就，刚正而有韧度。现在你舍弃国法、违背王令，擅自释放犯法的人，这是为理不正、为官不公的做法。难道我当令尹就是为了让自己的家族享受特权吗？你身为廷理连这点道理也不懂？"斗子文看到廷理很难为情的样子，又心平气和地说："你想，我身为令尹，协助楚王治国，有人对我严格依法行事有意见，但我并不因此而抛弃法律，赦免那些违法的人。现在我的这个堂弟明明犯了法，你却为了照顾我的面子把他放了，这不是在全国人面前展示我的私心很重吗？掌握一国之权柄，而被人在背后骂我私心自用，这样活着还不如死了的好。现在你赶快把放走的犯人抓起来。"廷理结结巴巴地说："这次是否就不必再抓回来了，您在家里教育一下了事。""不，要抓！"斗子文坚决地说。他回过头去，命令手下的武士把那个犯法的堂弟抓了来，当面交给廷理。楚成王听到这个消息，激动得连鞋也顾不上穿，光着脚就赶到斗子文家里，向斗子文表示歉意："我未谙世事，愚昧无知，任用廷理失当，以至于违背了您的意愿，请您原谅。"楚成王回到朝廷后，立即罢免了这个廷理，请斗子文兼任廷理之职。国人听到斗子文铁面无私、大义灭亲的感人事迹后，都说："有这样公正的令尹，我们还有什么可忧患的呢？"作歌赞美道："子文的族人违反国法，廷理释放了他，子文不答应，他体恤百姓，方直又公平。"

斗子文任相之前，楚国十年内乱，国运维艰，人民困苦。斗子文以为，"从政者以庇民"，为官就要替国家着想，为人民考虑。斗子文对楚成王说："国家之祸，都是因为君弱臣强所致。建议凡是百官世禄田邑的收入都要交一半给国家。"楚成王采纳了这个建议，然后他又要本家斗氏族先执行，其他百官也就不敢不服从了。斗子文虽然官居令尹,但他以身示范,穿着布衣上朝,家中无一日的积蓄。当令尹四十年,使楚国的财力大为增强,他还十分注意治理军队,选贤任能,楚国得到大治,为后人所推崇。正因为斗子文言传身教,当若敖氏反叛楚庄王而被灭族时,只有斗子文的子孙得以幸免,多少年后仍为楚国良臣。

持廉至死——孙叔敖

　　孙叔敖(约公元前 630 年—公元前 593 年),春秋时期杰出的政治家,楚国名相,芳氏,名敖,字叔敖。父亲芳贾,任楚国司马,聪明过人,屡立战功,后被楚将斗越椒杀害。孙叔敖带着母亲逃难,居于梦泽,力耕自给。楚庄王时,由前令尹虞丘推荐,任孙叔敖为令尹,以贤能闻名于世。

　　约公元前 605 年,孙叔敖避难于现在的河南省淮滨县。当时,淮河洪灾频发,孙叔敖毛遂自荐,主持治水,兴修水利,倾尽家资,历时三年,终于修筑了我国历史上第一座水利工程——期思陂。借淮河古道泄洪,筑陂塘灌溉农桑,造福淮河黎民。《淮南子·人间训》:"孙叔敖在出任令尹前,决期思之水,而灌雩雩之野。"即带领当地人民兴建水利工程,利用大别山上来水,在泉河、石槽河上游修建水陂塘,形成水藤结瓜式的期思陂。既防下游水涝,又供上游灌溉,是中国最早见于记载的大型灌溉工程。

　　孙叔敖当政以后,根据当时外患内忧,连年混乱,令典荒废,百业待兴的状况,把息兵安民,除患兴利,发展生产,致富国民,当作治国之策上书楚庄王。当时,淮河以南的寿春,是楚国的主要粮食产地之一,这里的粮食丰歉,对人民的安定和军粮的供应关系极大,为此庄王便采纳了孙叔敖的建议。生长在水乡的孙叔敖,深知水患给农业带来的损失,给人民造成的灾难。他在淮河以南,淝河以东,察看了大片农田的旱涝情况;又沿淝水而上,爬山越岭,勘测了来自大别山的水源。在淮南一带,征集民力,疏沟开渠,洼地除涝,高地防旱。并选定淝河之东、瓦埠湖之西的长方形地带,就南高北低的地形和上引下控的水流,合理布置工程,大规模围堤造陂。周长 120 多里,上引龙穴山、淠河之水源,下控 1300 多平方公里的淠东平原,号称灌田万顷。因当时陂中有一白芍亭,故名"芍陂"。芍陂的兴建,适合国情,深得民心,为繁荣楚国经济和屯田积谷济军起到了一定作用。

孙叔敖不但政治业绩突出,还在发展社会经济方面做出了贡献。他重视农业、牧业和渔业的发展,劝导百姓利用秋冬农闲季节上山采伐竹木,再在春夏多水季节通过河道运出去卖掉,使资源得到合理利用,也利于国家富足和百姓生活的改善。孙叔敖在辅佐楚庄王的较短时间内,上下和合,世俗盛美,吏无奸邪,盗贼不起,三军严肃,百姓无扰,楚国出现了一个"家富人喜,优赡乐业,拭序在朝,野无蟊蜮,丰年蕃庶"的全盛时期。

孙叔敖还是杰出的军事家,他选择适合于楚国的条文,立为军法,对各军的行动、任务、纪律等都制定了明确规定,运用于训练和实战。庄王十六年(公元前598 年),楚军在诉地(今河南正阳一带)修筑城池,由于用人得当,计划周密,物资准备充足,30 天就完成了任务。庄王十七年,楚与晋大战于邲,孙叔敖辅助庄王机智灵活地指挥战斗,鼓动楚军勇猛冲击,一鼓作气,迅速逼近晋军,使晋军措手不及,仓皇溃散,逃归黄河以北。中原霸主的地位便转向楚国,楚国一跃而为春秋诸侯中的军事大国。

当时,楚国通行贝壳形状的铜币,叫作"蚁鼻钱"。庄王嫌它重量太轻,下令将小币铸成大币,强令通行。老百姓却觉得不方便,特别是商人们更是蒙受了巨大损失,纷纷放弃商业经营,使得市场非常萧条。更严重的是,市民们都不愿意在城市里居住,影响了社会的安定。孙叔敖知道后,就去见庄王,他认为"便民为要",请求恢复原来的币制,结果三天后,市场又恢复到原来繁荣的局面。庄王认为当时楚国的车子太小,遂命令全国一律改造成高大的车子。孙叔敖劝谏,若以命令行事,会招致百姓反感,不如把都市街巷两头的门限做高,低小的车过不去,人们就会自觉改造高车了。

孙叔敖做楚国的宰相,很多的官吏和百姓都来祝贺。有一个老人,穿着麻布制的丧衣、戴着白色的丧帽来吊丧。孙叔敖整理好衣帽出来接见他,对老人说:

"楚王不了解我没有才能,让我担任宰相,人们都来祝贺,只有您来吊丧,莫不是有什么话要指教吧?"老人说:"是有话说。当了大官,对人骄傲,百姓就要离开他;职位高,又大权独揽,国君就会厌恶他;俸禄优厚,却不满足,祸患就可能加到他身上。"孙叔敖向老人拜了两拜,说:"我诚恳地接受您的指教,还想听听您别的意见。"老人说:"地位越高,态度越谦虚;官职越大,处事越小心谨慎;俸禄很丰厚,就不应索取分外的财物。您严格地遵守这三条,就能够把楚国治理好。"孙叔敖回答说:"您说得很对,我会牢牢记住!"并身体力行,成为古代为官清正廉洁的典范。

由于行政、治军有功,楚庄王多次封赏,孙叔敖坚辞不受。在任令尹期间,三上三下,升迁和恢复职位时不沾沾自喜,失去权势时不悔恨不叹息。孙叔敖身为宰相,但他轻车简从,吃穿简朴,妻儿不衣帛,马不食粟。楚庄王二十年,孙叔敖患疽病去世。作为一位令尹,家里竟穷得徒有四壁,没有积蓄,连棺木也未准备。他死后,儿子穷得穿粗布破衣,靠打柴度日。

司马迁《史记·循吏列传》列其为第一人,说:"孙叔敖者,楚之处士也。虞丘相进之于楚庄王,以自代也。三月为楚相,施教导民,上下和合,世俗盛美,政缓禁止,吏无奸邪,盗贼不起。秋冬则劝民山采,春夏以水,各得其所便,民皆乐其生。"他还成为《吕氏春秋》《荀子·非相》中记载的圣人。诸葛亮评价说:"昔孙叔敖乘马三年,不知牝牡,称其贤也。"后人为纪念他,在安丰塘北堤建有孙公祠,在期思集立碑并建有楚相孙公庙。

三思而行——季文子

季文子(?—公元前 568 年),即季孙行父,姬姓,季氏,春秋时期鲁国的正卿。季文子祖父是鲁桓公的儿子友,公子友按照排行称"季友",季友辅佐鲁僖公执政多年,谥成,史称"成季"。

季文子行事以谨小慎微著名,凡事总要三思而后行,连孔子都认为他过于小心,说:"再,斯可矣。"据《左传》记载,鲁文公六年(前 621 年),季文子将要出使晋国,在准备好聘礼后,又让属下"使求遭丧之礼以行"。随从都不理解其中的原因,季文子解释说:"备豫不虞,古之善教也,求而无之,实难。过求何害?"凡事总要做到有备无患,这是季文子的性格特征。

季文子从公元前 601 年至前 568 年在鲁国执政 33 年,上承其祖成季之遗风,下启以季氏为首的三桓政治,辅佐鲁宣公、鲁成公、鲁襄公三代君主,忠贞守节,克勤于邦,克俭持家,厉行节俭,开一代俭朴风气。

季文子执掌着鲁国朝政和财富,大权在握,一心安社稷。《史记·鲁世家》记载:季文子当政时,"家无衣帛之妾,厩无食粟之马,府无金玉"。《国语·鲁语》说:季文子身居位高权重的鲁国上卿大夫,掌握国政和统兵之权,有自己的田邑,但是他的妻子儿女却没有一个人穿绸缎衣裳;他家里的马匹,只喂青草不喂粟米。孟献子的儿子仲孙很瞧不起季文子这种做法,就问季文子:"你身为鲁国的正卿大夫,辅佐过两朝国君,可是你的妻子不穿丝绸衣服,你的马匹不用粟米饲养。难道你不怕百官耻笑你吝啬吗?难道你不顾及与诸侯交往时会影响鲁国的声誉吗?"季文子回答:"我当然也希望我的妻子穿漂亮的衣服,马也用粮食喂养。可是,我看到国内老百姓吃粗粮穿破衣的还很多,而我家里的妻子儿女却过分讲究衣着饮食。我只听说人们具有高尚品德才是国家最大的荣誉,没听说过炫耀自己的美妾良马会给国家争光。"孟献子听到这件事,非常生气,将儿子仲孙关了 7 天。受到管教的仲孙,痛改前非,也让他的女人都穿粗布衣服,喂马的饲料只用杂草。消息不胫而走,在季文子的倡导下,鲁国朝野出现了俭朴的风气,并为后世所传颂。

季文子推行初税亩,使被困在井田制上的奴隶、农民得以解放出来,从而私田日益增多。作为首倡者的季氏及三桓纷纷抢占这些开垦私田的"隐民"。据《左传·昭公二十五年》记载:"政自之出久矣,隐民多取食焉。为之徒者众矣,日入慝作,弗可知也。"其中所谓"隐民",实际上就是"新制"初税亩后归附于季氏的依附农民,促进了鲁国的改革发展。

季文子去世前留下遗言,要求薄葬。家臣收集家里的器物作为葬具,但家中一切用具都没有重复,只好以他用过的家用器皿陪葬。根据大夫入殓的礼仪,鲁大夫为他入殓,鲁襄公亲自看视。鲁襄公对季文子政绩和一生清廉给予高度评价:行父"廉忠矣!"辅佐过三位国君而没有家私积蓄以大夫礼节入殓,难道说不是对国家的忠诚吗?

鄟国(今山东省兰陵县西北)城西有一连绵的山麓,供奉着鄟国人世代拜谒的神庙。此山称神峰山,山麓以北便是群山连绵的季氏封地费邑。神峰山背负鲁国群山,面向鲁南平原,山上清泉长流,山前泇水环绕,是一块风水宝地。鄟国人为了表示归属鲁国的诚心,鄟太子巫便将季文子灵柩迎往神峰山安葬,并将神峰山命名为鲁卿山,以此表明鄟国已正式成为鲁国的附属国。鲁襄公授予行父谥号"文",史称"季文子"。后人又称鲁卿山为文峰山,在其墓地前建立季文子庙,并将文峰山东面、鄟城西面的泇河支流河名为季文子河。

节俭重民——晏婴

晏婴(公元前 578 年—公元前 500 年),字平仲,又称晏子,莱地夷维人(今山东高密),春秋时期著名政治家、思想家、外交家。晏婴是齐国上大夫晏弱之子,齐灵公二十六年(前 556 年)晏弱病死,晏婴继任为上大夫。历任齐灵公、庄公、景公三朝,辅政长达 40 余年,以有政治远见、外交才能和作风朴素闻名于诸侯。

晏婴善谏的特点早已为人称道,晏婴在劝谏君王时往往不是直接强谏而是委婉的曲谏或诱谏,显示了他所具有的高度智慧。他的语言极有特色,或锋芒毕露,或非常含蓄,或严肃庄重,或滑稽幽默,能够根据不同的环境场合采取不同的劝谏方式,取得最佳的效果。晏子的劝谏,不但让我们看到他内在的修养,同时也为他的聪明智慧所折服。到齐景公时,齐桓公霸业已成为历史陈迹,齐国内政几无一日之安定。当时官家垄断大部分山林、土地、渔盐,贵族们"宫室日更,淫乐不违""肆夺于市""民三其力,二入于公,而衣食其一。公聚朽蠹,而三老冻馁",致使"女子织,夜以接日,不足以奉上"。人民稍有不满或反抗,就被判刑。统治者用严刑酷法来维持旧秩序,他们自己却整日声色犬马,醉生梦死。弥漫在齐国宫廷的纵酒淫乐之风销蚀着统治者的最后锐气,晏子就是在这样一个社会大动荡的时代,给这样一位走下坡路的齐王充当"社稷之臣"。在这种社会背景之下,晏婴充分表现出了治理国家的忠诚与忍耐,他机智地抓住每一个可能的机会,从各种角度不断地提出减免赋税,让百姓休养生息的谏议。

齐景公知道晏婴是个贤才,让他辅佐自己治理国家,请教如何兴国安邦,希望有朝一日能够光复先君齐桓公的伟业,重振雄风。晏婴听后沉吟片刻,说道:"臣陪大王微服察访一下民情,回来后再议兴国大计,如何?"齐景公本来就轻国事而重享乐,见晏婴要陪自己微服私访觉得很新鲜,便同意了。君臣二人来到京都临淄的一个闹市,走进一家鞋店。鞋店摆放着各种各样的鞋子,品种齐全,但是无人问津,生意清淡,却见不少人都在买假脚。齐景公有些不解,吃惊地询问店主,店主神色凄然地说:"当今国君滥施酷刑,动辄对人处以刖刑,很多人被砍去了脚,不买假脚如何生产和生活呢?"齐景公听罢内心很不是滋味。回宫的路上,晏婴见齐景公闷闷不乐,知道对他刺激不小,于是说道:"先君桓公之所以建立了丰功伟业,是因为他爱恤百姓,廉洁奉公,不为满足欲望而多征赋税,不为修建宫室而乱役百姓,选贤任能,国风清正,君臣戮力同心,才取得了雄视天下的地位。如今大王亲小人,远贤良……"没等晏婴讲完,齐景公便打断了他的话:"相国不必说了,寡人已经明白了。寡人也要效法先君,光大宗祠社稷。"于是,下令减轻刑罚。

齐景公兴师动众,役使大批民工,破土兴建亭台。当时正值秋收季节,民工们却不能回家去收割庄稼,一个个敢怒而不敢言。人们的内心叫苦不迭,一贯喜欢奢华的齐景公却在为亭台的开工,举办大型饮宴,晏婴前往陪侍,忧心忡忡。酒过三巡后,晏婴即席起舞,自舞自唱道:"岁已暮矣,而禾不获,忽忽兮若之何?岁已寒矣,而役不罢,惙惙兮如之何?"随之热泪横流。酒酣耳热的齐景公见此情景,感到不安,遂把亭台的工程停了。

齐景公到纪国故地游玩,得到一个金壶,打开后发现里面有朱砂文书,写道

"无食反鱼,勿乘驽马。"景公说:"说得好啊!按照这话的意思,吃鱼不吃另一面,是因为讨厌鱼的腥味;骑马不骑劣马,是嫌它不能跑远路。"晏婴说:"不是这样,我觉得这八个字里面包含的是治国的道理。吃鱼不要翻过来,是说不要把民力用尽!不要乘坐驽马车,是说不要把小人安在身边!"景公问:"纪国有这样的文书,为什么还会灭亡呢?"晏婴答道:"我听说,君子有了至理名言,就把它悬挂在大门上。可是纪国有这样的良言,却把它当成水灌进壶里,它不灭亡还有什么好结果呢?"

齐景公田猎回来,梁丘据处处想讨齐景公的喜欢,急忙赶来陪同。齐景公高兴地说:"看来只有梁丘据与我相和啊!"晏婴说:"梁丘据与您只能说是同,怎么能说是和呢?"齐景公说:"和与同不一样吗?"晏婴答道:"当然不一样了。和就像制好的肉羹,用醋酱盐梅烹调鱼肉,以薪炎炖煮,厨师再加好各种调料,口味佳美,君子食之,平其心火,这才叫和。君臣的关系也是这样,君认为对但实际上不对的事情,臣就应该指出其不对;君认为不对但实际上对的,臣也应该坚持正确的方面。这样政治就会平稳而无偏差,人民也无争心。先王治民也用济五味、和五声之法,以平稳百姓之心,使政治成功。演奏音乐也像调味一样,有一气、二体、三类、四物、五声、六律、七言、八风、九歌,这九者相和,才能成为一首优美的乐章。君子听了,可平其心,可和其德。现在梁丘据却不是这样,您只要一说行,他就说行;您要说不行,他就说不行。这就像做饭时水里再加上水,谁能吃呢?弹琴时只是一个声音,谁能听呢?他的这种行为就是同,这样做行吗?"

一次,齐景公一匹心爱的马突然死了,齐景公大怒,下令把养马的人抓来肢解。左右武士正想动手,晏婴上来制止,对齐景公说:"杀人总得有个方法,请问尧舜肢解人的时候,从身体的什么部分开始?"尧舜是传说中的仁君,不会因为一匹马而杀人,自然也没有杀人肢解之法。齐景公知道晏婴的意思,就说:"那就不肢解罢,把他交给狱官处死算了。"晏婴又对齐景公说:"这个人的确该死,但是他还不知道自己犯了什么罪,请让我说说他的罪状,让他知道,死个明白,您说好吗?"齐景公说:"好啊,那你就说吧!"晏婴就开始数说他的罪状:"你犯了三条大罪:国君让你养马你却把马养死,这是一大死罪。所死之马又是国君最喜爱的,这是二大死罪;因为你养死了马而使国君杀人,百姓听说后一定会怨他,诸侯听说后一定轻视我国。你养死了国君之马,使百姓生出怨恨,使邻国轻视我们,这是第三大死罪。今天把你送到监狱,你知罪吗?"齐景公喟然而叹说:"请您把他放了吧,不要伤了我的仁爱之名。"

有一次,连续下了十几天大雨,景公却只知饮酒作乐,还命令柏遽到全国巡视,寻找善于歌唱的人。晏婴请求向百姓发放粮食救灾,多次请求,都没有得到许可,就把自己封邑里的粮食分给百姓,把装粮食的器具放在路旁,自己步行去见景公,说:"大雨接连下了十几天。房屋毁坏的有几十处,饥民每个乡里都有好几家,百姓中年老体弱的,挨冷受冻,连御寒的粗布短衣都没有,忍饥挨饿却没有糟糠充饥,处境艰难无路可走,四处顾盼,没有寻求援助的地方。可是您非但不加体恤,日夜饮酒,还不断地命令全国选送能歌善舞的人。宫中的马吃着府库里的粮食,猎狗被过分地宠养,仆人也都有充足的好米和肉食。如此对待狗马仆人,不是太优厚了吗?如此对待百姓,不是太刻薄了吗?乡里处于困境的百姓无处求告,就会对国君不满意;饥饿而无法求助,也会不喜欢这样的国君。晏婴我拿着记事的簿册,跟随在百官后供职,却让百姓如此饥饿穷困而无处申告,让君王沉湎于享乐却不体恤百姓,我的罪过很大。"说完行了两次跪拜礼后,请求辞官归去,然后快步出宫。景公跟随晏婴而出,驾车追到晏婴家中,只见他家的粮食都给百姓分光了,装粮食的器具都摆在道路上。景公驾车追上晏婴说:"我有罪过,您舍弃我不管,我不值得您屈尊留下,但您也不顾国家百姓吗?齐国的粮食财物都拿出来救济百姓,拿多拿少全听您的吩咐。"晏婴命令主管粮仓的官员巡视查访百姓,家中有农桑种子而没有粮食吃的,发给他们足够一个月吃的粮食;家中连种子都没有的,发给他们足够一年吃的粮食;没有储备柴火的人家,就给他提供柴火,让他们有足够的柴火度过连日的阴雨;发现房屋不能抵挡风雨的,就发给金钱。限定在三天内办理完毕,超过三天,就是巡查官员玩忽职守,予以治罪。景公不住在宫室,就减少酒肉的供应,不再让马匹吃府库里的粮食,猎狗不再吃肉粥,削减歌舞姬妾的待遇。三天后,官吏巡访后回来报告:贫民有一万七千家,分发粮食九十七万钟,柴薪发放一万三千车;毁坏房室的二千七百家,共分发抚恤金三千金。景公这时才搬回宫中居住,节省饮食,不弹奏琴瑟,不击钟鼓。晏婴请求将左右近臣和靠歌舞愉悦的人迁离宫室,三千名歌舞伎人被从后宫斥退,姬妾三人,近臣四人,也被遣送出宫。

春秋中期,诸侯纷立,战乱不息,中原的强国晋国谋划攻打齐国。为了探清齐国的形势,便派大夫范昭出使齐国。齐景公以盛宴款待范昭,正值酒酣耳热,均有几分醉意之时,范昭借酒劲向齐景公说:"请您给我一杯酒喝吧!"景公回头告诉左右待臣道:"把酒倒在我的杯中给客人。"范昭接过侍臣递给的酒,一饮而尽。晏婴厉声命令侍臣道:"快扔掉这个酒杯,为主公再换一个。"依照当时的礼节,在酒席之上,君臣应是各自用各自的酒杯。范昭用景公的酒杯喝酒是对齐国国君的不敬,范昭是故意这样做的,目的在于试探对方的反应,但是被晏婴识破了。范昭回国后,向晋平公报告说:"现在还不是攻打齐国的时候,我试探了一下齐国君臣的反应,结果让晏婴识破了。"范昭认为齐国有这样的贤臣,去攻打齐国,绝对没有胜利的把握,晋平公因而放弃了攻打齐国的打算。靠外交的交涉使敌人放弃进攻的打算,"折冲樽俎"这个典故,就是这样来的。孔子称赞晏婴的外交表现说:"不出樽俎之间,而折冲千里之外。"

晏婴出使楚国,楚王知道晏婴身材矮小,就命人在大门旁边开了个小门,请晏婴从小门进去。晏婴知道楚王要戏弄他,严词拒绝:"到了狗国,才走狗洞,我现在是出使楚国,不应该走狗门。"招待晏子的官员只好请晏婴从大门进去。

晏婴来到馆舍,楚国大臣为他洗尘接风,席间展开了激烈的辩论。楚国下大夫首先发言:"齐自太公封国建邦以来,煮盐垦田,富甲一方,兵甲数万,足可以与楚匹敌。为什么自齐桓公称霸中原后,昙花一现,再不能领袖诸侯了呢?以齐国国土之宽广,人口之众多,国家之富庶,加上晏相国的才智,怎么就不能再崛起中原呢?"晏婴回答:"识时务者为俊杰,通机变者为英豪,先前自周失政后,诸侯连年征战,春秋五霸迭兴,齐国称霸于中原,秦国威震于西戎,楚国称雄于荆蛮之地。这一切固然有人为的因素,可大多数靠的是天意。以晋文公的雄才大略,尚且逃亡四方;秦穆公霸于西戎后,文治武功盛极一时,其死后子孙衰弱,再也难振往日雄风;就连你们楚国自庄王后,亦常受吴晋二国的骚扰,困苦不堪。难道只有齐国衰弱不成？今日齐国前来交好结盟，这只是邻国之间的友好往来罢了。你作为楚国名臣，应通晓'随机应变'这四个字的含义，怎么能问出这样的问题呢？"上大夫不服气地质问："平仲你自以为是随机应变之士，然而齐自内乱以来，齐臣为君死的不可计数。你作为齐国的世家大族，却不能讨伐叛贼，或弃官明志，或为君王而死，不觉得羞愧吗？为什么还留恋名誉地位迟迟不肯离去呢？"晏婴正色反驳道："做大事的人，不必拘泥于小节，人无远虑，必有近忧。我只知道君主为国家社稷而死时，做臣子的才应该与之同死，而今先君并非为国家社稷而死，我为什么要随随便便从先君而死呢？那些死的人都是愚人，而非忠臣，我虽不才，但又怎能以一死来沽名钓誉呢？况且在国家有变时，我不离去，乃是为了迎立新君，为的是保存齐的宗祖。假使每个人都离开了朝中，国家大事又有谁来做呢？况且国家内乱，哪一国没有发生过呢？你们楚国不是也有这种事吗？"郊尹发话说："听说齐国在姜公封国时，强于秦、楚，货通鲁、卫，而自从桓公后，屡遭宋、晋侵犯，朝晋暮楚，齐君臣四处奔波，臣服于诸侯。但凭景公之志、晏婴之贤，并不比桓公、管仲差呀，这是为什么？"晏婴说："兴败强衰，乃国之规律。自楚庄王后，楚国不是也屡遭晋、吴二国的打击吗？我们景公识时务，与诸侯平等交往，怎么是臣服呢？你的父辈作为楚国的名臣，不也是这么做的吗？难道你不是他们的后代？"大臣阳丐上前一步说："听说你很善于随机应变、左右逢源，然而，齐国遭遇崔、庆之难，多少忠臣志士为讨伐二人献出生命。你作为老臣，既不能讨贼，又不能退位，更不能以死相拼，你留在朝廷还有何用？"晏婴说："抱大志者，不拘小节。庄公之死有他自身的错误。我之所以留在朝中，是要扶助新君立国、强国之志，而非贪图个人的性命。如果老臣们都死了，谁来辅佐君王呢？"右尹上前逼问："你说得太夸耀，崔、庆之难，高、陈相并，你只是隔岸观火，并不见你有什么奇谋？"晏婴答："你只知其一，不知其二。崔、庆之盟，我未干预；四族之难，我正在保全君王。这正是宜柔宜刚，怎么说是旁观呢？"太宰问："你贵为相国，理当美服饰、盛车马，以彰显齐国的荣盛。你怎么骑着瘦弱的马、穿着破旧衣服来呢？还听说你这件狐裘，已经穿了三十年了，你是不是太吝啬了？"晏婴笑答："我自从居相位以来，父辈有衣裘、母辈有肉食、妻族无饥荒，同时，依靠我救助的还有七十多家。我个人虽然节俭，而富于三族、解除群士之难,这不是更显示出君王的德政吗?"楚王车右囊瓦问:"我听说君王将相,都是魁梧俊美之相,因而能立功当代、留名后人。而你身不满五尺,力不能胜一鸡,你不觉得羞愧?"晏婴坦然自若地回答:"秤砣虽小,能压千斤;舟桨空长,终为水役。侨如长身而被鲁国所杀,南宫万绝力却死于宋国,你自以为高大,还不是只能为楚王御马吗?我虽然不才,但能独当一面,忠心为国家效犬马之力。"大夫伍举见大家难当晏婴,忙解围说:"晏平仲天下奇才,你们怎么能跟他较劲呢,楚王还等着召见呢。"

晏婴拜见楚王,楚王问:"齐国没有人可派吗?竟派你做使臣。"晏婴说:"齐国首都临淄住满了人。人们把袖子举起来,可以遮住太阳;甩一把汗,就是一阵雨;街上行人肩膀擦着肩膀,脚尖碰着脚跟。怎么说齐国没有人呢?"楚王接着问:"既然如此,为什么派你出访呢?"晏婴回答:"我们齐国派使节出访很有讲究。对那些精明能干的人,就派遣他们出使那些道德高尚的国家;对那些愚蠢无能的使臣,就派他们出使那些不成器的国家。我是使臣中最愚蠢、最无能的人,所以就派我出使楚国来了。"晏婴的话使本打算要戏弄他的楚国君臣们面面相觑,半天说不出话来。

晏婴将要出使楚国时,楚王对身边的大臣说:"晏婴是齐国最能言善辩的人,我想羞辱他,用什么办法呢?"侍臣回答说:"在他来的时候,大王请允许我们绑着一个人从大王面前走过。大王就问:'他是做什么的?'我则回答:'他是齐国人。'大王接着再问:'他犯了什么罪?'我就回答:'他犯了偷窃罪。'"楚王觉得是个妙计。晏婴到来后,楚王请他喝酒,正喝得高兴,两名小官员绑着一个人来到楚王面前。楚王问:"绑着的是什么人?"回答说:"是齐国人,犯了偷窃罪。"楚王看着晏婴问:"齐国人很善于偷东西吗?"晏婴离开座位回答:"我听说淮南的柑橘,又大又甜;种到淮北,就只能结又小又苦的枳,叶子相似,果实味道却完全不同,这不是因为水土不同吗?同样道理,齐国人在齐国安居乐业,好好地劳动,一到了楚国,就做起盗贼,莫非楚国的水土使百姓善于偷东西吗?"楚王笑着说:"圣人是不能同他开玩笑的,我反而自讨没趣了。"

"仁"是儒家"仁政爱民"的主要学说,也是晏婴施政的中心内容。晏婴非常推崇管仲"欲修改以平时于天下"必须"始于爱民",他坚持"意莫高于爱民,行莫厚于乐民"。晏子辅佐齐国三公,一直勤恳廉洁从政,清白公正做人,主张"廉者,政之本也,德之主也"。他管理国家秉公无私,亲友僚属求他办事,合法者办,不合法者拒。他从不接受礼物,大到赏邑、住房,小到车马、衣服,都被他辞绝。不仅如此,晏婴还时常把自己所享的俸禄送给亲戚朋友和劳苦百姓。晏子生活十分俭朴,食不重肉,吃的是"脱粟之食""苔菜",可谓"食菲薄";妻不衣丝,穿的是"缁布之衣";上朝坐的是弊车驽骊,住的是"近市湫隘嚣尘,不可以居"的简陋之室。景公有个宠爱的女儿,想把她嫁给晏婴。景公到晏婴家宴饮,饮酒酣畅时,景公看见晏婴的妻子,问:"这是您的夫人吗?"晏婴答道:"对,她是。""嘿!又老又丑。寡人有个女儿又年轻又漂亮,请让她充实您的内室吧。"晏婴离开座席回答:"如今她确实又老又丑,可是我与她共同生活的时间很长了,过去她又年轻又漂亮。况且人本来就是以少壮托付于年老的,以漂亮托付于丑陋的。她曾经托付于我,而我也接受了她的托付。虽然君王有所恩赐,但能因此让我背弃她的托付吗?"晏婴拜了两拜,谢绝了。

孔子曾赞曰:"晏子于君为忠臣,而行为恭敏。善与人交,久而敬之。救民百姓而不夸,行补三君而不有,晏子果君子也!"孟子说:"管仲以其君霸,晏子以其君显。"司马迁非常推崇晏婴,将其比为管仲,"假令晏子而在,余虽为之执鞭,所忻慕焉。"刘向说:"晏子博闻强记,通于古今,以节俭力行,尽忠极谏道齐,国君得以正行,百姓得以亲附。"

破除陋习——西门豹

西门豹(生活于公元前 5 世纪),战国时期魏国(今山西省运城市盐湖区安邑)人,魏文侯时任邺令(今河北省临漳县西),是著名的政治家、水利家,曾立下赫赫功勋。

　　西门豹担任邺县令,初到邺城,看到这里人烟稀少,田地荒芜萧条,一片冷清,百业待兴,立志改变现状,召集地方上德高望重的人,询问老百姓的疾苦。大家说:"我们被给河伯娶媳妇弄得苦不堪言,因为这个缘故,本地民穷财尽。"西门豹问是怎么回事,他们说:"邺县的三老、廷掾每年都要向老百姓征收赋税搜刮钱财,趁机中饱私囊。收取的这笔钱有几百万,他们只用其中的二三十万为河伯娶媳妇,而和祝巫一同私分剩余的钱。到了为河伯娶媳妇的时候,女巫就挨家挨户去看,看到小户人家的漂亮女子,就说'这个姑娘适合做河伯的媳妇'。然后下聘礼,把人强行抢去。给她洗澡洗头,做新的丝绸花衣,精心打扮,让她独自居住并斋戒;又在河边建斋戒用的房子,房里张挂起橙色和大红色的帷帐,姑娘就住在里面。经过十几天,到了娶亲之日,大家又一起装饰点缀好那个像嫁女儿一样的床铺枕席,让姑娘坐在上面,然后使它浮到河中。开始,床在水面上漂浮着,漂了几十里便沉没了,女孩就淹死了。那些有漂亮女儿的人家,担心大巫祝给河伯娶走女儿,所以大多远走他乡。因为这个缘故,城里越来越空荡无人,以致更加贫困,这种情况已经很久了。老百姓中间流传的俗语是:'假如不给河伯娶媳妇,就会洪水泛滥,淹没房屋财产,把人都淹死。'"西门豹说:"到了给河伯娶媳妇的时候,希望三老、巫祝、父老都到河边去送新娘,也请你们来告诉我,我也要去送送这个姑娘。"大家都说:"好。"

　　到了为河伯娶媳妇的日子,西门豹到河边与长老相会。三老、官吏、有钱有势的人、地方上的父老都来了,来看热闹的老百姓也有两三千人。那个女巫是个老太婆,已经七十多岁,后面跟着十来个女弟子,都身穿丝绸祭祀礼服。西门豹说:"叫河伯的媳妇过来,我看看她长得漂亮不漂亮。"巫婆马上扶着这个女孩走出帷帐,来到西门豹面前。西门豹看了看这个姑娘,回头对三老、巫祝、父老们说:"这个女孩不漂亮,麻烦大巫婆为我到河里去禀报河伯,需要重新寻找一个漂亮的姑娘,过几天就送去。"说完,叫差役们一齐抱起大巫婆,把她抛到河中。过了一会儿,西门豹说:"巫婆为什么去这么久?叫她弟子去催一催!"又把她的一个弟子投到河中。又过了一会儿说:"这个弟子为什么也这么久?再派一个人去催催!"又把一个弟子投到河中,总共抛了三个弟子。西门豹说:"巫婆和她的弟子,都是女人，不能把事情禀报清楚。还请三老替我去说明情况。"又把三老抛到河中。西门豹头上插着一支簪笔，弯着腰，恭恭敬敬，面对着河站着，等了很久。长老、廷掾和旁边看热闹的人都惊慌害怕。西门豹说："巫婆、三老都不回来，怎么办？"想再派一个廷掾或者豪长到河里去催他们。这些人都吓得在地上叩头，把头都叩破了，血流了一地，脸色像死灰一样。西门豹说："好了，再等他们一会儿。"过了一会儿，西门豹说："廷掾起来吧，看样子河伯要留客很久，你们都散了，先回家去吧。"邺县的官吏和老百姓都非常惊恐，从此以后，谁也不敢再提为河伯娶媳妇

西门豹

的事了。趁为河伯娶妻的机会，西门豹惩治了地方恶霸势力，随后颁布律令，禁止巫风，教育了广大百姓，原先出走的人家也陆陆续续回到了自己的家园。

接着，西门豹又亲自率人勘测水源，发动百姓在漳河开围挖掘了十二条水渠，把漳水引来灌溉农田。在开渠的时候，一些人稍微感到有些厌烦劳累，就不愿意干。西门豹说："老百姓可以和他们共同为成功而快乐，不可以和他们一起考虑事情的开始。现在乡亲们虽然担心因我而受害受苦，但百年以后他们的子孙会想起我今天说过的话，一定会思念我。"沟渠完成后，使大片田地成为旱涝保收的良田，当地百姓随即感受到水的便利，因此家给户足，生活富裕。

西门豹治邺，清廉刻苦，不谋私利，可对魏文侯身边的近臣很简慢，君主左右的人就联合起来，说西门豹的坏话。任官一年后，西门豹去汇报工作时，魏文侯要收回西门豹的印信，西门豹说："我过去不知道如何治理邺，现在知道了。请大王再给我一次机会，如果再治不好，愿意接受死刑。"魏文侯听西门豹说得恳切，就答应再给他一年时间。这次西门豹上任后就加紧搜刮百姓，讨好魏文侯左右的人。一年后，西门豹再去汇报工作，魏文侯亲自出来迎接他，并向他致谢。西门豹说："去年我替君主治邺，君主要收回印信，今年我换了个方法治邺，君主向我致谢，我不能再治理下去了，请允许我辞职。"魏文侯听了这句话，幡然醒悟，说："过

去我不了解你,现在了解了,请你继续替我治邺。"

在发展农业生产的同时,西门豹还实行"寓兵于农、藏粮于民"的政策,很快就使邺城民富兵强,成为战国时期魏国的东北重镇。但魏文侯却经常听到一些官吏告发西门豹,说邺县官仓无存粮,钱库无金银,部队缺少装备,西门豹把邺县治得一塌糊涂。魏文侯到邺县视察时,就一些官吏告发西门豹的问题责问西门豹,并说若西门豹回答不出理由,就要治他的罪。西门豹说:"王者使人民富裕,霸者使军队强盛,亡国之君使国库充盈。邺县官仓无粮,因为粮食积储在人民手中;金库无银,因为银钱都在人民衣兜里;武库无兵器,因为邺县人人皆兵,武器都在人民手中。大王若不信,让我上楼敲敲鼓,看看邺县钱粮兵器如何?"西门豹上楼,第一阵鼓声后,邺县百姓披盔带甲,手执兵器,迅速集合到楼下;第二阵鼓声后,另一批百姓用车装着粮草集合到楼下。魏文侯知道了西门豹的政绩,请西门豹停止演习,西门豹不同意说:"民可信不可欺。好不容易与他们建立了信约,今天既然把他们集合起来了,如果随意解散,老百姓就会有被受骗之辱。燕王经常侵我疆土,掠夺我百姓,大王不如让我带他们去攻打燕国。"魏文侯听后点头称是,于是西门豹发兵攻燕,收回了许多失地。

司马迁《史记》说:"子产治郑,民不能欺;子贱治单父,民不忍欺;西门豹治邺,民不敢欺。"褚少孙评述:"西门豹治邺,民不敢欺。故西门豹为邺令,名闻天下,泽流后世,无绝已时,几可谓非贤大夫哉!"

第二章 秦汉时期

秦统一中国,我国历史上第一次建立了大一统的王朝,首创皇权制度和三公九卿为核心的中央行政体制、郡县制为基本形式的地方行政体制架构,形成了中央集权的君主专制体制,建立了一套职业化的官吏管理制度,构筑了相关的监督机制。廉政建设的重点就是如何形成一支具有较高的管理效能,能够履行统治职能的官僚队伍。

西汉初期致力于社会的休养生息,统治阶级"躬修俭节",极力推行"廉吏"规范,形成了廉政的传统。汉朝选官制度以察举为主,察举的主要科目有孝廉、茂才、贤良方正等,其中以孝廉为吏进正途,是最主要的仕进制度。孝廉就是孝子廉吏,每年由郡国荐举,在这个制度的刺激下,社会上形成了一种讲求廉洁的风气。

两汉时期,实行了监察权与行政权的分离,从中央到地方都建立了相对独立的监察机构,使各级官吏都处在有效监督之下。法律严厉禁止官员以权谋私、贪污腐化,凡是贪赃受贿的官员,一经查出,非但本人要被罢官,而且世代禁锢,不得为官。对低额受贿者要处以比受贿额高得多的罚金,同时,对一些廉吏进行提升和表彰。

两汉时期的廉政制度建设,对于官吏忠于职守、保障绩效、勤政惠民、节俭用度都有比较明确的规范,体现在职官设置、选用、管理等制度中,使两汉时期涌现出较多能干和廉洁的官吏,《汉书》记载西汉时期循吏5人,《后汉书》记载东汉时期循吏16人。

循吏典范——黄霸

　　黄霸（公元前 130 年—公元前 51 年），字次公，淮阳阳夏（今河南太康）人。事汉武帝、汉昭帝和汉宣帝三朝，历任河南太守丞、扬州刺史、颍川太守、太子太傅、御史大夫和丞相，是中国历史上的著名廉吏。黄霸善于治理郡县，为官清廉，外宽内明，文治有方，政绩突出，是一个能够对上顺从公正的法令，对下顺应民意、秉公执法的官吏，为国为民做了许多有益的事情，后世将黄霸作为"循吏"的代表。

　　黄霸自幼攻读法律条令，胸有大志，喜欢做官。汉武帝末年，黄霸以待诏身份捐钱买官，做了侍郎谒者，后因兄弟犯罪受牵连，被弹劾罢官。随后黄霸又捐谷求官，到沈黎郡任职，负责郡内钱粮事宜。黄霸廉洁自守，办事一丝不苟，他把账簿弄得清清楚楚，没有一点隐瞒虚报。黄霸担任的官职虽然不大，但若有私心贪图钱财，足可以利用职权从中渔利，损公肥私。但黄霸能够严于律己，"簿书正，以廉称"，经上司考察，升任河东均输长，负责征收、买卖和运输郡内货物。

　　天汉四年（公元前 97 年），黄霸因清正廉洁被举荐为河南太守丞。黄霸为人精明聪慧，又熟悉法律条文，待人接物温和谦让，善于管理民众，在任内勤于观察，处理政务符合法规，切合民意，深得太守信任和百姓爱戴。

　　武帝后期，为加强中央集权而制定了极其严酷的法令，同时建立了察举制度，任用酷吏以严刑法。公元前 87 年，汉武帝病逝，汉昭帝即位，朝中严格遵循武帝时期的法律制度，以严刑峻法来控制各级官员。一些官吏为迎合皇上旨意，就以在执法上能尽量采用严刑酷法作为一种有才能的表现，以能吹毛求疵作为衡量能力的标准。黄霸断案崇尚仁政，反对酷刑；对疑案坚持从轻处理，主张对犯罪实行外宽内明，教化为先，把重点放在防患于未然上，赢得了仁厚的

黄霸

名声,百姓拥护,朝廷满意,属下悦服。

元平元年(公元前74年),昭帝去世,没有儿子。霍光等立昌邑王刘贺为帝,刘贺"荒淫无行,失帝王礼宜,乱汉制度",在位27天后被废。流落民间的汉武帝曾孙刘询被迎入宫中,入继大统,为汉宣帝。宣帝由于幼年遭遇变故,长期生活在民间,深知百姓的疾苦和吏治得失,因而重视吏治,注意减轻人民负担,发展农业生产。宣帝听说黄霸执法公平、仁厚爱民,召升为廷尉正,负责"综合名实,平理刑狱"。黄霸认真履行职责,秉公执法,多次判决疑难案件,廷尉官署一致称赞他公平。黄霸曾经受理过一桩小案,从中可窥他的智慧:有一富户,兄弟两家,妯娌皆已怀孕。可是,长房媳妇生了个死胎,心中悲伤但也无可奈何。夫妻俩封锁消息,看到弟媳妇生下个男孩,于是心生邪念,将孩子强夺过来并声称是自己所生。双方各执一词,一直争论了3年都未能断决。黄霸听闻此事后,派人把孩子抱到公堂中间,命令她们妯娌俩上去争夺,表示谁能把孩子抢过去,便将孩子判给谁。兄长媳妇为了得到孩子,拼力争夺,毫无怜恤孩子的痛苦;弟媳妇既想把孩子争回来,又恐怕会伤着孩子而不敢使劲用力,表情极为悲伤。看到这里,黄霸心中豁然开朗,随即把孩子归还给了弟媳妇,长媳妇乖乖认罪。案子虽小,但在没有科学技术的古代的确让人为难。黄霸善于运用常识,善于观察辨别真伪,断案手法别出心裁。黄霸在任内数次裁断疑难案件,朝廷上下都认为判得很公平,不久转任丞相长史(丞相府秘书长)。

本始二年(公元前72年)五月,汉宣帝为标榜自己是汉武帝正统嫡孙的身份下诏颂扬汉武帝,要求群臣讨论武帝的"尊号"和"庙乐"。群臣莫不赞成,唯独长信少府(皇太后师傅)夏侯胜极力反对,认为武帝对百姓没有恩泽,不能另立庙乐。时任丞相长史的黄霸支持夏侯胜,拒绝在弹劾夏侯胜的联名书上签字。丞相蔡义和御史大夫田广明带头声讨夏侯胜"非议诏书,毁先帝"的罪行,定性为"大逆不道";又揭发黄霸事先知道夏侯胜的观点而没有举报,犯有包庇怂恿之罪,两人都被捕入狱,判处死刑。汉宣帝并没有按惯例将夏侯胜和黄霸按"大逆不道"罪处死并"夷三族",而是长期关押。黄霸被关在牢里,跟夏侯胜学习《尚书》。公元前70年夏天,关东四十九郡同日地震,夹杂山崩,城墙房屋倒塌,死了六千多人。宣帝为祈求太平、大赦天下,夏侯胜和黄霸得以被赦出狱。夏侯胜出狱后被任命为谏大夫,便让左冯翊宋畸举荐黄霸为贤良,又亲自向宣帝推荐黄霸,黄霸被提拔为扬州刺史。

地节三年(公元前67年),黄霸因治绩卓著,贤良考核名列上等。宣帝对黄霸在扬州任内的工作很满意,下诏表彰,任命黄霸为颍川(今河南禹州)太守,俸禄两千石,并赐一丈高的车盖,车轼为丹黄色,以示德高望重。宣帝一心励精图治,重视吏治,他几次下达惠及百姓的诏书,但地方官员往往不给百姓传达。黄霸在颍川太守任上首先选择良吏,由他们分头下去宣传皇帝的诏令,让百姓了解皇帝的旨意。同时,黄霸又制定了有关的条例和文告,交由地方各级官吏,颁发刑律均告之于民,达到家喻户晓,用来"劝以为善,防奸之意",使犯罪率大大降低。在社会经济方面,他还制定详细的安民条款,规劝黎民遵章守法,勤事农桑,节约资财,并安排长辈们率领伍长,在民间颁布施行,以教化民众。重视蓄养业,规定各驿站、各乡所在地都要饲养鸡、猪,用来救助孤寡贫弱者。规定凡是孤寡者命丧,无人为其安葬,应该由乡官上书汇报,然后根据不同情况加以处理;重视发展农桑,鼓励种树植麻,奖励耕织;提倡节减,厉行节约来增值财富,废除了用粮食喂养马匹的浪费现象;主张任用贤能,尽力减少更换官员的频率,反对把钱浪费在铺张等表面排场上。黄霸喜欢微服巡行,同百姓促膝谈心,认真了解他们的生活和生产情况,听取他们的意见和建议,用作自己从政治民的参考。为了解、掌握各种真实、系统、全面的材料,黄霸还经常委派官员到地方进行考察。规定官员下去不能兴师动众,不许对下泄漏消息,以防止官员与地方沆瀣一气,欺上瞒下。黄霸采取这些措施确实取得了一定成效,通过所派出官吏的考察,获得了较为真实、全面的材料,掌握了实际的情况。由于经常深入乡间,黄霸对颍川各方面的情况都了如指掌,即使某个村的鳏寡孤独死了无钱埋葬,黄霸都能详细指示地方官,某地的大树木可做棺材,某亭的猪可用来祭祀,下吏前去验看后发现一切都如黄霸所说。黄霸的细心程度如此,记事能力之强可谓明察秋毫,吏民不知道他用的什么方法,都称赞他神明。据《汉书》记载:"其识事聪明如此,吏民不知所出,咸称神明。"颍川经过黄霸的治理,奸邪之徒惧怕黄霸,只好去别的郡县,颍川郡内的盗贼随之日渐减少,郡内的户籍人口逐年增长,治绩天下第一。

五凤二年(公元前56年),宣帝下诏表彰黄霸的吏治之功,诏书说"颍川太守黄霸,积极宣传朕的诏令,百姓都安定并顺服朝廷,孝子、悌弟、贞妇、顺孙日益增多,农夫们互相谦让田间畔地,路不拾遗,赡养鳏寡,帮助贫穷,监狱里有时八年都没有关押重罪犯人,吏民都乐于教育感化,结交帮助朋友,整个郡真可谓有贤人君子之风",封关内侯,赐黄金百斤,俸禄升为"中二千石"。几个月后,又任命黄霸担任太子太傅,随后又提拔为御史大夫。次年三月,黄霸接替邴吉任丞相,封建成侯,食邑六百户。黄霸擅长治理百姓,却不善于为相,任丞相时建树不是很多,风采不如前任,名声也比治郡时有所下降。黄霸任丞相五年,甘露三年(公元前51年)寿终,享年82岁,谥定侯。

班固《汉书》说:"自汉兴,言治民吏,以霸为首。"朱元璋感叹:"古称任官惟贤才。凡郡县得一贤守令,如颍川有黄霸,中牟有鲁恭,何忧不治。"

除暴京官——赵广汉

赵广汉(?—公元前65年),字子都,西汉涿郡蠡吾(今河北博野西南)人。年轻时做过郡吏和州从事等地方官,以廉洁自律、才思敏捷和礼贤下士著称。后来被推举为秀才,担任管理物价的平准令,称职廉洁。调任为阳翟县令,因政绩突出,擢升为京辅都尉、守(代理)京兆尹。后调任为颍川郡郡守,两年后调回长安任守京兆尹、京兆尹。

赵广汉从京辅都尉升为守京兆尹不久,就啃上了一块硬骨头——处理杜建一案。杜建是赵广汉手下的一名中层官员(京兆掾),但资格颇老,根基很深,为人霸道,上通宫中权宦,下结宗族宾客,招揽了一批党羽,共为奸利,鱼肉百姓。汉昭帝的时候,杜建参加了昭帝陵墓的预建工作,成了监造平陵的官员。建造平陵是一项较大的工程,需要花费大量的人力物力,杜建认为这是个发财的机会,便指使门客从中非法牟取暴利。赵广汉根据举报掌握了这些事实，先是警告杜建悬崖勒马，但杜建认为自己关系盘根错节，赵广汉岂敢随便动他，当面唯唯诺诺，背后根本不把赵广汉的话放在耳里。赵广汉见规劝无效，就将杜建正式逮捕归案，人还没押到牢里，为杜建说情的人便纷至沓来。这其中有宫廷里的太监，有名门豪绅，也不乏官员，赵广汉不给说情的人一点面子。杜家的族人和门客恼羞成怒，密谋把杜建从牢里救出来。就在他们图谋不轨之时，越广汉已通过内线完全掌握了他们的阴谋。他派出一名手下的官吏去警告那些打算劫狱的主谋者："如果你们真的想这样干，将依法把你们灭门。"杜建的同党们就没有人再敢为杜建说话了，在事实清楚、证据确凿的情况下，将杜建斩首弃市，京城的百姓交口称赞。

昭帝患病死后，没有儿子，大将军霍光征昌邑王刘贺即位。因为刘贺淫乱朝廷，霍光又废除了昌邑王，拥立刘询为帝，是为汉宣帝。赵广汉因为推立宣帝参与决策有功，得到封赏，赐爵关内侯，调任颍川郡太守。颍川郡因境内有颍水而得名，阳翟为郡治所，赵广汉曾做过阳翟的县令，对那里的情况比较熟悉。颍川存在着严重的问题，需要一位政绩优良、作风凌厉的官员前去治理整顿，赵广汉是一位合适的人选。他不畏强权，精明强干，刚到任的几个月时间，就做了两件大事：一是打击豪门大族的势力，缓和社会矛盾；二是加强地方管理，转变当地的不良风气，其威名由此流传。

赵广汉初到颍川任上，开始着手调查研究，发现不少问题：豪族大姓互通婚姻，势力交结庞大；官员与地方富豪结为朋党，社会乌烟瘴气。当地的大姓豪族原氏、褚氏更是结为姻亲，蓄养门客，横行乡里，胡作非为。颍川郡的这些豪门大族在汉武帝时代已出现，他们通过大量兼并土地使家族得以发展，而这些地方势力的扩张必将影响到国家的兵役和税赋。赵广汉到颍川的几个月内，经过明察暗访，搞清了本郡豪门大族的基本情况。他把原氏、褚氏两大家族中作恶的头领抓了起来，公布他们为害一方的罪状后斩首，震惊全郡。在办理原、褚大案的同时，赵广汉也在着手准备解决富豪、官吏拉帮结派的问题。这些人利用自己的影响，互立山头，广养门客，各自形成了一股股势力。既互相倾轧，又联手对抗，不但败坏风气，对中央和地方政府政策的实施也造成了极大的阻碍。赵广汉采取一些措施使强宗大族的内部出现分裂,并逐渐成为冤家对头,一时奸党散落,社会风气大大好转。由于赵广汉实施了各种强有力的监督管理措施,社会上各种消息都能很快地传到他的耳朵里。经过大刀阔斧的整治,颍川的面貌在短期内发生了根本性改观。

宣帝本始二年(公元前72年),朝廷发兵讨伐匈奴,赵广汉带兵参战,归属蒲类将军赵充国指挥。战事结束后,赵广汉随军返回,宣帝任命赵广汉为守京兆尹,一年后,转为正式京兆尹。他善于学习和思考,精通"钩距"。所谓钩距,其实是一种数学推理。比如要了解马的价格,就先问狗的价格,再问羊的,再问牛的,再问到马,然后参照彼此的价格,比较验算来推测核准。这样就可知道马价的贵或贱而不会失实了,成语"问牛知马"就源自于此。赵广汉善于运用钩距法寻找线索,得以查清事情真相。

西汉时的京兆尹主要负责京城的治安,赵广汉在担任京兆尹时,表现出高度的责任心。他精力充沛,勤于政事,处理各项公务,往往通宵达旦。同时,非常善于发挥集体力量,调动属下的积极性,对待属下一贯和颜悦色、多加荐举。每当行动取得成功,或是获得奖赏,总是诚心归功于部下,说"这是某某掾卿所为,并非我本人的功劳"。属下皆尽心竭力,为其所用。赵广汉还十分关心属下的待遇。长安城里负责巡查盗贼的游徼和管理监狱的狱吏,都是没有品秩的小吏,经赵广汉奏请,提升到一百石(一石合稻谷十斛)的俸禄。这些百石之吏都对赵广汉心怀感念,勤于职守。赵广汉为京兆尹时清正廉明,威制豪强,京兆地区政治清明,人民安居乐业,官属和百姓无不交口称赞。

京兆尹的职责在于管理京城,天子脚下,皇亲国戚、文武百官、权贵显要、豪门大富大多聚集在此,加之宾客恶少横行市井,盗贼奸人藏匿民间,社会治安难以治理。日常处理政务容易得罪皇亲国戚和当朝显贵,赵广汉在京城第一个得罪的是霍光家族。霍光为三朝元老,官拜司马大将军,更兼国丈之尊,位高权重,是朝廷炙手可热的人物,连宣帝都对霍光非常顾忌。霍光死后不久,赵广汉查到霍家有非法酿酒、非法屠宰的嫌疑,便亲自带人前往霍光儿子博陵侯霍禹的宅第进行搜查,砸烂了霍家酿酒的器具,还用刀斧砍坏了门户。地节三年(公元前67年)

七月，丞相魏相的随身婢女有过失，自缢而死。赵广汉听说了这件事，怀疑是丞相夫人因嫉妒而在府宅内杀了她，立即上书告发丞相的罪行。宣帝批示说："交由京兆尹处理。"赵广汉于是带领吏卒直闯丞相府，召令丞相夫人跪在庭下听取她的对辞，带走了十多个奴婢，讯问他们杀死婢女的事。丞相魏相上书陈述："妻子确实没有杀婢女。赵广汉多次犯罪，他以欺诈手段胁迫我，我宽容没有上奏。希望派清明的使者来处理赵广汉所说的我的家事。"事情交由廷尉处治，确实是丞相鞭笞并逐走随身婢女，婢女被赶出丞相府才死的。司直萧望之上奏弹劾说："赵广汉侮辱大臣，又想胁迫丞相，违逆节律伤害风化，是不道之罪。"宣帝下令将赵广汉下狱治罪，又以杀害无辜，故意不据实情审问案件，擅自斥责骑士缺乏军备等几个罪名，批准将赵广汉腰斩。官员和百姓对赵广汉有很高的评价，自汉代兴起以来，没有一个治理京城的官员比得上赵广汉。听说赵广汉因犯法而将被处决，十分震惊和悲痛。长安城数万名百姓以及官员自发聚集在皇家宫殿前，齐齐跪下。有的神情肃穆，有的情不自禁地低泣，有的则抑制不住地大哭，出现了自发集结前来送行的动人场面。

班固《汉书》说："广汉为人强力，天性精于吏职""广汉虽坐法诛，为京兆尹廉明，威制豪强，小民得职（各得其所）。百姓追思，歌之至今。"《资治通鉴》所记"京兆政清，吏民称不容口"是对赵广汉最好的评价。

清廉节操——孔奋

孔奋（生活于公元 1 世纪），字君鱼，扶风茂陵（今陕西咸阳兴平东北）人。孔子的第十五世孙，西汉元帝时侍中孔霸的曾孙。

孔奋年轻时跟随刘歆学习《春秋左氏传》，刘歆称赞他，对学生说："我已从孔君鱼那里学到了大道。"王莽之乱时，孔奋与母亲和年幼的弟弟到河西地区躲避兵祸。

建武五年(公元 29 年),河西大将军窦融邀请孔奋作自己官署的议曹掾,又让他担任姑臧县长。建武八年,光武帝赏赐孔奋爵位为关内侯。当时天下纷扰混乱,唯有河西地区较安定,姑臧被人们称为富县。这里与羌胡通商贸易,每天有四次集市。每一任县官,没有几个月便都富裕起来。孔奋任职四年,财产却一点没有增加。当时天下未安定,士大夫都不注重操守,孔奋却尽力保持清正廉洁,因此被众人所笑。有的人说他身处富庶地区,不能使自己富裕起来,只是徒然自讨苦吃。

孔奋注重节操,施政以仁义平和为本,生活极其俭朴,自己和妻子儿女一起吃普通饭菜。侍奉母亲却非常孝敬谨慎,极力用美味佳肴孝敬母亲。太守梁统对他深为敬重,不用上级官员对待下属的礼节那样对待他,常常到大门口迎接,把他领入内室引见给自己的母亲。

陇西和蜀地被平定后,河西地区的太守、县令都被征召入京,装官员财物的车子一辆接着一辆,塞满了山川。只有孔奋没有资财,乘一辆空车上路。姑臧的官员百姓以及羌胡百姓都说:"孔君清廉,仁义贤明,全县都蒙受他的恩惠,他如今离去,我们应该报答他的恩德!"共同凑集了成千上万的牛马器物,追了数百里要送给孔奋,孔奋一点都没有接受。

孔奋抵达京城后,被任命为武都郡丞。当时陇西残余的土匪在深夜攻击官府,残杀了郡太守。土匪害怕孔奋穷追不舍,抓住他的妻子儿女,企图用他们做人质。孔奋当时年已五十岁,只有一个儿子,但他一心为国,尽力征讨。官员和百姓被他的精神所感动,拼力与土匪作战。郡中居住着许多氐族人,熟悉山川道路,孔奋命他们在要道隐蔽,阻击抄袭土匪,与官军互相呼应,里应外合。土匪被逼急了,就把孔奋的妻子儿女推到阵前,希望孔奋退兵。孔奋不为所动,攻击得更加猛烈,土匪被消灭了,但他的妻子和儿子却被土匪所杀。光武帝下诏褒扬赞赏孔奋,任命他为武都太守。

孔奋在做府丞的时候,就已经被大家所敬重,等到他被任命为太守后,全郡的人都以他为榜样,改变自己的不良操守。孔奋施政清明果断,是非分明,嫉恶扬善。见到人有美德,就像对待自己的亲人一样去爱惜;对品行不端的人,则像对待仇人一样,郡中的人都称他清廉公平。

强项令——董宣

董宣(生活于公元 1 世纪),字少平,陈留圉县(今河南杞县)人。东汉初任北海相、江夏太守、洛阳令等职,被刘秀称为"强项令"。

汉光武帝在镇压了绿林、赤眉两支最大的起义军后,接着又消灭割据陇右和蜀地的两个割据政权统一了中国,把洛阳作为都城。为了和刘邦建立的汉朝相区别,历史上把这个王朝称为"东汉",或者叫"后汉"。汉光武帝建立了东汉王朝以后,决心采取休养生息的政策,例如减轻捐税,释放奴婢,减少官差,大赦天下。东汉初年,社会经济得到了恢复和发展。

董宣起初为司徒侯霸所用,由于政绩考核优异,被升为北海国相。董宣上任时,郡中武官公孙丹建造新宅,风水先生说这是凶宅,入住后家里一定要死人。于是,公孙丹就纵使儿子杀了一个过路人,然后将尸体放在新屋中,作替死鬼,以此来消灾。董宣知道后,立刻将公孙丹父子抓捕归案并判处死刑。公孙氏是一个大家族,其族亲纠集 30 余名丁壮,拿着兵器到府衙闹事,为公孙丹父子鸣冤叫屈。董宣以公孙丹从前曾依附过篡位的王莽的罪名,认为公孙亲党有串通海贼的嫌疑,把这 30 余人一网打尽,下在死囚牢中,命令手下文书人员水丘岑将他们全部杀死。青州知府弹奏董宣滥杀无辜,把董宣和水丘岑一并拿下,移交廷尉处理,判了死刑。在狱中,董宣从早到晚吟诗读书,无忧无虑。到了行刑的那天早上,官吏给他准备了最后的饭菜,董宣拒不吃喝,厉声道:"我董宣一生从未吃过人家的东西,况且今日就要死了!"说完,登上囚车而去。当时同一批斩首的有 9 人,董宣排在第二号。手起刀落之际,汉光武帝派特使快马赶来,特赦董宣缓刑,押回大牢。特使审问董宣,为何滥杀无辜。董宣把公孙氏一案的前因后果、来龙去脉一一禀告,并说水丘岑是受他的指令杀人的,不应判罪。董宣希望朝廷明察,杀了他而放了水丘岑。特使把这些情况向光武帝如实禀奏,光武帝下旨贬董宣为怀县县令,并让青州府不再追究水丘岑罪责。后来水丘岑官至司隶校尉。

江夏一带有以夏喜为首的贼寇犯境作乱,一郡不得安宁,朝廷派董宣为江夏太守。夏喜等一帮贼寇,对董宣的铁腕重典早有所闻,十分害怕,纷纷散伙,缴械降顺。当时外戚阴氏(刘秀发妻阴丽华的亲戚)作江夏郡都尉,董宣不仅不巴结攀附皇亲国戚,反而时时轻慢他,所以不久即被罢官。

光武帝时,京都洛阳是全国最难治理的地方,聚居在城内的皇亲国戚、功臣显贵常常纵容自家的子弟和奴仆横行街市,无恶不作。朝廷接连换了几任洛阳令,还是控制不住局面。最后,光武帝刘秀百般无奈,决定任命年已 69 岁的董宣做洛阳令。董宣到任后,遇到的第一件棘手的难题,就是处理湖阳公主的家奴行凶杀人的案件。

湖阳公主是光武帝刘秀的姐姐,这位公主仗着自己和皇帝的姐弟关系,豢养着一帮凶狠的家奴,在京城里作威作福,为非作歹,横行无忌。有一天,公主的家奴在街上杀了人,董宣立即下令逮捕他。可是,这个恶奴躲进湖阳公主的府第里不出来,地方官不能到这个禁地去搜捕,急得董宣寝食不安。没有别的好办法,董宣就派人监视湖阳公主的住宅,下令只要那个杀人犯一出来,就设法抓住他。过了几天,湖阳公主以为新来的洛阳令只不过是故作姿态,虚张声势而已。就带着这个杀人恶奴出行,在大街上被董宣派出去的人发现。派出去的小吏立即回来向董宣报告说,那个杀人犯陪乘公主的车马队伍走,无法下手。董宣立即带人赶到城内的夏门亭,拦住了公主的车马。湖阳公主坐在车上,看到这个拦路的白胡子老头如此无礼,便傲慢地问道:"你是什么人?敢带人拦住我的车驾?"董宣上前施礼,说:"我是洛阳令董宣,请公主交出杀人犯!"那个恶奴在马队里看到形势不妙,就赶紧爬进公主的车子里,躲在公主的身后。湖阳公主一听董宣向她要人,仰起脸,满不在乎地说:"你有几个脑袋,敢拦住我的车马抓人?你的胆子也太大了吧?"可是,她万万没有料到,眼前这位小小的洛阳令竟然怒气冲天,双目圆睁,猛地从腰中拔出利剑向地下一划,厉声责问她身为皇亲,为什么不守国法?湖阳公主一下子被这凛然的气势镇住了,目瞪口呆,不知所措。这时,董宣又义正词严地说:"王子犯法,也得与老百姓一样治罪,何况是你的一个家奴呢?我身为洛阳令,就要为洛阳的众百姓做主,决不允许任何罪犯逍遥法外!"董宣一声喝令,洛阳府的吏卒一拥而上,把那个作恶多端、杀害无辜的凶犯从公主车上拖了下来,就地砍了脑袋。

湖阳公主感到自己蒙受了奇耻大辱,气得脸色发紫,浑身打战,她顾不得和董宣争执,掉转车头,直奔皇宫而去。湖阳公主一见到刘秀,又是哭又是闹,非让刘秀杀了董宣替她出这口恶气不可。光武帝听了姐姐的一番哭诉,不禁怒形于色,便喝道:"快把那个董宣捉来,我要当着公主的面把他乱棍打死!"

董宣被捉来带上殿后,他对光武帝叩头说:"请允许我先说一句话,然后再处死我吧!"光武帝十分恼怒,便说:"你死到临头了,还有什么话说?"董宣十分严肃地说:"托陛下的圣明,才使汉室再次出现中兴的喜人局面。没想到今天却听任皇亲的家奴滥杀无辜,残害百姓!有人想使汉室江山长治久安,严肃法纪,抑制豪强,却要落得个乱棍打死的下场。我真不明白,你口口声声说要用文教和法律来治理国家,现在陛下的亲族在京城纵奴杀人,陛下不加管教,反而将按律执法的臣下置于死地,这国家的法律还有何用?陛下的江山还用什么办法治理?要我死容易,用不着棍棒捶打,我自寻一死就是了。"说着,便一头向旁边的殿柱上撞去,碰得满头满脸都是血。

董宣那一番理直气壮的忠言,以及刚直不阿、严格执法的行动,让光武帝又惊又悔,赶紧令卫士把董宣扶住,给他包扎好伤口,然后说:"念你为国家着想,就不再治你的罪了。不过,你总得给公主一点面子,给她磕个头,赔个不是呀!"董宣理直气壮地说:"我没有错,也无礼可赔!这个头不能磕!"光武帝只好向两个小太监使了个眼色,示意他们把董宣搀扶到公主面前磕头谢罪。这时,年近七十的董宣用两只胳膊支撑着地,硬着脖子,怎么也不肯磕头认罪。两个小黄门使劲往下按他的脖子,却怎么也按不动。

湖阳公主自知理亏,却仍耿耿于怀,不出这口气心里憋得慌,便又冷笑着问光武帝说:"文叔(光武帝的字)当老百姓的时候,常常在家里窝藏逃亡的罪犯,根本不把官府放在眼里。现在当了皇帝,怎么反而连个小小的洛阳令也不能驾驭了呢?我真替你脸红!"光武帝笑着说:"正因为我当了一国之君,才应该律己从严,严格执法,而不能像过去做平民时那样办事了,你说对不对呀?"光武帝转过脸又对董宣说:"你这个强项令,脖子可真够硬的,还不快点退下去!"赦免了董宣坚强不屈的做法,赐给他钱三十万,董宣把钱全部分给了下属官员。董宣继续打击不法的豪门贵族,那些恶霸没有不震惊害怕的。京师百姓称他为卧虎,歌颂他说:"董少平做洛阳令,鸣冤之鼓不再响。"

董宣当了五年洛阳令,74岁死于任上。刘秀派人去他家里,见到董宣家里很贫穷,粗布被褥覆盖遗体,家里只有几斛大麦,一辆破车,竟没有钱买棺材埋葬。光武帝伤心地说:"董宣清正廉洁,直到他死了我才知道!"追授予官衔艾绶,按大夫的礼节安葬,并拜其子为郎中,后来官至齐国相。

渔阳惠政——张堪

张堪(生活于公元1世纪),字君游,南阳宛县人,是南阳郡豪门大族。张堪早年父亲去世,很早就成了孤儿。十六岁时,他把父亲留下的数百万家产让给兄长的子女,到长安求学。他的品行超群,志向高远,学习勤奋,儒生们都称他为"圣童"。

光武帝刘秀未登基时,了解到张堪的志向和节操,经常称赞他。刘秀登基称帝后,中郎将来歙举荐张堪,张堪受到征召并授予郎中之职,经过三次调迁后,升任谒者。刘秀派他转运积聚的布帛,并率领骑兵七千,前往协助大司马吴汉征伐公孙述,在半道上又追任为蜀郡太守。当时吴汉的部队只剩下七天的军粮,因此暗地准备船只打算退兵。张堪听说后,赶紧拜见吴汉。张堪对吴汉说,公孙述必败,不应在这个时候退兵。吴汉采纳他的意见,故意示弱以引诱敌人。公孙述果然中计,亲自率兵出城追击,被斩首于城下。成都被攻占后,张堪首先派兵占据城池,然后清查仓库,收其珍宝,并将它逐件记录,上报朝廷,没有半点遗漏。他还慰问、安抚成都的官员百姓,使蜀地的吏民十分高兴。张堪在蜀郡担任太守两年,被征召回京,刘秀再次调任他为骑都尉。后来他又兼领骠骑将军杜茂军营,在高柳击败匈奴,被任命为渔阳太守。

在任期间,张堪率领军队追捕奸险狡猾的人,功劳赏罚非常分明,官员百姓都愿意追随他,为他所用。有一次,匈奴一万骑兵入侵渔阳,张堪率领数千骑兵飞奔出击,大败敌军,边界地区得以安宁太平。在经济上,张堪创造性地落实了光武帝刘秀的休养生息的国策。他在狐奴县开辟稻田八千多顷,鼓励百姓进行耕种,使百姓逐渐殷实富有。渔阳郡也因此富庶起来,出现了史学家称为的"渔阳惠政"。百姓编成歌谣唱道:"桑树茂盛无旁枝,麦结双穗丰收时。张君治理郡中事,其乐融融不可支。"张堪在渔阳任职八年,匈奴始终不敢入侵边塞。

刘秀曾召见各州郡主管考核官员的官吏,询问各地的风土人情以及先后任职的太守能力。蜀郡的计吏樊显进言道:"渔阳太守张堪昔日在蜀郡时,心地仁慈,广施仁政,官民深得恩惠;威令严明,奸邪多被惩治。先前公孙述被消灭时,珍宝堆积得像山一样,他掌握的财物足可使十代成为巨富,但张堪离去时,乘坐的只是一辆断辕的破车,随身带着布做的被子和袋子罢了。"刘秀听后,叹息好久,任命樊显为鱼复县长。正准备征召张堪,不料他却在此时病故。刘秀为他深深地哀悼、叹息,颁发诏书,褒扬他的功绩,并赐给他家一百匹帛。

公正无私——第五伦

第五伦(生活于公元1世纪),字伯鱼,京兆长陵(今陕西咸阳)人。他的祖先是战国时齐国的田氏。田氏在西汉初迁徙到皇帝陵园的很多,所以便用迁徙的次序作为姓氏。

第五伦少年时耿直而讲义气,王莽末年,盗贼四起,宗族乡亲争着前去依附他。第五伦在险要之处修筑堡垒,一旦有盗贼前来侵袭,他便率众引弓持矛,坚守自卫,先后有铜马、赤眉等数十支军队围攻他们,都无法攻克。第五伦以营垒首领的身份去见郡长官鲜于褒,鲜于褒很欣赏他的才干,征为自己的属史。后来鲜于褒因过失降职为高唐县令,临行时握着第五伦的手告别说:"与你相知恨晚啊。"

第五伦后来任乡里里长,平均徭役,调解怨愤,很得乡里人称赞。他带着家人迁居河东郡,改名变姓,自称王伯齐,在太原、上党之间运盐,所过之处都把粪便打扫干净才离去,路人都称他为有道之士。

东汉建武年间,鲜于褒把他推荐给京兆尹阎兴,阎兴当即征召他为主簿。当时长安铸钱的官吏多偷奸弄巧,阎兴任命第五伦为督铸钱掾,管理长安的市场。第五伦统一衡器,纠正斗斛,市场上再没有弄虚作假、欺骗买主之事,百姓欢悦叹服。他每次读光武帝的诏书,常常叹息说:"这是圣明的君主,见他一面便可以决大事。"同僚们笑他说:"你连州将都无法说服,怎么能说动万乘之尊的君王呢?"第五伦说:"是因为没有遇到知己,追求不同的缘故。"

建武二十七年(公元 51 年),第五伦被举为孝廉,补任淮阳国的医工长,随同淮阳王到他的封国。刘秀召见他,深感他与众不同。

建武二十九年(公元 53 年),第五伦随从淮阳王到京城,与其他官属一同被接见。刘秀向他询问政事,第五伦趁机说出了自己对为政之道的见解,刘秀非常高兴。第二天,又特地召见他入宫,和他一直谈到天黑。刘秀对第五伦开玩笑说:"听说你做吏的时候,曾殴打岳父,不让堂兄和你一起吃饭,有这种事吗?"第五伦回答说:"臣三次娶妻,她们都没有父亲。少年时曾遭饥荒之苦,实在不敢随便请人吃饭。"刘秀大笑。第五伦离开洛阳,就有诏令任命他为扶夷县长,还没有到任,又任命为会稽太守。他虽然身为二千石的官员,仍然亲自锄草喂马,妻子下厨做饭。所得到的俸禄,也只留下一个月的口粮,其余的都低价卖给贫苦百姓。会稽地区风俗,喜好滥设祀庙,喜欢占卜。民众常常杀牛祭神,百姓的财产因此困乏。那些自己食用牛肉而不以之祭祀的人,发病将死时,先发出牛叫的声音。先后几任郡长官都不敢禁止杀牛祭祀的做法。第五伦到任以后,给各属县发布文书,告谕百姓,凡是巫祝有依托鬼神以诈术恐吓愚昧百姓者,都要捉拿问罪。胡乱杀牛的人,官吏都必须给予处罚。开始时民众都很恐惧,有的巫祝胡言乱语地加以诅咒。第五伦毫不松懈,严厉追查,以后杀牛祭祀的风气便逐渐绝灭了,百姓得以安居乐业。

永平五年（公元 62 年），第五伦因触犯法令被征召，郡中的老少百姓攀住他的车子，拉着马，啼哭着跟随，每天只能走几里路无法赶路。第五伦于是假装住在亭舍里，却暗中乘船离去了。众人知道后又前来追赶。等到被送到廷尉那里，官民到京城上书为他求情的有千余人。后碰巧明帝巡查廷尉监狱，审录囚犯，第五伦得以免罪，回归乡里。他亲自下田耕种，不与官宦来往。

数年后，第五伦又被任为宕渠县令，他举荐乡中佐吏玄贺为官。玄贺先后任九江、沛郡郡守，以清正廉洁著称，所到之处，教化得以推行，官至大司农。第五伦任职四年，升任蜀郡太守。蜀郡田地肥沃，官民富裕，掾史家中的资财多至千万，都乘坐漂亮的车子，以高头大马驾车，很多人因为有财产得以担任官职。第五伦把家境丰足的官吏全部精简，遣送回家，改选孤弱贫寒有节操的人担任属吏。从此，争相贿赂之风被禁绝，官员的职守得到整饬。他所举荐的人多官至九卿或二千石级的级别，当时人们都认为他善于识别人才。

第五伦任蜀郡太守七年，汉章帝继位，把第五伦从远郡调入朝廷，担任司空。章帝因为明德皇后的缘故，尊崇皇舅马廖，让他们兄弟都居于要职。马廖倾心与达官显贵交往，官员士大夫争相前往依附。第五伦认为太后家族势力太盛，上书说："我听说忠言不用避讳隐瞒，直臣不逃避迫害。我不胜狂妄，冒死上书表白意见。《尚书》说：'臣下不应作威作福，否则将使自家受害，国家也会受损。'《穀梁传》说：'大夫不应在境外与人交往，不应接受一束肉的馈赠。'近代的光烈皇后，虽然非常亲爱自己的家人，但终于让兄弟阴就回到自己的封国，流徙和赶走阴兴的宾客。此后梁家和窦家，都有人犯法，明帝即位后，多加以诛杀。从那以后洛阳城中不再有手握大权的外戚，通过书信请托的事也都没有了。她又告谕诸家外戚说：'辛苦交结士人，不如一心报效国家，既戴上盆子，又要望天，事情无法两全。'臣下对这些话常铭记在心，书写在衣带上。而今议论又集中在马家。我听说卫尉马廖以三千匹布，城门校尉马防以三百万钱，私下送给三辅的士大夫，不论是否相识，无不赠送。还听说在腊祭之日，又送给洛阳每个士人五千钱；越骑校尉马光，曾在腊祭时用羊三百头，米四百斛，油五千斤。臣认为这不符合经义，心中惶恐,不敢不向陛下汇报。陛下本心是厚待他们,但也应设法对他们有合适的安置。我今天说这些话，实在是要对上忠于陛下，对下保全外戚之家，请陛下检省裁决。"

马防任车骑将军，准备出兵征讨西羌时，第五伦又上书说："我认为对外戚可以封侯,使他们富贵,但不应当任命官职委以重任。为什么?对他们绳之以法则损伤恩情,因私人感情对他们徇私又违背国家法令。听说马防如今要西征,我认为太后恩德仁厚,陛下极为孝敬,恐怕他们突然有什么过失,难以因恩宠而不加惩罚。据说马防请杜笃为从事中郎,赐给他很多钱财绢帛。杜笃在乡里为人所不耻,寄居在美阳。妹妹是马氏的妻子,依凭这种关系与马家来往。当地的县令深为他的不守法令所苦,将其收捕论罪。如今到了马防那里,议论的人对此事都有疑问,感到很奇怪。何况又以他为从事,我恐怕人们将会因此议论朝廷。如今应该选拔贤德有能力的人辅助马防,不应让他自己请人,这有损于他的事业和前途。"但他的意见并没有被采纳。

第五伦刚烈耿直,非常憎恶庸碌官吏的苛刻,等到升达三公之位,又逢章帝是位忠厚长者,多有良好的政治措施。第五伦于是上书赞扬这种美好的德行,并借此来劝谏,以形成风尚,成就品德。他上书说："陛下即位后因天生的恩德,体现温文的风姿,以宽宏大量对待臣民。即位四年,先后处死六名贪婪、残暴的刺史、二千石级的官员。这些都是英明圣德的裁断,远非各位臣属所能及。然而诏书每次颁布都要求宽和待下,但施政却仍然急迫不见宽松。要求务必节俭,可奢侈之风仍然不能制止的原因,就在于风俗有弊端,群臣不称职。光武皇帝在王莽动乱之后,多以严厉的法令施政,后代又承袭这种做法,于是形成风气。诸郡和封国举荐的人,大多是只知守职的庸碌官吏,很少有宽厚博爱能够符合圣上要求的人。陈留县令刘豫,冠军县令驷协都是以刻薄的方式来治理百姓。处理政务时,他们一心想着拷打诛杀,一定要严苛残酷,官民忧愁怨恨,没有不痛恨他们的。可现在议论的人却认为他们能干,这是违背上天的意愿,不符合经典义理的行为,实在是不能不慎重。不只是刘豫、驷协应当受到惩治,举荐他们的人也应当受到处理。若专门任用仁德贤良的人,委以政务,用不着多少人,风俗自然就会改变过来。我曾读史书和记载,知道秦朝因为用法严酷而亡国,又亲眼看见王莽因为法令苛刻而自我毁灭。我之所以施政勤勤恳恳,就是为了防止重蹈他们的覆辙。我听说诸王、公主、贵戚骄奢淫逸,僭越国家制度,京城中尚且这样,又怎么能限制外地人呢?所以说:'自己不端正,虽有命令也无人执行;以身作则进行教育,别人就愿意服从。仅以言论教训别人则容易引起争论。阴阳调和了,年成才会获得丰收;君臣一心教化就能形成。对刺史、太守以下的官员,任命为京官以及在洛阳之外的,陛下都应召见,可以趁机了解四方的情况,同时还可观察其人的品行能力。对各位官员上书提出建议,有不符合法令政策的,可让他们回归家乡,不应过分地以自己的喜怒而处罚,以明示施政宽厚。"

马氏诸人因获罪而回到封国,窦氏又开始尊贵起来。第五伦上书说:"我以空虚无能的才智,处于辅佐陛下的职位。我素来性情迟钝怯懦,却地位尊贵,爵位很高,因而遵循经典大义,暗自鞭策砥砺,即使死一百次,也不敢逃避,又何况身处于可以直言的时代。如今朝廷承袭百王遗留的弊端,人们都崇尚文饰巧言,大多趋于邪路,没有人能守正道。我见虎贲中郎将窦宪,他是后妃的亲属,掌领禁卫军,出入宫廷,正值壮年,志向远大,谦卑而喜好善事,这确实是他喜欢名士并与他们交结的原因。然而那些出入奔走于外戚门下的人,大多品行不端,曾受过法令制裁,特别缺少遵守法令,安于贫穷的气节。士大夫中没有志向之徒更是互相吹捧引见,云集在贵戚的门下。众人一起吹气也会把山吹走,众多蚊子一起叫的声音也如同打雷一样,这就是骄横散漫产生的根源。三辅地区议论的人甚至说,因为贵戚而被废弃、禁锢的人,应当由贵戚来挽救他们,这就好比用酒来解除醉酒一样。那些阴险趋炎附势之徒实在不可亲近。臣认为陛下和皇后应严令窦宪等闭门自守,不得任意交结官吏士人,以防止祸患于未生之际。在灾害尚未形成之时就要考虑,使窦宪可以永久保住幸福和俸禄,使君臣相互欢喜,没有丝毫的隔阂,这是臣下极大的愿望。"

第五伦奉公守法,严守节操,上书论说政事从不违心、公正无私。他的儿子们经常劝他不要这样,他予以训斥。吏员们上奏及直接上奏之事,他都封好上报。他天性质朴悫厚,没有什么华丽做作的地方,任职以贞洁清白著称,当时的人把他比作前代的贡禹。有人问第五伦说："您有私心吗?"他回答道:"先前有人送我一匹千里马,我虽未接受,每次三公选拔举荐官员时,我心里都无法忘记此事,但始终没有任用此人。我哥哥的儿子常常生病,我一夜前去看望十次,但回来后就安然入睡了;我的儿子生病,虽然没去看望,却整夜难眠。这样看来,怎么可以说没有私心呢?"

元和三年(公元86年),第五伦接连以身老多病上书,请求辞职。章帝下诏批准他退休,终身给予二千石官员的俸禄,另赐钱五十万,公宅一所。几年后,第五伦去世,享年八十余岁,朝廷下诏赐给安葬的秘器、衣衾、钱和布。

四知先生——杨震

杨震(公元59年—公元124年),字伯起,东汉弘农华阴(今陕西华阴东)人。他出身名门,八世祖杨喜,在汉高祖时因诛杀项羽有功被封为赤泉侯。高祖杨敞,汉昭帝时为丞相被封为安平侯。父亲杨宝,刻苦攻读欧阳生所传授讲解的《今文尚书》,成为当时名儒。哀、平二帝时,杨宝隐居民间,以教书为生。居摄二年人(公元7年),杨宝与龚胜、龚舍、蒋翊一起被朝廷征召,他因不愿出仕做官,便逃避隐匿,不知去向。东汉光武帝刘秀很敬重杨宝的才华、学识、品德和气节,建武年间,特派官员专门征召他入朝做官。因杨宝年老有病,未能成行,后在家中去世。

杨震少年起就特别聪明好学,当时,今文经学居官学正统地位,非常盛行。为了通晓今文经学的深刻含义,他拜桓郁为师,学习《欧阳尚书》。桓郁是当朝九卿之一的太常,主管宗庙礼仪和选试博士,曾为汉章帝、汉和帝讲授儒经,是当时既显赫又有很高学术威望的经学大师。在桓郁的教授下,杨震通晓经传,博览群书,对各种学问无不深钻细研。

杨震对教育事业特别热心,从20岁以后,对于地方州郡长官征召他出仕做官的召请任命置之不理，一心一意自费设塾授徒，开始了长达三十年的教书生涯。当时他家在华山脚下的牛心峪口，就利用其父授徒的学馆收徒传业。他坚持有教无类，不分贫富，四方求学者络绎不绝，学生多达 2000 余人。由于他教学有方，名气很大，远近钦慕，学生很多，学馆如市，书声琅琅，规模很大。当时牛心峪的槐树很多，故人称牛心峪为"杨震槐市"。他教书育人以清白正直为要，严谨的治学精神和高尚的师德情操被人们誉为"槐市遗风"。继牛心峪学馆讲学后，杨震还在华阴双泉学馆，以及客居于湖地(今河南灵宝市豫灵镇董社源)讲学十多年，弟子多达 1000 多人，加上牛心峪学馆的学生已超过了 3000 人，完全可以同孔子有三千弟子相媲美，当时人们就称杨震为"关西孔子"。杨震教授的学生，英贤甚多，为社会培养了一大批人才，不少成为国家的栋梁之材，如虞放在汉桓帝时，官至掌管国家工程建设的司空。

大将军邓骘十分敬重杨震的学识、贤名和品行，亲自派人征召杨震到自己幕府出仕任职。这时，杨震年已五十岁，只好停止了他心爱的教育事业，到邓府上任。不久，他又被推举为"茂才"(即秀才)，出任地方官，担任襄城令(今河北省襄城县)。汉安帝永初四年升为督察州郡政务的荆州刺史。

永初六年(公元 112 年)，升迁为负责一郡政务的东莱太守(今山东莱州市)。当他赴郡途中，路上经过昌邑，从前他举荐的荆州秀才王密正担任昌邑县令，前来拜见。到了夜里，王密怀揣十斤金子来送给杨震，杨震说："老朋友了解你，你却不了解老朋友，这是为什么呀？"王密说："夜里不会有人知道。"杨震说："怎么可以暗地里做亏心事，举头三尺有神明，此事天知、地知、你知、我知，怎么能说没人知道呢？"王密惭愧地走了。

汉安帝元初元年(公元 114 年)，调任为涿郡(今河北省涿州市)太守。杨震生性公正廉明，从不吃请受贿，也不因私事求人、请人、托人，请客送礼。他的子孙们与平民百姓一样，以蔬菜为食，安步当车，生活十分简朴。亲朋好友劝他为子孙后代置办些产业，杨震坚决不肯，他说："让后世人都称他们为清白吏之子孙，这样的遗产，不也是十分厚重的吗？"

元初四年(公元 117 年)，杨震进入朝廷任职，担任太仆，负责舆马及牧畜的发展。同年十二月调为太常,掌管朝廷礼、乐、郊庙社稷等事。以前博士选取举荐多弄虚作假,杨震举荐明经名士陈留、杨伦等人,传授学业,儒生都交口称赞。

永宁元年(公元 120 年),杨震升为司徒,为"三公"之一,主管教化。次年,邓太后去世,安帝喜欢的一些后妃,开始骄横起来。安帝的奶娘王圣,因为抚养安帝有功,依靠帝恩,无法无天。她的女儿伯荣也经常出入宫中,传递消息,收受贿赂。杨震为官疾恶如仇,敢于直谏,他上书说:"我听说,自古以来施政,主要是选用德才兼备的贤能人士治理国家,管理主要是惩治、去除违法乱纪的行为。所以唐尧虞舜时代,贤能有德的人,都在朝中为官,而恶人则被流放监禁,天下百姓心悦诚服,国家一派兴旺发达的气象。当今之世,古人推崇的忠、信、敬、刚、柔、和、固、贞、顺九种品德,未能发扬光大,而宠幸的奸人却充斥朝廷内外。乳母王圣,出身卑微,遇到千载难逢的机会,得以奉养圣上,虽然有推燥居湿抚养陛下的辛勤劳苦,但陛下对她前后所封赏的财富荣耀,已远远超过了她的功劳。然而她贪得无厌,经常交结朝臣,接受贿赂,扰乱天下,使朝廷清正的名声受到损毁,如同日月蒙上灰尘一样。《尚书》曾告诫说:母鸡啼鸣是不祥之兆。《诗经》也讽喻奸诈多谋的女子参政是丧国的根源。过去郑庄公屈从母亲的意愿,任由弟弟叔段骄横不法。结果,叔段准备谋反,郑庄公不得不用暴力手段将其弟诛杀。自古以来,奸诈的女子和小人都是很难相处的,亲近她们,她们就会嬉闹放纵;疏远她们,她们又会心怀怨恨。《易经》上说:无所遂其心愿,只能在家中操持家务。说的就是妇人不能干预政事。因此,应当迅速送阿母出宫,让她居住在宫外,同时还要阻断她女儿同宫内的往来。这样就能使恩情和德行都继续保持下来,对陛下和阿母都是好事。请陛下舍弃有碍大局的儿女私情,割除有害国家的仁爱优柔之心,把精力集中在日理万机的朝政上。谨慎使用封赏拜爵的权力,减少下面的贡奉,减少百姓的赋役征发,使天下德能兼备的鹤鸣之士都群集在陛下周围,为朝廷出力,让正在朝廷做官的士大夫莫因朝政不清而懊悔出仕;对诸侯国不要横征暴敛,使他们心存不满;让百姓安居乐业而不抱怨朝廷。要循着先朝英明皇帝的治国法则而行,与英明伟大的哲王比德,这岂不是很美好的事吗?"安帝不仅不采纳杨震的忠谏,还把奏章拿出来给乳母王圣等看。一方面加深了这些人对杨震的憎恨,另一方面,这些人认为有皇帝的庇护,其行为更加骄横放纵。

乳母王圣的女儿伯荣,与已故的朝阳侯刘护的远房堂兄刘环勾搭成奸。刘环趋炎附势,娶伯荣为妻。安帝因此让刘环承袭了刘护的爵位,官至侍中。对此,杨震坚决反对,再次向安帝上书说:"我听说过去高祖皇帝执政时曾与群臣相约,不是有功之臣不得封侯拜爵。在爵位的继承上,自古以来都是父死子继,兄亡弟及,以防别人篡夺爵位。我见诏书赐刘护的远房堂兄刘环承袭刘护爵位为侯,而刘护的同胞弟弟刘威如今还健在,为什么不让刘威袭其胞兄刘护的爵位而让刘环承袭呢?臣听说,天子只封有功之臣,诸侯靠德行获得爵位。刘环没有任何功劳和德行,只是因为把乳母的女儿许配给了他,一时之间,就位至侍中,又得以封侯。这既不符合高祖定下的老制度,又不合乎道义,以致满朝文武议论纷纷,百姓迷惑不解。请陛下以历史为镜鉴,按照帝王应该遵循的规则办事,得人心,安天下。"对于杨震的再次忠谏,昏庸的安帝仍然不予采纳。

延光二年(公元 123 年),杨震升为太尉,掌管朝廷军事大权。安帝的舅父、大鸿胪耿宝向杨震推荐中常侍李闰的哥哥,想让其入朝做官,杨震坚决予以拒绝。耿宝就亲自到杨震住处拜访,并威胁说:"李常侍是皇上所重用的人,想让你征召他的哥哥入朝做官,我耿宝仅仅只是给你传达一下皇上的意思而已。"杨震回答说:"如果朝廷想让三公之府征召谁,就应该由尚书那里把皇帝的敕书送来,怎么能让你来传达皇上的意思呢?"耿宝无言以对,愤恨而去。皇后的哥哥执金吾阎显也利用职权向杨震推荐自己的亲友入朝做官,杨震同样予以拒绝。

安帝下诏为乳母王圣建造房屋,中常侍樊丰及侍中周广、谢恽等人从一旁推波助澜,扰乱朝廷。杨震再次上书说:"我听说古代的人耕种九年必定有三年的储备积蓄,所以尧帝遇到洪水灾害时,人民照样有饭吃,有衣穿,不受饥饿折磨。我思虑,如今灾害发生,且有日益加重的趋势,百姓储备空虚,不能自足。再加上蝗虫成灾,羌虏侵掠,边关震扰,战事连年不息,兵马粮草难以供应。大司农主管的国库资财匮乏,恐怕国家到了难以安定的时候了。我适才看到皇上下诏为乳母在津城门内大建府第,合两坊为一坊,将街道都占完了,雕刻装饰极其精致。如今盛夏,正是草木旺长农业生产大忙的时候。在自然灾害严重、国库空虚、农业大忙的情况下,动用大量人力、财力、物力,开山取石,修建府第,不是很不合时宜吗?特别是动用大匠、左校以及其他官员,建造衙门官署几十处,相互攀比,费用过亿,耗资特别巨大。周广、谢恽等人,既不是皇上重要亲戚,又不是皇室枝叶贵属,仅仅是依附皇上周围亲幸的奸诈小人。与樊丰、王永等人共分权力,勾结州官郡守,威势动摇大臣。官府征召人才,大多都要看他们的眼色行事,被招来的人差不多都是通过行贿买官的无能之辈。甚至一些过去因贪污纳贿被禁锢不许做官的人,一些放浪形骸、胡作非为的人,也都通过行贿重新得到了重用。以致黑白混淆,清浊不分,天下舆论哗然,都说上流地位是用金钱买来的,使朝廷招来无数讽刺谩骂。我曾听老师说过:国家向人民征用赋役太多的话,百姓财尽就会埋怨,力尽就会叛乱。百姓同朝廷离心离德了,朝廷怎么去依靠百姓?所以,孔子说:百姓不富足,君王又怎能富足呢?请陛下仔细考虑。"樊丰、谢恽等人见安帝不听杨震接二连三的苦谏,更加肆无忌惮,进而假造诏书,调拨大司农所管国库钱粮、将作大匠所管众多现成材木,各自大肆建造家舍、园地、庐观,花费人力、财力不计其数。

为了规劝皇帝亲贤臣、远小人,杨震因京城地震一事又上书说:"我幸蒙皇上恩宠,得以位列三公之位,却不能弘扬正气,调和阴阳。十二月四日,京城发生地震,我曾听老师说过:地是阴气之精,应当安安静静地承受阳气。而发生地震,其原因就是阴气太盛所致。地震的那天是戊辰日,天干中的戊和地支中的辰都位列第五属土性,加上地震,三方面都是土。其征兆应该指的是中宫,是宦官近臣过分擅权干预朝政的征象。我想陛下常常为边境战事未完需要大量钱物而忧心忡忡,因而自己生活异常俭朴。宫殿墙倾屋斜,只是用柱子来支撑,并不进行修建。这样做是想让远近百姓都知道国家财政困难,皇帝带头实施政化清流,使老百姓学习效法皇帝的做法,节俭办事。而陛下身边那些亲幸小人,不与皇上同心同德,骄奢淫逸,超越礼法规则行事。广招工匠,盛修宅第,卖弄权势,作威作福,致使天下百姓人人怨恨。地震就发生在京城,恐怕是上天发怒而惩罚的吧。再说,一冬无雪,今春又没有下雨,百官为此十分焦虑,而陛下身旁那些势利小人,仍旧修缮不停,这才是真正导致上天久旱不雨的原因呢。《尚书》说,只有君主可以锦衣玉食,做臣子的是不能仿效的。请陛下振奋刚正之德,逐弃那些骄奢不法的近幸小人,让那些蛊惑人心的传言停止传播，诚心诚意地接受上天的警告。不要再让那些作威作福的幸臣小人继续掌握实权，使大权旁落。"

杨震前后多次上书，所上奏章婉转诚恳，言辞激切，切中时弊。安帝对此一点也听不进去，而且产生了厌烦和不满情绪，樊丰等人更是侧目而视，恨之入骨。只是因为杨震是当时名儒，名声很大而不敢加害于他。

不久，河间郡（今河北雄县）有一个叫赵腾的男子到宫门上书，批评朝政。安帝阅后非常生气，下诏将赵腾收捕入狱，严刑拷问，最后以诬枉皇上的罪名结案。杨震知道后立即上书营救赵腾。他说："我听说尧舜时代，在朝廷置放敢于直谏的鼓，标立敢于诽谤的木，用以鼓励官吏和百姓给皇帝提批评意见；殷周时代的英明君主，特别注意倾听百姓的怨愤谩骂和不满，用以修正自己治国中的缺点和错误，用德行去教育感化人民。之所以这样做，就是为了让下情尽数上达，使人民无所忌讳地畅所欲言，让最下层人都能把意见讲出来，以便广泛采纳，集思广益。现在赵腾虽因言语激烈攻击朝政而获罪，但这与那些杀人放火的犯罪分子是有明显差别的。我请求陛下宽恕赦免他的罪过，保全赵腾的性命，并以此鼓励最下层的广大人民坦率直言，以求广开言路，获取教益。"安帝看了杨震奏章，没有采纳，将赵腾押赴都市斩首。

延光三年（公元124年），安帝东巡泰山，樊丰等人乘机修建房屋。杨震的属下高舒招来将作大匠、令史考核检查，得到樊丰等人伪造诏书等罪行证据。杨震准备好奏章，等安帝巡游回京后上奏此事。樊丰等人获悉这个消息后非常害怕。当时恰好发生太白犯昂的自然星象变化，太史奏说此星变逆行，昭示人臣有悖逆犯上行为。樊丰等人乘机将此星象变化归罪到杨震身上，并在安帝前造谣诬陷杨震说："自从赵腾死后，杨震对朝廷深怀怨恨，而且他是邓氏家族的门生故吏，对当今朝廷一直存有怨恨之心。"等到安帝车驾东行归来，准备选择吉日入宫时，连夜派使者收缴了杨震的太尉印绶。杨震就紧闭大门，谢绝一切宾客来访。樊丰等人又请大将军耿宝再上奏章，诬陷杨震对朝廷收缴他的印绶心怀怨气，有不服处置之罪，安帝下诏遣送杨震回归故里。

杨震接诏后立即动身返乡，途经洛阳城西的几阳亭时，慷慨悲愤地对他的儿子和门人说："死，本是士大夫的寻常本分之事。我蒙圣上之恩官居高位，痛恨奸臣狡猾而不能诛杀，厌恶奸邪的女人倾乱朝廷而不能禁止。我还有什么面目活于人世。我死后，以杂木做棺板，以粗布做寿衣，既不要送我回归祖坟，也不要设祠祭祀。"说完就饮毒酒而死，死时七十多岁。弘农太守移良，秉承樊丰等人的意旨，派人在陕县截住了杨震的灵车，不准运回本籍，并将棺木露天放在道边，一任日晒雨淋。杨震的几个儿子则被罚做苦役，代替邮差往来送信，路过的行人无不为之垂泪。

永建元年（公元 126 年），汉顺帝刘保即位，樊丰、周广等人被处死，杨震的门生虞放、陈翼等人上书顺帝要求重新调查处理杨震冤案。当时朝廷上下都交口称赞杨震的正直忠烈，顺帝下诏给杨震平反。除拜杨震的两个儿子为郎官，赠钱百万外，还以很高的礼仪改葬杨震于华阴潼亭。改葬这天，远近百姓络绎不绝，都来参加葬礼，纪念这位清正廉洁、正直无私、疾恶如仇、敢于直谏的好太尉。

杨震从应征入邓骘幕府起，到被罢免太尉止，出仕二十多年。这二十年间，杨震恪尽职守，秉公办事，勤政廉洁，为国为民，成了千秋万代学习的楷模。胡曾诗中写道："杨震幽魂下北邙，关西踪迹遂荒凉。四知美誉留人世，应与乾坤共久长。"

千秋科圣——张衡

张衡（公元 78 年—公元 139 年），字平子。东汉南阳西鄂（今河南南阳市石桥镇）人。与司马相如、扬雄、班固并称汉赋四大家，东汉六大画家之一。历任郎中、太史令、侍中、河间相等。

张衡家族世代为当地的大姓，他的祖父张堪，自小志高力行，被人称为圣童。张衡像他的祖父一样，从小刻苦向学，少年时便会做文章。16 岁以后曾离开家乡到外地游学，先到了当时的学术文化中心三辅（今陕西西安一带）地区。这一地区壮丽的山河和宏伟的秦汉古都遗址给他提供了丰富的文学创作素材。以后又到了东汉都城洛阳。在那儿,他进过当时的最高学府太学,精通五经六艺。

汉和帝永元初年,张衡被推举为孝廉,但他没有接受,公府几次征召也不到。当时国家太平已久,自王侯以下,没有不奢侈过度的。张衡仿照班固的《两都赋》,殚精竭思十年,做成《二京赋》,用以讽谏朝廷。大将军邓骘欣赏张衡的才华,多次征召他,张衡都不应命。

永元十二年(公元 100 年),张衡应南阳太守鲍德之请,作了他的主簿,掌管文书工作。八年后辞官读书。鲍德升职为大司农后,热心推荐张衡。

永初五年(公元 111 年),张衡被朝廷公车特征进京,出任尚书台郎中,三年后迁任尚书侍郎。元初二年(公元 115 年),出任太史令,任此职前后达 14 年之久,许多重要的科学研究工作都是在这一阶段完成的。

张衡曾参加过在汉安帝延光二年(公元 123 年)的一次历法大讨论。这次大讨论的起因是,有人从图谶和灾异等迷信观念出发,非难当时使用的较科学的东汉《四分历》,提出应改用合于图谶的《甲寅元历》。又有人从汉武帝"攘夷扩境,享国久长"出发,认为应该倒退回去采用《太初历》。张衡和尚书郎周兴对上述两种意见提出了批驳和诘难,使这两种错误意见的提出者或者无言以对,或者所答失误,从而为阻止历法倒退做出了贡献。

永建七年(公元 132 年),张衡发明和制造了世界上第一部验震器"候风地动仪"。地动仪用精铜铸成,圆径八尺,顶盖突起,形如酒樽,用篆文山龟鸟兽的形象装饰。酒瓮外部的八个方向各有一个龙头,龙头下各有一只蟾蜍,张口对着龙头,八条龙各口含铜丸一颗。地震发生时,该方向的龙口张开,铜丸落下,掉入蟾蜍口中,据此可知地震的方向。候风地动仪是世界上的地震仪之祖,虽然它的功能尚只限于测知震中的大概方位,但它却超越了世界科技发展约 1800 年。

张衡主张浑天说,认为天是球状的,像个鸡蛋,天相当于蛋壳,大地像蛋黄,天把大地包在当中,大地是平面的,周围是水,大地浮在水上。他改进西汉耿寿昌的设计,制造浑天仪,著有《浑天仪》一卷加以解说。浑天仪以铜铸造,空心球体,直径约五尺,上画二十八宿、中外星官及黄道、赤道,每日均匀地绕中轴旋转一周。浑天仪是个原型、早期的时钟。在西方,类似能自动旋转的浑象在 16 世纪才出现。

指南车利用机械原理和齿轮的传动作用,由一辆双轮独辕车组成。车厢内用一种能自动离合的齿轮系统,车厢外壳上层置一木刻仙人,无论车子朝哪个方向转动,木人伸出的臂都指向南方。

《灵宪》是张衡有关天文学的一篇代表作,全面体现了他在天文学上的成就和发展。张衡认为宇宙是无限的,天体的运行是有规律的;月光是日光的反射,月食起因于地遮日光,月绕地行且有升降。他认识到太阳运行(应是地球公转)的某些规律,正确解释了冬季夜长、夏季夜短和春分、秋分昼夜等时的起因。他指出在中原可以见到的星星有 2500 个,与今人所知略近。经过对某些天体运转情况的观测,得出一周天为三百六十五度又四分度之一的结论,与近世所测地球绕日一周历时 365 天 6 小时 9 分 10 秒的数值相差无几。

张衡是辞赋名家,由歌功颂德的辞赋发展为抒情小赋,将汉赋推向高峰,现存大致完整的作品有《温泉赋》《南都赋》《二京赋》《思玄赋》《归田赋》《髑髅赋》《天象赋》《应间》《七辩》等九篇。诗歌方面,张衡初次撰写七言古诗《四愁诗》,脱离了楚歌的句式,接近纯粹的七言诗。《文心雕龙》称:"自扬(扬雄)马(司马相如)张(张衡)蔡(蔡邕),崇盛丽辞,如宋画吴冶,刻形镂法,丽句与深采并流,偶意共逸韵俱发。"又称"张衡通赡,蔡邕精雅,文史彬彬,隔世相望。是则竹柏异心而同贞,金玉殊质而皆宝也。"

图片说明:张衡

东汉谶纬之学风行于世,自东汉建国后,儒生争学图纬,更附以妖言。张衡认为图纬虚妄,不是圣人之法,并说:"此皆欺世罔俗……宜收藏图谶。一禁绝之。"翦伯赞在《中国史纲要》中称张衡为"反谶纬的思想家"。

政治上,张衡坚持批判现实,对宫廷政治的污浊奸诈深感忧愤,反对王侯贵族的奢侈生活。他受道家思想影响,倾向老、庄,主张无为,有人生无常、遁隐厌世的思想,企图超越世俗生活。其宇宙论也体现道家观念,继承了西汉儒家董仲舒的灾异、天人感应之说,认为星象变异和地震等灾异,是上天对世人和朝廷的谴告,促使他制造更精密的仪器去认识宇宙和侦测地震,以察知天意;但他反对谶纬预言,曾上《请禁绝图谶疏》,指出图谶弄虚作假,为迎合当权者而伪造。他推崇西汉扬雄的《太玄》,认为"玄"是宇宙的根本原理,《太玄》一书深奥而难以理解。他相信天上有许多神,星神、四方神、天皇等等。不但天上有神,山林原野都有神灵。天体的组织与地上朝廷政府的组织相对应,星星会影响人的命运。张衡熟悉"风角"之术,认为可透过观风而知祸福,相信占卜,宇宙间有某种神秘力量,绝非所有事物都可用理性解释。

阳嘉二年(公元133年),洛阳大地震,张衡借此上谏,批评宦官越权,主张大权归还天子。同年升任侍中,顺帝任用他在自己身边对国家的政事提出意见。顺帝曾询问张衡天下所痛恨的人,宦官们害怕他说自己的坏话,都用眼睛瞪着他,张衡便用一些不易捉摸的话回答。但宦官还是担心张衡以后会成为他们的祸害,群起毁谤张衡。张衡常想着如何立身行事,认为吉凶祸福,幽暗深微,不易明白,于是作《思玄赋》,以表达和寄托自己的情志。

永和元年(公元136年),张衡被外调任河间王刘政的国相。刘政骄奢淫逸,不遵法纪,又有不少豪强之徒,纠集一起捣乱。张衡到任后,严整法纪,打击豪强,暗中探得奸党名姓,一时收捕,上下肃然,他为政以清廉著称。任职三年后,张衡上书请求辞职归家。永和四年(公元139年),张衡去世,享年六十二岁。

张衡为中国天文学、机械技术、地震学的发展做出了杰出的贡献,被后人誉为"木圣"(科圣)。由于他的贡献突出,联合国天文组织将月球背面的一个环形山命名为"张衡环形山",太阳系中的1802号小行星命名为"张衡星"。

郭沫若评价说:"张衡的两京赋在汉代文学中有优越地位。制成浑天仪,以观察天体运行。又制成候风地动仪,以测候地震。如此全面发展之人物,在世界史中亦所罕见,万祀千龄,令人敬仰。"范文澜《中国通史简编》写道:"王充的著作,有益于科学思想,张衡的发明,推进了科学知识。论衡与地动仪是东汉两大创造,王充与张衡是东汉文化界的两个伟人。"

公私分明——苏章

苏章(生活于公元2世纪),字孺文,东汉扶风平陵(今陕西咸阳西北)人,以为官清正刚直、执法严明著称。

苏章的八代祖上是苏建,武帝在位时担任右将军。祖父苏纯,字桓公,有很大的名声,性格倔强急性子而且不怕当面指出别人的缺点,士子和友人都很忌惮他。见面后都互相说:"见苏桓公,害怕他教诲责备人,见不到他,却又思念他。"京城周围的人都称他为"大人"。永平年间,苏纯在窦固的军队担任奉车都尉,随军攻打北匈奴、车师有功,受封为中陵乡侯,后来做到南阳太守。

苏章从小就十分博学,善于写作。曾负笈从师,不惮千里之遥。安帝在位的时候,朝廷荐举贤良方正有学识的人。苏章应对得当,策论高妙,得以任用,担任议郎职务。在皇帝面前几次议论政策得失,发表的言论切中时弊,群臣都认为他十分正直。不久外放做了武原县令,正逢灾年,苏章立刻打开官仓赈灾,救活了三千多户人。

顺帝汉安元年(公元142年),苏章出任冀州刺史。一次巡视到清河郡时,当地的百姓向苏章状告太守贪赃枉法。然而这清河太守不是别人,恰恰是苏章昔日的同窗好友。苏章经过调查,证据确凿,将要追究他的罪行。这天晚上,苏章请太守来吃饭,为他准备了酒菜佳肴。席间,两人不谈政事,只回忆以往的美好时光,非常投机。酒酣耳热之际,太守很高兴,认为自己找到了保护伞,肯定不会有事,有点得意忘形地说:"别人的头上只有一重天,而唯独我头上有两重天!"苏章说:"今天我与你饮酒叙旧,是私人关系;明天我是冀州刺史办案,要依法公事公办!"太守沉默不语。第二天,苏章在公堂之上历数太守的罪行,依法惩办,毫不留情。冀州境内都知道苏章是个刚正无私的人,为政的风气焕然一新。不久,苏章异地交换做并州刺史,上折得罪了当地权贵,又违反了皇帝的旨意,即被罢免,隐居在乡间,不与官场来往。后来又被朝廷征召为河南尹,不肯前去就职。当时,政治日渐腐朽,天下日益动荡,人民多有疾苦,民生凋敝,有人向朝廷举荐苏章,认为他是定国安邦之贤才,然而朝廷始终没有任用他,苏章最后在家乡去世。

一钱太守——刘宠

刘宠(生活于公元 2 世纪),字祖荣,东汉东莱牟平(今山东烟台牟平区)人。汉室宗亲,为西汉齐悼惠王刘肥之孙,牟平侯刘涣的后代。刘宠的父亲刘丕,博览群书,很有学问,人称儒学大家。

刘宠年轻时跟随父亲学习,因通晓经学被举荐为孝廉,出任东平陵县令。他为政仁爱惠民,受到百姓的爱戴。母亲患病后,刘宠弃官回家。百姓送他离去,连道路也被堵塞,车子不能前进,他便穿着便服悄悄地离开。

刘宠经四次迁升担任豫章太守,又经三次升迁任会稽太守。他任会稽太守前,当时山里的老百姓朴实拘谨,他们往往被官吏欺诈,有的竟然从小到老都没有进过集市城镇。刘宠到任后,除去那些烦琐的规章制度,禁止部属扰民等不法行为,使得郡中秩序井然,百姓安居乐业。不久,朝廷征召他任将作大匠。离开会稽去京城上任时,山阴县有五六个老人,眉毛头发都花白了,特意从山里走出来给他送行,每人带了一百文钱赠送他。他不肯接受,说:"各位父老何必这样呢?"老翁们回答说:"我们这些山里的鄙贱之人,从来没有见过郡守。别的太守在任时,派官吏到民间搜求财物,白天黑夜不断,有时狗叫通宵,百姓不得安宁。自从您到任以来,夜里听不见狗叫声,百姓也没有受到官吏的骚扰。我们活到老年才遇到您这样贤明的太守,现在听说您要离开我们去别的地方,所以我们特意来给您送行。"刘宠说:"我的政绩哪里像你们说的那样好呢?你们辛苦了!"最后,他不得不在每个人的钱中挑了一个最大的接受,后人称他为"一钱太守"。

刘宠入京后,历任将作大匠、宗正、大鸿胪。延熹四年(公元 161 年)九月,刘宠升任司空。延熹六年十一月,刘宠因为天气中阴气超过了阳气而被免官。不久,又授职为将作大匠,再任宗正。建宁元年(公元168年)八月,刘宠再任司空。九月,太傅陈蕃、大将军窦武等人谋划诛杀宦官失败遇害,司徒胡广任太傅、录尚书事,刘宠升任司徒。汉灵帝建宁二年(公元169)六月,刘宠升任太尉。十一月,因测算日食有误被免职,刘宠于是回归乡里。

刘宠前后连任郡太守,多次担任卿相要职,但他清廉自守,生活节俭、朴素,家里没有蓄积多余的钱财。有一次,他出京到外地去,路经一个亭舍,想进去休息一下,亭吏阻止他说:"我们整顿亭舍,打扫干净,是专门接待刘公(宠)的,您现在不能在这里休息。"刘宠听了,一言不发,悄然离去。当时人们听到这件事,都称颂他是一位忠厚的长者。刘宠清廉简朴的美德,载在《后汉书·循史传》中,被奉为楷模,称为"二十四廉"之一。

乾隆诗中写道:"循吏当年齐国刘,大钱留一话千秋。而今若问亲民者,定道一钱不敢留。"王叔能诗有:"刘宠清名举世传,至今遗庙在江边。近来仕路多能者,也学先生拣大钱。"

悬鱼太守——羊续

羊续(公元142年—公元189年),字兴祖,东汉兖州泰山郡平阳县人。祖父羊侵,汉安帝时任司隶校尉;父亲羊儒,汉桓帝时任太常。羊续年轻时以忠臣子孙的缘故官拜郎中,历任扬州庐江郡太守、荆州南阳郡太守,西晋初年名将羊祜的祖父。

建宁元年(公元168年),羊续被大将军窦武征辟到幕府任职。同年,窦武因欲剪除宦官事败被治罪,羊续被免职。次年,第二次党锢爆发,羊续又被牵连,被禁锢十余年。他待在家中,常静居自守。

中平元年(公元184年),党锢解除,羊续被太尉杨赐征辟为官。此后经四次升迁,为扬州庐江太守。次年,扬州出现黄巾军,攻打舒县,焚烧城廓。羊续征募舒县二十岁以上的男子入伍,皆发放兵器上阵,年幼体弱的人就负责背水灭火。这样,一下子调集了数万人,大家齐心协力,大败黄巾军,庐江郡内得以安宁。之后,安凤县出现以戴风为首的叛乱军,羊续又率军击溃敌军,斩首三千余人,生擒叛军头目。其余叛军均免罪为平民,并发放农具,让他们回乡务农。

中平三年(公元186年),荆州江夏郡驻军赵慈发动叛乱,斩杀了南阳太守秦颉,攻陷六座县城,朝廷任命羊续为南阳太守,负责平定赵慈叛乱。羊续快到南阳郡的边界时,换成便装秘密进入南阳郡,只带随从一人,到各个县城询问当地的情况,然后才到南阳郡上任。南阳郡各县令是贪污还是廉洁,吏民是善是恶,羊续都了如指掌,下属们莫不惊讶、震慑。羊续再发兵与荆州刺史王敏一同攻打赵慈叛军,斩杀赵慈,杀死叛军五千余人。其他的叛军都向羊续投降,羊续为此上书朝廷,希望宽恕这些投降的叛军。叛军清剿平定后,羊续在郡内颁布政令,为百姓排忧解难,兴利除弊,百姓都心悦诚服。当时南阳郡是大郡,很多有权势和富豪人家都崇尚奢侈华丽,羊续非常反感,深为憎恶。因而他以身作则,常常穿着破旧的衣服,吃着粗劣的食物,使用破旧的马车和瘦弱的马匹。羊续在河南南阳太守任上,廉洁自守,赴任后数年未回家乡探亲。一次,他的夫人领着儿子羊秘从老家泰山郡千里迢迢到南阳郡去看望他,不料被羊续拒之门外,仅让儿子羊秘进屋,向儿子展示自己所有的资产。原来,羊续身边只有几件布衾、短衣、盐以及数斛麦,根本无法养活妻儿。羊续对羊秘说:"我自己就这些东西,我拿什么养活你和你的母亲呢?"不得不劝说夫人和儿子返回故里,自食其力。

羊续历任庐江、南阳两郡太守多年,从不请托受贿、以权谋私。他到南阳郡上任不久,他属下的一位府丞送来一条当地有名的特产——白河鲤鱼。羊续拒收,推让再三,这位府丞执意要太守收下。当这位府丞走后,羊续将这条大鲤鱼挂在屋外的柱子上,风吹日晒,成为鱼干。后来,这位府丞又送来一条更大的白河鲤鱼。羊续把他带到屋外的柱子前,指着悬挂的鱼干说:"你上次送的鱼还挂在这,已成了鱼干,请你一起都拿回去吧。"这位府丞甚感羞愧,悄悄地把鱼取走了。此事传开后,南阳郡百姓无不称赞,敬称其为"悬鱼太守",再也无人敢给羊续送礼了。

中平六年(公元 189 年),汉灵帝刘宏任命幽州牧刘虞为太尉。刘虞推辞,向刘宏推荐羊续等人,刘宏便下诏书任命羊续为太尉。当时担任三公的人,都要给东园缴纳一千万的礼钱,由宦官担任使者负责收取,这些宦官被称为"左骑"。左骑前来宣布诏令,很多官员都会毕恭毕敬,给他们送很多钱财。而羊续则让左骑坐在一张席子上,并拿出一件破旧的棉袄给他看,说:"我所有的家财,就是这件棉袄。"左骑回到朝廷后,向灵帝汇报,灵帝非常不高兴,因此没让羊续做太尉。之后灵帝仍然拜刘虞为太尉,刘虞也一贯有清廉的名声,加上平定张纯叛乱有功,灵帝特意免去刘虞的礼钱。

灵帝又改任羊续为太常,也可免去礼钱。羊续还没来得及往洛阳赴任,就因病去世,时年四十八岁。羊续临终时留下遗言,要求薄葬,不接受礼钱。按照朝廷规矩,俸禄二千石的官员去世,朝廷拨款一百万用于葬礼。府丞焦俭遵照羊续的遗愿,拒绝了这笔费用以及其他人的捐赠。灵帝得知,下诏书称赞羊续的品德,并让泰山郡太守从当地政府拨款赏赐给羊续的家人。

周昙诗有:"鱼悬洁白振清风,禄散亲宾岁自穷。单席寒厅惭使者,葛衣何以至三公。"于谦《初度》诗:"剩喜门庭无贺客,绝胜厨传有悬鱼。清风一枕南窗卧,闲阅床头几卷书。"

第三章　魏晋南北朝时期

魏晋南北朝时期是中国历史上大分裂大动荡时期,政权割据、民族纷争以及地主阶级内部寒族与门阀势力的斗争,此起彼伏,纷繁复杂,因贪暴而亡者不可胜数,因得人爱民而兴者比比皆是。

魏晋时期门阀豪族势力进一步增强,在地方及中央的权力日益膨胀。这些世家大族,大多数并无政治远见,纷纷以清谈为务,不以理胜而以辞荣,官宦贵戚之间,斗富之风盛行,士大夫几乎全无古仁人推己求人之心和君子重义爱民之风,竞相敛财,贪腐之风侵蚀官场,但仍然有不少反对贪污、洁身自好的清官良吏。

南朝时期,世家大族走向衰落,寒门庶族兴起,为了加强皇权,防止大族专权,控制地方诸王刺史,澄清吏治,缓和社会矛盾,加强了监察措施,监察机构进一步独立发展,同时,公开鼓励和奖赏清正廉明的官吏。

北朝始自鲜卑,北魏终结五胡十六国的战乱纷争,统一了北方。孝文帝即位后,针对官吏腐败、官逼民反的局势,锐意改革,御史台成为唯一的国家监察机构,其权威也得到了迅速的提升。西魏宇文泰十分重视廉政建设,对贪腐严惩不贷,奖励重用廉吏。

魏晋南北朝时期涌现了不少廉吏,《晋书》记载两晋循吏12人,《魏书》记载北魏循吏12人,《宋书》记载刘宋循吏11人,《南齐书》记载南齐循吏8人,《北齐书》记载北齐循吏9人,《梁书》记载南梁循吏7人,《南史》记载南朝循吏18人,《北史》记载北朝循吏21人。

一生节俭——是仪

是仪(生活于公元 3 世纪),本名氏仪,字子羽,东汉北海郡营陵县(今山东昌乐)人。早年曾在营陵县担任县吏,后在北海郡任职,郡太守孔融嘲笑他说,"氏"字是"民"字无上,可改为"是",于是是仪便把自己的姓由"氏"改为了"是"。在东汉、东吴两朝为官,历任东吴骑都尉、忠义校尉、裨将军、偏将军、侍中、中执法、尚书仆射等官,先封都亭侯,后进封都乡侯。

东汉末年群雄混战,社会动荡,是仪依附刘繇,到江东避乱。刘繇军队失败后,是仪迁居会稽。孙权主持东吴大政后,优待文人,征召是仪。是仪来到后,受到孙权的信任和重用,专门负责机要事务,被授予骑都尉。

吕蒙计划袭取关羽,孙权将吕蒙的计划同是仪商量。是仪很赞同吕蒙的主张,劝孙权采纳吕蒙的计策。是仪随从吕蒙征讨关羽,被任命为忠义校尉,是仪面陈孙权推辞。孙权说:"我虽然比不上赵简子那么慷慨,难道你不能像周舍那样委屈一下么?"

荆州平定后,孙权定都武昌,是仪被任命为裨将军,后又封为都亭侯,任侍中。孙权想让他去带兵,是仪认为自己不是统率军队的人才,坚决推辞,拒不接受。黄武年间,孙权派是仪去安徽,协助皖城将军刘邵,设计引诱曹休。曹休率军出击,遭到惨败,是仪因功升为偏将军。他回朝负责尚书事务,对外总领评定官员的成绩,兼任诉讼事宜,还受命教各位公子读书学习。

黄龙元年(公元 229 年),孙权迁都建业,太子孙登镇守武昌,是仪受命留下辅佐。孙登对他十分敬重,凡事都先找他咨询,然后才推行实施,是仪被封为都乡侯。

嘉禾元年(公元 232 年),是仪随孙登回到建业,被任命为侍中、中执法,管理诸官事宜,兼管诉讼。是仪为人正直而不畏强权,典校郎吕壹经常检举朝中官员。

一次，吕壹诬告前江夏太守刁嘉诽谤国家政策。孙权十分恼怒，将刁嘉逮捕入狱，并详细审问验证。与此事有关系的人十分畏惧吕壹，都说刁嘉的确攻击过朝廷，只有是仪说没有听到过。是仪因此被审查了很长的时间，孙权的口气也是越来越严厉，大家都捏了一把汗。是仪回答说："现在刀子已架在我的脖子上，我哪里敢替刁嘉隐瞒真相，而自取灭族之祸，使自己成为不忠之鬼呢？我不过是为了让陛下了解此事的真实本源。"是仪始终根据实情回答，最后孙权相信了是仪所说的话，刁嘉也因此而免遭处罚。是仪为官数十年，从未有过失。吕壹多次诬陷告发将相大臣，有的人竟被他告发四次之多，唯独没有借口告发是仪。孙权因而感叹说："如果人人都像是仪那样，还到哪里去施用什么法律条令呢？"

嘉禾三年（公元234年），蜀国丞相诸葛亮去世，孙权关心蜀国情况，派遣是仪出使蜀国，表示要与蜀国加强结盟友好的关系。是仪出色完成了任务，孙权很高兴，任命他为尚书仆射。

赤乌五年（公元242年），孙权先后立太子孙和及鲁王孙霸，但孙权宠爱孙霸。是仪当时兼任鲁王傅，认为孙霸与孙和的待遇似乎一样，有所不妥，上书说："为臣私下认为，鲁王天资卓群敬修美德，兼备文武才干，如今适宜的安排，是让他镇守四方，作为国家的辅佐屏障。宣扬陛下圣德，显耀陛下威信，这是国家的规矩，也是天下所期望的。只是，为臣言辞粗疏，不能表达得更加深刻。我认为二王的地位应当有所限制，以明白上下的等级秩序，申明教化的根本。"他接连上书三四次，作为师傅，是仪竭尽忠诚，时时加以规劝，对上侍奉勤奋，与人相交恭敬。

是仪经常向孙权举荐人才，提出建议，但从不谈论他人的短处。孙权责备他不谈论时事，是非不明，是仪回答说："圣明的君主在上，臣下尽忠职守，唯恐不能称职，实在不敢以臣下愚陋的言论，干扰圣上的视听。"

是仪从不经营家财，不接受别人的恩惠，不穿精美华贵的衣服，不吃丰盛讲究的菜肴。房舍财物能供给日常生活就行，家中也没有什么储蓄，却热心救济穷人。孙权听说后，亲自到他的家中，要求看看他家吃的饭菜，并亲口尝食。孙权非常感叹，当即要增加他的俸禄和赏赐，扩增他的田地和住宅，是仪都推辞谢绝。有位邻居盖起大宅院，孙权外出时看见了，便问这所大宅院的主人是谁，左右随从回答说："大概是是仪的家。"孙权说："是仪很俭朴，一定不是他。"一询问，果然是别人的房子。

是仪晚年重病卧床，留下遗嘱要求用一般的棺木安葬，穿戴平时衣服下葬，一切务必要减省节约，八十一岁时去世。

父子清官——胡质 胡威

胡质（？—公元 250 年），字文德；胡威（？—公元 280 年），字伯武（又作伯虎），又名貔。三国时淮南寿春（今安徽寿县）人。

胡质年轻时与蒋济、朱绩齐名，在长江、淮河一带很有影响，在州郡任职。后来蒋济任别驾，向曹操举荐胡质，曹操问："胡敏年岁较大，该有子孙了吧？"蒋济说："有个儿子叫胡质，处理大问题不如父亲，但处理细小事情心细超过父亲。"曹操任胡质为顿丘（今河南清丰县）令。

在曹操当政时，胡质还只是个不起眼的小吏。日后他之所以官职显要，既不靠逢迎拍马，也不靠贿赂开路，而是靠自己的清正廉洁和勤勉政绩。他在任上，善于断案。县里有个叫郭政的人与堂妹通奸，两人合伙谋害了堂妹的丈夫程他，被县吏冯谅捉住下狱。由于奸夫淫妇死不招认，反而诬告冯谅为私枉法。冯谅忍不住严刑拷打，只好招认自诬，被捕入狱。胡质重审此案，他通过"察其情色，更详其事"，终于使案情水落石出，冯谅的冤情得以昭雪。

后来胡质又任丞相东曹议令史、扬州治中。将军张辽与其护军武周有矛盾。张辽见到刺史温恢，请胡质出任幕僚，胡质以病推托。张辽对胡质说："我有心任你做官，你为什么辜负我的厚意呢？"胡质说："古人相交，看他索取很多但仍相信不贪，看他临阵脱逃而仍相信他不怯，听说流言而不为所动，这样交情才可以长久啊！武周身为雅洁之士，以前您对他赞不绝口，而今只为一点小事，就酿成矛盾。何况我胡质才能浅薄，怎么能始终得到您的信任呢？因此我不愿意就职。"张辽很受感动,与武周重归于好。不久曹操召任胡质为丞相属。

黄初年间,转任吏部郎、常山太守,后任东莞太守。士人卢显被人杀害,胡质说:"这个人似乎没有仇人,只有一个年轻的妻子,因为这而死吗?"逐一召见与卢显相邻近居住的年少之人。问到书吏李若,发现他气色不对,胡质追究到底,李若只得自首,受到惩罚。胡质在东莞九年,政通人和,上下称颂,吏民安居乐业,将士恭敬从命。

胡质性情深沉,好深思,从不以自己的标准去衡量他人,每每得到赏赐,都分给众人,从不收藏家中,得到他人的爱戴。后来胡质迁任荆州刺史,加振威将军封号,赐爵关内侯。在荆州刺史任内,他的政绩依然卓著,形成了"广农积谷,有兼年之储"的富庶局面。

正始二年(公元241年),东吴将领朱然围攻樊城,胡质率轻兵增援樊城。很多人都认为,吴军兵多,不宜率兵进逼。胡质说:"樊城地势低下,兵力又少,所以应当进军给予外援,否则,樊城就危险了。"胡质率兵到围城的吴兵外围,稳定了城内人心。不久太傅司马懿率兵解围,后又迁任东征将军,假节都督青州、徐州诸军事。胡质任内鼓励农耕,使粮仓有多年的储藏。又设置东征台,一方面用作耕作,另一面则用作军事驻防,与诸郡通渠,方便船只航行,严防东吴攻击。严设备以待敌,海边无事,曾多次立功受封,都将钱谷全部分给部下,分毫不入私囊,深受将士们的敬重。

胡质一生,清廉爱民,从不看重钱财,不置家产。嘉平二年(公元250年),胡质去世,家里没有什么财产,只有皇帝所赐衣物和书橱。军师把这些情况报告给朝廷,追封他为阳陵亭侯,食邑百户,谥号贞侯。

《三国志》评曰:"徐邈清尚弘通,胡质素业贞粹,王昶开济识度,王基学行坚白,皆掌统方任,垂称著绩。可谓国之良臣,时之彦士矣。"《晋书》说:"质,以忠清著称。"

胡威早年就自勉立志向上,与其父都以廉洁慎重而闻名于世。胡质任荆州刺史时,胡威从洛阳去探望,由于胡质为官清廉,家中贫穷,没有一车一马,也没有仆人随从,胡威只身一人骑着毛驴上路了。途中,每到一地住宿时,他便一边放驴,一边砍柴,自己动手做饭,一路风餐露宿,来到荆州。他在荆州住了十多天,向父亲辞行。胡质很想拿点什么东西表示一下做父亲的心意,翻来翻去,总算从家里翻出了一匹绢。他对儿子说:"儿啊,父亲虽官居刺史,但我一生只食俸禄。这匹绢你拿着,就算父亲给你路上的盘缠吧。"他惊奇地问父亲:"人们都说您清正廉洁,为官不贪不占,不知此绢从何而来?"胡质告诉他这匹丝绢是从自己的俸禄中节约出来的,胡威这才放下心来,谢过父亲上了路。当时,胡质的部下有一名都督,对胡威只身一人行路不放心,就在胡威出发之前,对胡质谎说请假回家探亲,先于胡威出发,在荆州城外等候着胡威。等到胡威赶上来以后,他主动提出要与胡威结伴同行。一路上,这位都督对胡威照顾得非常周到,二人同行了数百里。胡威纳闷这位素不相识的人为什么对自己这样照顾,心中有些疑虑。经过一再诱问,才知道这位都督是瞒着胡质特意来护送他的。胡威弄清真相后,便把父亲送给自己的丝绢作为谢礼送给了那位都督,让他返回荆州。胡威回到洛阳后,写信把这件事情告诉了父亲。胡质读完儿子的来信,十分生气,杖责那位都督一百,并革除了他的职务。

三国归晋后,胡威也做了官,被任命为侍御史,历任安丰太守,徐、豫、青等州刺史,前将军,封平春侯。他为政忠清洁正,勤于研究施政方法,使教化之风盛行一世。又入朝任尚书,加奉车都尉。他一般上朝参政都不坐轿,朝廷给他的俸禄年年都拿出一些救济灾民,人们称他和他的父亲是"父子清官"。晋武帝谈到从前的事,赞叹他父亲廉洁,询问说:"你和你父亲谁更廉洁?"胡威答道:"我不如我的父亲。"晋武帝说:"你父亲为什么胜于你?"胡威回答:"我父亲廉洁恐怕人们知道,我却是唯恐人们不知道,所以我还差得很远。"晋武帝认为胡威的话坦率而又委婉,谦虚而又顺理。

胡威不仅以清廉著称,并敢于犯颜直谏。晋武帝为政对朝中大臣多有纵容,犯法不拘,而对下级官员则严加惩罚。胡威认为,朝廷在运用刑罚上对那些大臣们有些失之过宽,遂向晋武帝提出改正这种做法的建议。晋武帝说:"尚书郎以下官员犯法,我从不宽容。"胡威说:"我所说的宽松,哪里是指对丞郎令史等官,我是说对与我同等的一批官也要严格,才可以严肃教化晓谕法制。"

太康元年(公元280年)十月,胡威去世。因他政绩突出,为官清廉,朝廷追赠使持节、都督青州诸军事、镇东将军,谥号烈。胡质、胡威父子,在官场上廉政勤政,在家庭中克勤克俭,这种良好的家风,炳耀千秋。

笑酌"贪泉"——吴隐之

吴隐之(?—公元414年),字处默,东晋濮阳鄄城人。曾任中书侍郎、左卫将军、广州刺史等职,官至度支尚书。

吴隐之从小志存高远,饱览诗书,擅长谈论,以儒雅闻名于世。他为人节俭,虽然早年家境贫寒,生活清贫,每天喝粥,也不吃其他人的食物,即使没有食物,也不会以非法手段获取。幼年即以孝闻名,其父在吴隐之十多岁时去世,吴隐之哀伤号哭,感动众人,也更加努力侍奉母亲。母亲去世时,他悲痛万分,每天都以泪洗面,行人为之动容,期间吃过咸菜后因它太美味而不吃。当时韩康伯是他的邻居,韩康伯的母亲殷氏每次听到吴隐之思念父母的哭泣声都会吃不下饭,为他哭泣,并对韩康伯说:"日后你若当上选拔人才的官员,就该提拔这一种人。"后来,韩康伯成了吏部尚书,便推荐吴隐之为辅国功曹。

太和六年(公元371年),吴隐之被谢石点名要过去做主簿。谢石对吴隐之的生活很关心,吴隐之的女儿要出嫁,谢石知道他家穷,便吩咐手下人带着办喜事所需的各种物品去帮忙操办。到了吴隐之家,只见冷冷静静,宾客一个没请,嫁妆一件未办,毫无一点办喜事的气氛。只见婢女牵了一只狗要去市场上卖,没有一点筹备嫁女的样子。

广州面海环山,多有象牙、珍珠、海味和名贵药材出产。但因为地处僻远,瘴疫流行,在东晋时还属蛮荒之地,很少有人愿意去那里做官。只有那些家里贫困而又想发横财的人才肯去。到广州做刺史,只要弄上一箱珍珠宝物,几辈子享用不尽,以往的广州刺史因此没有一个不贪的。朝廷为了革除此弊,于元兴元年(公元 402 年）任命为人简朴的吴隐之做龙骧将军、广州刺史、假节都督交广二州诸军事，领平越中郎将。

离广州二十里一个叫石门的地方，有一口泉叫"贪泉"，当地人都说不管谁喝了这泉水，就会变得贪婪无比。吴隐之对家人说："如果压根儿没有贪污的欲望，就不会见钱眼开，说什么过了岭南就丧失了廉洁，纯属一派胡言。"为了表明立志清廉，他特意来到泉边，喝了"贪泉"的水，并赋诗一首："古人云此水，一歃怀千金。试使夷齐饮，终当不易心。"意思是人们都说喝了这泉水，就会贪财爱宝，假若让伯夷叔齐那样品行高洁的人喝了，我想终究不会改变那颗廉洁的本心。上任后，他廉洁奉公，力行俭约，始终不渝，所食不过是稻米、蔬菜和干鱼，穿的是粗布衣衫，住处的帷帐摆设均交到库房，始终保持着廉洁的操守。有人说他故意摆样子，吴隐之笑而不语，一如既往。部下送鱼，每每剔去鱼骨，吴隐之对这种媚上作风非常厌烦，总是呵斥惩罚后赶出帐外。经过他的惩贪官、禁贿赂，广州官风有所好转。为了表彰他"革奢务啬，南域改观"的操行和政绩，朝廷下诏，晋升他为前将军，赐钱五十万，谷千斛。

元兴三年（公元 402 年），卢循进攻番禺，吴隐之坚守城池，据守百余日，长子吴旷之战死。十月九日深夜城陷，吴隐之想带着家人逃回京师，不幸被卢循所俘。当时朝廷刚刚讨平篡位的桓玄，无暇南顾，遂让卢循任广州刺史。卢循选用王诞做自己长史，但王诞

吴隐之

想北归，劝说卢循让他北返，顺道也劝他放了吴隐之，吴隐之遂与王诞一同北归。吴隐之在广州多年，离开返乡时，小船上仍是初来时的简单行装。他妻子偷偷带了一斤中药材沉香木，不是原来的物件。吴隐之发现了，十分生气，把它丢到水里去了。吴隐之"处可欲之地，而能不改其操"，岭南习俗也就日趋淳朴。

到家时，屋子已经很残破了，只有茅屋六间，篱笆围院，难以住人。刘裕想要送他车牛，另为他盖一座宅院，吴隐之坚决推辞了。后升任度支尚书、太常，吴隐

之仍洁身自好,清俭不改,生活如平民,只用竹篷做屏风,连坐的座席和毡子都没有。吴隐之一贯保持节俭之风,每月领到俸禄后,除留一部分家用外,其余的都用来帮助生活困难的人。家人每天织布以维持生计,妻子不沾一分俸禄,每天都负柴做饭。有时真的没钱就需要两日吃一天粮,十分艰苦。冬天也没什么厚衣服,寒冬读书,吴隐之常身披棉被御寒。要洗衣服时也只披上芦絮衣,就像贫苦百姓一样。

义熙八年(公元 412 年),吴隐之告老还乡,授光禄大夫,加金章紫绶,赐钱十万,米三百斛。次年,吴隐之去世,追赠左光禄大夫,加散骑常侍。

节操不移——高允

高允(公元 390 年—公元 487 年),字伯恭,渤海蓚县(今河北景县)人。南北朝时期北魏大臣,仕北魏五帝,历任郡功曹、中书博士、侍郎、中书令,封咸阳公。

高允少年丧父,大器早成,有非凡的气度。清河人崔玄伯见到他十分惊异,感叹说:"高子黄中内润,文明外照,必为一代伟器,我只担心自己不能亲眼见到。"高允十来岁时,为祖父高泰奔丧回到本郡,把家中财产都让给两个弟弟而自己身归沙门,取名法净,不久还俗。高允喜好文学,担笈负书,千里求学,博通经史、天文、术数,尤其爱好《春秋公羊传》。

神䴥三年(公元 430 年),太武帝拓跋焘的舅舅阳平王杜超任征南大将军,镇守邺城,任命高允为从事中郎。杜超因为春天快到而诸州囚犯多不能判决,上表让高允与中郎吕熙等人分头前往各州,共同评决狱事。吕熙等人因贪污枉法获罪,唯有高允清廉公正得到嘉赏。杜超幕府解散后,高允回家教书,受其学业的有一千多人。次年再次被征召,封为中书博士,升任侍郎。骠骑大将军、乐平王拓跋丕西讨上邽,高允参与拓跋丕军事。凉州平定后,因参与谋划之功,朝廷赐爵高允汶阳子,加授建武将军。

　　不久高允兼任秦王拓跋翰的老师,后又教授太子拓跋晃经书,受到了很好的礼遇。太武帝诏高允与侍郎公孙质、李虚、胡方回一同议定律令、讨论刑政,高允的言论很得太武帝赏识。高允根据律法评判行刑三十多年,内外都称赞高允公正公平。高允认为,官司的事关系到百姓的生命,常常感叹地说:"皋陶是至德的人,但是他的儿子英蓼却先死了。刘邦、项羽之时,英布虽是犯人却能称王。经历世事久了,仍然可能会有犯法的危险,何况普通人怎么可能没有过错呢?"太武帝问高允说:"政事千头万绪,什么是第一位的?"当时,北魏多禁封良田,京城中游民很多。高允说:"臣少时微贱,所了解的只有田耕之事,请让臣说一说农事。古人说:方圆一里的范围可以辟田三顷七十亩,方圆百里则有田三万七千顷。如果农人勤耕,则每亩可增粮三斗,不勤则损失三斗。方圆百里增加减少的数量,合计有粮二百二十二万斛,何况天下如此之广呢?如若公私都有粮食储备,即使遇上荒年,那又有什么可忧虑的呢?"太武帝很欣赏他的说法,废除田禁,全部把土地交给老百姓。

　　太平真君十一年(公元 450 年),崔浩因写《国记》,涉嫌讥讽皇族下狱。拓跋晃入廷奏启太武帝,命高允随行。到宫门前,拓跋晃对高允说:"假如皇上有什么话问你,你就依我告诉你的应答。"进去见太武帝,拓跋晃说:"中书侍郎高允自在臣宫中,臣与他相处多年,他小心谨慎,臣很了解他。高允虽然与崔浩同事,但他身份微贱,只有听命于崔浩。臣请求宽恕他的性命。"太武帝召见高允,对他说:"《国记》都是崔浩所写的吗?"高允回答说:"《太祖记》,前著作郎邓渊所写。《先帝记》以及《今记》,为臣与崔浩一同写作。但是崔浩政事太多,只是总裁修订而已。至于注疏,为臣所作多于崔浩。"太武帝大怒说:"这比崔浩的罪行还严重,怎能留给生路!"拓跋晃说:"天威严重,高允是小臣,一时间迷乱失次。臣先前问他,他说都是崔浩写的。"太武帝问:"真像东宫太子说的那样?"高允说:"为臣才薄,谬参著作,犯触天威,罪应灭族,今天已到临死了,绝不敢虚妄。殿下因为臣为他讲书时间很长,哀怜为臣,为臣求命。如皇上不问臣子,臣便没有这番话。既问了,臣如实对答,不敢丝毫迷乱。"太武帝说:"正直,这也是人情所难,而你能临死不移,这就更难了!而且以实对君,真是忠贞的臣子。像你刚才这一番话,朕宁愿漏掉一个有罪的人,也应该宽恕你。"高允被免罪。崔浩来到皇帝面前,惶恐恍惚不能应答。太武帝愤怒至极,命令高允拟诏书,自崔浩以下、僮仆吏卒一百二十八人全部夷灭五族。高允表示怀疑而不拟诏,太武帝频频催办。高允请求再见一次皇上,然后再拟诏书。太武帝召见高允,高允说:"崔浩所犯,如还有别的罪,臣不清楚。如只是这一项罪行,还不至于被杀。"太武帝震怒,下令武士绑了他。拓跋晃又拜请皇上恕罪,太武帝说:"如果没有这人招惹我,就该有数千人死了。"崔浩最终还是被灭了五族,其余的人都仅以身死。宗钦临刑时说:"高允大概是圣人吧!"

拓跋晃后来责备高允说:"为人应当把握时机,不知见好就收,学识又有什么益处?在那种时候,我从旁点拨你,你为什么不顺着点,让皇上那样动怒。现在我每每想起来,还心有余悸。"高允说:"微臣本是东野一介平凡书生,本来就无做官的打算。逢朝廷圣明之期,应朝廷选士之举,为官凤池,参撰麟阁,尸素官荣,妨贤已久。大凡史书,都是帝王的实录,是将来的宝鉴。通过史书,今人可以观往,后人可以知今。言行举动,无不备载,所以人君应该谨慎从事。然而崔浩世受特殊恩遇,荣耀当时,他却辜负圣恩,自招毁灭。就崔浩的行迹,也时有可论之言。崔浩以蓬蒿之才,负朝廷栋梁之托。在朝廷无可称赞的节操,在私下里也无可称道,私欲淹没了他的公正廉洁,爱憎之情障蔽了他公理之心,这是崔浩的罪责。至于书写朝廷起居的事情,说国家得失的事实,这也是史书笔法的大体模式,没有什么违背。但为臣与崔浩其实是同参一事,死生荣辱,义无独顾。能有今天,实在是多亏殿下仁慈广大,违心苟免,不是为臣当初本意。"拓跋晃面容改观,称叹不已。

文成帝拓跋濬即位后,给事中郭善明,性格十分机巧,老想展示自己的才能,劝文成帝建造宫殿。高允劝谏说:"我听说道武帝平定天下后才开始兴修都邑,他一旦有所修造,不是农闲之季,绝不兴工。现在建国已经很久,宫室也已经完备,永安前殿完全可以用来接受万国的朝贺,西堂的温室也可以用来让圣上休息,紫楼台高可以用来观望远近。如果要再修更壮丽的宫室,也应当慢慢地准备,不可急于求成。估计砍材运土以及各种杂役就需两万多人,成年人做工,老少供饭,就合四万人半年才成。古人言:一夫不耕就有人会挨饿,一妇不织就有人会受冻。何况是数万之众无法从事耕织生产,他们所要耗费花销,实在太多了。往古时推论再来验证现在,必然有借鉴之效啊,希望皇上认真思考。"文成帝接纳了他的意见。

高允因文成帝继承太平之业但风俗依旧,婚娶丧葬都不依古制,上表劝谏,言辞比较激烈。高允这样说并非一次,文成帝平静地听着他的话,有时即使有冲撞之处或者皇帝不想再听时,就让左右将他扶出去,遇有不便当朝说的,高允就请求私下相见。文成帝知道高允的意思,把左右屏退后再等待他,对他十分敬重。有时早晨进宫晚上才出来,有时几日在宫里,朝臣都不知他和皇帝说了什么。有人上书表述高允这样做的得失,文成帝看后对群臣说,高允的做法没什么不对,像高允这样的人才是忠臣。文成帝非常敬重高允,通常不直呼他的名字,习惯称之为"令公"。司徒陆丽说:"高允虽然蒙受恩宠,但家里贫穷得像普通百姓,妻儿都无以为生。"文成帝怒道:"怎么不早说,现在见我用他,才告诉他的贫困之状!"文成帝到高允家中,只有草屋几间,布被麻袍,厨房中只有一点盐和酱菜。文成帝叹息说:"古时的人有清贫到这样的吗?"立即赐给绵帛五百匹,粮食千斛,让高允长子高忱为绥远将军、长乐太守。高允多次上表坚决推辞,文成帝不答应。起初同高允一同受到征召的游雅等大多已经官至侯爵,高允部下的官吏一百多人也都官至刺史二千石,而高允为郎中二十七年没有升迁。当时百官没有俸禄,高允常让自己的几个儿子砍柴、采果,自己供养自己。

当初,尚书窦瑾因事被杀,其子窦遵逃到山谷之中,其母焦氏被收进县衙,后因焦氏年老而得免受辱。窦瑾的亲朋故旧中没有人敢资助她,高允可怜焦氏年老,将其留在家予以保护。六年后窦遵才得到恩赦。高允对人循循善诱,诲人不倦,昼夜手里常常拿着书翻看吟咏,对亲友笃厚,对故旧思念,虚己待人。虽然他地位高贵,但志向贫素淡泊,喜好音乐,每有歌唱人来为他歌舞演唱,他常常和着节拍称赞。他相信佛学,经常安排斋饭请僧人讲诵佛法,平生喜欢善行恶杀。生性十分疏简,从不妄加交游。显祖平定青齐后,将其中有名望的大族之人迁移到代州,许多士人因流动迁移到这么远的地方,饥寒交迫。迁来的人中,有许多是高允的妻族之人,都走到高允门前。高允把自己的财产全部拿出来周济他们,慰问周到,人们都感谢他的仁厚。

和平六年(公元 465 年),文成帝去世,其子献文帝拓跋弘继位。当时献文帝年幼又在居丧之中,侍中、车骑大将军乙浑专权,图谋危及北魏朝政。天安元年(公元 466 年),冯太后诛杀乙浑,召高允到禁宫中参与谋断大事。高允上表请求恢复先朝的规章制度,建议规定各郡设立博士、助教、招收学生数量等。献文帝听从了他的意见,在郡府成立学校。皇兴年间,献文帝下诏让高允兼任太常,到兖州祭祀孔子。

献文帝身体不舒服的时候,孝文帝拓跋宏还很年幼,所以想立京兆王拓跋子推为太子,召集诸大臣一个个地询问。高允进来跪着上前哭着说:"我不敢多说,怕有劳皇上圣听,希望陛下上思宗庙托付的重要,远追周公辅佐成王的旧事。"于是献文帝将帝位传给了孝文帝,并赐高允千匹锦帛,表彰高允的忠直亮达。后又升迁为中书监加散骑常侍,晋爵为咸阳公、镇东将军。

太和二年(公元 478 年),高允因年老乞求回归故里。他上了十多次奏章,皇上都没有允许,就因病告老还乡。第二年,皇上下诏用舒适的车征召他,命令各州县沿途照料。到都城后,拜为镇军大将军,领中书监。高允坚决推辞没被允许。孝文帝下诏特许高允进殿可乘车,朝贺不下拜,让人扶掖着引入内殿,垂问国家政事,修改制定《皇诰》。高允虽年近百岁,但他的志向知识并没有因之减少,仍然专心于自己的旧职,披阅史书。孝文帝说:"高允年龄太大,已到危境之年,但他家里贫困,养给供应很微薄。"特地赐高允蜀牛一头,四望蜀车一辆,素几杖各一,蜀刀一口,又赐给珍奇食物,每到春秋季节经常送到他的住处。命令朝廷负责膳食的职官,每逢初一、十五送去牛肉美酒,衣服绵绢,按月拨发。高允都将这些分送给亲朋好友。太和十年(公元 486 年),加封高允为光禄大夫、金章紫绶。

太和十一年(公元 487 年)正月,高允去世,享年九十八岁。孝文帝下诏给绢一千匹,布两千匹,绢五百斤,锦五十匹,杂彩百匹,谷千斛用做送葬之费。追赠为侍中、司空公、冀州刺史、将军,谥号文,赐给命服一袭。北魏自建国至此,蒙赐赏的人没有一个人有过这么多,满朝人都认为这是莫大之荣。

清白任真——裴佗

裴佗(生活于公元 6 世纪),字元化,河东闻喜人。北魏时代著名的良吏、清官。他的祖先曾因避晋乱而至凉州。前秦苻坚平定河西以后,裴家也举家东迁,回到了故乡,定居解县。父亲裴景,曾任惠州别驾。

裴佗魁梧高大,性格柔顺随和,有才能和声望。年轻的时候,曾经研习《春秋杜氏》《毛诗》《周易》等儒家经典,并且能阐释其中的要旨大义,博学多才。裴佗考中秀才,以较高名次被任命为中书博士,转任司徒参军、司空记室、扬州任城王元澄开府仓曹参军。后来入朝担任尚书仓部郎中,曾经代理河东太守的职务,所到之处,政绩卓然。回到京城后,担任尚书考功郎中、河东邑中正。

北魏宣武帝任命裴佗为员外散骑常侍,仍保留中正一职。裴佗转任司州治中时,因为传闻被御史弹劾,恰逢大赦被赦免,转任征虏将军、中散大夫。后来担任赵郡太守,治郡有方,把赵郡治理得很好。裴佗经常把自己的俸禄捐献出来,救济穷苦百姓。转任前将军、东荆州刺史时,赵郡的百姓对他十分留恋,倾城出动去给他送行,一直把他送到边界。

东荆州有田盘石、田敬宗等几个少数民族部落,大约有一万多户人,凭着人多势众和险要的地形,不服从北魏朝廷的命令。虽然东荆州前后几任刺史屡次派兵征讨,都没能将他们降服。裴佗上任后,改用安抚的政策,只派了一名能说会道的使者,去宣扬政令,安抚百姓,与田盘石、田敬宗等人谈判,给他们讲解与朝廷对抗的祸福利害关系。要求他们归顺朝廷,以前的反叛罪行,都可以不追究了。田盘石等人了解到裴佗的政绩和人品后,觉得这位刺史可以信任,就率众归附,成为朝廷的臣民。田盘石、田敬宗的部落本来是东荆州地区的不稳定因素,这个问题解决后,其他的小股盗匪也都改邪归正,成为良民。邻近各州的百姓,听说东荆州的治安好,纷纷迁移过来,先后迁来一千多家。东荆州地区,一片兴旺景象。他在东荆州任职数年后，因为生病而请求辞职还乡。

孝庄帝永安二年（公元 529 年），裴佗去世。临终留下遗言不允许家人向朝廷请求赏赐，不接受他人为丧事送来的财物，他的儿子们都照办了。

裴佗性格刚强正直，不喜欢与鄙俗之人交往，与他来往的都是品德端方、学问渊博的名士。裴佗为官清廉直率，从不置办家产。史书称，他家的宅子只有三十步。后人推算，大概是八分之一亩，相当于八十五平方米，又没有田地庄园。他生活非常节俭，从来不追求物质享受，生活来源只有做官的俸禄。夏天不打伞遮阳，冬天不穿皮衣御寒，节俭到了这种地步。裴佗有六个儿子，裴让之、裴诹之比较出名，孙子裴矩是隋唐之际的名臣。

瓜悬公堂——苏琼

苏琼（生活于公元 6 世纪），字珍之，长乐武强（今河北武强）人。苏琼的父亲苏备，是北魏的官员，官至卫尉少卿。苏琼幼年时跟随父亲在边境生活，曾经去拜见东荆州刺史曹芝，曹芝开玩笑地问他："你想做官吗？"苏琼回答说："朝廷设立官职是选拔合适的人去任职，而不是人去求官做。"曹芝很赏识他的答复，便让他做自己府中的长流参军。

北魏孝武帝永熙元年（公元 532 年），高澄按照三公的礼仪开府置署，任用苏琼为刑狱参军，经常对他勉励慰劳。并州曾经有强盗出没，长流参军张龙审理此事，被怀疑为强盗的人经过拷问已经招认，丢失财物的人家也都进行过辨识，但是没有找到抢劫的赃物。高澄把这个案子交给苏琼，要求他彻底审理。苏琼经过侦察，追查到真凶元景融等十多个人，同时也找到了赃物和证据。高澄大笑，对先前那些被误认为强盗的人说："你们这些人如果没有遇到我的好参军，差一点就冤枉而死了。"

北齐年间，苏琼受命担任南清河太守。该郡盗贼很多，等到苏琼上任，犯法偷盗的事再也没有发生过。境外有奸贼从南清河经过,都被捉获送到官府治罪。零县人魏双成,丢失一头牛,怀疑是同村人魏子宾所偷,便把他押送到郡中。苏琼经过仔细审问,知道魏子宾不是偷牛贼,便把他放了。魏双成说:"府君您把贼放跑,小民的牛去哪儿找呢?"苏琼没有理睬他的话,暗中派人下去查访,找到了偷牛的人。从此以后,百姓家的牲畜都不再拴束,多放养在外。人们说:"只管交付给府君。"有邻郡的富豪将财物寄放在南清河郡来躲避盗贼。冀州绎幕县人成氏很富有,被盗贼围攻,情急之下说:"我的财物已经寄放在苏公处了。"盗贼便离去了。平原郡有一个会法术的刘黑苟,招纳党徒,势力达到海边。苏琼郡内的百姓和那些人村落相邻,但没有一个人牵连其中。南清河郡以前做过贼的一百多人,都成为苏琼的耳目,民间好事坏事,甚至连官吏们喝百姓一杯酒,苏琼无不立刻知道。郡界安定,百姓无抢掠之忧,邻近郡、县的人因此十分佩服苏琼的德行政绩。

苏琼生性清廉谨慎,任南清河太守六年,为官清明,廉洁自守,从不接收私人信件,也不接受别人的礼物,连瓜果等一概拒绝。当时郡内官吏腐化,贪污送礼之风盛行,苏琼上任伊始,即向全郡告示,不接受任何名目的馈赠。郡中人赵颖,官至乐陵太守,八十多岁告老还乡。五月初,他摘了两只刚产的瓜亲自送给苏琼。赵颖仗着自己年纪大,竭力请求苏琼收留,苏琼于是把瓜留下悬于屋梁之上,一直没有切开。其他人听说苏琼接受了赵颖馈赠的瓜,也想进贡新摘的瓜果,来到门前,看到赵颖送的瓜仍挂在那里便相视离去。此后再也无人送礼给他,整个郡内贿送之风大大收敛。

和尚道研是济州的沙门统(又称僧统、道人统、都统、昭玄统,北魏所设以统监全国僧尼事务的僧官),资产非常丰厚,在郡中放了很多高利贷,以前常常请郡县官吏帮他催债。当他要求见苏琼时,苏琼已知他的意图,每次见面就与他谈论并询问佛教经义,态度十分恭敬。道研虽然为催债多次前来,但都没机会说出口。他的弟子问其中的原因,道研说:"每次见到苏府君,他就直接把我带到青云之中,哪有机会谈论地上俗事呢?"师徒回家后,便烧了债券。

有个叫乙普明的百姓,兄弟俩争夺土地,多年来都没有决断,双方各自寻找证人,人数竟有一百多。苏琼把乙普明兄弟叫来,当着众人的面对他们说:"天下难得的是兄弟情分,容易得到的是土地。如果让你们得到了土地而失去了兄弟情谊会怎么样呢?"说着便掉下了眼泪,众人也无不流泪,乙普明兄弟磕头请求让他们出去再想一想。兄弟俩本已分开生活十年,这次之后又搬到一起住了。

每年春季,苏琼就召集大儒生卫觊隆、田元凤等人在郡学讲学,命令郡中官吏在公务之暇都去读书,当时人们把官署称为学生屋。苏琼下令禁止百姓进行不合国家规定及儒学经典的民间祭祀,教导百姓在婚姻丧葬方面都要俭朴而符合礼仪。另外,在养蚕的月份提前将绵、绢的尺度及样式发到下面,征兵、收赋的顺序都建立起明确的规定。至于征调劳役,他都事先就加以办理,因此郡县的官吏很少会因为延误时间而受到处罚。其他州郡都派人到南清河郡,询问处理政事的经验。

北齐文宣帝天保年间,南清河郡内发大水,百姓受灾,缺粮少食的有一千余家。苏琼把郡内有粮食的人家都召集起来,自己向他们借粮,分给那些挨饿的人。州里按照户数征收田租,又想审查他借粮给饥民的情况。郡中幕僚对苏琼说:"虽然您是怜惜那些饥民,但这样恐怕会连累您自己。"苏琼说:"我一人获罪,但能救活千余户人家,又有什么可抱怨的呢。"他上书讲明情况,朝廷下令免除检查灾情及借粮之事,郡中百姓安然度过荒年。这些人抚摸着自己的孩子,说:"是府君救活了你们。"苏琼在南清河郡六年,百姓都受他的感化,没有一个人到州里申诉。州里前后四次上表,把苏琼列为政绩最优的官员。

苏琼的父亲去世后,他离职守丧,对于朋友所赠的钱物,一样都不接受。不久苏琼又被起用,担任司直、廷尉正,不顾别人威胁,屡次平反冤案。苏琼审察案件务求公平,许多冤案得以昭雪。由大理寺来复查御史台的案件,就是从苏琼开始的。赵州和清河、南中不断有人来告发谋反之事,每次都交给苏琼审理,大多得以昭雪。尚书崔昂对苏琼说:"如果你想要建立功名,就应当再从别的地方想想办法。如果还是经常为反叛的逆贼洗清罪责,难道就将自己的身家性命看得这样轻吗?"苏琼严肃庄重地说:"我所平反的都是被冤枉的人,从来没有放过真正谋反的人。"崔昂十分惭愧。尚书辛述说:"苏琼为人正直,他的品行与他担任的职务相符,不必担心他不能施展才能。"京师的人为此评论说:"苏珍之断案清明无悬疑。"

北齐孝昭帝皇建年间，苏琼封赐爵位安定县男，徐州行台左丞，代理徐州刺史。徐州城中五级寺突然被盗走一百尊铜像，有关部门审问搜查后，逮捕了周边四邻、夜间守卫以及踪迹可疑的数十人，苏琼却把这些人一下了全部释放了。寺院的僧人抱怨苏琼不为他们追查贼人，苏琼让僧人回去，说："你们暂且先回寺里，找到佛像自然会送还给你们。"过了十天，苏琼查获贼人姓名和赃物所在之处，直接去搜捕，人赃俱获。贼人全部据实供认，僧人与百姓都大为叹服。

以前的制度以淮河为禁区，不允许商贩随意渡河，自由往返。淮南地区遭灾，苏琼就上书请求允许到淮北调粮。后来淮北百姓发生饥荒，他又请求允许从淮南调粮。商人得以往来淮北、淮南之间，使淮河两岸货物得以流通，彼此都得到好处。通过水陆交通的便利，有些货物直达黄河以北。

后来苏琼出任大理寺卿，北齐灭亡后，他出仕北周，为博陵太守。隋朝开皇初年去世。

以石压船——江革

江革（？—公元 535 年 2 月），字休映，济阳考城（今河南省兰考县）人。为南朝宋齐间士族的名流，南朝才子江淹之族侄。祖父江齐之，曾于南朝宋时任尚书金部郎。父亲江柔之，于南朝齐时任尚书仓部郎。江柔之侍奉父母非常孝顺，后来因为母亲去世过于悲痛而死。

江革小时候就聪慧敏捷，早早就表现出写文章的才能和情思，六岁时就会写文章。江柔之非常赏识说："这个孩子一定会振兴我的家族。"江革九岁时父亲去世，他和弟弟江观一起生活在孤苦无依的贫困境遇中。虽然没有老师朋友做伴，但是兄弟两人互相勉励督促，认真读书，学而不倦。十六岁时母亲去世，服丧期满以后，江革与弟弟江观一起去太学求学，被补为国子生，考试成绩非常优秀。

南朝齐中书郎王融、吏部官员谢朓非常敬重他们兄弟两人。谢朓曾在宫禁中值宿担任警卫,回家时顺路拜访江革。当时下着大雪,谢朓看见江革盖着破棉被,铺着单薄的席子,但是沉醉于学习中不知疲倦,感叹了很久。谢朓脱下自己所穿的棉衣,并亲手割下半片毡给江革作为卧具才离开。江革二十岁时被举荐为南徐州秀才。当时豫章人胡谐之主持州里的事务,王融给胡谐之写信,让他举荐江革。胡谐之正准备推荐琅邪人王泛,收到信后便以江革代之,江革入朝做奉朝请。江祏任太子詹事,权倾朝野,推荐江革做了府丞,参与机要政事,诏令檄文之类的事务全部委托给他。江革低调处事、不喜张扬,其他人并不知情。后来江祏被诛杀,其门下宾客都被牵连,江革独以才智而幸免。

中兴元年(公元 501 年),梁武帝萧衍占领石头城,吴兴太守袁昂据城抵抗,梁武帝命江革给袁昂写信。江革席间一气呵成,文辞典雅,梁武帝非常赞赏,让他与徐勉同任书记之职。建安王任雍州刺史,上奏请求朝廷派遣管记官员,梁武帝就以江革为征北记室参军,兼任中庐令。江革与弟弟一直生活在一起,不忍离别,竭力请求带弟弟同行。梁武帝于是任命江观为征北行参军,兼记室一职。当时吴兴人沈约、乐安人任昉都很敬重江革,任昉给他写信道:"这次雍府选拔人才,文房职事,有你们兄弟俩掌管,真可谓是驭二龙于长途,驾骐骥于千里。"途经江夏,江观因病去世。江革在雍州时,府王以礼相待,他们的关系如平民交往一般融洽。建安王后来被任命为丹阳尹,任用江革为记室,兼任五官掾,并授通直散骑常侍,建康狱正。其后经过频繁升迁,江革就任秣陵、建康令。江革为政清明严正,官民敬畏,地方豪强都很忌惮他。当时少王处理事务大多听从签帅意见,江革以正直自居,不和签帅等人坐一起。他弹劾豪强,没有任何回避。

江革为镇北豫章王长史时,北魏徐州刺史元法僧投降归附,江革受命随府王镇守彭城。彭城失守后,由于江革素来不骑马,因此乘舟而返,路过下邳时,被北魏人抓走。北魏徐州刺史元延明听说江革的名气,接待江革非常隆重。江革以自己脚病为由不接受,元延明便想加害于他。但看见江革辞色严正,更加敬重他。当时祖暅也被拘执,元延明让祖暅写了《欹器漏刻铭》,江革骂祖暅道:"你身受国恩,还没有报答,现在为胡虏作铭,有负朝廷。"元延明听说这件事后,就命令江革写《丈八寺碑》及《祭彭祖文》。江革以被囚禁了很久，没有心思为由拒绝了。元延明更加逼迫他，甚至想要对他施棰扑之刑。江革厉色说道："江革已经六十多岁了，不能以身报效国君，今日只有一死，绝对不会为别人写文章。"元延明知道他不会屈服，就不再逼他，每天只给他粗粮三升，仅能维持生命。正巧北魏国君请求梁朝让中山王元略返回北方，就放江革和祖晅回朝。梁武帝下旨道："前任贞威将军、镇北长史、广陵太守江革，

江革

才思广博，远近闻名，在朝时端正自持，临危不惧，完全能够胜任辅佐宰相的职务，可以担任太尉临川王长史。"

梁武帝崇信佛教，朝廷贤人多启求受戒。江革精通因果之学，但是梁武帝并不知晓，以为他并不信奉佛教，就赐给江革《觉意诗》五百字，其中写道："唯当勤精进，自强行胜修；岂可作底突，如彼必死因。以此告江革，并及诸贵游。"这几句话是说，江革应当勤奋精进，自强行胜修，岂能唐突行事，如果那样必将成为死因。将这个告诉江革，以及诸位显贵。梁武帝又亲笔书写诏令说："世界上的因果报应，不能不信，岂能再像对元延明那样莽撞行事呢？"江革请求受菩萨戒。

武陵王萧纪在东州非常骄纵，梁武帝召见江革当面说道："武陵王年纪轻，臧盾个性软弱，不能匡正王爷，所以我想让你代替臧盾职事。这件事情非你不可，你不能推辞。"任命江革为折冲将军、东中郎武陵王长史、会稽郡丞，代行府州政事。江革的门生以及旧吏，大多居住在东州，听说江革将要来了，都捧持着礼物在道路上迎接。江革说："我一概不接受馈赠，我绝不能成为故人们的礼品竹笥。"到达东州后，他只以政府俸禄为生，吃饭从来不用两道菜。东州辖区广阔，每天都有几百案件，江革分类辨析审判案件，没有积案。有功必赏，有过必罚，人民安居，官吏敬畏，周边城市深为震惊畏惧。琅邪人王骞担任山阴令，贪污受贿，众人皆知，在江革影响下也主动请求解职。武陵王既畏惧他，也非常尊敬他。江革每次侍宴，言谈必引《诗经》《尚书》，武陵王因此也潜心学文。典签沈炽文将武陵王写的诗呈送给梁武帝看，梁武帝对仆射徐勉说："江革果然称职。"任命江革为都官尚书。江革将要离去，当地百姓都恋恋不舍，给他很多馈赠，但江革没有接受。按照旧例，送

故吏要定做新船,江革不听,只乘坐了官府的一只小船。这艘船很偏斜,不能安卧。有人对江革说:"船不平稳,过江就非常危险,应该用重东西压住这艘轻船。"江革没有什么随身财物,就从西陵岸边拿了十几块石头放在船上,他清贫到了这种程度。

不久江革又管理吴郡,境内因灾歉收,盗贼横行。江革到任时,身边只有官署派的随身卫士二十人,百姓都担心他不能清除寇贼。江革反而又裁撤了游军尉,广施恩抚,宣传制度律令,盗贼逐渐消失,官民安居。武陵王出镇江州,说:"我有江革,文采华美,没有一日忘了他,应当与他相伴。"上奏表请求让江革同行。梁武帝就任命江革为明威将军、南中郎长史、寻阳太守,后又入朝任度支尚书。江革喜好勉励提携平民,为后生晚辈播扬声誉,士子们都愿意欣然相从。

尚书令何敬容掌管官吏选举,选拔录用的人大多不称职。江革性情刚强正直,每次朝宴,常常提出批评,因此被权势之家所嫉恨。于是他推辞有病返回家乡,被任为光禄大夫,以写文饮酒自娱。

大同元年(公元535年)二月,江革去世,谥号"强子"。江革历仕八府长史,四王行事,曾三次担任俸禄二千石的高官,但他身边没有侍妾,家徒四壁,世人都很尊敬他。

清白自守——袁聿修

袁聿修(公元511年—公元582年),字叔德,陈郡阳夏人。袁氏是北朝士族高门之一,袁聿修是北魏中书令袁翻的儿子,后过继给叔父袁跃。七岁时父亲去世,他守丧时的起居礼度,就像成年人一样。九岁时,袁聿修被征召为州主簿。他性格深沉而有见识,心境清净少有欲望,与世无争,深受尚书崔休的赏识。北魏孝武帝太昌年间,出任太保开府西阁祭酒。十八岁时担任本州中正。不久,兼任尚书度支郎,还历任五兵左民郎中。东魏孝静帝武定末年,担任太子中舍人。

北齐文宣帝天保初年,任太子庶子,兼任博陵太守。任职数年,大有政绩,声誉颇佳,得到远近百姓的称赞。天保八年(公元557)转任大司农少卿,又担任太常少卿。北齐孝昭帝皇建二年(公元561年),因母亲去世离职。不久朝廷下诏令其恢复原职,并加封冠军将军、辅国将军称号,调任吏部郎中。时间不长升任司徒左长史,加封骠骑大将军,兼任御史中丞。司徒录事参军卢思道曾私自借贷库钱四十万,用来聘太原人王乂的女儿为妻,而王氏之前已先收下陆孔文的聘礼。袁聿修因为是司徒府的首要僚佐,又是国家负责司法的官员,知道这件事而没有弹劾,被责令免去御史中丞的职务。不久升任秘书监。

齐后主天统年间,朝廷下诏命令袁聿修与赵郡王高睿等商议制定五礼。后出任信州刺史,信州是袁聿修的家乡,人们都以此为荣。袁聿修为政清静,无为而治,州中从长吏以下,到鳏寡孤幼,袁聿修都能受到他们的喜爱。武平初年,御史都巡视各州,梁、郑、充、豫等州与信州边界相连,在信州的周围。御史都检举揭发出官员的不少违法行为,但是御史居然不到信州巡查,足见袁聿修所受到的信任。等到袁聿修任满解职回京时,追着送别的全州百姓,挤满了道路,有人带来酒肉,哭泣着徘徊不去,都想要远送。当时正是盛暑,袁聿修担心百姓过于劳累,不断停下车马,随手喝一杯酒,表示心意已领,与他们告别,并让他们回去。袁聿修回京后,信州百姓郑播宗等七百余人请求为他立碑,征集几百匹缣布,委托中书侍郎李德林撰写碑文来纪念袁聿修的功德。有关部门为此上奏,朝廷回复准许。袁聿修被任为都官尚书,仍担任信州中正,兼任吏部尚书、仪同三司。不久又被正式任命为吏部尚书。

袁聿修自小性情平和温润,在出身低微的官员中间,是最遵循规矩法度的。他以名门之后历任各种清要官职,当时名士都很赏识他,赞许他的风采与见识。他在郎署的时候,正好赵彦深担任水部郎中,他们同在一个部院成为好友。赵彦深后来被免官,闲居家中,无人拜访,门口都长满了杂草,只有袁聿修念及旧情,还常到赵彦深家探问往来。赵彦深得到重用后,常常回忆起这件事,因此,袁聿修历任要职,虽然是由于自己的才干声望,但也与赵彦深的引进有关。

袁聿修做官廉洁谨慎,当时少有。东魏、北齐时期,尚书台郎向上司送礼拉关系成了惯例，袁聿修担任吏部尚书十年，却没有接受过别人一升酒的馈赠。尚书邢邵与袁聿修有旧交，每次在尚书省开玩笑，都称呼袁聿修为"清郎"。北齐武成帝大宁初年，袁聿修以太常少卿的职位出使巡视各省，同时受命考核官员的政绩得失。经过兖州时，邢邵担任兖州刺史。考察时，邢劭不好对他有特别表示，他走了以后，就派人送白绸作礼物。袁聿修退还白绸没有接受，他写信给邢邵说："这次经过您这里，与平日出行不同，瓜田李下，必须避嫌，古人对此是十分慎重的。人言可畏，应像防御水患一样，不忽视细枝末节，希望您能领会我的心思，不至于怪罪我。"邢邵见信释然，体会到他的心意，回信说："那天的赠送，是我过于轻率，没有认真考虑。老夫匆忙之间，没有想到这个问题。收到您的来信，我没有不快。老弟昔日为清郎，今日又是清卿了。"

袁聿修在吏部任职时，齐已是政治衰败，道德沦丧的时候，如果违背、触犯当时的权要，恐怕立刻就会引来杀身之祸。袁聿修虽然自己严守清白，但还是避免不了和权贵们应酬而累及自己的品德。

北齐灭亡后，袁聿修出仕北周，任仪同大将军、吏部下大夫。北周静帝大象末年，担任东京司宗中大夫。隋文帝开皇初年，加封上仪同三司，升任东京都官尚书。等到东京被废，袁聿修进入朝廷，任都官尚书。开皇二年（公元 582 年），出任熊州刺史，不久去世，时年七十二岁。

清廉正直——孔奂

孔奂（公元 514 年—公元 583 年），字休文，会稽山阴人。孔子的第三十一世孙。曾祖孔琇之，任齐左民尚书、吴兴太守。祖孔琇，任太子舍人、尚书三公郎。父孔稚孙，梁宁远枝江公主簿、无锡令。

孔奂小的时候就失去了父亲，被叔父孔虔孙收养。他很好学，善于写文章，经史及诸子百家的著作没有不通读的。有个叫刘显的人，每次与孔奂讨论，都非常感叹佩服,握着孔奂的手说:"从前蔡邕(字伯喈)把他的书籍都给了王粲(字仲宣,建安七子之一),我希望能像蔡君一样,你也是无愧于王氏。"就把自己的藏书都送给了他。州里荐举孔奂为秀才,参加射策考试成绩优异。后进入朝廷为尚书仓部郎中,转任仪曹侍郎。当时左民尚书沈炯被匿名信所诽谤,将要被判重刑,事情牵连到朝廷中枢机关,人人都心怀忧惧。孔奂在朝廷上发表议论辩审这件事,终于水落石出。丹阳尹何敬容因为孔奂为人正直,刚直不阿,请求补孔奂为功曹史。

京城被侯景攻陷后,朝廷官员均被拘捕,有人将孔奂推荐给侯景的心腹大将侯子鉴。侯子鉴命令把孔奂的脚镣手铐去掉,以礼相待,让他主管文书工作。别人对侯子鉴都非常畏惧,只有孔奂傲然自若,有人劝孔奂说:"现在是乱世,人人都想苟且偷生,免于灾祸。这些异族之徒全不懂得道理,您又怎能以节义来抗拒他们?"孔奂说:"我的生命存在,即使不能为大义而死,但又怎么可以献媚讨好凶恶不善之人以求得保全自己?"当时叛军抢人财产、夺人子女,拘押逼迫百姓,孔奂每每予以保全,得到他救济的人很多。不久因为母亲去世,悲伤异常以至于毁损身体,超过了礼法的要求。

永定元年(公元 557 年),陈霸先称帝,建立陈朝,是为南朝的最后一个朝代,孔奂转任太子中庶子。陈霸先在位虽只有二年,却很能干,史评"江左诸帝最为贤"。陈霸先喜爱侄儿陈蒨胜过自己的儿子们,常称道说"此儿吾宗之英秀也"。次年,孔奂出任晋陵太守。晋陵自宋、齐以后,一直是个较大的郡,虽几经盗寇骚扰,仍然是个殷实富足之地。在这里任职,对于那些贪婪的官员说,当然是一个肥缺,所以不少人在这里为官,都有贪沾公家财物的行为。唯独孔奂清白自守,妻子儿女都没有随他到晋陵去,只他一人单独乘船到达郡治所在地。任内所得俸禄,常常用来赡养那些生活无靠的孤寡老人。晋陵郡的老百姓都很庆幸来了这么一位太守,尊敬地称他为"神君"。曲阿一家富户的主人殷绮,看到孔奂为一郡之守,住的用的穿的都那么朴素节俭,以为他手头拮据,给他送来一套比较像样的衣服和一床毡被。孔奂答谢说:"太守的俸禄是很多的,怎么会买不起这些东西呢,只是我看到郡中老百姓的生活还不富裕,所以才不敢使自己生活奢华。多谢您的美意,但东西我却不能收下,愿以后也别再这样打扰麻烦您了。"

永定三年(公元 559 年),陈霸先去世,陈蒨继位,是为陈文帝。陈文帝起自艰难,了解百姓疾苦。《资治通鉴》载有他勤于国事的一例:为避免晚上打瞌睡,陈文帝命每晚传送更签(古代夜间报更用的计时竹签)的人,一定要把签扔到石阶上,令其锵然有声,"吾虽眠,亦令惊觉"。陈文帝在位七年,表现也很不错。当初,陈文帝在吴中,听说孔奂能妥善地处理政务,等到继承帝位后,征召他为御史中丞,兼领扬州大中正。孔奂性格刚直,善于推理,多次弹劾官吏的过失罪责,朝廷官员对他又敬又怕。孔奂深晓治国的纲领要旨,每次陈述上奏,都得到陈文帝的赞赏。朝廷百司所积压或难解决的事,都请孔奂来决断。

天康元年(公元 566 年),陈文帝病重,国事皆由到仲举、孔奂两人来处理。此时中国版图上也是小三国的形态,北方原有东魏西魏,之后高洋篡东魏建北齐,宇文觉篡西魏建北周。陈文帝知道儿子陈伯宗懦弱,担心"三方鼎峙"的局面,陈伯宗守不住江山,表示要将皇位传给弟弟安成王陈顼。陈顼扑通跪在地上,一把潺涕一把泪推辞不做。陈文帝又对尚书仆射到仲举、五兵尚书孔奂说:"现在三方鼎立对峙,人民未得安宁,天下的事很重,应该要有一位年长的君主。我想近则效仿晋成公,远则弘扬商朝的方法,你等必须遵照我的意思去做。"孔奂声泪俱下地表态:"坚决拥护太子,不同意行废立事,况且安成王足可当周公之任。"将死的陈文帝闻言很是高兴,说:"古代坚持正道坚守原则的遗风,又在你的身上看到了。"任命孔奂为太子詹事。"太子詹事"在南北朝时期是东宫所有官员的首长,也就是说,陈文帝将保驾太子的重任交给了孔奂。然而一年后,陈顼野心勃发,废了侄儿陈伯宗,自立为帝,是为陈宣帝。

孔奂注重品德修养,又十分干练,在仕途上还算顺利。太建三年(公元 571年),征为度支尚书,领右军将军。五年,改领太子中庶子,与左仆射徐陵参掌尚书五条事。六年,迁吏部尚书。七年,加散骑常侍。八年,改加侍中,相当于宰相,握有选拔人才,罢黜百官的重权。有些人想走他的后门向上爬,他一概拒绝。即使是皇亲国戚、公侯王子们,也不肯通融。连陈宣帝的太子、后来的陈后主的面子他都不买。始兴王叔陵在湘州,曾几次私下活动欲求宰相之职。孔奂与陈宣帝议论起此事,颇对始兴王叔陵的行为不满,对陈宣帝说:"我认为像宰相这样的要职,考虑人选时应以品德是否高尚为根本,不一定非得是皇帝的后代或亲戚。"陈宣帝表示同意他的意见。陈后主为东宫太子,他想让江聪为太子詹事,让管记陆瑜把自己的想法告诉给孔奂。孔奂直言相告说:"江聪这个人,虽有潘岳、陆机那样横溢的文采,却没有商山四皓中东园公和绮里季那样的见识和才干。让江聪辅佐东宫,我认为很难达到辅佐的目的。"陆瑜把这些话原原本本地说给了陈后主,陈后主为此对孔奂怀恨在心,并亲自把想让江聪任太子詹事的事向陈宣帝说了,陈宣帝竟然同意了陈后主的意见。孔奂听说后立即进谏说:"江聪是个文人,如今皇太子并不缺乏文才,何必借重于江聪!依我之见,应当选择品行敦厚又有政治主见的人辅佐太子。"陈宣帝问他说:"依你所言,谁比较合适?"孔奂说:"都官尚书王廓,世世代代德行操守都很有名声,他本人又才识过人,是较合适的人选。"陈后主也在旁边,连忙阻止说:"王廓是王泰的儿子,不可居太子詹事之职。"孔奂又上奏说:"南宋范晔即范泰之子,也曾任太子詹事之职。"陈后主听了他这番话,仍然坚持己见,极力向陈宣帝陈述他的理由。陈宣帝最后还是听从了陈后主的意见,江聪成了陈后主身旁的要人,陈后主即位后又成了宠臣。最后南陈江山丧落在陈后主手中,与这件事极有关系。

至德元年(公元 583 年),孔奂去世,享年七十岁。

独立使君——裴侠

裴侠(生活于公元 6 世纪),本名协,字嵩和,生于北魏,终于北周,河东解(今山西运城西南)人。祖父裴思齐曾任北魏议郎,父亲裴欣为北魏西河郡守,死后得晋州刺史的名号。裴侠历任北魏、西魏、北周三朝。

裴侠少年时代是个奇特的孩子,发育较迟,好几岁了还不会开口说话,大家都以为他是个哑巴。七岁那年,他在洛阳城里玩耍,忽然看见成千上万只乌鸦,遮天蔽日从西边飞来,裴侠大感惊奇,伸手指道:"乌鸦!乌鸦!"就这样学会了说话。

后来他显出超人的智慧,和别的孩童大不一样。十三岁时父亲裴欣去世,裴侠像个成年人一样悲哀哭泣,遵守孝子的礼节。裴侠因为才学好,品行端,被州里征为主簿,后来又举为秀才。

北魏正光年间,裴侠以门资得到散官奉朝请,后升任义阳(今河南信阳)郡守。永安二年(公元529年),元颢反魏,叛军攻下洛阳,并派使者赴义阳见裴侠。裴侠烧掉送来的书信,表示不听元颢的命令。事隔不久,尔朱荣率军平定叛乱,孝庄帝回到洛阳嘉奖功臣,以裴侠有忠勇精神授予东郡太守,兼防城别将。

永熙二年(公元533年),高欢击败尔朱兆,收其部众,势力大增。孝武帝为抑制高欢,起用了拥有重兵的贺拔胜、贺拔岳兄弟,同时向河南(今山西南部黄河以南地区)征兵以加强京城的宿卫,裴侠率领自己的部队赶赴洛阳宿卫京都。次年,高欢计杀贺拔岳,形势变得十分严峻。武卫将军王思政私下与裴侠议论时政,认为当时权臣高欢不听王命,自作主张,孝武帝力量日渐削弱,面对这种情况该采取什么态度?裴侠认为如果与高欢对立则会有眼前的麻烦,与宇文泰交往则怕有将来的忧虑。不如跟随孝武帝,谨慎从事,从长计议,待机行事。王思政赞同他的想法,向孝武帝推荐,授予裴侠左中郎将。就在这年高欢兵进洛阳,孝武帝逃奔长安。裴侠护驾同行,自己的妻子儿女却还留在东郡,没有接过来。荥阳郑伟对裴侠说:"天下正在动乱,都不知道该投奔哪里,你不如去东郡与妻子儿女团聚,慢慢再选择投奔的地方。"裴侠说:"我既然已经吃了别人的俸禄,怎能因为妻子儿女而改变自己的忠心呢?"跟随孝武帝入关。因为护驾有功,被赐爵清河县伯。后来又拜为丞相府士曹参军,被丞相宇文泰纳为亲信。

西魏文帝大统三年(公元537年),高欢与宇文泰两军战于沙苑(今陕西大荔)。裴侠带领自己部下的乡兵,充当先锋,勇敢作战,立下了大功。战后,宇文泰赞叹道:"仁者必勇!"裴侠本名裴协,宇文泰给他改名为"侠",以示表彰,因战功晋升为侯爵,食邑八百户。

大统八年(公元542年),并州刺史王思政奉命镇守玉壁(今山西稷山西南),任裴侠为长史。玉壁城周八里,四面并临深谷,地势险要,难以攻克。东魏高欢写信给王思政,诱他投降。王思政文笔不佳,就请裴侠代笔,回信言辞壮烈,既表达了宁死不降的意愿,又劝高欢退兵求和。后来宇文泰知道了裴侠回信的内容,赞叹道:"古代著名的鲁仲连,也不过如此啊!"

大统十二年(公元546年),高欢得病退兵,裴侠守玉壁有功拜为河北郡守。裴侠自身生活俭朴,爱民如子。河北郡,以前有很多弊政,官府从民间征调三十名猎人渔夫,专门为郡守打猎捕鱼。裴侠生活节俭,平日只吃豆麦咸菜之类,他说:"为了一个人的口腹之欲,役使这么多百姓,这样的事情我不干!"把他们全都遣散。官府还另外征调了三十名壮丁,为郡守充当杂役,裴侠也用不着这些人,就让他们去替官府买马养马,还给他们出工钱。时间长了,河北郡养了许多官马,成群成群地放养在山里。裴侠后来离职的时候,没有带走一匹马,郡内吏民都非常怀念他,老百姓编歌唱道:"肥美的鱼肉不吃,雇佣劳役的钱不要。裴公坚贞仁惠,是世上的楷模。"

裴侠和各地的郡守入朝拜见掌权的丞相宇文泰。宇文泰非常宠信裴侠,把他从人群里拉出来站到一边,对大家说:"裴侠清慎奉公,是天下第一。"说完了,宇文泰目光扫视一圈,又说:"你们大家,谁要觉得自己和裴侠一样,就请站到裴侠那边去。"这些郡守们默不作声站着不动,宇文泰重赏裴侠。从此之后送给裴侠一个外号"独立使君"。

三国曹魏时代的著名清官裴潜,是裴侠的九世伯祖,去世后被谥为"贞侯"。裴侠很仰慕这位祖宗,就撰写了一篇《贞侯潜传》,记述裴潜廉洁奉公的事迹,用来教育裴家的子孙后代。裴侠这个举动,也招致了别人的反感。他的族弟裴伯凤、裴世彦当时都在丞相府担任府佐,两人找到裴侠笑着劝告:"人生在世,做官上进,追求的就是名利双收。既要有一定的名望,也要享受精致的生活。你现在清苦成这样子,那做官到底图什么呢?"裴侠答道:"清廉是做官的根本,节俭是做人的基础。我们裴氏是个名门望族,长久以来深受世人的尊重。历代祖宗活着的时候扬名于朝廷,去世之后流芳于史册。现在我以平庸之才,侥幸得到朝廷的特殊待遇,坚持过清苦的日子,并不是想追求名声,只是立志自修,担心辱没了先人的名声,如此而已。"

大统十五年(公元549年),裴侠调任郢州刺史,与梁朝接境。梁朝的竟陵太守孙晷、鄳城太守张建带着自己的地盘归附西魏由裴侠负责接收。裴侠把两人观察了半天,私下里对部下说:"孙晷目光闪烁,言语随便,是个不可靠的人;张建神情安定,以后不会有什么异心。"并他把这些情况写成书信,派人向宇文泰汇报。宇文泰说:"裴侠有鉴,深得之矣!"就派大都督苻贵镇守竟陵,而鄳城则不派兵防守。第二年梁将柳仲礼率军救安陆,孙晷果然又叛变了,事态发展正如裴侠预言。

北周孝闵帝即位(公元557年),裴侠官拜司邑下大夫,加骠骑大将军、开府仪同三司,晋爵为公。后又担任户部中大夫,户部的财务管理混乱,下层小吏们监守自盗,贪污公家财物,最严重的贪污竟超过千万钱。裴侠上任后,严格查办,只用了几十天工夫,就把户部的奸吏清除殆尽,财物也追回不少,树立了清廉严政的名声。后来调任工部中大夫,工部的贪官污吏都非常害怕。有个大司空掌钱物典李贵在府中悲伤哭泣,有人问他原因,他回答说:"我掌管的官府财物,有很多被我耗费占用了。裴公清廉严明有名声,我害怕遭到罪过责罚,因此哭泣。"裴侠听到这件事,允许他自首,李贵承认贪污了五百万钱。

裴侠晚年生了重病,卧床不起,朋友们都很担心。有一天凌晨,裴侠在昏迷中,忽然听得谯楼上打五更鼓,吃了一惊,立即起床,对身边人说:"是不是该到府里办公了?"这一惊一起,身上的重病竟忽然消失了,身体恢复了健康。朝中大臣宇文贵、申徽等人曾经探视过裴侠的病,发现他生活极端清苦,住的房子都不能御寒,回去后就向北周明帝报告。明帝怜悯他贫苦,为裴侠盖了一所住宅,并赏赐良田十顷,家里需要的奴仆、农具、粮食、耕牛全都配备齐全。朝中的士大夫们,都以裴侠为荣。

武成元年(公元559年),裴侠在任上病故,赠太子少师、蒲州刺史的称号,谥号为"贞"。

第四章　隋唐时期

　　隋唐时期是中国封建社会重要的发展期,是中国古代社会发展的巅峰,大唐盛世为我们留下了许多宝贵的文化遗产。

　　"为政之要,惟在得人"。隋文帝废除了魏晋南北朝以来九品中正制的荐举制度,创立"以试取人"的科举制度,在很大程度上杜绝了私人请托、收受贿赂的弊端,保障了官员选任的公平与公正。在选人标准上,唐代坚持以廉洁作为首要标准,吏部考试的标准有"身、言、书、判"四项,把德行作为选官的重要标准,进一步保证了官员队伍的廉洁。

　　隋唐时期监察制度进一步加强,建立了较为完善的官员考课和监察系统,既对中央官员也对地方官员,既有定期考课也有不定期巡查,同时,建立起一套较为完整的司法审判机制。

　　隋唐时期十分重视建立健全反腐法令,倡导为政清正廉洁,不滥用权力;加强对腐败事件的监察和惩处,严惩贪污腐败行为。当时很多名臣既有以政治才干名扬古今,也有以清正廉洁受到后世敬仰。《隋书》记载隋朝循吏 12 人,《旧唐书》记载唐朝循吏 53 人,《新唐书》记载唐朝循吏 23 人。

清水一杯——赵轨

赵轨(生活于公元 6 世纪),河南洛阳人,他的父亲赵肃是北魏的廷尉卿。赵轨少年时好学有品行,北周的蔡王引荐他做了记室参军,因严守清贫、刻苦学习而远近闻名,后升为卫州治中。

隋文帝开皇年间,赵轨转任齐州(治所在历城,今济南)别驾,对全州的行政"总理众务,职权甚重"。在如此优越的政治经济环境里,赵轨不谋任何私利。有一年的秋天,赵轨的老朋友得知赵轨习惯深夜读书。届时,赵轨点燃沉香熏屋,帮助头脑清醒,那位老朋友给赵轨送来 1 斤沉香。赵轨讲了一则旧事,借题发挥,委婉地拒绝了这份珍贵礼物。他说:"我家东边邻居家里种有桑树,桑树上的桑葚熟了,又大又红,落在我家院子里,满地都是。我赶紧叫家人把桑葚捡起来送还邻居,并教育自己的孩子,我这么做并非是沽名钓誉,不要以为不是重要的东西,就可以随便占取。不属于自己的劳动果实不应该占有,你们应当引以为戒。"他的老朋友听后,敬重赵轨这番谈论的旨意,便把沉香带回去了。他在齐州四年,不置家产,修身自励,生活俭朴,政绩考核连续最佳。持节使者邰阳公梁子恭向朝廷呈报他的事迹,受到了隋高祖的赞许,赐给他三百匹绸缎、三百石米,征召他入朝做官。在他上路进京的时候,当地父老前来送别,一位老人把一杯清水捧给赵轨说:"别驾在此任官,从不受贿纳物,犹如水火不相交。如今您要走了,我们连一壶酒都不敢送,您清廉如水,特此献上一杯清水为您饯行。"赵轨非常感激,接过水一饮而尽。到了京城后被任命与奇章公牛弘撰定法律、命令、规则的格式。

卫王杨爽做原州总管,皇帝因杨爽年轻,而赵轨在地方做官有名声,就任命赵轨为原州总管司马。赵轨不仅修身自洁,对部下的约束也很严。有一次夜间出行,部下的马匹误入农田踏坏了庄稼。赵轨随即下令停止前进原地待命。直到天亮找见农田主人,赔偿损失后才率部继续赶路。原州官民听到此事以后,无不感叹,说赵轨爱民如子,惜田如金。官民看到总管司马尚且如此,人人仿效,"人吏闻之,莫不改操",风俗为之一振。

几年后赵轨升为硖州刺史,他安抚当地少数民族,对百姓很有恩惠,击强扶弱,治理盗贼于萌芽之中,使硖州道不拾遗,夜不闭户。不久被任命为寿州总管长史。芍陂先前有五门围堰,荒废失修。赵轨督促百姓和官吏,又开了三十六门围堰,灌溉田地五千多顷,当地百姓大受其利。赵轨为官期满回到乡里,在家中去世,时年六十二岁。

唐初名相——房玄龄

房玄龄(公元 579 年—公元 648 年),名乔,字玄龄,齐州临淄(山东淄博临淄)人。房玄龄出生于官宦之家,曾祖父房翼,北魏时担任镇远将军、宋安郡守等职,世袭壮武伯。祖父房熊,字子释,曾任褐州主簿。父亲房彦谦,非常好学,通读《五经》,善草隶,富有辩才,隋大业时任泾阳令,谥定伯。

房玄龄自幼聪明伶俐,耳濡目染,颇承其父遗风,善诗能文,博览经史,精通儒家经书,又向父亲学得一手好书法,擅长草书和隶书。房玄龄少年时代随父亲去京师,当时隋文帝当国,天下宁晏,一片太平景象,但弱冠之年的房玄龄已经对世事有精到的分析,私下对父亲讲:"隋文帝本无功德,只知欺骗迷惑百姓。他不为后代子孙做长久的打算,嫡子与庶子不分,继承人繁多,个个骄奢淫逸,最终必将是互相倾轧。现在国家虽然康平,但灭亡之日指日可待。"房彦谦听后大惊,认为他很奇异。房玄龄 18 岁时考取进士,先后授羽骑尉、隰城尉。

隋朝末年天下大乱,李渊率兵入关,房玄龄在渭北投奔秦王李世民,屡从秦王出征,为秦王参谋划策,典管书记,任秦王府记室,是秦王得力的谋士之一。房玄龄为报李世民知遇之恩,竭尽心力筹谋军政事务。每攻灭一方割据势力,军中诸人都全力搜求珍宝异物,只有房玄龄首先收拢人才,将富有谋略和骁勇善战的人安置在秦王幕府中,私下与他们结为朋友,共同为李世民效力。在击破王世充后,房玄龄认为张亮"倜傥有智谋",遂推荐给李世民,任秦王府车骑将军,"委以心膂"。其他诸如才思敏捷的薛收,有"王陵、周勃节,可倚大事"的李大亮,"聪明识达,王佐之才"的杜如晦等,都是经房玄龄举荐以后,才受到李世民重用的,后皆位至卿相。

房玄龄在李世民秦王府中十多年,一直掌管军谋大事,负责管理文牍。每逢写军书奏章,一开始就不用草稿,停马立即可成,文字简约,事理详备。唐高祖李渊也对房玄龄深加叹赏,对侍臣讲:"这个人非常了解机宜,可以委以重任。每当替我儿陈说事务,都能了解人的心理,千里之外,好像对面说话一样。"

武德九年(公元626年),房玄龄协助李世民经营四方,削平群雄,参与玄武门之变的策划,帮助李世民谋得帝王之位。李世民称赞他有"筹谋帷幄,定社稷之功"。太宗论功行赏,以房玄龄、长孙无忌、杜如晦、尉迟敬德、侯君集五人功为一等,晋爵邢国公,实封一千三百户。房玄龄追随太宗平定天下,出生入死,备尝创国立业之艰辛。他时刻不忘创业之难,警钟长鸣,力戒骄奢淫逸,以维持国家的长治久安。

贞观元年(公元627年),房玄龄任中书令,重视吏治,认为吏治问题是求治的根本,而官吏的公平正直又是治国之要道。在选举官吏的问题上,唐太宗主张"量才授职,务省官员""现在应当审查官吏,让他们都能够发挥各自的作用,那么国家就可以无为而治了。"房玄龄忠实地贯彻了这一思想,大力简政,并省官吏,"所配置的文武官员总六百四十员"。房玄龄精减官吏的做法,对经隋末大乱、人口锐减的唐初来说,既裁去冗官滥职,避免十羊九牧,提高朝廷各部门办事效率,同时也节省国家财政开支,减轻了人民负担。

贞观四年(公元630年)二月,房玄龄改封魏国公,任尚书左仆射。天下初定,朝章国典还很不完备,他与尚书右仆射杜如晦共掌朝政。亭台楼阁等建筑物的规模以及法令、礼乐、制度以及历代遗留下来的有价值的东西,都经他们二人所制定,获得美誉。房玄龄精通典制政令,在修订律令方面,秉持"审查并确定法律和命令,将宽厚平和作为宗旨"的思想,简化律令,又除去了隋朝的苛酷刑法。自房玄龄等更定律、令、格、式之后,有唐一代都没有发生过重大变动。房玄龄担任总领百官的职位以后,日夜虔诚恭敬,竭尽全力,务为公平。房玄龄听到别人的好事,便好像是自己的一样高兴。他熟悉行政事务,常以古人先例来整治。他对人不求全责备,不用自己的长处来量人之短处,完全看人的才能,而不管其出身如何,人们都称赞他是一代良相。

贞观九年(公元 635 年),房玄龄加封开府仪同三司。贞观十三年(公元 639 年),房玄龄加封太子少师、进位司空,综理朝政,与杜如晦、魏徵等同为太宗的重要助手。他多次上书请求解除自己的宰相之职,唐太宗下诏说:"我选贤任能,以无私为本;臣子侍奉皇上之道,以仁为贵。历代都大力弘扬这种精神,各位贤士借此得以同心。您忠诚严谨,公正务实,辅佐开创帝王基业。您是堪称楷模的宰相,政务和谐顺畅;您辅佐东宫太子,名至实归。然而您不顾大局,仅考虑小节,虽然也尽到了教谕的职责,却想辞掉重要职务,任用你不是为了辅佐我一个人,而是来安定整个天下。"房玄龄没办法,只得以本官就职,当时皇太子准备行拜师礼,仪式已准备好就等他来。可房玄龄深觉自己卑微不敢前来,便回了家,有识之士无不佩服他的谦虚辞让。房玄龄认为自己身居相位十五年,女儿为韩王妃,儿子房遗爱又娶了高阳公主,实在是太显贵了。房玄龄一直告诫儿子们不要以地望凌人,切勿骄奢沉溺,并集汇古今圣贤家戒,亲书于屏风上,分给各房子嗣,说:"如能留意上面的内容,足以保身成名。"他屡次上书辞官,皇帝都不准许。唐太宗派人转述他的话,说:"昔日的留侯张良让位,窦融辞荣,都是害怕盈满,知进能退,能够适时停步,为前代人所称道。你也想效仿这些前代哲人,确实值得嘉奖。然而国家一直任用你为相,一朝忽然没有良相,就如同忽然失去两只手一样。你如果精力还没有衰弱的话,请不要再辞让了。"房玄龄不再提辞官之事。

贞观十七年(公元 643 年),房玄龄与长孙无忌等同入"凌烟阁二十四功臣像",题词说:"才兼藻翰,思人机神。当官励节,奉上忘身。"次年李世民亲征辽东高丽,命房玄龄留守京城,下诏说:"您就相当于萧何,

房玄龄

我没有后顾之忧了。"所需的士兵、武器、粮草,全部由房玄龄统筹。房玄龄屡次进言,说不可轻敌,宜多加小心。房玄龄曾因小错被遣回家,黄门侍郎褚遂良上书道:"如果君主是头脑的话,大臣就是四肢。龙一跃则云生,不需呼啸自然集起,机会一到,则千秋功业瞬间可致。陛下您当时是平民,心怀救亡之心,手提利剑,揭竿而起。平定诸寇,自然是您的神功,但出谋划策之事,也离不开别人的辅助。臣子中作用最大的,当数房玄龄。昔日吕望辅佐周武王,伊尹辅佐成汤,萧何在关中,王导在江外,房玄龄和他们都可一比。他于武德初年任职,忠义勤勉,得到大家的认可。后来东宫太子李建成、齐王李元吉作乱,扰乱圣上之心,人人自危,情况危如累卵倒悬,可谓身家性命在一念之间,但房玄龄的心却始终坚定如初。到九年的关键时刻,事情紧迫,他遭到斥逐,无法出谋划策,依然穿上道士服装,与文德皇后一起同心协力,作为臣子,他问心无愧。到贞观初期,万物更新,他为君主选拔官吏,受到推重,功勋无人可比,而尽职依旧。如果不是不可饶恕之罪,百官痛恨之人,最好不要犯一个小错就轻易斥弃。陛下一定要同情房玄龄年老,减轻他的负担,古代有劝说大臣告老回家的事例,可依照此礼法使其归家,也能保全他的好名声。作为几十年的功勋老臣,房玄龄仅因一件小事就遭斥逐,外面议论纷纷,认为不妥。天子如果看重大臣则人人尽力;轻易贬斥则人人不安。我才德浅薄,有幸在左右效力,斗胆冒犯天威,申明我的一管之见。"

贞观二十二年(公元648年)房玄龄病重,太宗派名医为其医治,每日供给御膳,并亲临探望。房玄龄对儿子们说:"我自己觉得病情加重,而皇上的恩泽也更为深厚。如果我辜负了皇帝圣恩则死有余辜。如今天下安宁,万事如意,唯有不停地征讨高丽算是国家大患。皇上心中有怨气,所以决心征讨,大臣们也不敢触犯龙颜;而我明知此理却不说,一定会带着遗憾入地的。"他上书说:

我听说战争最怕无休无止,武之道贵在平息战争。如今皇上圣明的教化已经远播,无论多远的地方都受到影响。自上古以来别人不能使之臣服的,陛下您都已经使之臣服了;别人所不能制服的,陛下都能制服。纵览古今,能成为中国患害的,莫过于突厥。陛下足不出户运筹帷幄,大小可汗相继归顺,充实在禁卫和军伍中。之后薛延陀气焰嚣张,但很快被消灭,铁勒仰慕您的德义,请求归于您的管辖。沙漠以北的区域万里和平。至于高昌国在沙漠叛乱，吐谷浑在积石山蠢蠢欲动，只需偏师就全部扫平。高丽国历代逃脱诛杀，难以讨伐。陛下责备他们上弑君主，下虐百姓，故亲自带领六军，到辽、碣兴师问罪。没一个月，即攻克辽东，前后抓获数十万俘虏，分配到各州，一雪历代的耻辱，掩埋崤山的枯骨，比功较德，是前王的一万倍。这些都是您所知道的，微臣岂敢多言。

况且陛下之仁孝广布于地，上达苍天。看到夷狄将灭，就能判断需要几年的时间；授予将帅指挥的权力，自己则在万里之外掌控全局。数着指头等候驿使，看着日影期待书信，神机妙算百无一遗。从行伍中选拔将领，从平凡人中任用官吏。远道而来的孤单使者，一见不忘；小臣的名字，不用问第二遍。箭能穿过七层的铠甲，弓能拉六钧重。同时您也留意典籍，揣摩文章，书法超越钟繇、张芝，文采不让班固、司马相如。为诗则韵律和谐，作画则笔下生花。以仁慈抚慰百姓，以礼节对待群臣。哪怕纤毫善心也给以褒奖，对待刑罚则力求宽大。认真听取逆耳之谏，拒绝虚妄之言。有好生之德，就拆除江湖中捕鱼的设施；有不杀之仁，就停止屠场中的利刃。野鸭仙鹤也能有粮食享用，犬马也有帷盖的保护。屈尊为李思摩吸吮箭伤，又来到魏徵灵枢哭吊。为阵亡的将士哭悼，悲恸感动六军；背负铺路的柴草，真情感动天地。重视百姓的生命，故而尽心对待案件。我见识鄙陋，哪里配说圣上的丰功以及高尚的品德啊！陛下集众人之美于一身，当有尽有，我深深地珍惜重视它，爱之如宝。

《周易》说："知道进而不知道退，知道存而不知道亡，知道得而不知道失。"又说："知道进退存亡而又能掌握恰当的分寸，恐怕只有圣人吧。"由此看来，进有退的意思，存是亡之机，得有丧的义理。我最为陛下惋惜的，就是这个道理。老子说："人懂得满足不贪心就不会受辱，懂得适可而止就不会遭到危险。"陛下您威名天下，功德无量，应该满足了；开辟疆土，也应适可而止。那个高丽国，算是边远的低贱之族，不值得施以仁义，也不要用一般礼仪去要求它。自古以来就当鱼鳖一样蓄养，不必细究。如果一定要消灭它，恐怕它会困兽犹斗。况且陛下每处决一个死囚，也一定要多次复核、吃素、停止音乐，原因就是人的生命很宝贵，感动了您的慈心。而这些兵士毫无罪过，没有理由地奔走于阵地，倒在刀刃之下，肝脑涂地，魂无所归,会让他的老父、孤儿、寡母看着灵车而哭泣,抱着尸骨而痛心,足以改变阴阳的平衡,损伤和谐之气,这真是天下的冤屈苦痛啊。而且兵器本是凶器,战争是危险之事,不得已才使用。以前是因为高丽有违臣子的礼节,陛下您诛罚它是可以的;高丽侵扰百姓,陛下消灭它也是可以的;如果高丽长久威胁中国,陛下除掉它也可以。只要高丽国犯了以上任何一条,即使一天杀他们万人,也没有什么愧疚。但如今高丽没有这三条,只是因为烦扰中国,您对内是为先王雪耻,对外是为新罗报仇,这岂不是得到利益少,而损失却大吗?恳请陛下遵循老子的"适时止足"的教诲,以保护您万代巍巍大名。请陛下发扬对罪犯的宽恕之恩,降宽大处理的诏书,布施阳光雨露之恩泽,允许高丽能自我反省,焚烧远渡攻伐的船只,网罗前来投奔的民众,自然就会使华夷信服,远近安宁。我已大病缠身,生命危在旦夕。遗憾的是,没有能发挥一点微薄的力量,为国家做点事情。仅靠最后的一点余息,为您做一点"结草"的贡献。倘若您能采纳我的这一点建议,我就是死了,也能够不朽了。

太宗见到奏章,对房玄龄的儿媳妇高阳公主说,"这个人已经病危至此了,还在为国家忧虑,真是太难得了。"临终之际,李世民亲至其病床前握手诀别,立授其子房遗爱为右卫中郎将,房遗则为中散大夫,使其在生时能看见二子显贵。

贞观二十二年(公元 648 年)七月,房玄龄去世,终年七十岁。太宗为之废朝三日,赠太尉,谥文昭,配享太宗庙廷,陪葬昭陵。

非勋非旧——岑文本

岑文本(公元 595 年—公元 645 年),字景仁,南阳棘阳人。他的祖父岑善方,做过萧詧后梁政权的吏部尚书。父亲岑之象,隋末做过邯郸县令,曾被人诬陷,冤情无处申诉。岑文本性情沉稳聪敏,相貌堂堂,长于辩论,擅长写文章,广泛考究经史之书,并能融会贯通。当时岑文本年仅十四岁,来到御史台喊冤,语言、情感非常感人。主管官员召见他，他的回答既清晰又雄辩，众人很惊讶。试着让他写作《莲花赋》，他拿起笔一会儿就写完了，立意非常好，整个御史台没有不叹赏的，他父亲的冤情得以昭雪，岑文本也出名了。

大业十四年（公元618年），萧铣在荆州称帝，征召岑文本并任命他为中书侍郎，专门掌管文字工作。武德四年（公元621年），唐军围攻荆州，岑文本劝萧铣投降。河间王李孝恭平定荆州，他军中的将士都想大肆掳掠，岑文本进见并劝说李孝恭道："自从杨隋王室昏庸无道，各路英雄像开了锅一样四处造反，四海百姓伸长脖子盼望真龙天子来拯救他们。现在萧氏君臣和江陵父老之所以决心归降大唐，是希望离开危境追求平安。王爷您如果放纵兵卒抢掠，就真的违背了我州百姓盼望和平的意愿，恐怕长江和五岭以南的广大地区，希望归化的心被阻隔了呀。"李孝恭称赞他说得好，立即下令禁止抢掠。江陵城中井然有序，秋毫无犯。南方各州县闻讯，皆望风归顺。岑文本被任命为荆州别驾。李孝恭进军攻击辅公祏，聘请岑文本主管军中文书工作，又任命他为行台考功郎中。

贞观元年（公元627年），岑文本被任命为秘书郎，同时在中书省当值。适逢太宗举行藉田礼，岑文本呈上《藉田颂》。正月初一，唐太宗宴请众臣，岑文本再次献上《三元颂》，文辞很优美。岑文本的才名越来越大，经过李靖的推荐，被擢升为中书舍人，得到了太宗的青睐。以前，唐高祖武德年间朝廷的诏敕以及军国大事的文件，都出于中书侍郎颜师古之手。颜师古因过错免职，温彦博启奏说："颜师古对时事非常熟悉，擅长文章之法，当代没有人能比得上，希望他能再次得到任用。"唐太宗说："我亲自推荐一个人，您不用担心。"任命岑文本担任中书侍郎，专门掌管文书机要。有时候各种事务积压在一起，于是口授让六七个书童一起记录，一会儿都写完了，也都能各尽其妙。

贞观十一年（公元637年），岑文本上书说："我听说创拨乱之业，其功既难；守已成之基，其道不易。故居安思危，所以定其世，有始有终，所以隆其基。今天虽亿兆人民平安无事，四方安宁，既承丧乱之后，又接凋敝之余，户口减损尚多，田畴垦避犹少。覆焘之恩显奇，而疮痍尚未恢复；德教之风普及，而资产屡空。就以古人种树打比喻，年代久远，则枝叶繁茂；若种之日浅，根本未固，虽给它培植厚土,暖之以春日,一人摇动它,必定枯槁。今天的百姓,颇类于此。常加葆养,则日渐繁衍生息;突然征发徭役,则随之而来的是经济凋耗。凋耗既甚,则人不聊生;人不聊生,则怨气充塞;怨气充塞,则离叛之心生。故帝舜说:可爱非君,可畏非人。孔安国解释说:人以君为命,故可爱;君失道,人叛之,故可畏。孔夫子说:君犹舟,人犹水,水可以载舟,亦可覆舟。就是古代贤明君王,虽休勿休,日慎一日的道理所在。陛下览古今之事,察安危之机,上以社稷为重,下以亿兆为念。明选举,慎赏罚,进贤才,退不肖。闻过即改,从谏如流,为善在于不疑,出令期于必信。颐神养性,省打猎游玩之娱;去奢侈节俭,减工役之费。秀静园内,而不求辟土;把弓箭收藏起来,但不要忘记武备。"

当时魏王李泰在太宗诸子中最受宠,他大修府第,岑文本认为不能助长奢侈风气,上书论节俭之德,称李泰应有所节制。太宗表扬了他,赐锦缎三百匹。岑文本虽然官高禄厚,但他却认为自己仍是一介书生,总是非常谦逊。新老朋友,虽然地位低下也一定平等相待。他居住的地方又小又简陋,屋里没有地毯、帷帐等装饰。他侍奉母亲非常孝顺,抚养弟弟、侄儿,也都尽心尽力。岑文本在权力中心任职很久,所得的赏赐很多,所有的收入和支出,都托付给小弟岑文昭管理,从来不过问。当时岑文昭担任校书郎,常常与人交往,太宗听了不高兴,曾经不经意地对岑文本说:"你的弟弟与人交往过多,恐怕会连累你,我打算让他出京到外地做官,怎么样?"岑文本回答说:"我的弟弟从小就没了父亲,老母最疼爱他,不想让他离开身边一天。现在要是去外地做官,母亲必定担心,如果没有这个弟弟,老母也活不成了。"说完就伤心地哭了。太宗同情他,没有将岑文昭外放,只是召见岑文昭,严厉地加以训导,岑文昭最后也没犯什么错误。太宗总是说他"忠厚严谨,我亲近他、信任他"。那时,刚刚立晋王李治为皇太子,朝中名士大多兼任太子府的职务,太宗想让岑文本也兼任东宫一个官职,但他一再推辞说:"我才华平庸,官位早就超出了能力的限度。维持好现在这个职务,都担心太过头了,岂能适合再在太子府兼职,为自己招致非议呢。我请求一心一意侍奉陛下,不愿意再企求得到太子的恩泽。"太宗这才作罢。但仍然命令他每隔五天去太子府参拜一次,太子以客人、朋友的礼节接待他,和他行答拜之礼。

贞观十八年（公元644年），岑文本被任命为中书令。一般人升官则喜，他却面带忧色。他的母亲感到奇怪，问他为什么，他回答说："我既不是功臣又不是旧友，却承蒙皇上如此尊崇，责任重、地位高，所以担心。"亲朋好友听说他升了官，都前来庆贺，他却说："今天只接受吊慰，不接受祝贺。"又有人劝他置办田地，岑文本叹息道："我不过是南方的一介平民，徒步来到关中，当时的期望，不过是做个秘书郎或者县令而已。我没有丝毫军功，唯以文章做到了中书令，这已是极致。蒙受如此丰厚的俸禄，已经很提心吊胆了，哪能再谈置田产的事呢？"说话的人叹息着退下了。

贞观十九年（公元645年），唐太宗征讨高句丽，所有的筹划全都交付给岑文本负责。岑文本接受的任务太重，面容很快干瘦下去，说话和行动都和平常不一样。太宗见到后很忧虑，对身边的人说："岑文本现在与我一起去，恐怕不能和我一起回了。"到幽州后岑文本突然得了重病，太宗亲自前往探望，流着眼泪安抚他。不久岑文本去世了，享年五十一岁。那天晚上太宗听到急促的鼓声，说："岑文本去世，我内心非常伤悲。今天晚上示警的鼓声，不忍心听。"命令停止击鼓，赠予岑文本侍中、广州都督，谥号"宪"，朝廷赐给丧葬用品，将他安葬在昭陵旁。

明断是非——狄仁杰

狄仁杰（公元630年—公元700年），字怀英，并州太原（今山西太原）人。祖父狄孝绪，曾任尚书左丞。父亲狄知逊，曾任夔州长史。

狄仁杰早年考中明经科，出任汴州判佐，后被小吏诬告。当时工部尚书阎立本为河南道黜陟使，审问时对他的才华感到惊异，发现他是一个德才兼备的人才，称赞道："孔子说，通过一个人所犯的过错，可以了解他的为人。你可以称得上是河曲之明珠、东南之遗宝。"推荐他担任并州都督府法曹。狄仁杰在并州时，同府法曹郑崇质要到很远的地方办事，但是他的母亲年老多病。狄仁杰便对他说：

"你母亲病重,而你却要出远门,怎么能让亲人对远在万里之外的你担心呢?"狄仁杰去拜见长史蔺仁基,请求代替郑崇质出行。蔺仁基非常感动,联想到自己与司马李孝廉之间的不和,深感惭愧,主动与李孝廉和解。

狄仁杰升任大理丞,他刚正廉明,执法不阿。一年之内审结了大量的积压案件,涉及一万七千多人,却无一人冤诉,人们都称赞他公平宽厚,一时名声大振。仪凤元年(公元676年),左威卫大将军权善才、右监门中郎将范怀义误砍了昭陵柏树,高宗要处死他们,狄仁杰却认为他们不应判死罪。唐高宗生气地说:"他们这样做,是使我成为不孝之子,一定要杀。"狄仁杰说:"汉代有人偷盗高祖庙的玉环,汉文帝想诛杀盗贼全家,张释之在朝堂上争论说:'如果有人取走长陵的一抔土,那用什么更重的刑律来惩罚呢?'最后只判决将盗贼斩首。陛下的法律在法典上写得很清楚,犯哪个等级的罪,就应当给予相应的处罚。没有犯死罪却要处死他,这是为什么?现在,因为误砍了一棵柏树,就要杀死两位大臣,后人将会说陛下是什么样的皇帝?"唐高宗的怒气得到宽解,两人被免除死罪。几天后,狄仁杰被授予侍御史。左司郎中王本立仗着受宠胡作非为,狄仁杰弹劾他的恶行,皇帝下诏赦免他。狄仁杰说:"假如朝廷缺乏贤才,像王本立这样的人多的是。陛下怜惜有罪的人,就是违背法律,我希望严惩他,作为大臣们的教训。"王本立得到了相应的处罚,朝廷秩序井然。狄仁杰出使岐州,有几百名逃亡的军人抢劫行人,道路不能通行。官府抓住他们的同伙严刑拷打,但没抓住的却越来越多,没法收服。狄仁杰说:"这是因为他们无路可走,所以暂且做坏事。"于是公开发布自首者免罪的命令,提审狱中的同党,说明情况后将他们释放,让他们互相告知。贼人全都投案自首,唐高宗对狄仁杰随机应变的能力叹服不已。

唐高宗前往汾阳宫时,途径妒女祠。当时民间认为穿着华丽的衣服经过妒女祠,会招致风雷之灾。并州长史李冲玄便要征发数万人另外开辟一条御道,狄仁杰道:"皇帝出行,有千乘万骑扈从,风伯为之清尘,雨师前来洒道,还怕什么妒女?"制止了这次徭役。唐高宗得知后,叹道:"真是个大丈夫啊!"狄仁杰出任宁州刺史,在任内妥善处理民族关系,深受拥戴,宁州百姓还为他立碑颂扬。当时,右台监察御史郭翰巡察陇右诸州县,弹劾了大批官员。到达宁州后,见颂扬刺史美德的人不绝于路,郭翰对人说:"一到州境内,就知道治理的如何了。"向朝廷推荐狄仁杰,被征拜为冬官侍郎,持节江南巡抚使。当时,江南之地有很多民间自行设立的祠庙,狄仁杰奏请焚毁1700余所,只留下夏禹、吴太伯、季札、伍员四祠。

不久狄仁杰改任文昌右丞,出任豫州刺史。越王李贞在豫州起兵反抗武则天失败,两千多名部下被判死刑。司刑使逼狄仁杰行刑,狄仁杰认为判决有误,请求延缓行刑,然后秘奏武则天道:"我本想正大光明地上奏,却似乎是在替谋反者求情;不说,又恐怕违背陛下宽厚仁慈的美德。奏章写好了又撕掉,怎么都写不好。这些人都不是谋反的首犯,是被反贼连累的,希望您怜悯他们的不得已。"武则天下旨赦免了他们的死罪,改为发配到丰州。这些囚徒从宁州出城,父老乡亲迎接并慰劳他们说:"是狄使君救了你们呀!"囚犯们相互搀扶着到百姓为狄仁杰立的石碑旁哭成一片,斋戒三日,才离开宁州。囚犯们到丰州后,又为狄仁杰立碑,以颂恩德。

以前宰相张光辅率军讨伐李贞,部下将士自恃功劳,多次向地方索取财物,狄仁杰都拒绝了。张光辅生气地说:"你这个小小州将,敢于蔑视元帅么?"狄仁杰说:"祸乱河南的只是一个李贞而已。现在一个李贞死了,而千万个李贞又生了。"张光辅不解其意,狄仁杰道:"您率领三十万军队平定叛乱,但是不能约束士兵,纵容他们的暴行,那些无辜百姓死亡惨重,不忍目睹,这不是一个越王死了而千万个越王又生了吗?况且,那些遭胁迫跟随越王的人,他们势必不愿坚守。等到朝廷军队突然攻来之后,放弃城池归顺朝廷的不可胜数。那些归顺的人顺着绳子从城墙上滑下,城池四周踏出一条条的小路。你为什么纵容那些贪求战功的人,去追杀这些准备归顺投降的人呢?让百姓的冤情一直通到天上呢?我如能请来尚方宝剑,就杀了你这罪人,到时我再向朝廷请罪。即使我死了,我的功德也将永远铭记在百姓的心中。"张光辅无言以对,但是却怀恨在心,回朝后便弹劾狄仁杰出言不逊,傲慢无礼。狄仁杰被贬为复州(今湖北沔阳)刺史,后出任洛州司马。

天授二年(公元691年)九月,狄仁杰升任地官侍郎、判尚书、同凤阁鸾台平章事,成为宰相。武则天对他说:"你在汝南的时候,有很多好的政绩,你想知道是谁中伤你么?"狄仁杰回答道:"如果陛下认为我错了,我就改过;如果陛下明白我并无过错,这是我的幸运。我不想知道中伤我的人是谁,并把他当作我的朋友,我情愿不知道。"武则天感叹他是忠厚长者。当时太学生告假,武则天也下诏同意。狄仁杰说:"皇帝只有生杀大权不授予他人,至于在规定的期限内收发文书,应该责成相关官员去做。尚书省议决事情,左、右丞不亲手执杖行刑,左、右丞相不亲自起草判决书,何况皇帝呢? 太学生领取告身文件,是县丞、主簿的事务。如果他们的事都要下诏书认可,那么数千学生,总共要下多少诏书? 制定一个规章给他们看就行了。"武则天接纳了他的建议。

长寿元年(公元 692 年),来俊臣诬陷狄仁杰等大臣谋反,将他们逮捕下狱。当时的规矩是,审讯反叛的人如果一审就招供可以免死。来俊臣审问时,狄仁杰回答说:"武周变更了李唐的天命,我是唐朝的大臣,反叛武周本来就是事实。"来俊臣得到满意的口供,将狄仁杰关进监狱。来俊臣的下属王德寿对狄仁杰说:"我想稍稍升点官,您替我指证杨执柔是您的同党,就可以免于一死。"狄仁杰长叹道:"天啊,你怎么让我狄仁杰做这样的事!"一头撞到柱子上血流满脸。王德寿吓得赶紧道歉。狱卒看管不严时,狄仁杰讨到一支笔在布上写好书信,放到棉衣中,对狱卒说:"天气热了,我请求将衣服送回家,将里面的棉絮撤掉。"狄仁杰的儿子狄光远得到帛书后持信上告。武则天派遣使者前往检查核实,来俊臣让狄仁杰穿戴齐整去见使者,又私下里让王德寿写好感谢皇帝赐死的上表,让使者带给武则天。武则天召见狄仁杰,对他说:"你为什么招供谋反呢?"狄仁杰回答说:"我如果不承认造反,早就死于酷刑了。"武则天把谢死表拿出来给他看,狄仁杰说:"我没有写过。"武则天知道是别人代他写的,免除了他的死罪。武承嗣多次请求诛杀狄仁杰,武则天说:"命令已经下发了,不可能追回来。"御史霍献可用头在大殿的台阶上猛磕,苦苦争谏,一定要杀掉狄仁杰等人。最后武则天将狄仁杰贬为彭泽令,与狄仁杰一同被诬陷的凤阁侍郎任知古等七人的家族都得以保全。

万岁通天元年(公元 696 年),契丹作乱,攻陷冀州(今河北临漳)。黄河以北人心惶惶,为了稳定局势,朝廷任命狄仁杰为魏州刺史。之前的刺史担心敌人前来,驱使老百姓防御,修缮守城的工具。狄仁杰上任后,说:"敌人还在很远的地方,为什么要让百姓这么辛苦呢? 万一敌人来了,我自己对付他们,跟百姓有什么关系？"将百姓全放回去种地。契丹人听说后也率军离开，百姓敬仰狄仁杰，给他建立生祠。不久转任幽州都督，朝廷赐给他紫袍、龟带，武则天还在紫袍上书写了十二个金字，以表彰狄仁杰的忠诚。李楷固、骆务整是契丹李尽忠部将，随李尽忠侵略唐朝边境，数次挫败唐军。后来，二人兵败降唐，法司请依法论罪。狄仁杰认为他们二人有骁将之才，若恕其死罪必能感恩戴德，请求赦免二将。武则天便赦免二将，并在狄仁杰的奏请下任命他们官职，讨伐契丹余党。后来，二将扫平契丹，献俘含枢殿。武则天非常高兴，大宴群臣，向狄仁杰举杯敬酒，赞扬他善于识鉴人才，说："这是你的功劳啊。"狄仁杰说："这靠的是陛下威灵，将帅尽力，我有什么功劳。"次年，狄仁杰任鸾台侍郎、同凤阁鸾台平章事、加银青光禄大夫，兼纳言，右肃政台御史大夫，再次拜相。

圣历元年（公元 698 年），武则天欲立梁王武三思为太子，征求宰相们的意见，大家都不敢回答。狄仁杰说："我看上天和人民都没有厌弃大唐的恩德，近来匈奴侵犯边疆，陛下派武三思在集市上招募勇士，超过一个月，还没招到一千人。让庐陵王代替他，十天不到就招到五万人。现在要讨论皇储人选，非庐陵王不可。"武则天很生气，停止了这次讨论。很久以后，她召见狄仁杰并对他说："我多次梦到赌双陆输掉，这是为什么？"狄仁杰回答说："双陆输掉，意思是无子。上天的意思是用这来警告陛下吧！太子是天下的根本，根本一动摇天下就危险了。太宗亲自冲锋陷阵，辛辛苦苦得到天下传给子孙。高宗病危的时候下诏让陛下监国。陛下得到江山十多年了，又想立武三思为太子。姑侄和母子谁更亲近呢？陛下立庐陵王为太子，那么死后能被长久地供奉在宗庙里；要是立武三思，他的祖庙不会祭祀姑妈。"武则天想明白了，当天就派徐彦伯去房州迎接庐陵王李显。庐陵王来京城后，武则天将他藏在帷帐后面，召见狄仁杰谈论庐陵王之事。狄仁杰讲得极其恳切，眼泪止不住流下来。武则天让庐陵王出来，说："把太子还给你！"狄仁杰跪下磕头说："太子回京还没有人知道。人们议论纷纷，怎么才能让人相信呢？"武则天便让李显住在龙门，备全礼仪后，正式迎接他回京，满朝文武、天下百姓都十分高兴。以前，吉顼、李昭德多次请求迎回太子，但武则天都不肯答应。只有狄仁杰用母子天性为说辞，最终感动了武则天，恢复了大唐的继承人，使唐朝社稷得以延续。

同年秋天，突厥南下骚扰赵州、定州，杀害、掳掠了很多人，武则天下诏让狄仁杰出任河北道行军元帅，授予他见机行事的权利。突厥人杀掉了绑架的上万人，取道五回退回漠北。狄仁杰追击但没有追上，改任河北安抚大使。当时很多百姓都被迫为突厥人效力，突厥走了以后，他们担心被朝廷诛杀，四处逃跑躲避。狄仁杰呈上奏章说："讨论这件事的人们认为，敌人入侵，才能清楚人的好坏，有的人被胁迫，有的人是自愿，有的人接受了突厥人的官职，有的人替敌人招抚民众。太行山以东的人看重气节，为之而死也不后悔。近来因为战争爆发，税收劳役繁重，很多人破尽家产，拆屋卖田，还找不到买主。另外，官吏侵害百姓，地方政府摊派徭役，用鞭打的方式监督催促他们，情形紧迫，导致他们不遵循礼义，为突厥人做事，希望得以幸免于死。这种行为是士大夫感到羞愧的，但对普通人来说，却是人之常情。百姓就像是水，堵住就成为湖，疏导就成为河，水怎么流取决于疏还是堵，哪里会有一定之规呢。当年董卓之乱，玉玺流落，董卓被杀以后，因为不赦免他的部下，所以又发生了变乱，使京城百姓遭受残害。这是因为朝廷的恩情没有广泛散布，导致失去时机。现在这些有罪的人潜逃到深山里，赦免他们就会出来，不赦免他们就会作乱。太行山以东的土匪，就是因为这才啸聚山林。所以微臣认为边境的威胁不值得担心，国内的不安宁才值得忧虑。掌管大国的人不能只求小范围内政治清平，做大事的人不能苛求他的细节。皇帝要做的，是不要拘泥于平常的法度。希望能特赦河北所有的人，一个都不追究罪责，使他们回乡生产。"武则天下诏同意。

圣历三年（公元 700 年），狄仁杰进封内史。不久武则天到三阳宫避暑。有个胡僧请武则天去参观埋葬佛舍利，武则天应允。狄仁杰跪在马前劝道："佛是戎狄的神，不值得让皇帝屈尊驾临。那胡僧诡计多端，是想借此迷惑百姓。况且沿途山路艰险狭窄，容纳不下多少侍卫，不是皇帝所应当去的地方。"武则天便在中途返回，道："我是为了成全狄公的正气。"武则天打算建造一座大佛像，估计花费几百万，政府没有这么多钱，下诏让天下的僧人每天施舍一个铜板来给予帮助。狄仁杰进谏说："造工程不可能役使鬼，必定会役使人；东西不会从天上掉下来，终究还是要从地里出产。不损害百姓,他们将从哪里得来钱?现在边陲还没有安定,应当减免赋税徭役,停止不重要的事务。即使花钱请人来做,让穷人得到些帮助,但也会耽搁农时,这是放弃根本啊。况且没有官府的力量,肯定无法完成。既耗费官府的财富,又用尽百姓的人力,假如别的地方发生大事,拿什么来救助?"武则天因此停止了这项工程。

武则天对狄仁杰非常敬重,常尊称他为国老,从不直呼其名,对他的退休请求不予批准,还不让他行跪拜之礼,"每当看到您跪拜的时候,我的身体都会感到痛楚。"武则天还免除狄仁杰晚上在宫中值班的义务,告诫官员道:"如果没有十分重要的军国大事,就不要去打扰狄公了。"

圣历三年(公元700年)九月,狄仁杰病逝,终年七十一岁。武则天闻听后,哭道:"朝堂空了。"追赠狄仁杰为文昌右相,谥号"文惠",并废朝三日。此后,每当有朝廷大事不能决断时,武则天都叹道:"老天为什么这么早夺走我的国老。"

神龙元年(公元705年),李显复位,为唐中宗,追赠狄仁杰为司空。唐睿宗继位后,又追封狄仁杰为梁国公。

狄仁杰一生,宦海浮沉,他为人正直,疾恶如仇,把孝、忠、廉称之为大义。狄仁杰作为一个封建统治阶级中杰出的政治家,每任一职都心系民生,政绩卓著。在他身居宰相之位后辅国安邦,对武则天弊政多所匡正。狄仁杰所举荐的人才,像张柬之、桓彦范、敬晖、姚崇等人,都是大唐中兴的名臣。狄仁杰在上承贞观之治,下启开元盛世的武则天时代,做出了卓越的贡献,是我国历史上以廉洁勤政著称的清官。

以死护法——徐有功

徐有功(公元640年—公元702年),名弘敏,字有功,唐洛州偃师(今偃师缑氏镇)人。青年时期举明经及第,历经蒲州司法参军、司刑(大理)寺丞、秋官(刑部)郎中、侍御史、司刑寺少卿等。长期在司法任上,是武则天时期与酷吏斗争的一面旗帜,也是历史上罕见的一位以死守法、执正的法官、清官。

徐有功在蒲州任司法参军期间政绩已十分突出,当地百姓和官吏都称他为"徐无杖"。"徐无杖"是什么意思呢?原来徐有功在蒲州审判一切案犯时,都"力求宽仁,从不轻易动用刑讯,也不轻易判人笞杖刑",而用传统的仁义道德去教育启迪案犯悔悟自新。为此蒲州百姓和官吏都很受教育和感动,称徐有功为"徐无杖",在他的感化下蒲州各地民风大改。徐有功三年任满,竟没有一次在审判案犯时用了杖罚的。因而"徐无杖"之名也就越传越响,传到了京城长安。永昌元年(公元 689 年),徐有功被宣诏进京,担任起了司刑寺丞的重要职务。

唐高宗去世后,武则天以皇后身份临朝执政,继而她又"革唐命",自称"圣神皇帝"。对武则天的称帝,唐的不少旧臣和李氏宗室贵族都十分反对,有的还起兵反对武则天。如徐敬业(公元 684 年)的扬州起兵,唐宗室李冲、李贞(公元 688 年)的起兵反武等等。武则天自然深恶这些旧臣和唐宗室贵族,一次次派兵将他们镇压下去。面对这严峻的政治局面,武则天为巩固自己的统治地位,任用酷吏,诬构大狱,偏离法规,接连诛杀所谓不法的唐朝旧臣和宗室贵族,以此来震慑潜在的敌对势力,达到她的政治目的。她要打击敌对势力,就必须要一批酷吏做她的帮手,所以她所选用的酷吏也是"不拘一格"的,如有名的酷吏来俊臣、周兴等人。当时酷吏恣横,构陷无辜,严刑峻法,朝野震恐,莫敢正言。徐有功就是在这一复杂的政治背景下,上任司刑寺的。他义无反顾地执法守正,冒着杀身之祸维护法律的公正性,制止着各种冤假错案的泛滥。

有个叫冯敬同的人,他投状密告魏州贵乡县县尉颜余庆曾与起兵被杀的李冲共同谋反。武则天马上叫酷吏——殿中侍御史来俊臣审理此案。颜余庆被逮至长安后,来俊臣强逼颜余庆承认是李冲谋反同党。经过他的严刑逼供,颜余庆经受不起皮肉之苦,最后只得在供词上写上了"与李冲共同谋反"的字样。来俊臣见颜余庆认罪了,便上奏给武则天。武则天看了"供词"后,叫来俊臣将此案转交司刑寺正式判刑。司刑寺对侍御史转来的案件,在以往几乎是一律按侍御史定的判决。而这次,接颜余庆案的是新上任的司刑丞徐有功。徐有功细阅案卷,他觉得虽然颜余庆自己已承认了,但"与李冲共同谋反"罪证不足。不过徐有功清楚供状的其中曲直——重刑出冤鬼。他想着如何能纠正已定的冤案或缩小与法律的偏距,减轻颜余庆的罪名。他查阅了武则天当年发的《永昌赦令》,发现"魁首"和"支党"字样。他微微一笑,"我何不如此这般"。于是他在审判颜余庆案件时,便援引了《永昌赦令》判颜余庆为李冲谋反案的"支党",流放三千里,让颜余庆免去死罪。这一"支党"的判决,不但惹恼了来俊臣,也使其他几位酷吏不满。另一位酷吏——侍御史魏元忠便直接上奏武则天,请求将颜余庆按谋反魁首处斩,家口籍没,武则天准奏下敕。在古代,皇帝下敕判决是最高最终的判决,任何人都要照办。然而徐有功凭着他执着的"执法应公,守法要正";法是国家的生命,行动的准绳;法不正国家便乱了套,硬着头皮向武则天强谏。第二天上朝时,徐有功第一个出班向武则天奏道:"颜余庆一案请陛下再加斟酌定案。颜余庆与李冲是有一些关系,如违法替李冲收私债,又通书信,但陛下已发布的《永昌赦令》中有李冲、李贞同恶,魁首并已伏诛之说。可见李冲谋反案的魁首早已全部法办,按颜余庆的供状词分析,也只是一个漏网的支党而已。因此根据赦令应免其死罪,改判流刑。如果赦而复罪,既不如不赦,又如何面对?"武则天见是一位身穿从六品朝服的小官"徐无杖"敢反驳她下的敕令,而且还当着文武百官的面暗喻她不按《永昌赦令》出尔反尔,便一脸怒气地问:"照你说,那什么叫魁首?"徐有功沉着地答:"魁是大帅,首是原谋。"武则天又问:"颜余庆难道不是魁首?"徐有功又答:"若是魁首,他早应在李冲被杀时就该伏法了,赦后才发觉,可见只是个支党而已。"武则天的嗓子越来越粗:"他为李冲征私债、买弓箭,还不是魁首是什么?"徐有功又答:"征债是事实,但买弓箭与颜余庆也无关。"武则天怒着又问:"二月征债,八月通书,还能不是同谋?"徐有功心平气和地说道:"所通书信未见查获,只据口供,而口供也只承认与李冲礼节上寒暄。而且征债、通书也只能归属于支党行为,与同谋魁首怎么也画不上等号呀!"这场朝堂的辩驳,把在场的文武大臣都吓得脸色铁青。正直的官员都为徐有功的前程和生命安全担忧,而徐有功却是神情自若,对答如流,没有一点胆怯和惧怕。武则天开始时怒不可遏,后来她渐渐觉得这位人称"徐无杖"的司刑丞倒有一般官员所没有的勇气和见识。从她执政以来,还是第一次见到敢于与她争辩论理的官员,特别是谋反案件,她批准杀就杀,从无人与她争辩过。其实,武则天很有政治头脑,也很爱惜人才,怒气也慢慢地息了下来,对徐有功说道:"颜余庆是支党不是支党,卿再去仔细勘问奏上来。"这场朝堂君臣论理答辩在堂的文武官员似看了一场惊心动魄的刀剑争斗。然而使他们意料不到的是,最后武则天竟自己找了个台阶走了下来,叫徐有功再审颜余庆是否支党。可见徐有功已强谏获准,他们长长地为徐有功松了一口气。回朝后徐有功便再审颜余庆,以"支党"罪上奏武则天,最后获得武则天的批准。颜余庆在徐有功冒死与武则天激烈的争辩中终于从死神那里夺回了他生的希望,免去死罪,改为远流,他的家人也得免为官奴。这是徐有功为维护法律尊严与公正,制止权大于法的冤假错案的第一战,也是旗开得胜的第一战。

徐有功在司刑寺纠正了数百件冤假错案,救活人命数千。有一个叫韩纪孝的人,在徐敬业谋反时接受了官职。朝廷审理徐敬业谋反案时,韩纪孝已经死了,但负责审理此案的顾仲琰却要求籍没韩纪孝的家产,武则天予以认可。徐有功抗辩说:"人已经死了,就不应该再追究其罪,更不应该株连其他人。"后来因为这个案子获得宽恕的百姓就有几十人。徐有功曾经对自己的亲人说:"今身为大理,人命所悬,必不能顺旨诡辞,以求苟免。"

三年任满后,徐有功被调至秋官(原称刑部),任秋官员外郎。后又升为秋官郎中,负责复核司刑寺的判决,并能参与大案的审理。天授元年(公元690年),道州刺史李仁褒兄弟被酷吏所陷害,徐有功的顶头上司周兴交给他一份案卷说:"此宗案是原道州刺史旧唐宗室李仁褒兄弟的谋反案,司刑寺已判为谋反罪,你拿去看一看……"徐有功接过案卷细细地看。他看后对周兴说:"兄弟俩练武比箭怎能定为叛逆谋反,这不是太冤枉人了,应该马上纠正!"周兴却冷冷地一笑:"李仁褒兄弟都是旧唐李氏宗室的人,你知道圣神皇帝最恨的是谁?管他们练武也罢、比箭也罢,他们今天动刀动枪比武,明天就会带兵谋反,定他们谋反罪有什么错?不杀他们杀谁?"徐有功嚷道:"难道练武比箭能推论定谋反罪?天理何存,国法何在,难道皇帝就可不凭事实说话?"两人便争执起来。周兴与来俊臣等人不同,他原是秀才出身,读过不少法律书,是一个善于构陷大狱的人。他以秋官侍郎的身份压制徐有功,并写成一状尽述徐有功的诬告之词。他上奏武则天,说徐有功有某种政治动机,"故出反囚李仁褒兄弟,罪当不赦。"并说"汉法:附下罔上者斩,面欺者亦斩。古经上有言:析言破律者杀。徐有功有意袒护谋反之贼,正合死罪,请陛下将徐有功下狱查审。"武则天对徐有功有欣赏的一面,他忠心守法护法而且很有才干;但又有讨厌他的一面,他常出来与她争辩,阻碍她除尽敌对势力的目的。她对徐有功的态度处在这二者的交叉之间。听周兴说要杀他,但她目前还没有这个打算,便下诏:"禁止逮捕审讯徐有功,罢免他的官职,削职为民。"徐有功这次与武则天当面争辩的机会都没有。在家中接旨以后便被除去了乌纱帽。周兴对徐有功削职为民并未到此为止,他派出了许多"眼睛",暗中监视徐有功的一举一动,特别是注意是否与唐朝李氏宗室和旧臣来往。如果徐有功一旦有所不慎,也将被诬告谋反同党而处以死罪。

徐有功被罢官后不到半年,以构狱他人邀功升迁的周兴也被人指控"谋反",审理他的便是来俊臣。来俊臣以"请君入瓮"威吓周兴承认谋反罪名。周兴受苦不过也只得认罪,倒是武则天不同意将为她"尽忠"多年的周兴处以斩首,改为流放,在流放途中被仇人所杀。

长寿二年(公元693年),武则天重新起用徐有功,任命他为左肃政台侍御史。徐有功推辞不成只得就任。徐有功任侍御史后,在润州发生了一起庞氏案。庞氏原是唐睿宗李旦的岳母(德妃娘娘的母亲),润州刺史窦孝谌的妻子。自从女儿德妃被武则天杀后,庞氏一直心神不定,抑郁成疾,自以为被鬼怪缠住了身。她听从一位奴仆之说,在夜间焚香祈祷驱鬼。然而这一焚香驱鬼的事却被人告发,说她在每夜焚香诅咒武则天早死。武则天杀了德妃以后正找不到德妃亲人的"谋反"把柄和不轨行为。酷吏薛季昶为迎合武则天的心意,便捏造庞氏为"不道"罪,将庞氏判为死刑,家属也缘坐流放三千里。徐有功得悉后,他也知道这是武后的旨意,很难挽回。可他想:像这样草菅人命国法何存?我既做了侍御史就应向皇上进谏,权大于法的现象不能再延续下去。我纵然一死,也要护法!他直奔宫殿,向武则天奏道:"陛下,依微臣查访,庞夫人无罪可有。如滥杀一个无辜之人,不仅使天下人嗤笑,并关系到大唐的法律法度,请陛下三思。"武则天一听徐有功为她的心腹之患德妃母亲庞氏辩护，霎时火冒三丈，十分恼怒。而站在她身旁的薛季昶又在一旁趁机道："万岁，法律规定，凡是为罪人强词夺理辩护的，也应杀头。徐有功为死囚辩护，目中无皇上，应定为'党援恶逆'罪，立即推出斩首。"薛季昶的一番话，对正在发火的武则天无疑是火上加油，她立即下令："将徐有功轰出宫殿，令司刑寺治罪。"司刑寺很快将徐有功议定了"党援恶逆"罪，判以死刑处斩。徐有功有位好友，便将此消息悄悄跑到他家去告诉了徐有功，流着眼泪叫他早做准备。徐有功听后坦然地说："不要哭，难道这世上只有我一个人会死吗？我为维护国家的法律而公正地为法律说话，权不能大于法呀！我为执法、护法而死，死何足惜！"他若无其事地陪同那位朋友吃了饭，睡了午觉。午后，他就被刀斧手绑着押赴刑场。徐有功被押赴刑场的消息轰动了京城。后经老臣们的仗义执言和陈词辩护，终于使武则天下令："免去徐有功死罪，罢官流放边疆。"庞氏也由此免去了死罪，改判远流。徐有功又一次为法律的守正，以死护法，制止了一起冤死案的发生。

徐有功刚正不阿、守法护法的事例很多。他在司法任上约十五年，就有三次被控告死罪（其中一次改为流放），而他却泰然不忧。三次被赦也不阿谀奉迎，仍然矢志不渝，二次罢官，复出后仍一心执法守法，连武则天也被他的忠贞和勇气所折服（待她坐稳了帝位后，又将流放的徐有功召回，起用为司刑寺少卿）。他任法官前后执正大案六七百件，救人数以万计。他既不为己谋利，也不为君主之私欲所动摇。他守的是公天下之法，无私念之法。正因为他是一位守正不阿的清官，才能在种种诬陷冤告中傲然挺立，使频频弹劾、推审他的酷吏，在他身上找不到他与案犯有什么特殊关系。公正、忠诚、无私、才干和勇气，是徐有功成为古代最优秀法官的主要原因，受到了历代百姓的拥护和爱戴。

长安二年（公元702年），徐有功去世，享年六十二岁。武则天追赠他为大理寺卿。唐中宗李显登位后加赠他为越州都督，并特下制书表彰："节操贞敬，器怀亮直，徇古人之志业，实一代之贤良"和"卓然守法、虽死不移。无屈挠之心，有忠烈之议。"

廉洁谨慎——卢怀慎

卢怀慎（？—公元 716 年），滑州灵昌（今河南滑县）人，为范阳的世家望族。祖父卢悊，曾任灵昌县令，于是更籍灵昌。卢怀慎在儿时已表现非凡，他父亲的朋友、时任监察御史韩思彦感叹说："这个小孩的才气不可估量！"长大后考中进士，历任监察御史、吏部员外郎。

神龙元年（公元 705 年），中宗复辟，将皇太后武则天迁居上阳宫，武则天诏命唐中宗每十天朝见一次。卢怀慎时任侍御史，进谏道："从前，汉高祖受天命为帝时，五天一次去栎阳宫朝见父亲太公。因为他从布衣登上皇位，拥有了天下，将尊贵都归于父亲，所以这么做。现今陛下遵守成法、继承皇统，还效法什么呢？何况应天门离提象门才二里来路，骑马不能成列，乘车不能并行。从这里进进出出，万一有人冲撞御驾，即使将他问罪也来不及了。愚臣以为，应将太后接到内朝，以尽孝养之情，不用这样出入。"中宗没有听从。

景龙年间，卢怀慎改任右御史台中丞，上书朝廷，评论时政得失。他主要提出三条主张：

我听说"善人治理国家一百年，不用刑杀便可制服残暴"。孔子说："假如任用我主持国家政事，一年就管理得较好了，三年便会很有成绩。"所以，《尚书》说："每隔三年就要考核政绩，经过三次考核就决定是表彰提拔，还是惩罚罢免。"从前，子产为郑国宰相，变更法令，颁布刑律。第一年百姓怨怒，都想杀了他。可三年后百姓大受其惠，爱戴并歌颂他。子产是一位难得的大贤大德之人，他治理国政尚且需要几年才有成绩，何况平常的人呢？最近，一些州刺史、长史司马、京畿县令等，一二年甚至三五个月就调任，而不论政绩考核是否优秀。这样就使没有升官的人四处活动，翘足而盼，不顾廉耻，争先恐后调任，哪还有时间和精力为陛下宣扬风化、抚恤百姓呢？因此，在这些地方，礼义不能兴盛，人口流失严重，府库空虚,百姓困顿,其原因就在这里。人们知道他们的长官任职时间不会长,所以不遵循他的教导;官员知道调任的日期不远,也就不竭尽全力履行他的职责。取得了爵位而明哲保身,用来培养资历声望。即使圣明君主通宵达旦处理政事,而此侥幸之路开启,上下之间互相欺骗,怎么能一心为公呢?这是国家的大弊。西汉宣帝综合考核名实,大兴治理,普施教化。像黄霸这样优秀的太守,汉宣帝表彰他的政绩,对他加官秩赐黄金,他始终不肯调任。所以,古时官吏能把官职传给子孙。臣恳请陛下使都督、刺史、长史司马、京畿各地县令任职没有经过四次考核的不能升迁。如果他的治绩优异,可以加赐车马袭服俸禄官秩,派使节慰问,下诏书鼓励,须等到有公卿缺员才提拔上来,以鼓励有治政才干的人。对那些不称职或贪婪暴虐者,就让他们去官回归乡里,以表明陛下赏罚分明。

昔日,尧、舜稽考古事,设立官员一百名。夏朝、商朝的官吏加倍,也能够治理国家。因此说"对官员不要滥竽充数,只要他有才能""不要荒废百官职务,上天设立官职,代天行政"这是选择人才。现在京师各官司的员外官,多出数十倍,是近古以来没有过的事。若说官员不必聊以充数,却多多有余;若说代天行职,这些人却大多不掌政务。然而俸禄的支出,一年达亿万之巨,白白耗竭了府库的储藏,这难道能达到天下治理的初衷吗?现在民力已极其凋散,在黄河渭水扩大漕运,也不足以供给京师,公室私家损耗无数,边境也不平静。如果遇到了水旱灾害,国家收入减少,边境出现敌情,储粮不足一年,陛下将用什么来解决危难呢?"不要轻易使用民力,否则会陷入困顿;不要安于其位,因为这很危险。"这是说要谨小慎微。原来的这些员外官员,都是当时有才干的良吏。因才能提拔而不发挥他们的作用,用名位尊崇但不能竭尽他们的才力,难道从过去以来,使用人才就是这样吗?请求将那些员外官中有才能可以担任地方长官或高级僚佐的官员,一并加以升迁任用,让他们效力四方,并取得政绩。若年老有病不能任职的,一并停罢,使贤者与不贤者泾渭分明,这是当务之急。

官员贪求恩宠与贿赂,欺侮鳏寡弱者,这是为政中的祸害。我亲见朝廷内外的一些官员,他们有的因贪污受贿而身败名裂,有的残害百姓。这些人被流放贬官后很快又升迁回来,仍然做地方长官,被委任在长江、淮河、岭表、沙漠地方,只是略表惩罚而已。他们贪财聚敛，毫不悔改。圣明的君主对于万物应该公正无偏，用有罪的官吏治理远方，等于是给奸人恩惠而遗弃了远方的民众。而远方的州郡哪点辜负了圣明教化，要单独承受这种败坏的统治呢？在边境地区，少数民族与汉族人杂居，他们恃仗那里地方偏远地势险要，容易扰乱社会而难于安定。如果长官没有治理才能，就会使这些平民流离失所，从而起事成为盗贼。由此说来，平凡之才尚不可用，何况奸猾的官吏呢？请不得录用因贪赃而被罢官后，销声匿迹不到几十年者。《尚书》说"识别善恶"，讲的就是这个道理。

卢怀慎上奏以后，中宗没有采纳。

景云元年（公元 710 年），唐睿宗继位，任命姚崇为兵部尚书，陆象先、卢怀慎为兵部侍郎，整顿中宗以来混乱的武官选举制度。又改任黄门侍郎，封渔阳县伯。开元元年（公元 713 年），卢怀慎与魏知古一同到东都洛阳主持选官事务。不久唐玄宗将卢怀慎召回长安任命为宰相，授为担任同中书门下三品。次年卢怀慎代理黄门监。当时薛王李业的舅父王仙童侵凌百姓，御史台调查并掌握了他的罪行，已经申请立案。李业为此向皇帝求情，唐玄宗便命中书门下进行复审。卢怀慎与中书令姚崇奏道："王仙童的罪状清楚明白，御史的弹劾并无冤枉之处，不能对他放纵宽宥。"唐玄宗遂命结案，从此皇亲国戚都收敛气焰。

开元三年（公元 715 年），卢怀慎被正式任命为黄门监，兼任吏部尚书。卢怀慎自认为才能不如姚崇，因此事务都推让给姚崇，自己概不独断专行。当时，姚崇因儿子去世，告假十余天，以致政务堆积如山。卢怀慎对此无从决断，惶恐不已，向玄宗请罪。唐玄宗道："朕将天下之事委付姚崇，只是想让您对雅士俗人起镇抚作用而已。"

开元四年（公元 716 年），卢怀慎病重，上表请求退休，得到玄宗的批准。同年十一月，卢怀慎病逝，并上遗表，向唐玄宗推荐宋璟、李杰、李朝隐、卢从愿，唐玄宗感叹不已。

卢怀慎清廉俭朴不经营产业，衣服、器物上没有金玉花纹等装饰。虽然他的地位尊贵，但妻儿仍然饱受饥寒之苦。他得到的俸禄和赏赐，毫不吝惜地给予朋友亲戚，随给随无，不做保留。他到洛阳去掌管官员选举之事，随身用具只有一个布袋。他得病后，宋璟、卢从愿去看望他，只见铺的席子单薄而破旧，门上也没挂帘子，刮风下雨时，只好用席子来遮挡风雨。天晚了，摆饭招待二人，也只有两盆蒸豆、几碗菜而已。临别时，卢怀慎握着两人的手说："皇上急于求得天下大治，然而在位年久，有些厌倦国政。现在，恐怕有奸邪之人乘机而进了。你们要记住！"到治丧时，家里没有留下任何积蓄。当时，唐玄宗将要前往东都，四门博士张星上言说："卢怀慎忠诚清廉，始终以正直之道处世，如果不对他给予优厚的赏赐，就不能鼓励大家从善。"唐玄宗下诏赐他家织物百段，米粟二百解。追赠卢怀慎为荆州大都督，谥号"文成"。

唐玄宗后来回京师，在鄠、杜间打猎，望见卢怀慎家，围墙简陋低矮，家人像在办什么事，就派使节驰马询问。使节报告说，是卢怀慎死去两年后的祭祀。唐玄宗立即赏赐给卢家细绢帛，并停止了打猎，以示哀悼。唐玄宗经过卢怀慎的墓时，石碑尚未树立，停车注视，泫然流泪，下诏命令官府为他立碑，命令中书侍郎苏颋撰写碑文，唐玄宗亲自书写。

王夫之评论说："开元之世，以清贞位宰相者三人：宋璟清而劲，卢怀慎清而慎，张九龄清而和。远声色，绝货利，卓然立于有唐三百余年之中，而朝廷乃知有廉耻，天下乃藉以又安，开元之盛，汉、宋莫及焉。"

三朝廉相——姚崇

姚崇（公元 651 年—公元 721 年），本名元崇，字元之，陕州硖石（今河南陕县）人。父亲姚懿，官至巂州都督。

姚崇年轻时生性洒脱，注重气节，勤习武艺，以打猎自娱。二十岁后发奋读书，以孝敬挽郎的身份步入仕途。又考中举人，授为濮州司仓参军，累迁至夏官郎中。

万岁通天元年（公元 696 年），契丹李尽忠、孙万荣作乱，攻陷河北数州。当时军机事务繁忙,姚崇处理得当,有条有理,深受武则天赏识,被擢升为夏官侍郎。

圣历元年(公元 698 年),姚崇升任同凤阁鸾台平章事,成为宰相,后改任凤阁侍郎,又兼任相王府长史。武则天曾与侍臣谈论起周兴、来俊臣主持刑狱,朝臣反逆案件颇多一事,怀疑其中是否有冤狱。姚崇进言道:"垂拱以来因谋反罪被处死的人,大多都是由于周兴等罗织罪名,以便自己求取功劳造成的。陛下派亲近大臣去查问,这些大臣也不能保全自己,哪里还敢否定他们的结论!被问之人如果翻供,又惧怕惨遭毒刑,与其那样不如早死。如今酷吏诛除,我以一家百口人的性命向陛下担保,今后朝廷内外大臣不会再有谋反的人。若是稍有谋反之实,我愿承受知而不告的罪责。"武则天大悦道:"以前的宰相都顺从周兴等人,使酷吏得逞,让我成为滥用刑罚的君主。听到你说的话,很合我的心意。"赏赐姚崇白银千两。

长安四年(公元 704 年),姚崇因母亲年迈,请求辞去官职。武则天遂免去他的宰相之职,但保留其相王府长史一职,让他奉养老母。不久武则天又让姚崇兼任夏官尚书,同凤阁鸾台三品。姚崇推辞道:"夏官执掌兵权,臣是相王府属官,兼任夏官不利于相王。"武则天深以为然,便改任他为春官尚书。当时武则天的男宠张易之欲把长安大德寺中的十名僧人调到定州,充实私置寺院,致使僧人上诉。姚崇不顾张易之的屡次说情,断停此事,因此得罪张易之,被贬为司仆寺卿,但仍保留宰相头衔。九月姚崇出镇灵武,充任灵武道行军大总管、安抚大使,并举荐秋官侍郎张柬之为宰相。

神龙元年(公元 705 年),张柬之与桓彦范等人,发动神龙政变,拥立唐中宗为皇帝,恢复唐朝。姚崇恰于此时回到京城,得以参与政变密谋,因功赐爵梁县侯,实封二百户。神龙政变后,武则天移居上阳宫,百官都为唐朝复辟而相互称庆,只有姚崇哭泣不止。张柬之对他说道:"今天难道是哭泣的时候吗?恐怕您从此要大祸临头了。"姚崇道:"我长期事奉则天皇帝,现在突然辞别,感到悲痛难忍。我随你们诛除凶逆,是尽臣子本分,今日泣辞旧主,也是人臣应有的节操,就算因此获罪,我也心甘情愿。"不久姚崇被外放为亳州刺史,后历任宋州、常州、越州、许州四州的刺史。

景云元年(公元 710 年),唐睿宗继位。姚崇被征召回朝,担任兵部尚书、同中书门下三品,又升任中书令。姚崇与宋璟协力合作,革除中宗时期弊政,任用忠良,贬黜奸邪,赏罚分明,杜绝请托,使得各项法度重新得到整饬,朝野都认为国家复有贞观、永徽之风。当时太平公主干扰朝政,诸王手握兵权,对皇太子李隆基构成威胁。次年姚崇与宋璟密奏睿宗,建议将宋王李成器、幽王李守礼外放为刺史,将岐王李范、薛王李业由羽林将军改为东宫属官,并让太平公主迁居东都。太平公主大怒,指责李隆基。李隆基无奈,只得上奏皇帝,称姚崇离间宗室。姚崇被贬为申州刺史,后历任扬州长史、淮南按察使、同州刺史。他政法简肃,吏治清明,得到百姓立碑颂扬。

先天元年(公元 712 年),李隆基发动政变,诛杀太平公主党羽,后到新丰(今陕西临潼)检阅军队。当时,姚崇正在同州担任刺史,距离新丰不到三百里,按规定应到行在见驾,唐玄宗也密召姚崇前来。姚崇到后,与唐玄宗议论天下大事,侃侃畅谈,不知疲倦,唐玄宗有意任命他为宰相。姚崇提出十条政治主张:

1.实行仁政,废除严刑峻法。

2.息兵休战,不求边功。

3.法行自近,公平执法。

4.宦官不得干政。

5.拒绝租赋外的贡献。

6.皇亲国戚不得担任台省官。

7.礼待朝臣。

8.虚怀纳谏。

9.不再增建道观、佛寺。

10.以两汉外戚专权为鉴戒。

唐玄宗欣然接受。次日姚崇被任命为兵部尚书、同中书门下三品,封梁国公,后升任紫微令。姚崇拜相后,佐理朝政,革故鼎新,大力推行社会改革,兴利除弊。他从整饬制度入手,罢去冗职,选用官吏,并抑制皇亲、国戚和功臣的权势,注意发展生产,为开元盛世奠定了政治基础和经济基础,被称为救时宰相。

姚崇

开元四年（公元 716 年），山东地区发生蝗灾，百姓只知设祭膜拜，却不敢捕杀蝗虫，任由蝗虫嚼食禾苗。姚崇上奏："《诗经》道：'秉彼蟊贼，付畀炎火。'汉光武帝也曾下诏道：'勉顺时政，劝督农桑。去彼螟蜮，以及蟊贼。'这些都足以证明灭除蝗虫是应该的。蝗虫怕人，容易驱除。田地都有主人，让他们救护自己的庄稼，一定会很卖力。夜间焚火，在旁挖坑，边烧边埋，蝗虫才能灭尽。古代有除蝗而没能灭尽的，只是因为没有尽力。"派出御史为捕蝗使，督促各地灭蝗。当时，朝议鼎沸，认为蝗虫不宜捕杀，唐玄宗犹豫不定。姚崇进言道："庸儒拘泥不化，不知变通。事物的发展常有违反经典而切合潮流的，也有违反潮流而合乎权宜的。古时曾有蝗灾，只因不肯捕杀，以致发生饥荒，百姓相食。如今飞蝗遍地，反复繁殖，河南河北家无宿粮，若无收获则百姓流离，关乎国家安危。灭蝗即使不能尽灭，也比留下来形成灾患为好！"唐玄宗深以为然，但百官仍疑惧不安。姚崇道："楚惠王吞蛭治好痼疾，孙叔敖斩蛇得到福报。如今蝗虫可以驱除，若任其成灾，粮食将被食尽，到时百姓怎么办？ 灭蝗救人，如果天降灾殃，有我姚崇承担，绝不会推诿给别人。"地方官员对灭蝗之举仍有反对意见，汴州刺史倪若水进言道："只有修德才能消除天灾，前赵刘聪除蝗不成反而招致更大的危害。"他拒绝御史的指挥，不肯灭蝗。姚崇写信责备道："刘聪篡逆之君，德不胜妖，陛下圣明之主，妖不胜德。古时州有良守，蝗虫不敢入境。如果说修德可以免除蝗灾，发生蝗灾就是无德造成的么？"倪若水不敢抗拒，只得配合捕杀蝗虫。在姚崇的坚持下，蝗灾的危害被减小到最低限度，虽然连年蝗灾，也没造成大面积的饥荒。

姚崇生性简朴，在京城没有住宅，寓居在罔极寺中，因疟疾卧床不起。唐玄宗每日派遣使者数十人，前去探病，每遇军国重事，都命黄门监源乾曜去征求他的意见。后来，唐玄宗采纳源乾曜的建议，命姚崇搬入四方馆居住，并准许他的家属侍疾。姚崇认为四方馆存有官署文书，不是病人居住之地，极力推辞。唐玄宗道："设置四方馆本就是为官员服务，我安排你住进来，是为国家考虑。如果可能，我恨不得让你住进宫里，你不要推辞！"不久，姚崇被罢去宰相之职，改任开府仪同三司。唐玄宗虽将姚崇罢相，但对他仍极为尊崇，让他五日上朝一次，遇到重大政事也专门征询他的意见。开元八年（公元 720 年），唐玄宗封姚崇为太子少保，但他因病没有接受。

开元九年（公元 721 年），姚崇病逝，终年七十二岁，追赠扬州大都督，谥号"文献"。开元十七年（公元 729 年），唐玄宗又追赠姚崇为太子太保。毛泽东曾评论说："大政治家、唯物论者姚崇，如此简单明了的十条政治纲领，古今少见。"

守法持正——宋璟

宋璟（公元 663 年—公元 737 年），字广平，河北邢台南和县阁里乡宋台人，祖先从广平迁移至此。他是北魏时期吏部尚书宋弁的第七代孙，因为宋璟后来地位显贵，父亲宋玄抚被追赠为邢州刺史。宋璟历经武则天、中宗、睿宗、殇帝、玄宗五帝，任职 52 年。一生为振兴大唐励精图治，与姚崇同心协力，把一个充满内忧外患的唐朝，改变为政治、经济、文化、军事处于世界领先地位的大唐帝国，史称"崇善应变以成天下之务，璟善守文以持天下之正。二人道不同，同归于治"唐朝出现了路不拾遗的局面，史称"开元盛世"。

宋璟少年就为人耿介，很有气节，学识也很广博，在文学方面尤其擅长。唐高宗调露年间进士及第，年仅十七岁，授义昌（今汝城）令，后又升任监察御史、凤阁舍人。

武则天执政，宋璟因为率性刚正而被重用，深受武则天的器重。长安三年（公元 703 年），武则天的宠臣张易之诬告御史大夫魏元忠有逆反言论，并招凤阁舍人张说为他做证。张说将要入朝在皇帝面前对质，心中既迷惑惶恐又惧怕，宋璟对他说："名誉气节至关重要，神明天道也难以欺骗，一定不能与奸邪之人结党来陷害忠良，以此求得自身的苟且幸免。即便因此触犯龙颜而遭到流放贬官，也会多留美名。如果真的遇到不测之事，我一定会叩见圣上救你，与你一同赴死。用尽全力争取,求得万代赞扬的美名在此一举。"张说深受宋璟的感动,入朝后便力保魏元忠的清白,最终使魏元忠免于一死。

张易之和弟弟张昌宗肆意纵奢、日益骄横,朝野上下都攀附他们。张昌宗私下里招来卜士李弘泰占卜,言谈中流露出叛逆的想法,后被匿名信所告发。宋璟任左御史台中丞,在朝廷上奏请查清此事,武则天说:"张易之等人已经亲自向我上奏,不应该治罪。"宋璟说:"张易之等人在事情败露后才进行陈白,这种情况实在难以饶恕,况且谋反是大逆不道,不能因为自首而免除惩罚。请求圣上勒令御史台审问核查,申明国法。张易之等人长期受圣上差遣,并受到格外恩宠,我知道这些话说出来,灾祸一定会跟随而来,但是正义在心中激荡,即使死去也不悔恨。"武则天感到不高兴。内史杨再思害怕宋璟会忤逆圣旨,急忙宣告敕书让宋璟退朝。宋璟说:"圣上的容颜近在咫尺,我要亲耳听到皇帝的诏令,不用劳烦宰相擅自宣布皇帝的命令。"武则天的心情略微缓解了一些,命令拘押张易之等人到御史台,对他们加以审问。没过多久,恰逢特赦就赦免了他们,还让张易之等人到宋璟那里道歉。宋璟拒绝见面,说:"公事就应公开讲,像这样私下见面是不对的,国家的法律没有私情可言。"

有一次宋璟在朝堂陪宴,当时张易之、张昌宗兄弟都身为列卿,位居三品,宋璟的官阶是六品,坐于他们之后。张易之向来害怕宋璟,想取悦宋璟,让出自己的座位对他作揖说:"您为朝中第一人,为何要坐在后面?"宋璟说:"我才疏学浅、官品卑微,为何张卿认为我是第一人?"那时朝廷诸官,都因为张易之、张昌宗受武则天的宠幸,不称其官名,而称呼张易之为五郎,称张昌宗为六郎。天官侍郎郑善果对宋璟说:"中丞为什么称呼五郎为'卿'?"宋璟说:"用官名称呼他,本应当为'卿';如果是亲戚的缘故,应当呼为'张五'。我并非张易之的家奴,为何称其为'郎'?郑善果你是多么懦弱啊!"宋璟的刚毅正直正是如此。从那以后张易之等人常常想用一些事诋毁他,武则天体察到其中的实情,最终未降罪于他。

神龙元年(公元705年),中宗李显复位,十分赞赏宋璟的正直,让他兼任谏议大夫、内供奉,下朝后可与皇上谈论朝廷政绩得失,不久又任命他为黄门侍郎。那时武三思依仗宠爱执掌大权,曾以私事请托于宋璟,宋璟严肃地对他说:"如今政权归还给明君,王公应该以侯爵开府第,怎能继续干涉朝政呢? 难道您不知道吕产、吕禄的故事吗?"次年,京兆人韦月将上书控告武三思暗地里私通宫中。武三思闻知后,指使官员诬陷韦月将大逆不道。中宗听信谗言,下令诛杀韦月将。宋璟以为案情不实,坚持上奏请求考察他的罪证,之后又郑重地说明典章制度。中宗大怒说:"我已决定斩首,你还有什么可说的?"宋璟说:"人家告韦后与武三思有私情,陛下不加过问就问斩,臣恐天下会议论,请查实后用刑。"中宗愈加发怒,宋璟面无惧色说:"请陛下先将我斩首,不然不能奉诏。"中宗无奈,才免除韦月将极刑,发配流放到岭南。因此宋璟得罪了武三思,受到排挤,外调为贝州刺史,被挤出了朝廷。当时河北频繁遭到水灾,百姓忍饥受饿,武三思的封地在贝州,他专门令人征收那里的租赋费用,宋璟拒绝不给。后来宋璟又历任杭州、相州刺史,到地方后,他廉洁奉公,尽力为百姓做好事,使当地民风变得淳朴,家家户户都安居乐业,百姓和官吏都没有犯法之人。

中宗去世后,宋璟被任命为洛州长史。睿宗登基,宋璟升迁至吏部尚书、同中书门下三品,执掌朝政,这是他首度为相。在此之前,外戚以及各位公主干涉朝政,相互徇私之事非常多。崔湜、郑愔相继掌管人才选拔的事务,被权贵豪门所控制,九流次序混乱。已经提前把两年的官员名额都注拟录用了,还不够,又安排在每年冬天选官,士大夫们对此非常忧闷。宋璟与侍郎李乂、卢从愿等人对之前的弊端大刀阔斧地进行改革,一改朝廷用人唯亲的恶习,提出了用人"虽资高考深,非才者不取"的准则,对制度的取舍公平适当,选拔人才也十分有序。一次,他的远房叔叔宋元超在参加吏部的选拔时,对主考官说了自己和宋璟的特殊关系,希望能被照顾。宋璟得知后,特地关照吏部不能给他官做。并且不顾当时拥有极大权势的太平公主等人的反对及阻挠,罢去昏庸的官员数千人。

太平公主图谋不利于李隆基之事,曾在光范门内乘车等待睿宗,然后进行讽谏,众人都惊恐得脸色发白。宋璟无所忌惮地说:"太子对天下立有大功,的确是宗庙社稷之主,怎能有异议!"与姚崇一起上奏请求让太平公主去东都。李隆基十分害怕,向睿宗上奏章请求治宋璟等人的罪,将宋璟贬为楚州刺史。不久,宋璟又历任魏州、兖州、冀州刺史、河北按察使,后任幽州都督、兼任御史大夫。又被任命为国子祭酒,兼任东都留守。过了一年,转为京兆尹,重新任命为御史大夫。后因事获罪贬为睦州刺史,转为广州都督,仍任五府经略使。宋璟没有因为外调而灰心,仍专注改善民生。当时广东人都用茅竹建房子,经常发生大火。宋璟教百姓用砖瓦盖房取代简陋的茅屋及草屋,以减少火灾出现的可能,造福百姓。

开元初,宋璟被调返京师,任刑部尚书。开元四年(公元716年),任吏部尚书,兼任黄门监。第二年,官名更改,他身为侍中,又被封为广平郡公。宋璟居相位,以择人为务,随才授任,使百官各称其职。他刑赏无私,敢犯颜直谏,为玄宗所敬惮,虽不合意,也勉强采纳。为防奸佞小人私下在皇帝耳边进谗言,提出百官奏事,必定要有谏官、史官在旁的规定。玄宗也十分器重宋璟,以师礼待之,进则迎,出则送,宋璟提出的具有建设性的提议,通常均被采纳。唐代规定,每年地方各道派人定期向皇帝、宰相汇报工作。使者进京,往往多带珍贵宝货,四处送礼,拜结权贵。许多官吏收礼受贿,使者也多有因此得以晋升。宋璟对此异常不满,并面奏玄宗同意,勒令所有礼品一概退回,以绝侥求之路,削杀收礼受贿之风。玄宗很喜欢一个叫王毛仲的宦官,朝廷上下,巴结他的人很多。王毛仲的干女儿要出嫁,唐玄宗问他还缺什么。王毛仲说有一位客人请不来。唐玄宗说:那一定是宋璟了。亦因如此,当时朝廷一改以往用人唯亲的恶习,减少了奸佞小人诬陷好人的情况,使开元初期的政局十分清明。

开元五年(公元717年),唐玄宗巡幸东都,走到永宁的山谷中,驰道变得狭窄并有阻碍,车马停滞拥挤。河南尹李朝隐、知顿使王怡一同与队伍走散,唐玄宗命令撤销他们的官爵。宋璟上奏说:"陛下年轻力壮,刚刚开始巡狩四方,便因为道路狭窄,使两位大臣获罪,我害怕以后遭受艰难。"唐玄宗马上赦免了他们。宋璟说:"陛下治罪于他们,又因为臣下的话赦免了他们,这是将过错归于圣上而恩泽归属于臣下。希望暂且让他们在朝中等候治罪,之后再下诏恢复他们的官职,这样进退就能有度了。"唐玄宗非常赞赏。

唐玄宗让宋璟和中书侍郎苏颋为皇子和公主定制属地和名号,宋璟等人上奏说:"需要分封的王子有三十多个。周代皇族子孙昌盛如麟趾,汉代如犬牙,那些就不容赘述了。到如今皇族子孙更加昌盛。臣认为'郯''郏'等表王邑的字都有偏旁'邑'，照这样推敲选择，慎重地列出三十个封国的名号。王子已经有了名号的，则在名号上加'嗣'字。公主封邑的名号，也选择了三十个好听的名字，都是文不害意、言能立体的。皇上还要让我们另外撰写一个好名字和一个好封邑名号。这么多王子都应培养，让他们都能达到仁者的境界。如果现在同一等级却要另外封名，或是因为母亲受宠，孩子因此受到偏爱，这种骨肉之情旁人难以评说，但天地之间，典章是有度的。汉代袁盎降低慎夫人的座席，汉文帝最终接受意见，慎夫人也没有因此不满意，反而赞美这种长久之计。所以我们也这样进言，不要另外封名，以彰显圣上包含万物无所偏袒的美德。"唐玄宗对此十分称赞。

开元七年(公元719年)，开府仪同三司王皎去世。等到将要为他建造坟墓的时候，王皎的儿子驸马都尉王守一请求和唐睿宗昭成皇后父亲窦孝谌的坟墓规格一样，坟高有五丈一尺。宋璟和苏颋请求应一律依照礼制行事，唐玄宗开始听从了他们的意见。第二天，却又下令允许按照过去窦孝谌的规格。宋璟等人上奏说："节俭是一种美德，奢侈是一种大错。历代前贤都规劝人们不要修高大的坟墓，厚葬也是有德行的人所反对的。古代的人死后只有墓但不修坟，就是这个道理。死者后代在送别亲人的哀伤之时，都不去考虑礼制。所以周王、孔子设定服丧期、丧服、装殓死者的衣被和棺材的等级，有品德的人降格相从，个人悲伤的心情最终也不能落到实处。况且黎民百姓与因罪服役的人，善和恶都将在历史中记录。所有人都追求奢侈浪费而自己能摒除，这才是至孝要道。皇后如果能这样认为，那么这个道理就能够起到劝勉的作用。外界有人认为窦太尉的坟过高，取法不远。即使在往日也没有这样极力主张的，这样的事情只是偶然出现，决定只是出于一时，不是通常的制度。再如贞观年间文德皇后的女儿长乐公主出嫁，上奏请求礼仪高于长公主，魏徵谏言：'皇帝的姑姊是长公主，皇帝的女儿是公主，既然有"长"字，就应当高于公主。如果比长公主更高，这种事万万不可。'然后他又引汉明帝之事说：很多大臣想封皇子们为王，皇帝说，我的孩子们怎能和先帝的孩子们享受同等待遇？当时唐太宗对魏徵非常赞赏并接纳了他的意见，文德皇后奏请对魏徵表示歉意。这就说明为臣之道在于在天地间极尽辅佐的义务，能够使得国家财力有所富余。怎能像韦庶人那样，为父亲追加为王，擅自修建鄷陵，很快就招致祸事,被天下取笑。所以说冒犯龙颜进谏忠言,与顺从圣意阿谀奉承,不能同日而语。况且载入法令就是准备作为纲纪的,因为人的感情是没有穷尽的,所以为它订立制度。不因人的意志而动摇,也不能因为爱憎之情改变法律。当时称为金科玉律,大概就是因为这个。近来周边少数民族以及都市中没有什么事情的人,都相互攀比奢侈腐靡的生活,不注重礼仪。现在凭借皇后父亲这种受宠的地位,宰相的荣耀,金屋美衣之物一定不少;高大坟墓的修建也不怕没有人服役。所有的事情都由官府承担,一朝一夕就可以完成。但臣等上奏不止,认为应当成就朝廷的政绩,使皇后的德行崇高,将它们融入天地间,光耀史册。倘若皇后的意志不能改变,圣上也不能违背。那就规定一品符合陪葬的坟高三丈以上、四丈以下,下诏与陪陵的礼制相同,这样就可以使高低等级都比较适宜。”

唐玄宗对宋璟等人说:“我每次遇到事情都希望端正自己来成就纲纪,对于妻子儿女,怎能有偏私呢?但是人比较难的地方也就在这里。你们能再三坚持,成就我做好事,这足以在万代史书中得到称赞。”派人送来四百匹彩绢分别赐予他们。

过去,朝集使每年到春天的时候就要返回,其中很多都改去别的地方,大家都习以为常。宋璟上奏请求勒令所有的人返回,断绝他们非分贪求之路。并且禁断质量低劣的钱币,遣使分到各处进行检查销毁,这些都遭到士大夫等的埋怨。不久朝廷任命宋璟为开府仪同三司,免去知政事,再度罢相。

开元十年(公元722年),京兆人权梁山因逆谋被诛杀,玄宗派河南尹王怡飞速前往长安查清他的支党。王怡监禁了很多人,但过了很久都没有能够决断,又派宋璟兼任京兆留守,一同审查核实这个案件。宋璟到京兆后,只对主谋的几个人定了罪,其他那些因为权梁山诈称婚礼而送给他财物的人以及被胁迫参与的人,全都奏请释放。

开元十二年(公元724年),唐玄宗再次东巡,宋璟留守京师。唐玄宗临走之前,对宋璟说:“爱卿是国家的元老,犹如我自己的身体一样重要。现在我要巡查洛邑,将要与你分开一段时间,你有治国良策一定要告诉我。”宋璟详尽谈论朝政得失,唐玄宗特意赐给他彩绢等物,还亲笔下诏说:“所进谏的言论,都将写在座位上，我每天出入都会反观内省，终身告诫自己。"由此可以看出唐玄宗对宋璟的器重。

开元十七年（公元 729 年），宋璟任尚书右丞相，授开府仪同三司，晋爵广平郡开国公。和张说、源乾曜同一天授官。唐玄宗令太官设宴，令太常奏乐，在尚书都省会见百官，并作诗进行褒奖，亲自书写并赐给宋璟等人。

开元二十年（公元 732 年），宋璟已七十三岁，年老体弱，请求辞职，上书说："我听说力气不足的人，老了更加衰弱；心智不够强大的人，得了病尤其无用。我过去听说此话，现在亲身体验到了。况且我一身兼有这两种情形，还有什么用呢。我出身卑微，有幸遇到明主，没有出色的才能，也没有治国的谋略。竟然也被长期委以重任，一直伴随着时运和荣耀，得以两次任宰相，三次入吏部，升任开府，加封本郡。朝廷内外所任官职太多，已经紊乱了典章，后来又至尚书省长官，职位尤重。为什么呢？丞相百官之长，一直责任重大，我已老迈，愧当此任。地位越来越高，人却越来越衰弱，明知如此，还不离开吗？过去一直忙于政务，没有时间表白，实际我非常感激知遇之恩，希望竭尽微薄之力效劳。现在我身体羸弱，陈疾缠身，眼花耳聋，手脚不灵。我已时日不多，能否满足我的夙愿？怎能贪图名望，享受丰厚待遇，占据职位却不能上朝。如此违背礼制，礼法如何建立？希望陛下能以才授职，选择合适的人为官，体察我的恳切之言。同情我的力不从心，让我罢官回家，闭门养病，既听不到对我执政不力的责怪，也知道我的终老之所。既成全了我全身而退的愿望，朝廷也会留下善待老人的美名。日将暮而路途遥远，天高而难以聆听德音，遥望宫殿，我深感留恋。谨以此表进呈皇上。"

唐玄宗亲手写敕书同意了宋璟的请求，但依旧给他全部俸禄。宋璟回到东都老家，与外界断绝来往，安心服药治病。开元二十二年（公元 734 年），唐玄宗巡幸东都，宋璟在路旁迎接谒见。唐玄宗派荣王亲自问候他，并频频派人给他送药。

开元二十五年（公元 737 年），宋璟去世，享年七十五岁，追赠太尉，谥号"文贞"。

百纸参军——杜暹

　　杜暹（？—公元 740 年），濮州濮阳（今河南濮阳）人。祖父杜义宽，官至滕王府谘议、苏州司马。父亲杜承志，在武则天初年官拜监察御史。当时怀州刺史李文暕被仇人诬告，杜承志经过推问免了他的罪责。不久李文暕获罪，杜承志受到牵连，被贬任方义令，后转任天官员外郎。后来罗织诬陷之狱再起，杜承志害怕再受牵连，称病辞官，回乡归隐。

　　自杜暹的高祖到杜暹，一家五代同居。杜暹特别恭敬谨慎，侍奉继母以孝顺闻名，也十分关心爱护异母弟弟杜昱。起初通过明经科考试，补任婺州参军，以清廉节俭著称。杜暹离任婺州参军时，州吏赠送他一万多张纸。当时，婺州所产纸张非常有名，相互馈送也是官场惯例。杜暹只接受了一百张，其余的全部退还。来告别的州府官员，看到这种情景感叹道："从前清廉的官吏只接受一枚大钱，杜暹之举又有什么不同呢！"因此被称为"百纸参军"。不久杜暹被任命为郑县县尉，又以高风亮节而名扬远近。华州司马杨孚，是位公正刚直的官吏，非常赏识器重他。杨孚升任大理正，杜暹因公事获罪交由法司审理。杨孚对人说："如果这样的官都获罪，那么公正清廉之士靠什么来勉励呢？"他特意向宰相推荐杜暹，杜暹因此被擢拜为大理寺评事。

　　开元四年（公元 716 年），杜暹升任监察御史，并前往漠西检查屯田驻军。安西副都护郭虔瓘与西突厥可汗史献、镇守使刘遐庆等人的关系不融和，相互上奏指责，唐玄宗便命杜暹进行调查，查明事实。当时杜暹已返回凉州，接到诏令又前往漠西，进入突骑施营帐，以查究他们与郭虔瓘等人冲突的情况。番人以黄金相赠，杜暹坚决推辞，不肯接受。左右随从对他说："您远道出使偏远之地，不能辜负了番人的情意。"杜暹迫不得已接受了黄金，埋在幕帐之下。走出番境以后，杜暹方才传书告知番人，通知番人去收取黄金。番人大惊，越过沙漠追赶他，但已追赶不上，只得作罢。杜暹回朝后，累迁至给事中。

开元十二年（公元 724 年），安西都护张孝嵩调任太原尹，安西都护之职出缺。有人推荐杜暹前往代替，认为他曾出使安西，番人佩服他的清廉谨慎，十分思念仰慕他。杜暹当时正为继母守孝，被唐玄宗夺情起复，杜暹丧期未满起任安西副大都护、漠西节度使。第二年，于阗王尉迟眺秘密勾结突厥和西域一些番国图谋反叛唐朝。杜暹暗中探知了他们的阴谋，发兵征讨，斩杀尉迟眺，诛杀了他的党羽五十多人，重新选立了于阗王。于阗局势得以安定下来，杜暹因功加授光禄大夫。杜暹在安西四年，安抚将士，不怕劳苦，很得少数民族和汉人的拥戴。

开元十四年（公元 726 年），杜暹被唐玄宗召拜为同中书门下平章事。此前，交河公主（阿史那怀道之女）和亲突骑施，曾派使者到安西互市。使者向杜暹宣读公主教令，杜暹怒道："阿史那的女儿怎敢向我宣读教令。"他鞭笞使者，将其扣留。苏禄可汗大怒，举兵侵入安西四镇，并围困安西城。这时，杜暹刚刚卸任回朝，继任的安西都护赵颐贞出战失利。苏禄可汗大肆掠夺四镇储积，不久听闻杜暹拜相，便撤军而回。杜暹拜相后，与同僚李元纮不和，常在政事上产生分歧，以致纷争不断。开元十七年（公元 729 年），唐玄宗将二人一同罢相。杜暹被贬为荆州长史，后历任魏州刺史、太原尹。

开元二十年（公元 732 年），唐玄宗巡幸北都太原，拜杜暹为户部尚书，让他护驾返回长安。两年后，唐玄宗将要巡幸东都洛阳，命杜暹为长安留守。杜暹因此抽调轮流值勤的卫士，修缮三宫，加高城墙，疏浚护城河，亲自巡视，从不懈怠。皇上听说后大加赞赏，赐敕书说："卿平素清廉正直，而且勤勉干练。自从担任留守，事事都能恪尽职守，治政使官吏整肃，恩惠能施及百姓。城池宫室，随时修建，并且取得预期的效果，没有使人民疲乏，我心中感到十分欣慰。"开元二十四年（公元 736 年），李林甫升任中书令，杜暹接替李林甫，出任礼部尚书，并封魏县侯。

开元二十八年（公元 740 年），杜暹病逝，终年六十余岁。杜暹常以公正清廉、勤劳节俭为己任，年轻时立誓不接受亲友馈赠，一生如此。他去世后，唐玄宗感到十分惋惜，追赠他为尚书右丞相，谥号"贞孝"，并派宦官到他家中探望丧事的办理，宫内拿出三百匹绢赐予他家。尚书省及过去与他共事的官吏赠给的丧葬财物,他的儿子杜孝友遵守父亲一向的约束,一概拒绝,不曾接受。"清风播婺州,离任只取纸百张;黄金帐下埋,万里边陲传美名。"这是后人为颂扬杜暹而写的一副对联。杜暹之廉洁奉公、勤政节俭、谦恭孝悌,堪称当世之典范,后世之楷模!

心似晋水清——裴宽

裴宽(公元 679 年—公元 754 年),字长宽,河东闻喜人。裴宽的父亲裴无晦,曾任袁州刺史。

裴宽博通方略,生性通敏,在骑马射箭、弹琴下棋、投壶等方面都特别精通。尤好文辞,因文笔好得以晋用,以廉明清正、刚直不阿、执法如山而名垂青史。

景云年间,裴宽任润州参军。当时有人想送鹿肉给他,知道裴宽不收,放在他的门口就悄悄地走了。裴宽无处退还,便把鹿肉埋在后花园里。刺史韦铣有一个女儿,正是找婆家的年龄。韦铣当天登楼,看见有人在后花园埋东西,问随行的人,随从回答说:"那是参军裴宽的家。"韦铣派人把裴宽叫来询问,裴宽回答说:"前面有人送来一些鹿肉,放在门口就走了。我不想让这些东西玷污了我的家,所以就埋了它。"韦铣非常感叹,聘请裴宽为按察判官,并把女儿许配给他为妻。韦铣回来对夫人说:"一直在寻找好女婿,今天终于找到了。"第二天,韦铣把裴宽叫来,让他的族人在内室看。裴宽穿着青色衣服,显得瘦而高,族人都笑了,叫他为"碧颧雀"。韦铣说:"爱自己的女儿,就要把女儿嫁给贤良的人为妻,怎么可以以貌取人呢?"裴宽清廉干练,做事果断,不畏强权,主持正义,韦铣很器重他。

后来,裴宽考中拔萃科,被举荐为河南丞,再转为长安尉。当时,宇文融为侍御史,他在核查全国土地时,奏请起用裴宽主管江南东道的租庸地税兼覆田判官。不久裴宽改任太常博士。礼部准备规定在国忌之日享庙用之乐,并将奏议下发给太常寺。裴宽深明各种仪节,他认为庙尊忌卑则升堂奏歌,庙卑忌尊则不用乐。中书令张说认为裴宽见识高远,十分赞成并付诸实施。

　　裴宽任刑部员外郎时,执法坚决,不收贿赂,不徇私情。万骑将军马崇正在大白天杀人,开府、霍国公王毛仲受宠掌权,与马崇正私人关系密切,想徇私枉法,放过马崇正。裴宽不畏权势,不徇私枉法,坚决以法从事,捍卫了法律的尊严。兵部尚书萧嵩为河西节度使,奏请裴宽和郭虚已为节度判官,他俩连任多年。萧嵩加任中书令,裴宽历任中书舍人、御史中丞、兵部侍郎。

　　开元二十一年(公元733年)冬,裴耀卿以黄门侍郎参知政事,陪同皇帝出关,执掌江淮转运。在河阴设置粮仓,又奏请裴宽为户部侍郎,作为他的副手。在户部任职,裴宽同样不盘剥侵吞,两袖清风。

　　裴宽生性友爱,兄弟八人也多仕途亨通,子侄亦颇有名望。他在东京建立宅邸,兄弟子侄共同居住。八家大院相对,外甥侄子都居有其所,常常是击鼓召集,一起吃饭,世人都感到羡慕。唐玄宗返回京城后,裴宽又改任蒲州刺史。蒲州久旱无雨,裴宽刚刚抵达蒲州时就大雨倾盆。后裴宽迁任河南尹,任职期间,公正廉明,体恤民情,以百姓疾苦为念,从不屈服于权贵,横扫时弊,使河南大治。由于他政绩卓著,唐玄宗特赐紫金袋,并亲笔写下"德比岱云布,心似晋水清"的诗句褒奖。

　　天宝初年,裴宽被任命为陈留太守兼采访使。不久,范阳节度使李适之被调入朝廷为御史大夫,裴宽任范阳节度使兼河北采访使。这一年,裴宽又加授御史大夫。当时北平军使乌承恩仰仗少数民族首领与受宠的宦官来往,索财纳贿,谋取私利,民愤极大。裴宽了解后,对乌承恩绳之以法,毫不留情。檀州刺史何僧献上俘虏数十人,裴宽下令全部放回,各族人民都很感动喜悦。

　　天宝三年(公元744年),裴宽为户部尚书兼御史大夫。刑部尚书裴敦复讨伐海盗回京,极力夸大海盗的力量。说海盗兵强马壮,实力雄厚,同时又给自己记功颂德,大肆邀功,广开走门路、通关节之风。裴宽对裴敦复这种推脱责任的做法进行了严厉的批评,并将此事上奏皇上。过了几天,河北将士上奏,极力称赞裴宽在范阳的政绩,说时至今日,边塞的百姓都非常思念他。唐玄宗素来器重裴宽,赞叹不已,对裴宽更加信任和赏识。然而,唐玄宗的信任,却引发了权相李林甫的不满。李林甫担心裴宽声名日大,威胁其相位,对自己不利;同时又顾虑裴宽和李适之的良好关系。因此，他企图挑拨裴敦复对抗裴宽。裴敦复性格粗野鲁莽，心胸狭窄，爱意气用事，因前事与裴宽结下仇怨，加之又经李林甫从中挑唆，遂千方百计构罪陷害裴宽。不久，裴敦复扈从唐玄宗巡幸温泉宫，裴宽则驻留京城没有前往。恰好这时，裴敦复的部将程藏曜、郎将曹鉴依仗权势为所欲为，被人告到御史台。裴宽受理此案，秉公将二人逮捕入狱。裴敦复判官太常博士王悦听到此事，以为裴宽要追究裴敦复的过错，连夜赶到温泉宫向裴敦复报告。裴敦复托人说情，裴宽执法不肯宽容。裴敦复让他的女婿以 500 两黄金贿赂杨贵妃的姐姐杨三娘，从中陷害裴宽。杨三娘在唐玄宗面前多方罗织裴宽的过错，唐玄宗这时已陷入奢侈荒淫的生活中，不理朝政，任人摆布，遂听信谗言，贬裴宽为睢阳（今河南商丘）太守。后来韦坚犯罪，裴宽因为与韦坚有亲戚关系受到连累，被贬为安陆别驾。这时李林甫大权在握，大规模地排斥异己。他派罗希奭南下刺杀李适之，顺便经过安陆刺杀裴宽，罗希奭在裴宽的劝导下不忍下手而去。裴宽眼见奸臣当道，担心李林甫还会设计陷害，心灰意冷，遂表奏唐玄宗，决意出家为僧，唐玄宗不许。不过，裴宽信佛，常与僧侣往来，在家焚香拜忏，年老了更是如此。后来裴宽又迁东海太守、襄州采访使、银青光禄大夫，转冯翊太守，最后入朝任礼部尚书。裴宽为政清廉俭约，所到之处都受到百姓的拥戴。

天宝十四年（公元 755 年），裴宽去世，享年七十五岁。朝廷下诏追赠太子少傅，丧葬用帛一百五十段、粟一百五十石。裴宽兄弟八人，都是明经及第，其中为中央三省长官、地方太守者五人。

至死保节——颜真卿

颜真卿（公元 709 年—公元 784 年），字清臣，小名羡门子，别号应方，京兆万年（今陕西西安）人，祖籍琅邪临沂（今山东临沂）。家学渊博，五世祖颜之推是北齐著名学者，著有《颜氏家训》；三世祖颜师古为唐初儒学大家。颜真卿是唐代名臣、杰出的书法家。

颜真卿三岁时丧父,母亲殷氏亲自教育他。少时家贫缺纸笔,就用笔醮黄土水在墙上练字。长大后学问渊博,擅长写文章,侍奉母亲非常孝顺。开元二十二年(公元734年),颜真卿考中进士登甲科。

天宝元年(公元742年),颜真卿考取文辞秀逸科,被任命为礼泉县尉。经两次提升任监察御史,奉命巡查河东、陇州。当时五原有冤狱,很久没有断案,境内干旱。颜真卿平反冤狱后天降大雨,五原的百姓称为"御史雨"。又巡查河东郡,上书唐玄宗,弹劾朔方县令郑延祚在母亲死后三十年还未将其下葬,唐玄宗诏令终身不得录用。

天宝九年(公元750年),颜真卿升任殿中侍御史。当时御史吉温因为私怨陷害御史中丞宋浑,使其降职至贺州任职。颜真卿说:"怎能因一时气愤就想害宋璟的后代呢?"宰相杨国忠讨厌他,暗示御史中丞蒋冽奏请唐玄宗任颜真卿为东都(洛阳)采访判官,再转任武部员外郎。

天宝十二年(公元753年),杨国忠将颜真卿调离出京,贬为平原太守,人称"颜平原"。平原郡属安禄山辖区,当时安禄山谋反的迹象已显露出来,颜真卿便假托阴雨不断,暗中加高城墙,疏通护城河,招募壮丁,储备粮草。表面上每天与宾客驾船饮酒,以此麻痹安禄山。安禄山果真认为他只是个书生,不足忧虑。

天宝十四年(公元755年),安禄山以"忧国之危"奉密诏讨伐杨国忠为借口在范阳发动兵变。河北郡县大都被叛军攻陷,只有平原城防守严密。颜真卿派司兵参军李平骑快马到长安向唐玄宗报告。唐玄宗起初听到安禄山反叛的消息,叹息说:"河北二十四个郡,就没有一个忠臣吗?"等到李平到京,唐玄宗大喜,对左右的官员说:"我不了解颜真卿的为人,他做事情竟是这样出色!"当时平原郡有三千静塞兵,又增招士兵一万人。派录事参军李择交统领,在城西门盛大犒劳士兵。颜真卿慷慨陈词,泪水直流,全军感奋。饶阳太守卢全诚、济南太守李随、清河长史王怀忠、景城司马李暐、邺郡太守王焘各自领军来归附他,朝廷命北海太守贺兰进明率领五千精锐士兵渡河援助。

叛军攻下东都洛阳,派段子光送李憕、卢奕、蒋清的头到河北示众。颜真卿担心大家害怕,对各位将领说:"我一向认识李憕等人,这些头都不是他们的。"并杀了段子光,把三颗人头藏起来。过了些时候,用草编个人体,接上头,装殓后祭奠,设灵位哭祭他们。

颜真卿的堂兄颜杲卿任常山太守,杀了叛军将领李钦凑等人。十七个郡同一天自动归顺朝廷,推举颜真卿为盟主,有二十万兵力,截断了燕赵的交通联络。朝廷任命颜真卿为户部侍郎,辅佐河东节度使李光弼讨伐叛军,不久被加拜为河北招讨采访使。清河太守派郡人李萼来向颜真卿求援,李萼建议颜真卿联结清河郡,利用其钱粮。颜真卿便派出六千援兵,又向李萼求计,李萼说:"朝廷派程千里统帅十万军队,自太行山向东进发,准备兵出崞口,限制叛军前进。您如果攻打魏郡,杀掉叛将袁知泰,用精兵打下崞口,迎接朝廷的军队出崞口,攻打邺城、幽陵,平原、清河两郡共十万军队攻向洛阳,分出精锐部队控制要冲。您坚守不与敌人交战,不超过几十天,叛贼必然溃败,自相残杀而死。"颜真卿同意他的计划,传送文告给清河等郡,派大将李择交、副将范冬馥、和琳、徐浩与清河郡、博平郡的五千军队驻扎在堂邑。袁知泰派白嗣深、乙舒蒙等领兵二万交战。叛军战败,袁知泰败逃到汲郡。

史思明围攻饶阳,派游军截断了平原郡的救兵。颜真卿害怕打不过敌军,便写信请贺兰进明,把河北招讨使让给他。这时,平卢将领刘正臣在渔阳起义。颜真卿想坚定他的信心,派贾载渡海送去十多万军费,并用自己十岁的儿子颜颇作为人质。

唐肃宗在灵武即位,颜真卿多次派使者带着用蜡丸封的信向唐肃宗汇报军政事务。唐肃宗任命他为工部尚书兼御史大夫,复任河北招讨使。当时军费困难,李萼劝颜真卿收取景城的盐,让各郡之间互相调济,军中的费用才得到解决。第五琦当时在贺兰进明军中参谋军务,后来也实行这个方法,军中的物资很丰富。

安禄山乘虚派史思明、尹子奇急攻河北一带,各郡相继沦陷,只有平原郡、博平郡、清河郡防守坚固。颜真卿经与众人商议,于至德元年(公元756年)十月,放弃平原郡,渡过黄河,走崎岖小路到凤翔拜见唐肃宗。唐肃宗任命他为刑部尚书,又调任御史大夫。此时,朝廷正处于混乱状态,但颜真卿仍像平常一样按法律治事,武部侍郎崔漪、谏议大夫李何忌都被他弹劾降职。

广平王李豫统率二十万军队收复长安,辞行的那天,在行宫门前不敢上马,快步走出栅栏才上马。王府都虞候管崇嗣在广平王之先上马,颜真卿弹劾他。唐肃宗退回他的奏章慰勉说:"我的儿子每次外出,我都谆谆教育他,所以不敢失礼。管崇嗣年老腿跛,你暂且宽容他。"百官由此都严肃守礼。

长安、洛阳收复后,唐肃宗派左司郎中李选祭宗庙,在祝词上署名"嗣皇帝"。颜真卿对礼仪使崔器说:"太上皇还在四川,这样行吗?"崔器立即报告唐肃宗更改,皇帝认为他通达事理。颜真卿又建议在长安郊野筑坛,由唐肃宗向着东方哭祭,然后再派出礼仪使,唐肃宗未采用此建议。宰相讨厌颜真卿直言劝谏,调他出京任冯翊太守。转任蒲州刺史,封丹阳县子。被御史唐旻诬陷,降为饶州刺史。

乾元二年(公元759年),颜真卿任浙西节度使。刘展将要反叛,颜真卿指示预先做好战备,都统李峘认为他无事生非,反而攻击他,唐肃宗因此召颜真卿为刑部侍郎。刘展后起兵反叛,渡过淮河,李峘逃奔江西。李辅国将太上皇迁居西宫,颜真卿率百官问安。李辅国讨厌他,降他为蓬州长史。

宝应元年(公元762年),唐代宗李豫即位,起用颜真卿为利州刺史,改任吏部侍郎。不久,任颜真卿为荆南节度使,还未赴任,又改任尚书右丞。唐代宗自陕州回朝,颜真卿请唐代宗先参拜陵墓宗庙,后在正殿即位。宰相元载认为他迂腐,颜真卿生气地说:"这意见用不用在您,进言的人有什么罪过?但朝廷规章哪能经受您两次破坏呢?"元载记恨在心。不久授颜真卿以检校刑部尚书的职务任朔方行营宣慰使。没有赴任,留在京城主持尚书省事务,封太子太师、鲁郡公,人称"颜鲁公"。

元载结党营私,怕群臣奏报唐代宗,想要欺骗唐代宗,他命群臣进言都要经自己审查才能上奏。颜真卿上奏劝阻,宦官等在宫中和朝廷外传播。颜真卿掌管太庙的事务,说祭器没有整治。元载认为他诽谤朝廷,降为峡州别驾,后改任吉州司马。大历三年(公元768年)四月,颜真卿改任抚州、湖州二州刺史。在抚州任职的五年中,他关心民众疾苦,注重农业生产,热心公益事业。针对抚河正道淤塞,支港横溢,淹没农田的现状,带领民众在抚河中心小岛扁担洲南建起一条石砌长坝,从而解除了水患,并在旱季引水灌田。抚州百姓为了纪念他,将石坝命名为千金陂,并建立祠庙,四时致祭。

元载被杀后,杨绾推荐颜真卿,提升为刑部尚书,随后任吏部尚书。唐代宗驾崩,唐德宗继位,颜真卿任礼仪使。上奏说前几朝皇帝追加谥号的礼节繁复,请按初定的礼节为准。袁修坚决反对他的意见,扣住不上报朝廷。时值国家死丧战乱之后,典章法令废弛。颜真卿虽然博古通今,但他的建议多被权臣阻挠,难以送达皇帝。杨炎掌管国政时,颜真卿因刚正,不被杨炎容忍,改任太子少师。卢杞掌权后,更加厌恶颜真卿的刚正,改任太子太师,连礼仪使也罢免了。多次派人探听哪一个镇方便些,准备把他排挤出京都。颜真卿去见卢杞,告诉他说:"你父亲卢中丞(卢奕)的头颅送到平原郡,脸上满是血。我不忍心用衣服擦,亲自用舌头舔净,你忍心不容忍我吗?"卢杞表面上惊惶地下拜,但内心更是恨之入骨。

兴元元年(公元784年),李希烈攻陷汝州,卢杞竟建议派颜真卿做使者到李希烈军中去传达朝廷旨意,唐德宗表示同意。朝臣为此大惊失色。宰相李勉秘密上奏,坚决要求留下颜真卿。河南尹郑叔则也劝他不要去,颜真卿回答说:"圣旨能逃避吗?"颜真卿到后,李希烈想给他一个下马威。在见面的时候,叫自己的部将和养子一千多人都聚集在厅堂内外。颜真卿刚开始宣读圣旨,那些人就冲上来,手里拿着明晃晃的尖刀,围住颜真卿又是谩骂,又是威胁,颜真卿面不改色。李希烈才用身子护着他,命众将退下,让颜真卿住进驿馆。李希烈逼颜真卿写信给唐德宗来洗刷自己罪行,颜真卿拒绝了。李希烈就借他的名义派颜真卿侄子颜岘与几个随从到朝廷继续请求,唐德宗没有答复。颜真卿每次给儿子写信,只告诫他们严谨地敬奉祖宗,抚养孤儿,从未有其他的话。

李希烈派李元平劝说他, 颜真卿斥责说:"你受国家委任为官,不能报答国家,想我没有兵杀你,还来诱说我吗?"李希烈请来他的同党设盛会,叫来颜真卿,并指使戏子们借唱戏攻击和侮辱朝廷。颜真卿愤怒地说:"你是皇帝的臣子,怎么能这样做!"起身拂衣离去。当时朱滔、王武俊、田悦、李纳等藩镇的使者都在座,对李希烈说:"很早就听说太师的名望高,品德好,您想当皇帝,太师来了,选人当宰相谁能超过太师?"颜真卿斥责说:"你们听说颜常山没有?那是我的兄长。安禄山反叛时，首先起义兵抵抗，后来即使被俘了，也不住口地骂叛贼。我将近八十岁了，官做到太师，我至死保持我的名节，怎么会屈服于你们的胁迫？"众人尽皆失色。

李希烈最终将颜真卿逮捕，派武士看守。在庭院中挖了一丈见方的坑，并说要活埋他，颜真卿对李希烈说："死生有命，何必搞那些鬼把戏！"张伯仪兵败时，李希烈命令把张伯仪的仪仗和头颅送给颜真卿看，颜真卿悲痛地哭倒在地。李希烈同伙中的周曾、康秀林想偷袭杀掉李希烈，尊颜真卿为帅。事情泄露，周曾被杀，李希烈把颜真卿押送到蔡州。颜真卿估计自己一定会死，写了给唐德宗的遗书、自己的墓志和祭文，指着寝室西墙下说："这是放我尸体的地方啊！"李希烈称帝时，派使者问登帝的仪式，颜真卿回答说："老夫年近八十，曾掌管国家礼仪，只记得诸侯朝见皇帝的礼仪！"

朝廷的军队强大起来后，李希烈料想形势会变，派将领辛景臻、安华到颜真卿住所，在庭院里堆起干柴说："再不投降，就烧死你！"颜真卿起身跳入火中，辛景臻等人急忙拉住了他。李希烈的弟弟李希倩与朱泚叛乱被杀，李希烈更加愤怒，于兴元元年八月初三（公元784年8月23日）派宦官前往蔡州杀害颜真卿。宦官说："有诏书！"颜真卿拜了两拜。宦官说："应该赐你死。"颜真卿说："老臣没有完成使命，有罪该死，但使者是哪一天从长安来的？"宦官说："从大梁来。"颜真卿骂道："原来是叛贼，何敢称诏！"颜真卿遭缢杀，享年七十六岁。嗣曹王李皋听到颜真卿死节的消息，流下眼泪，三军为之痛哭。半年后，李希烈被手下陈仙奇毒杀，叛乱平定。颜真卿的灵柩才得以由其子颜頵、颜硕护送回京，厚葬于京兆万年颜氏祖坟。唐德宗为他废朝五日，追赠司徒，谥号"文忠"。

颜真卿书法精妙，擅长行、楷，创"颜体"楷书，与赵孟頫、柳公权、欧阳询并称为"楷书四大家"。又与柳公权并称"颜柳"，被称为"颜筋柳骨"。苏轼曾说："诗至于杜子美，文至于韩退之，画至于吴道子，书至于颜鲁公，而古今之变，天下之能事尽矣。"

宗臣之表——李 勉

李勉(公元717年—公元788年),字玄卿,唐朝宗室,唐高祖李渊玄孙,郑王李元懿曾孙。父亲李择言历任汉、褒、相、岐四州刺史,封安德郡公,为官以严厉干练著称。李择言在汉州的时候,张嘉贞担任益州长史、判都督事,性情简傲高贵。他对所辖地区刺史都不以礼相待,只与李择言同榻而坐,谈论如何处理政事,时人传为美谈。

李勉少年时家境贫寒,在梁宋地区(今河南开封商丘一带)游历,与一个儒生同住一家客栈。儒生病重,临死前将自己带的银子交给李勉说:"没有人知道此事,希望你用这些钱将我埋葬,多余的银子就送给你。"李勉答应了,却在安葬时,暗中将剩下的银子放在棺材下面。后来儒生的家属来向李勉道谢,李勉与他们一同挖开坟墓拿出银子交还他们。

李勉自幼勤读经史,长大后沉静文雅、清正严峻、崇尚玄虚,早年曾任开封县尉。当时天下承平已久,汴州(今河南开封)又是水陆交通的汇合之地,城中民居庞杂,最难治理。李勉在任时,与同任县尉的卢成轨等人,都有擒拿奸邪、揭发恶事的名声。李勉任开封尉时,审理犯罪案件,一个囚犯很有气概,请求活命,李勉便放了他。几年后,李勉被罢官,游历河北,偶然碰到这个囚犯。囚犯把他接回家中招待,因难以报答,竟在妻子的唆使下动了杀心。李勉得到囚犯家童仆的通知,连忙骑马逃跑,驰到半夜,已行了百余里,便在一个渡口的客店投宿。店主问他:"此处有很多猛兽,你怎敢连夜赶路?"李勉就把前后经过讲述一遍。还未讲完,房梁上便跳下来一个人,道:"我几乎误杀长者!"随即离去,在天亮时又提着囚犯夫妻的人头回来,交给李勉。

至德元年(公元756年),李勉随唐肃宗前往灵州(今宁夏灵武),被任命为监察御史。当时朝廷崇尚武功,有功勋的大臣依仗恩宠,大多不知礼仪。大将管崇嗣在行宫的朝堂上背对宫阙而坐，谈笑自如，被李勉弹劾，把他拘押在有关部门。唐肃宗特令赦免管崇嗣，感叹道："我有了李勉，人们才知道朝廷的威严啊。"后来李勉升任司膳员外郎。不久关东诸将送来战俘一百多人，唐肃宗命令全部处死，其中一名囚犯仰天长叹。李勉过去问他，他回答说："我被威胁才不得不在那里任官，并不是乱贼。"李勉进谏道："现在元凶还没有消灭，战乱波及了大半个国家，许多人都受到了牵连。他们得知陛下登基，都想着洗心归顺。现在如果把这些被俘的人全部杀掉，是逼迫那些跟随反叛的人继续作乱。"唐肃宗立命快马前往宽释囚犯，从这时起每天都有归顺的人前来。

郭子仪收复长安后，李勉历任清要官职，升为河南少尹，先后担任河东节度使王思礼、朔方河东都统李国贞的行军司马，又任梁州都督、山南西道观察使。李勉因为他的旧吏前密县县尉王晊勤勉干练，便让他代理南郑县令。不久有诏书命令将王晊处死。李勉询问原因，才知王晊是被权贵们所诬陷。李勉对众将吏说："圣上依靠地方官作为民众的父母，才能够治理国家，怎能因为有人进谗言而杀害无罪的人呢！"他暂不执行诏令，改为拘禁王晊，迅速递奏表给唐肃宗。王晊最终得到赦免，李勉也因此被执政者非难，催促回朝担任大理少卿。谒见唐肃宗时，李勉当面陈述王晊无罪，说他处理政事很有条理，是个尽力的官吏。唐肃宗嘉许他恪守正道，授任太常少卿。王晊后来担任大理评事、龙门县令，最终享有善于治吏的贤名，时人称赞李勉有知人之明。

宝应元年（公元762年），羌族、奴剌等联军入侵梁州（今陕西汉中），李勉守不住城池，被召回朝廷，担任大理寺少卿。但是，唐肃宗一向看重他的正直不阿，提拔他为太常少卿。唐肃宗准备对李勉加以重用，适逢李辅国受到宠信，想让李勉对自己唯命是从。李勉却不肯阿附李辅国，被贬出朝廷，历任汾州刺史、虢州刺史、京兆尹、检校右庶子、兼御史中丞、都畿观察使、河南尹、江南西道观察使。当时贼寇首领陈庄接连攻陷江西州县，偏将吕太一、武日升又相继背叛。李勉同各道奋力出战，将叛贼全部攻灭平定。部下中有人因父亲有病，按照迷信的方法，制作一个木偶人，写上李勉的姓名和职位，埋在自家田埂中。有人将此事告诉李勉，李勉说："他是为父亲消灾，也值得同情。"最终没有追究这个人。

大历二年（公元767年），李勉入朝拜京兆尹兼御史大夫，为政崇尚简明严正。宦官鱼朝恩担任观军容使，并主管国子监事务，他依仗恩宠滥施威权，天命圣旨，皆在其口舌之间。前任京兆尹黎干揣摩心意伺候，动辄求媚。每次鱼朝恩到国子监，黎干都要动用京兆府的人力，准备数百人的饭菜接待他。李勉上任月余，鱼朝恩又要到国子监，京兆府吏请求提前准备饭菜。李勉说："军容使主管国子监事，我候视太学，军容使应该准备优厚的主人礼。我辱为京兆尹，军容使如果惠顾我京兆府庭，我岂敢不准备饭菜呢？"鱼朝恩听说后怀恨在心，不再去太学，李勉不久也被替换了。

大历四年（公元769年），李勉被任命为广州刺史，兼岭南节度观察使。番禺叛军首领冯崇道、桂州叛将朱济时等依据山洞为乱，前后数年，攻陷十余州。李勉到任后，派遣大将李观与容州刺史王翃合力招抚征讨，将叛军全部斩杀，五岭得以平定。在这之前，西域泛海而来的船舶数量很少，一年才四五艘。李勉品性廉洁，花大力气禁暴肃贪，有船舶来全都不检查。到他在任的后几年，由于治理得非常好，一年来船四十余艘，使日渐萧条的外贸趋于繁荣，一时商贾云集，珍宝列市。

李勉在广州任职六年，所用器物车服等仍为原样，没有增加装饰。后来李勉回京任职，在石门山（在广州西北江中），将家人贮藏的南货比如犀角象牙等财物尽数搜出，统统投入江中。当地父老都认为他这种清廉的作风可以与宋璟、卢奂、李朝隐三人（三人都曾任职岭南）相媲美，当地吏民立碑以颂其德。

大历八年（公元773年），李勉担任工部尚书，封汧国公。不久永平军节度使令狐彰去世，临终前上表举荐李勉接替自己，唐代宗遂任命李勉为永平军节度使。李勉在永平军八年，以有德望的老臣身份，清正肃重，刑法不严而境内大治。东边的诸侯中即使有些桀骜不驯的，也都对他很敬重。

大历十一年（公元776年），汴宋节度留后田神玉去世，李勉又兼任汴州刺史、汴宋节度使。尚未赴任，汴州大将李灵曜仗恃军力，与北边魏博节度使田承嗣勾结，起兵反叛。田承嗣派侄子田悦率领精锐士兵前往汴州戍守。皇帝诏令李勉与淮西节度使李忠臣、河阳节度使马燧出兵征讨，大破敌寇，田悦战败，只身逃脱。李灵曜得知这个消息，向北逃窜，被李勉骑将杜如江擒获。李忠臣代李勉镇守汴州，李勉仍然回守旧镇。但是,李忠臣对待部下贪婪残虐,第二年就被部下赶走了,诏书又加授李勉为汴宋节度使,移治汴州。

建中元年(公元780年),唐德宗继位,加李勉为检校吏部尚书、同中书门下平章事、检校左仆射,充任河南汴宋滑亳河阳等道都统。建中四年(公元783年),李希烈反叛,以征讨其他盗贼为名,兵围襄城,朝廷派李勉与神策军将领刘德信出兵救援。李勉上表道:"贼军以精兵围攻襄城,许州(今河南许昌)必然空虚,不如直捣许州,襄州之围可解。"不等朝廷答复,便命部将唐汉臣与刘德信攻袭许州。二将离许州还有数十里时,接到朝廷诏令,责他们违诏出兵,只得返回,结果在扈涧遭到敌军袭击,辎重兵械全部丢失。唐汉臣逃到汴州,刘德信逃到汝州。李勉担心东都危急,又派四千兵马前去助守,被敌军截断后路不得返回。同年十二月李希烈亲自带兵围攻汴州。李勉闭城坚守,数月援军未到,李勉对他的将领们说:"李希烈这个人凶暴叛逆、残忍冷酷,如果与他直接交锋,他一定会杀害许多无辜的人,我不忍心看到这样的情形。"他悄悄率军突围,南奔宋州,李希烈攻陷汴州,李勉以司徒平章事之职召回朝中。李勉回朝后,身穿白衣向朝廷请罪,皇上下褒奖诏书宽恕了他,恢复了他本来的职位。李勉认为自己有过错,只是占着位子罢了,不敢再有所建议。

贞元元年(公元785年),唐德宗欲启用新州司马卢杞为沣州刺史。给事中袁高认为卢杞奸邪败政,贬官尚不足以抵塞罪责,上表反对,不肯发布诏书。唐德宗对李勉说:"让卢杞当一个小州刺史,可以吗?"李勉道:"陛下打算给他官做,即便让他当大州刺史也是可以的,只是会让天下百姓失望。"唐德宗遂任命卢杞为沣州别驾。一天,唐德宗问李勉道:"大家都说卢杞奸邪,我怎么不知道!你知道他的罪状吗?"李勉回答道:"天下都知道卢杞奸邪,唯独陛下不知道,这正是他的奸邪之处。"当时的人都称赞他的正直,但唐德宗却从此逐渐疏远他。李勉屡次上表请求辞去职位,被罢免知政事,授予太子太保官衔。李勉一生都礼贤下士,始终尽心不变。他任用当时的名士李巡、张参为判官,后来他们都在幕府终老。李勉为了纪念他们,三年之内,每当遇到宴饮时,一定在宴席上虚设二人座位,摆上膳食、洒酒祭奠,语言和脸色都非常凄凉忧伤,人们都赞美他的善行。

贞元四年(公元788年),李勉病逝,终年七十二岁,赠太傅,谥"贞简"。李勉性情坦率淡泊,喜好谈古风,崇尚奇异,清廉简易,他还善于鼓琴,爱好写诗,精通音律。李勉为官五十余年,始终清廉正直,不贪不渎,关心民生,为宗室大臣的表率。身处相位近二十年,所得俸禄除日常开销外,都赠予亲信友人,去世后没有留下任何私自的积蓄。"为官五十余年,清风两袖;过手万千财物,一无所取。"这是后人赞颂李勉的一副对联。

乱世忠臣廉吏——段秀实

段秀实(公元719年—公元783年),字成公,本是姑臧(今甘肃武威)人。曾祖父段师濬曾任陇州刺史,留在陇州未回归原籍,改籍为陇州汧阳(今陕西千阳)。段秀实的祖父段达,曾任右卫中郎。父亲段行琛,曾任洮州司马,后因段秀实功被赠官扬州大都督。

段秀实六岁的时候,母亲生病,他急得七天不吃不喝,一直到母亲病情好转才肯吃饭,人们都称他为"孝童"。段秀实长大以后,深沉忠厚,言辞谦恭,朴实稳重,能做决断,慷慨激昂有救天下的志向。曾考取明经的功名但被人取代,段秀实说:"寻章摘句,不足以建立丰功伟业。"放弃了功名。

天宝四年(公元745年),安西节度使马灵察将段秀实录为别将,段秀实跟随马灵察征伐护蜜国有战功,被拜为安西府别将。天宝七年(公元748年),高仙芝取代马灵察成为安西节度使,段秀实则转跟随高仙芝。天宝十年(公元751年),高仙芝举兵征讨大食,包围怛逻斯城。黑衣大食(即阿拔斯王朝)的援军前来救援,高仙芝的军队战败,士兵四散逃离,军官们的心情都很低落。夜里段秀实听到副将李嗣业丧气的声音,大声斥责他说:"害怕敌人而逃跑,是不勇敢的表现。为了自己脱险而让大家陷入危难,是不仁义的表现。"李嗣业感到很惭愧,便与段秀实一起重新召集战败的部队,又组成了军队。回到安西后,李嗣业向高仙芝表示,希望任命段秀实为判官，高仙芝则任命他为陇州大堆府果毅。

天宝十二年（公元 753 年），封常清取代高仙芝为安西节度使。段秀实跟着封常清攻打大勃律，进军贺萨劳城，一战而胜。封常清想要追赶逃跑的敌人，段秀实说："敌人出动的是弱兵，来引诱我军，请吩咐部队去搜索山林。"果然发现敌人埋伏的军队，于是歼灭了敌军伏兵，敌军溃败，段秀实因战功改任绥德府折冲都尉。

至德元年（公元 756 年）七月，唐肃宗李亨在灵武即位，诏令李嗣业率领安西五千名官兵前来护驾。节度使梁宰打算逗留以观察局势的变化，李嗣业私下答应了。段秀实责备说："如今天子有难，做臣子的竟然打算安然以待。你经常自称为大丈夫，如今看真是小家子气。"李嗣业求见梁宰，请求派兵。最后大军向东进军，以段秀实为副将军，屡立战功。后李嗣业任节度使，段秀实因父亲去世，悲痛守丧超出丧制。李嗣业上表请求征召段秀实复官，任命他为义王友，充任节度使判官。次年安庆绪奔逃到邺城，李嗣业与众将领率军围困，将作战物资放在河内。李嗣业上表请任段秀实兼任怀州长史，并兼节度留守后方，负责提供后援粮草。当时军队疲劳，钱粮缺少，段秀实接连不断地督运粮草，招兵买马，来充实前线军队。

乾元二年（公元 759 年），各路军队在愁思冈激战，李嗣业中流箭阵亡，众将推举荔非元礼代理军队统帅。段秀实听说此事后，立即写信给先锋将白孝德，让他派兵护送李嗣业的灵柩到河内。他亲自与文武官员在边境迎接，并拿出全部私人钱财给李嗣业办丧事。荔非元礼推崇他的义气，奏请朝廷任命他为光禄少卿，仍任节度使判官。

宝应元年（公元 762 年），邙山战败，荔非元礼移驻翼城。不久发生兵变，荔非元礼被部下杀死，将领大多数也被害。只有段秀实因为为人恩义诚信，被士兵们敬服，都在他的周围跪拜，不敢加害于他。将士们又推举白孝德任节度使，人心稍稍安定。段秀实升任光禄卿，任白孝德的判官。

广德元年（公元 763 年），吐蕃袭击京师，占领长安。唐代宗李豫逃到陕州，段秀实劝白孝德带军去救援。白孝德改任邠宁节度使，并奏任段秀实为太常卿、代理支度营田副使。白孝德率军西进，驻军奉天（今乾县）。当时国家粮仓空虚，县府官吏不知道从哪里可以弄到粮草供应军队，都逃走了。军队就散开抢掠，白孝德制止不住。段秀实说："如果任用我做军候，哪能乱到这地步呢？"司马王翃把这话告诉了白孝德，命段秀实掌管奉天行营的军务。他号令严明，军中畏惧，军队地方都安宁了，唐代宗听说后很长时间都赞叹不已。回师邠宁后，白孝德推荐段秀实任泾州刺史。

当时郭子仪为副元帅，权倾朝野，居守蒲州。其子郭晞以检校尚书领行营节度使，屯驻邠州。士兵放纵不守王法，邠州的不法之徒，行贿进入部队，肆意妄为，官吏不敢过问。他们白天成群在市场上强行索取，有不满意的，就打伤商贩，打碎锅碗瓢盆满地都是，甚至于撞伤孕妇。白孝德碍于郭子仪的权位，且为其部下，不敢弹劾。段秀实从州中把情况向府里汇报，愿意处理此事，说："皇上把百姓托付给你治理，你却眼睁睁地看着百姓遭殃，无动于衷，如果出了大乱子该怎么办？"白孝德说："我愿意听你的教导。"段秀实说："我不忍心百姓没有遭受敌人寇掠就暴死，扰乱天子的边疆秩序。你如果真能任命我为都虞候，我倒能替你制止动乱。"白孝德立即把军队交付给他。不久郭晞的士兵十七个人进入市场索取酒，刺伤了酒翁，破坏了酿酒的器皿。段秀实派兵把他们捉住，把头砍下来挂在槊上，竖立在市场的门外。郭晞军中得知后，大为震动，悉数披上铠甲，准备发动兵变。白孝德很害怕，召来段秀实说："怎么办？"段秀实说："请让我到军中去解释。"他放下佩带的刀，选了一位跛脚的老头牵着一匹马，到了郭晞的营前，士兵披甲执锐涌出。段秀实笑着走进去，说："杀一个老头，何必全副武装！我今天戴头过来了。"士兵吓了一跳。段秀实乘机劝说道："尚书难道亏待你们了吗？副元帅难道亏待你们了吗？为什么要用暴乱来败坏郭家的名声呢？替我告诉郭尚书，请他出来听我说话。"郭晞出来了，段秀实说："副元帅功高天地，应当有始有终。如今，尚书任凭士卒暴乱而不管，使他们扰乱国家边疆的安危，影响国家安定。应当怪罪于谁呢？罪过将及副元帅。如今邠州的流氓通过贿赂混进军队中来，杀害百姓，比比皆是，不过几天就会出大乱，乱是因为尚书而起。人家都说：尚书因为副元帅的原因才不管士兵。这样，令尊大人的一世英名将毁于一旦，恐祸将至。"郭晞听后谢罪说："幸亏受到你的教诲，对我的恩情很大，我郭晞愿意把全军交付给你。"立即命令左右都解下武装，说："谁再闹事，格杀勿论！"段秀实为了考验他，说："我还没有吃下午饭,请摆饭。"吃完饭后,又说:"我身体不舒服,就在这睡一晚上。"就睡在军队中。郭晞怕出意外,一直陪在他的身边,告诫士卒严加防卫。第二天早晨,郭晞与段秀实一起到白孝德的住所,为能力不够谢罪,邠州从此安定。

段秀实任营田官的时候,泾州大将焦令谌占取他人农田,租给农民,收成要给他交一半。这年旱灾严重,田野寸草不生,农民报告没有收成,焦令谌说:"我只知道收粮,不知道干旱。"索要甚急,农民自己将要饿死,没有谷子偿还,只得去求告段秀实。段秀实给焦令谌写了一封牒文,希望他饶了老农。焦令谌很生气,对老农说:"我还怕段秀实不成?你怎敢去说我的坏话!"就把牒文放在老农的背上,打了二十大板,打得奄奄一息,用车子运到廷中。段秀实哭着说:"是我害了你啊。"撕开自己的衣服,帮老农包扎伤口、敷药,还卖了自己的马帮他偿还了债务。淮西将军尹少荣为人刚正耿直,进去破口大骂焦令谌:"你还是个人吗?泾州大旱,赤地千里,饿殍遍野,百姓都饿死了,而你却还收取粮食,惩罚无罪良民。段公是个仁义之士,你却不知敬重。只有一匹马,却卖了换回谷子交给你,你拿着就不觉得羞耻吗?凡是那种无视天灾、侵犯仁义之士、惩治无罪百姓的人,连个奴隶都不如!"焦令谌听了这席话,羞愧得直流汗,说:"我没有脸面见段公了。"一个晚上抱恨而死。

大历元年(公元 766 年),马璘接替白孝德兼任邠宁节度使。马璘上奏请加封段秀实为开府仪同三司。马璘常常咨询段秀实,他处置不当的地方,段秀实一定坚持与他争执,不听从就不停止。当时军中有一位能拉开二十四石弓的士兵犯了偷盗罪,马璘想赦免他,段秀实说:"将领有偏爱,法令就不一致,即使韩信、白起再生,也不能治理好。"马璘认为他说得对,终于命令处死了那人。马璘在泾州修筑城防时,段秀实为他留守后方,段秀实因勤恳被加封为御史中丞。次年十二月,马璘奉命移任泾州节度使,他的军队曾从西域四镇、北庭到中原勤王,在外地频繁调动,因辛苦导致很多人埋怨。刀斧将王童之见人心浮动,图谋叛乱。约定说:"听到警鼓声就发动。"有人报告了这事,段秀实召来击鼓的人,假装因时间不准而发怒,告诫他说:"每一更到了,一定要来报告。"每次报告,就命令延长几刻时间,因为延误了时间,共四次击鼓天就亮了。第二天又有报告的人说:"夜里焚烧草料场,约定救火,然后叛乱。"段秀实严加警备。夜里果然起火了,命令军中的人说:"有敢救火者斩!"王童之住在外边,请求进来,不被允许。次日,逮捕了王童之,连他的同党八人一起斩首示众,下令说:"胆敢推迟迁移的人灭族!"部队于是迁到泾州。当时仓库里没有长期储备的粮食,城中没有居民,朝廷为此很担心,诏马璘率领郑、颍二州来供应军需,命令段秀实留守后方。军队不缺乏粮草,二州也因此而得到治理。马璘嘉奖段秀实的功绩,上奏他为行军司马,兼都知兵马使。

大历八年(公元773年),吐蕃寇掠边境,在盐仓作战,官军不利。十月二十二日,马璘被敌军拦隔,到傍晚还没有回来,都将焦令谌引领溃兵争相夺门入城。有人劝段秀实登城拒守,段秀实回答:"主帅不知在何处,当前的任务是攻击敌军,难道能苟且求生吗?"段秀实召见都将焦令谌等人,责备他们说:"按照军法规定,失去大将,部下都得处死。你们忘了死罪,而打算保全家人吗?"段秀实派遣所有城中没有参加过战斗的士兵出城,在东原布阵,并收罗散兵游勇,摆出准备拼死作战的姿态。吐蕃看见后,不敢逼近,逐渐退却。入夜马璘得以回城。

大历十一年(公元776年),马璘病重,不能管事,请段秀实代理节度副使兼任左厢兵马使。段秀实命裨将张羽飞任招召将,派兵警戒以防意外。不久马璘去世,军中数千人奔走号哭,节度府的门庭屏墙外一片哀哭声,段秀实都不让他们进去,命令押牙马顿在里面办理丧事,李汉惠在外面接待宾客,马璘的妻姜子孙位居堂中,宗族父老位居庭内,高级将领位居堂前,衙内亲兵在营中哭泣,百姓分别在家守候,不是护送灵柩出丧的人不得远送。吊唁哭拜都有仪式和礼节,送丧远近都有规定,违者依军法处置。都虞候史廷干、兵马使崔珍、裨将张景华图谋在治丧时作乱。段秀实知道后,奏报朝廷把史廷干送到京师,让崔珍移军驻守灵台,将张景华补任外职,全军因此而安定了。次年九月,段秀实被正式授任泾州刺史,兼御史大夫、四镇北庭行军和泾原郑颍节度使,他在任三四年间,总揽西北军政,吐蕃不敢侵犯边关,百姓安居乐业。依照法律,官员身兼二职可拿两份俸禄,段秀实只拿一份,他一生廉洁,从不接受贿赂,为人简朴,坦率和气,远近的人都称赞他。不是因公聚会,他不奏乐喝酒,家里没有乐妓和小妾,也没有多余的财产。宾客来访,只议论军政,不谈论私事。他回到家里,只是安居静思而已,实为乱世中难得的忠臣廉吏。

大历十三年(公元 778 年),段秀实回到京城朝见唐代宗,在蓬莱殿回答唐代宗的提问。唐代宗问他安定边防的策略,段秀实在地上画出地形图,分门别类、井井有条地回答。唐代宗非常高兴,慰劳赏赐很丰厚,又赏赐他一所住宅,实封一百户。同年九月,吐蕃一万骑兵从青石岭前来,进逼泾州。唐代宗下诏命郭子仪、朱泚和段秀实共同防御,使吐蕃骑兵后退。

建中元年(公元 780 年),宰相杨炎想实施元载过去的计划,修筑原州城,开挖陵阳渠,派宫中使者收集意见,问段秀实是否可行。段秀实认为春天不能征劳役,请求等待农闲。杨炎认为他反对自己的计划,就征召段秀实入朝任司农卿,夺去他的兵权,派邠宁节度使李怀光兼任泾原节度使,向西扩张。

建中四年(公元 783 年),泾原兵变,朱泚占据长安。认为段秀实长期失去兵权,猜想他必定郁郁不乐,怀恨在心,况且他素有名望,派骑兵前来迎接。段秀实闭门拒绝来使,骑兵跳墙而入,劫持了他。段秀实估计自己不能幸免,便对子弟说:"国家蒙受灾难,我能够躲避到何处去!我自当为国家殉难,你们自求生路吧。"就前往见朱泚。朱泚高兴地说:"段公一来,我的大事可望成功了。"朱泚请段秀实入座,向他询问计谋,段秀实劝说他道:"将士东征,宴赐不丰厚,是有司的过错,圣上哪里能够知道此事!你本来以忠义名闻天下,如今仓促起事,致使圣上流离失所。应当告诉大家祸福得失,把宫室打扫干净,迎接皇上的车舆,没有比这更大的功劳了!"朱泚沉默了。段秀实知道他不会答应,假装表面上与他合作,私下里联合将军刘海宾、判官岐灵岳、都虞候何明礼,打算杀害朱泚。源休建议朱泚假装迎接天子,派遣泾原兵马使韩旻率领精锐部队三千人迅速赶往奉天,声称迎接唐德宗,实际上袭击奉天。当时奉天的防守非常薄弱,段秀实认为宗庙社稷的安危容不得耽误,派人让岐灵岳盗用姚令言的印符,命令韩旻暂且回军。由于姚令言的印信未能盗来,段秀实便盗用司农卿的印符,招募了擅长奔走的人去追赶韩旻。韩旻行至骆驿,得到印符便回军了。段秀实与共同策划的人说:"韩旻一回来,我辈是无一幸免了。我自当直接与朱泚搏斗,将他杀死,若不能成功,便一死了之,终究不能做朱泚的臣属!"段秀实让刘海宾、何明礼暗中联络军中将士,准备让他们从外部响应。韩旻回军后,朱泚和姚令言极为震惊,岐灵岳独自承担罪名而死,没有牵连段秀实等人。第二天,朱泚传召李忠臣、源休、姚令言及段秀实等人商议称帝事宜。段秀实猛然站起来,夺去源休的象牙朝笏,走上前去,往朱泚的脸上吐口水,大骂道:"狂妄的叛贼!我恨不能将你斩为万段,岂肯随从你造反呢!"并用朝笏击打朱泚,朱泚举起手来抵挡,朝笏只击中了朱泚的额头,血花溅到地上。朱泚与段秀实呼喝着相互搏斗,他的侍从由于事出仓促,惊慌不知如何是好。刘海宾不敢上前,乘着混乱逃走。李忠臣前去帮助朱泚,朱泚得以匍匐着脱身逃走。段秀实知道事情不能成功,便对朱泚的党羽说:"我不和你们一起造反,为什么不杀死我!"众人争着上前去杀段秀实。朱泚一手给自己止着血,一手制止众人说:"他是义士啊!不要杀他。"段秀实还是被杀了,享年六十五岁。朱泚哭得甚是悲哀,以三品官的丧礼埋葬了他。唐德宗在奉天听到段秀实的死讯后,悔恨当初没有任用他,涕泪交流地哭了许久。

当初段秀实从泾州被召回朝的时候,告诫家人说:"如果路过岐州,朱泚一定会贿赂我们,千万不要接受。"到了岐州,朱泚果然拿了三百匹大绫,段秀实的女婿韦晤坚持拒收,但没有成功。到了京城,段秀实发怒说:"竟然不听我的话!"韦晤谢罪说:"我地位卑贱,无法拒绝呀。"段秀实生气地说:"决不能玷污了我家的门第。"把绫放在司农治堂的屋梁上。段秀实遇害后,司农寺官吏把他拒受绫的事告诉朱泚。朱泚将大厅房梁上的绫取下一看,原先包装的标记都在,三百匹大绫原封未动。

兴元元年(公元 784 年)二月,唐德宗下令追赠段秀实为太尉,谥号"忠烈"。赏赐五百户的赋税,庄园、府第各一座。同年七月唐德宗回到京城后,又下令祭祀段秀实,表彰门庭,亲自题写碑文。八月唐德宗下诏命主管官吏为段秀实树碑立庙。

五言长城——韦应物

　　韦应物（公元737年—公元792年），京兆万年（今陕西西安）人，出身京兆韦氏逍遥公房。韦氏家族主支自西汉时迁入关中，定居京兆，自汉至唐，代有人物，衣冠鼎盛，为关中望姓之首。高祖韦挺为太宗朝御史大夫，曾祖韦待价任武后时文昌右相，祖父韦令仪为宗正少卿。

　　唐玄宗开元二十五年（公元737年），韦应物生于京兆。天宝九年（公元750年），韦应物14岁，以门荫补右千牛，在"三卫"为玄宗近侍，同时入太学附读。这个侍卫之职，除了自身具有"年少壮""肩膊齐、仪容整美"的标准外，主要凭借门资获得。韦应物做了五年的侍卫，其日常工作，包括侍卫皇帝祭祀、朝会、围猎甚至沐浴等，十分琐碎。侍卫之职虽非高官显位，但可以亲近皇帝，出入宫闱，扈从游幸，享有"直入华清列御前""允游洽宴多颁赐"的特殊荣宠。他"少事武皇帝，无赖恃私恩。身作里中横，家藏亡命儿。朝持樗蒲局，暮窃东邻姬。司隶不敢捕，立在白玉墀。骊山风雪夜，长杨羽猎时。一字都不识，饮酒肆顽痴"，凭此"私恩"，韦应物豪纵不羁，横行乡里，过着放浪不羁的生活。

　　天宝十四年（公元755年），安史之乱爆发。次年六月叛军攻破潼关，直逼京城，唐玄宗仓皇奔蜀。随行的只有杨国忠、高力士等少数人，"三卫"大多扈从不及，流落失职。韦应物为避战乱，在扶风、武功等地寄居，开始立志读书，少食寡欲，常"焚香扫地而坐"。

　　唐肃宗乾元元年（公元758年），安史之乱已平，韦应物复入太学，他折节读书，痛改前非，从一个富贵无赖子弟一变而为忠厚仁爱的儒者。曾任河阳从事，诗歌创作也从此开始了。

　　唐代宗宝应二年（公元763年），韦应物为洛阳丞。永泰元年（公元765年）为河南府兵曹参军，因惩办不法军士被讼，不久即罢官，闲居洛阳同德寺。

韦应物

唐代宗大历六年（公元771年）冬，韦应物离开洛阳返回长安，在家闲居一段时间。于次年秋，游历梁州一带，因病在梁州停留了较长一段时间，当时极为寂寞，没有朋友看顾。大历八年（公元773年）秋，韦应物再做江淮之游，涉足淮阴、宝应、广陵等许多地方。这次游历，韦应物结交了许多诗朋宦友，拓展了眼界，开阔了胸怀，也丰富了诗歌创作的题材和内容。

唐代宗大历九年（公元774年），因京兆尹黎干的推荐，韦应物出任京兆府功曹。期间曾奉命去云阳视察灾情，又曾居蓝田数月，对民生疾苦有较深刻的感受，其诗歌的现实性大大增强。《使云阳寄府曹》云："夙驾祗府命，冒炎不遑息。百里次云阳，闾阎问漂溺。上天屡愆气，胡不均寸泽。仰瞻乔树巅，见此洪流迹。良苗免湮没，蔓草生宿昔。颓墉满故墟，喜返将安宅。周旋涉涂潦，侧峭缘沟脉。仁贤忧斯民，贱子甘所役。公堂众君子，言笑思与觌。"诗中描述了他头顶烈日、爬沟越涧、不辞辛劳为民奔波的情形，其下嗟洪流、上向苍天、心忧斯民、甘为所役、与民休戚与共的思想感人至深。在任上，韦应物克尽职守，颇有政绩，不久，黎干又荐引提拔他兼任高陵令。大历十三年（公元778年）秋，韦应物改任户县令。大历十四年（公元779年）六月，改任栎阳县令，七月因病辞官，在沣水旁的善福精舍闲居近两年。

德宗建中二年（公元781年）四月，韦应物任尚书比部员外郎。建中四年（公元784年）夏，任滁州刺史。当时的滁州，已是一片残败景象，连年的战争、繁苛的赋税使人民穷困不堪，"州贫人吏稀""四面尽荒山"。一次巡视，他看见一位饥饿的妇人抱着孩子拾麦穗，对其"家田输税尽，拾此充饥肠"的困苦境遇深表同情，充满自责地写道："嗟我何功德，曾不事农桑。吏禄三百石，岁晏有余粮。念兹私自愧，尽日不能忘。"为治理好滁州，韦应物辛勤工作，不计个人得失，为宽减百姓的赋税甚至与上司抗争。兴元元年（公元784年）冬，韦应物罢任滁州刺史，由于他为官清正廉洁，两袖清风，罢职后连回家的资费都没有，不得不闲居于滁州西涧。

唐德宗贞元元年（公元 785 年）秋，韦应物加朝散大夫，任江州刺史。贞元三年（公元 787 年），赐封扶风县男，食邑 300 户，入京为尚书左司郎中。贞元四年（公元 788 年）七月，韦应物任苏州刺史。他关心民生疾苦，颁令所属必须使老弱有病、生活困难的人有所依靠，并命令将贫户积欠的赋税层层统计上报，然后酌情予以减免。贞元六年（公元 790 年），韦应物罢任苏州刺史。他牧苏数年，为官清正，回家的路费都没有，只好闲居苏州永定寺，租了两顷田，过着自耕自食的平民生活。贞元八年（公元 792 年）初，卒于苏州。后运回长安，十一月归葬少陵原祖坟。

韦应物任地方官吏将近三十年，勤于吏职，简政爱民，并时时反躬自责，常感政绩不足，负国负民，为自己没有尽到责任而有愧于心。在任职期间，他亲身接触到百姓生活的困苦，于朝政紊乱、军阀嚣张、国家衰弱、民生凋敝，有了具体的认识，深为感慨，忧虑重重。"世事茫茫难自料，春愁黯黯独成眠。身多疾病思田里，邑有流亡愧俸钱"正是这种思想矛盾的真实写照。他自责自问、居官自愧、忧时爱民的思想和品德，感动着后世读者，赢得了历代士人的称誉和敬仰，范仲淹叹为"仁者之言"，朱熹盛赞"贤矣"。

韦应物是山水田园诗派诗人，其山水诗景致优美，感受深细，清新自然而饶有生意。反映民间疾苦的诗，颇富同情心。韦诗各体俱长，以五古成就最高。在他的五百多首诗中，五言古诗有二百六十首左右，风格冲淡闲远，语言简洁朴素。上承汉魏时期之古雅，陶渊明之冲和，谢灵运、谢朓之精致，有"五言长城"之称。

第五章　宋元时期

宋朝虽然有像包拯、范仲淹那样崇尚节俭、不事侈靡的清官,但宋朝官吏多是些不顾廉耻的贪财赎货之徒。宋朝官吏的腐败具有典型性,主要有三种形式:一是贪污,官场贪污成风,贿赂公行;二是用公款请客送礼,编织人情关系网;三是经商,官吏与商人混为一体,内外勾结,牟取暴利。

为了防止和惩治腐败行为,保持中央集权专制统治的稳定,宋朝采取一系列措施,建立廉政与反贪机制,设置了一系列监察官吏的机构,选拔担负监察职能的官吏。在加强中央集权的同时,也将对地方官吏的监察权收归中央,制定了一整套监察各级官吏的制度,采取了一系列与监察方式并行的监察手段,在一定程度上发展、完善了监察措施。在法制建设上,制定了较为完备的律令条格等法律条文,确定了官吏枉法犯赃的具体罪名和惩治条款。宋朝社会相对宽松的言论自由所形成的社会舆论监督氛围,有利于扼制官员们的贪赃枉法,树立清正廉洁、奉公守法、重义轻利的良好道德取向,《宋史》记载宋朝循吏12人。

辽、金采取体现汉文化传统内容的廉政措施和反贪机制,如官吏考课制度、奖励制度、俸禄制度、监察制度、法律制度等,对推行廉政、防止贪腐都起到了一定的积极作用,《辽史》记载辽朝循吏6人,《金史》记载金朝循吏21人。

元朝是蒙古民族建立的帝国,廊庙蠹朽,政治腐败,元朝统治者为了江山能千秋万代地传下去,也曾进行过廉政建设。太宗窝阔台即位,中书令耶律楚材条陈十八事,得到采纳,在一定程度上减轻了中原地区百姓的痛苦,对于稳定统治秩序、抑制贪官污吏的盘剥豪夺起到了积极作用,涌现出了一批为民着想的能官良吏,《元史》记载元朝循吏17人。

收而不用——刘温叟

刘温叟(公元 909 年—公元 971 年),字永龄,河南洛阳(今属河南)人。唐朝开国功臣、凌烟阁二十四功臣之一刘政会的后代。其叔祖刘崇望,在唐昭宗时期担任宰相。其父刘岳,任后唐太常卿。

刘岳退居洛中后对家人说:"我的儿子风骨秀异,不能预知的只是寿命长短罢了。当今世道混乱,我儿能够像我一样,成为温、洛之间的老叟则足矣。"所以给他取名为刘温叟。刘温叟为人厚重方正,举止遵循礼法。七岁时就能写文章,擅长楷书、隶书,因祖辈的功劳补任国子四门助教、河南府文学。

后唐清泰年间,刘温叟任左拾遗、内供奉。因为母亲年老而请求回老家奉养,改任监察御史,分府视事。当时监察官署废弛,刘温叟上任重新整顿,不久任命为右补阙。有一天,一个青年来到刘府,自称是刘温叟的学生,说自己载来一车粮草,送给老师以谢师恩。刘温叟百般推辞不掉,只好答应收下,但当即回赠了一套华丽的衣裳,其价值高于一车粮草的数倍,寓意不言自明。来人见达不到行贿送礼的目的,只好将粮草拖了回去。自此后,其他人再也不敢前来送礼,刘温叟以清廉著称。

后晋初年,王松权任青州知府,上表推荐刘温叟任判官,加任朝散官,入朝任主客员外郎。后晋少帝石重贵任开封府尹时,上奏推荐他为巡官,负责文书工作,又改任广晋府巡官。

天福七年(公元 942 年),石重贵即皇帝位,授任刘温叟为刑部郎中,赐金紫朝衣,改任都官郎中,充任翰林学士。当初刘岳在后唐任职,曾经做到翰林学士。此时刘温叟又担任这个职务,当时人都以此为荣耀之事。刘温叟接受任命后,回去为母亲祝寿,站在堂下等候。不久听到音乐声,两名侍女举着箱子走出厅堂,捧出紫袍和致密的衣服,母亲命令卷起帘子,对刘温叟说:"这就是你父亲在宫中时皇上所赏赐的。"刘温叟流着泪拜受退出,随后打开影堂,向列祖列宗祭奠,以文祝告。母亲感伤多日,不忍见他。

契丹军队攻入汴京,刘温叟跟随契丹军迁到北边,与翰林学士承旨张允共同上奏请求免职。辽太宗耶律德光非常愤怒,打算把张允等人调出京城任县令。赵延寿说:"如果学士才能不称职,请求解职,保留原官即可,不可贬黜外派。"于是得以免职离开翰林院。后汉高祖刘知远南下时,刘温叟从洛阳跟随到郑州,就称病不再前行。高祖进入汴京后,刘温叟很久以后才到,刘知远任命他为驾部郎中。

后周初年,太祖郭威任命刘温叟为左谏议大夫。一年后改任中书舍人,加任史馆修撰,判馆事。显德元年(公元954年),升任礼部侍郎、知贡举,录取进士十六名。有人向太祖诬陷他们,郭威发怒,斥除其中十二人,把刘温叟贬为太子詹事。实际上他并没有徇私情,之后的几年,被黜落之人又相续考中。显德六年(公元959年),后周恭帝柴宗训即位,升任刘温叟为工部侍郎兼判国子祭酒事。

建隆元年(公元960年),殿前都检点赵匡胤发动陈桥兵变,夺取后周政权,建立北宋王朝,是为宋太祖。改任刘温叟为刑部侍郎,又改任御史中丞。刘温叟母亲去世,退居西洛,不久恢复官职。一天晚上,刘温叟回家从宫前走过,宋太祖正与中黄门数人登上明德门西楼,前导人员偷偷地知道,告诉了他。刘温叟下令像平常过皇宫那样传呼。第二天朝见时,刘温叟说:"皇上在不该登楼的时间登楼,那么近臣都希望得到恩泽,京城诸军也希望得到赏赐。臣下之所以呵导而过,就是想告诉人们,陛下不会在不该登楼的时间登楼。"宋太祖认为他说得很对。御史台的旧例,每月赏公用茶,中丞得钱一万,公用不足就用赃物罚金补充,刘温叟厌恶这个名称从不接受。

建隆三年(公元962年),刘温叟兼判吏部铨选,他上书言事说:"我发现两京各官署,老臣日益减少,原有规章制度多遭到破坏。虽然规章全都保存在以往的文书中,可以查阅,然而施行效果却取决于各个部门的有关官员。这是因为现行官制按照年限得官,回到官署的人按例得减选,冬季集中调动,授予职务的随即又离开京城。同时,还有人第一次任职期刚满,不愿返回原属部门,只说从前的资历,以求免于服役。又有曾因故停任,急于返回原部门,但原有敕令不完备,无法复职的情况。这就使得在职官员没有机会学习处理事务,而有经验的人难于执掌行政。希望从今以后各部门任职官员,任官停留和返回官署的,如果按理减免外官欠任三选以下的,必须在官署处理公事,到三十个月允许前去集中;如果按理减免外官欠任三选以上,以及任职没有资历的,就按照原敕令处理。至于在任停官及在司停职的,经过皇帝恩准以后由刑部提供复职文书,再命令返回原部门,如果没有空缺,就命令候补,其他按照敕令处理。"

宋太宗赵光义任晋王时,听说了刘温叟清廉的声名,派遣官吏送五百贯钱给他。刘温叟接受下来,将钱存放在西厢房内,命令府吏封署后离去。第二年端午节,宋太宗又派使者到刘温叟的宅邸赏赐粽子、纨扇。这个使者就是上次派的那个人,他看到西厢房的封记依然如故,回去后就向太宗汇报了此事,宋太宗说:"我的钱他尚且不用,何况是他人的钱? 从前接受下来,只是不想拒绝我,现在过了一年还不启封,越发可见其清廉的气节。"于是命小吏将所送的东西运回王府。这年秋天,宋太宗在后苑陪太祖宴饮,在谈论当世有名的清节之士时,详细讲述了刘温叟的事情,太祖再三叹赏。刘温叟担任御史中丞十二年,多次请求替换,宋太祖难以选到合适的人选,没有允许。

开宝四年(公元 971 年),刘温叟得了病,宋太祖知道他家贫,赏赐给他器具钱财。几个月后,刘温叟去世,终年六十三岁。

清介醇谨——沈伦

沈伦(公元 909 年—公元 987 年),字顺仪,开封太康(今属河南)人。原名沈义伦,因为"义"与宋太宗赵光义同名,为避太宗名讳,只叫沈伦。

沈伦年轻时在嵩山洛水间学习《三礼》,以讲学授徒为生。后汉乾祐元年(公元 948 年),白文珂出任永兴军节度使,镇守陕州,沈伦前去投靠他,开始了节府幕僚生涯。

　　后周显德三年（公元 956 年），赵匡胤任匡国军节度使。宣徽使昝居润与沈伦关系密切，把他推荐给宋太祖赵匡胤，便留在太祖幕府。后来宋太祖又接管滑、许、宋三镇，他跟随太祖做幕僚，执掌财货之事，因廉洁耿直而出名。

　　北宋建隆元年（公元 960 年），赵匡胤登基。沈伦在以"佐命功"升迁的赵匡胤霸府幕僚中，名列第四，从宋州观察使升为户部郎中。沈伦较关心民间疾苦，提出对国家有利的建议，太祖都采纳了。次年出使吴越时，途中见到淮南饥馑，扬州、泗州（今盱眙西北）一带发生饥荒，很多百姓都饿死了。郡长官对沈伦说："郡中储存的军粮还有一百余万斛，如果借贷给百姓，到秋收时就可以收回新粮。这样对国家百姓都有利，这件事非得由您来上奏皇上。"沈伦回朝如实禀告，朝廷大臣议论此事，提出疑问："现在用储备军粮赈济灾民，如果歉收不能征回，谁负这个责任？"太祖就问沈伦，沈伦说："国家开仓赈济百姓，自然应该招来和气，带来丰收，怎么还会有水旱之灾？这取决于好的初衷！"太祖听从沈伦的建议，当即命令开仓赈济百姓。

　　建隆四年（公元 963 年），沈伦担任陕西转运使。朝廷派兵进攻后蜀，任用他为随军水路转运使。次年正月宋灭后蜀，宋军将帅王全斌、崔彦进带军进入成都，恃功贪暴，竞相抢夺百姓的钱物、子女，而沈伦独自居住在佛寺，粗茶淡饭。有人把珍宝奇异之物献给他，他都拒绝了。东归时，他的行囊中只是几卷书籍而已。太祖知道后，就贬了王全斌等人的官职，升沈伦为户部侍郎、枢密副使。

　　开宝二年（公元 969 年）二月，宋太祖亲征北汉，以皇弟赵光义为东京留守，沈伦总领大内都部署、判留司三司之职，负责皇宫安全和处理朝廷日常财政事物。沈伦遭母丧，丧期未满就被特诏复职。沈伦言行谨小慎微，新贵们纷纷营造宏丽的新居，沈伦宅第简陋，生活简朴，但他自己觉得很自在。当时权要多违反禁令从秦、陇之地购买大块的木材，来修建私宅。等到事情败露，都纷纷上书自首谢罪。沈伦也曾为母亲买木材修建佛寺，也上书谢罪。太祖笑着说："你并不是越轨者。"太祖知道沈伦并未修缮宅第，派宦官按照图纸监督修建佛寺。沈伦私下里请求负责官员建得小一些，官员告诉太祖，太祖便顺从他的心愿。

　　开宝六年（公元 973 年）五月，太祖派官督工按设计图为沈伦营造新居时，他还是要求建造较狭小的房屋。八月,连任十年宰相的赵普,因跋扈擅权被罢相出为节度使。九月,枢密副使沈伦与参知政事薛居正同日升为宰相。沈伦是赵匡胤霸府幕僚中继赵普之后第二个升任宰相,封为中书侍郎、平章事、集贤殿大学士兼提举荆南、剑南水陆发运事。太祖去西洛祈雨,以沈伦为留守东京兼大内都部署。不久又召他赶赴皇帝行宫,参与大礼。

太平兴国元年(公元 976 年)十月,赵光义即位,沈伦加封右仆射兼门下侍郎,监修国史。

太平兴国四年(公元 979 年)二月,太宗亲征北汉及随后攻辽,百官从征,又以沈伦为留守、判开封府事,全权负责留守事务。军队回朝后,沈伦加封左仆射。

太平兴国六年(公元 981 年)六月,首相薛居正去世,沈伦加封开府仪同三司,升为宰相。卢多逊事件发生之前,沈伦就已经多次上表请求退休。第二年,卢多逊事败露,因沈伦与他为同僚,未能觉察此事迹象,太宗诏令严加谴责,降为工部尚书。他的儿子都官员外郎沈继宗,本来就是因为父亲的恩荫得官,不宜再在朝官之列,降为班簿。当时沈伦病情不见好转,上表谢罪。没过多久,沈伦又一次上奏章请求回归故里。被授予左仆射之官,然后才退休。太宗因为沈伦为国初旧臣,很快又恢复沈继宗的官位来宽慰他。

雍熙四年(公元 987 年),沈伦去世,时年七十九岁,赠侍中官职,谥"恭惠"。沈伦清廉耿介,淳厚谨慎,皇帝每次出行,多让他留守。他崇信佛教,笃信因果。曾于盛夏时坐在房中,让蚊虫肆意叮咬自己的皮肤,有侍童拿扇子来扇,他就呵斥侍童不许干涉。沈伦为相时,遇到荒年,有乡里的百姓向他借粮,他都借给百姓,借出去差不多有一千斛,到年底他就把借券都烧了。

宋良将第一——曹彬

曹彬(公元 931 年—公元 999 年),字国华,真定灵寿(今属河北)人。父亲曹芸,官至成德军节度都知兵马使,追封魏王。

曹彬刚满周岁的时候,他的父母把各种玩具摆放在桌子上,看他取什么。曹彬左手拿刀枪,右手拿俎、豆之类的祭器,过了一会儿又拿了一个印,其他的玩具看都不看,人们都对他的举动感到惊异。等他长大后,禀性淳厚。后汉乾祐年间,曹彬担任成德军的牙将,严于治军,尤重军纪。节度使武行德见他端重谨慎,指着他对身边的人说:"这人是有远大志向与才能的,不是平常之流。"后周太祖郭威的贵妃张氏,是曹彬的姨母。后周太祖受禅即皇帝位,召曹彬回京城,隶属后周世宗柴荣军中,跟从他镇守澶渊,补任供奉官,擢升为河中都监。蒲州节度使王仁镐因为曹彬是皇亲国戚,对他特别加以礼遇。曹彬遵守礼仪越发恭敬,公府举行宴会时,曹彬始终端庄持重,从不东张西望。王仁镐对属吏们说:"我自以为日夜不懈怠,等看到曹监军的矜严端重,才发现自己的散漫随性。"

后周显德三年(公元 956 年),曹彬改任潼关监军,升任西上阁门使。显德五年(公元 958 年),他出使吴越,任务一完成就返回朝廷,私下见面时别人送的礼物,他一样也没接受。吴越人用小船追上他要给他送礼,再三再四地劝说,曹彬还是不接受。后来曹彬说:"我再拒绝,就是在追求虚名了。"接受并登记好礼品,回去后他把礼品全部交给了官府。周世宗非要将礼物还给曹彬,曹彬这才拜谢接受赏赐,把它们全部分赠给亲朋故友,自己一个钱也没留下。曹彬出任晋州兵马都监,一天,他和主帅以及宾客随从围坐在郊野之地,恰逢邻近地区守将派仆从骑马飞奔来送信,使者从来没见过曹彬,偷偷问别人说:"谁是曹监军?"有人指着曹彬告诉他,使者以为这人是在骗自己,笑着说:"皇亲国戚、心腹近臣哪有穿黑色粗厚长袍,坐在没有装饰的胡床上的呢?"仔细观察后才相信那是曹彬。

先前,太祖赵匡胤掌管皇帝的亲兵,曹彬不过是一个负责在宫中宴会上管理酒品的小吏。一次宴会,赵匡胤想要饮酒,找到曹彬,要求他拿些酒来。曹彬说:"酒这种东西虽然小,但仍是国家之物,不是我想给谁就给谁的。你要喝的话,我这里有些钱,你就用这些钱去买些酒来喝吧。"说罢从口袋里掏出一些钱递给赵匡胤。赵匡胤对此颇为感慨,觉得曹彬虽然是一个小官,也有如此节操,如果自己以后当道,定让此人跟随自己。曹彬在宫中保持中立,不偏不倚,不是公事就不上门,聚集宴请的事也很少参与,很受太祖器重。

北宋建隆二年(公元961年),太祖从平阳召回曹彬,告诉他说:"我过去常想接近你,你为何要疏远我呢?"曹彬叩头谢罪说:"我作为周室的近亲,又忝列朝廷官位,尽忠守职,仍害怕有过错,怎么还敢擅自交结他人呢!"升为客省使,跟王全斌、郭进带领骑兵攻打河东平乐县,降服了那里的将领王超、侯霸荣等一千八百人,俘虏一千多人。不久,贼将蔚进带兵前来支援,打了三仗都失败了,遂将平乐改为平晋。乾德初年,改任左神武将军。当时刚攻克辽州,河东召集契丹骑兵六万前来攻打平晋,曹彬与李继勋等在城下大败他们,曹彬兼任枢密承旨。

乾德二年(公元964年)冬天,攻打蜀国,太祖下诏任命刘光毅为归州行营前军副部署,曹彬为都监。峡中郡县均被攻下,众位将领都想屠城来满足他们的私欲。唯有曹彬发布命令制止部下的暴行,以不滥杀著称,他所到之处民众无不心悦诚服。太祖听说后,下诏褒奖曹彬。两川之地平定后,王全斌等人不分白天黑夜地宴饮,毫不体恤将士,部下不停地对百姓大肆抢夺侵占,川蜀的百姓深受其苦。曹彬多次请求班师,王全斌等人不听。不久全师雄等人作乱,拥兵十万,曹彬又和刘光毅在新繁击败敌军,最后平定了川蜀之乱。当时各位战将多掠取奴仆、女子和钱财等,曹彬的行囊中只有书籍、衣物而已。回到京城,太祖知道这些情况,把王全斌等交付狱吏处置。太祖认为曹彬清廉谨严,授予他宣徽南院使、义成军节度使。曹彬入宫朝见太祖,推辞说:"征西的将士们都获罪了,只有我一人受赏,恐怕难以表现皇上的劝勉之意。"太祖说:"你立有大功,又不自我夸耀功劳,即使有点小错,王仁赡等哪里值得提呢?执行劝勉大臣效忠国家的常典,不必推辞。"

乾德六年(公元968年),朝廷派遣李继勋、党进率领军队征伐北汉,任命曹彬为前军都监,在洞涡河大战敌军,斩敌两千多人,俘获敌兵很多。次年,太祖准备亲征北汉,又任命他为前军都监,率领军队先出发,驻扎在团柏谷,战降贼将陈廷山。在城南与敌人作战,逼近濠桥,夺得战马一千多匹。太祖到来时,曹彬已在四面分设营寨,而自己主管北面。

开宝七年(公元974年),朝廷准备讨伐南唐。九月,曹彬奉诏与李汉琼、田钦祚先行到荆南征发战舰,潘美率领步兵接着出发。十月,任命曹彬为升州西南路行营马步军战棹都部署,分兵从荆南顺流而东,攻破峡口砦,接着攻克池州、当涂、芜湖等地,驻扎在采石矶。十一月建造浮桥,横跨大江以渡过部队。十二月在白鹭洲大破南唐军。次年正月又在新林港打败南唐军队。二月军队进驻秦淮,南唐水陆军队十多万人在城下列阵,宋军大败南唐军,斩杀、俘获一万多人。等到浮桥建成,南唐出兵前来抵御,宋军在白鹭洲大败南唐。从三月到八月,接连打败敌军,攻克润州,金陵被围困。到这时一共三季,居民砍柴的道路被断绝,南唐军多次被打败。南唐国主李煜非常危急,派他的大臣徐铉奉表前来,乞求延缓进兵,太祖没有理睬他。在此之前,大军排列成三砦,潘美防守偏北方,把战争形势绘成图送给太祖。太祖指着北砦对使者说:"南唐必定夜晚出兵来进攻,你赶快回去,命令曹彬迅速挖好深沟以加固防守,不要中了他们的计策。"深沟挖成以后,南唐兵果然夜里来袭,潘美率领自己的部下依仗新挖好的深沟进行抵御,南唐大败。上奏战报到朝廷时,太祖笑着说:"果然如此。"

长期围困中,曹彬经常延缓军队进攻,希望李煜能够归服。十一月曹彬又派人对他说:"事情的形势已经到这个地步,我只可惜全城的百姓,如果能够归顺,那是上策。"城池即将被攻克,曹彬忽然说有病而不再处理军务,诸位将领前来探病。曹彬说:"我的病不是药物所能治愈的,只需各位诚心发誓,在破城之时不妄杀一人,我的病自然就好了。"诸将都答应了,一起焚香盟誓。第二天稍好了一些。又过了一天,城池被攻陷。李煜和他的大臣一百多人来到军寨门前请罪,曹彬安慰他,以宾客之礼对待他,并请李煜进宫去整理行装,曹彬派几个骑兵在宫门外等候。左右随从偷偷对曹彬说:"李煜进去可能会有不测,怎么办?"曹彬笑着说:"李煜向来懦弱不果断,既然已经归降,一定不会自杀的。"李煜君臣最终依赖曹彬而得以保全。从出师到凯旋班师,士兵们对曹彬敬畏服从,不敢轻举妄动。入宫朝见时,名帖上自称"奉令到江南办事回来",他的谦恭不夸耀就像这样。

当初,曹彬统率军队,太祖对他说:"等打败李煜,应当让你做宰相。"副帅潘美提前以此事祝贺他。曹彬说:"此次行动是仰仗天威,遵照皇上的谋划,才能取得胜利的,我有什么功劳啊。更何况宰相是多么重要的职位啊!"潘美说:"为什么这样说呢?"曹彬说:"太原还没有平定呢。"等到得胜回朝,献上俘虏的时候,太祖对曹彬说："本来应授予你宰相职位,然而刘继元还没有打败,姑且稍等一等。"听到这句话后,潘美偷偷看着曹彬微笑。太祖觉察到了,诘问潘美为何而笑,潘美不敢隐瞒,据实回答。太祖也大笑起来,赐给曹彬二十万钱。曹彬退朝后说:"人生何必一定要做宰相,官再大也不过是多得些俸钱罢了。"不久曹彬担任枢密使、检校太尉、忠武军节度使。

太平兴国元年(公元976年),太宗赵光义即位,加任他为同平章事。商议征伐北汉,召曹彬来问道:"周世宗和太祖都曾亲征,为什么不能攻克?"曹彬说:"周世宗时,史彦超在石岭关战败,人心惶惶,所以班师回朝;太祖驻军在甘草地,适逢当年天气暑热多雨,士兵大多染上疾病,因此停止征战。"太宗说:"现在我想北征,你认为怎么样?"曹彬说:"凭借国家的强兵锐甲,攻克太原这样的孤城,如同摧枯拉朽一般,怎么不可以呢?"太宗下了决心。太平兴国三年(公元978年),曹彬晋升为检校太师,跟从太宗征伐太原。太平兴国八年(公元983年),曹彬被弭德超诬陷,贬为天平军节度使。十多天后,宋太宗醒悟到是诬陷,进封曹彬为鲁国公,对他更加厚待。

雍熙三年(公元986年),诏令曹彬率领幽州行营前军马步水陆军队,与潘美等人北伐,分路进军。三月在固安打败辽军,攻克涿州,契丹人来增援,宋军在城南大败援兵。四月又与米信一起在新城打败辽军。五月在歧沟关作战,各路军队战败,退守易州,在易水边安营扎寨。太宗听说后,立即命令分别驻扎在各边城,追命众将领返回朝廷。

在此之前,贺令图等人对太宗说:"契丹国主年幼,母后专政,由宠幸的人来掌权,请皇上乘机攻取幽州、蓟州。"派曹彬和崔彦进、米信从雄州出发,田重进取道飞狐,潘美从雁门出发,约定时间共同出兵。即将出发,太宗对曹彬说:"潘美的军队只先取云州、应州,你们带十万兵马声称要攻取幽州,且要沉稳慎重缓慢前进,不要贪功。敌方听说大军来了,一定倾巢而出去救范阳,顾不上支援山后了。"不久潘美的军队先攻下寰州、朔州、云州、应州等地,田重进又攻下飞狐、灵丘、蔚州,所取大多是山后的军事要地,曹彬也接连攻下州县,声势大振。每当奏报来到,太宗都惊讶曹彬进军速度之快。等到曹彬驻扎在涿州,十多天后军粮用尽,因而退兵雄州来补充粮饷。太宗说："哪有敌人在前面,反而退兵来补充粮草的,这真是太失策了。"立即派遣使者制止曹彬,不要进军,马上率军沿着白沟河与米信的军队会合,按兵不动,养精蓄锐,来增强西边军队的声势;等潘美等人将山后地区全部攻取后,会合田重进的军队向东进发,合力攻取幽州。当时曹彬部下诸将,听到潘美以及田重进屡立功勋,可是自己掌控重兵却不能有所攻取,议论纷纷,要求进攻。曹彬没办法,只好重又携带粮草再去攻打涿州。此时契丹大兵当前,天气又正炎热,士兵困乏,粮草也快用尽了,曹彬只好退军。队伍散乱不能成形,被敌军追击而战败。曹彬等人回来后,太宗下诏尚书省对其加以审问,命令翰林学士贾黄中等人共同办理此案,曹彬等人都认了违背诏令违反军律之罪。曹彬被责,降为右骁卫上将军,崔彦进为右武卫上将军,米信为右屯卫上将军,其他按程度贬黜。

雍熙四年(公元987年),起任曹彬为侍中、武宁军节度使。淳化五年(公元994年),改任平卢军节度。真宗即位后,又任检校太师、同平章事。几个月后召任枢密使。

咸平二年(公元999年),曹彬得了病。真宗亲自前去探望,亲手为他和药。六月去世,享年六十九岁。真宗亲临吊唁,哭得很悲恸,追赠中书令,追封济阳郡王,谥号"武惠"。

曹彬性格仁义,为人谦敬,和气厚道,在朝廷上未曾违背圣意,也未曾说过别人的过错。他将相之职兼于一身,却从不因官高势大而自认与常人有别。在路上遇到士大夫,一定赶着车子避让。没有名气的下级官吏,每次给他汇报事情,他必定先穿戴整齐,然后才召见。任职期间的俸禄全部供给宗族,自己没有什么积蓄。平定蜀地回朝,太祖从容地问官吏中哪些是好的,哪些不好,他回答说:"军政之外的事情,不是我所知道的。"太祖执意追问,他只推荐了随军转运使沈伦,认为他廉洁谨慎可以重用。曹彬治理徐州时,有一个小吏犯了罪,都已经结案了,过了一年后才实施杖刑,说这是对他上年所犯罪行的惩罚。人们都不知其中的缘故,问他:"既然此人是一年前犯的罪过,而且当时既已查实,为什么当时不处理,偏要等一年后才处罚呢?"曹彬解释道:"一年前,此人的罪刚查实的时候,他才娶了媳妇。如果当时给他实施杖刑，他的父母一定会认为新媳妇不吉利，就会经常打骂她，使她难以生活。所以我把这件事缓了一下，但是也没有违背法律。"众人一听，都对曹彬表示佩服，称赞他温情执法的良苦用心。

无地起楼台——寇准

寇准（公元 961 年—公元 1023 年），字平仲，华州下邽（今陕西渭南）人。寇准先世曾居太原太谷昌平乡，后移居冯诩，最后迁至华州下邽。寇准出身于名门望族，其远祖苏岔生曾在西周武王时任司寇，因屡建大功，赐以官职为姓。父亲寇湘于后晋开运年间考中进士，应诏任魏王府记室参军，因屡建功勋，被封为国公，追赠太师、尚书令。

寇准从小就天资聪明，又勤奋好学，七岁时随父亲登华山就留下了"只有天在上，更无山与齐。举头红日近，俯首白云低"的诗句。十四岁时已经写出了不少优秀的诗篇，十五岁时通晓《春秋》三传。

太平兴国五年（公元 980 年），十九岁的寇准考中进士。太宗选取进士，往往到殿前的平台亲自看望提问，年纪轻的人往往不予录用。有人教寇准增报年龄，寇准说："我刚刚准备要踏上仕途，怎么可以欺骗陛下呢？"后来考取了被授任大理评事，派往归州巴东任知县，改任成安知县。每到征收赋役的时候，他从不擅自下达征调命令，只是把乡里要交纳赋役人的姓名张贴在县衙门口，百姓们都不敢延期。历任盐铁判官、尚书虞部郎中、枢密院直学士等职。

端拱二年（公元 989 年），寇准奏事殿中，大胆进谏。由于忠言逆耳，太宗听不进去，生气地离开了龙座，要转回内宫。寇准扯住太宗的衣角，劝他重新落座，听他把话讲完，事情解决了才退去。事后，太宗十分赞赏，高兴地说："我得到寇准，像唐太宗得到魏徵一样。"寇准在太宗朝群臣中，以刚直足智著名。

淳化元年（公元 990 年），北宋朝廷处理了两桩受贿案。情节严重的王淮，赃钱以千万计，仅被撤职杖责，不久又恢复了原职；而情节较轻的祖吉，却被处以死刑。寇准知道这是王淮的哥哥、参知政事王沔搞的鬼，心中愤愤不平。次年春天，天下大旱，太宗召集近臣询问时政得失，群臣大多认为是天数所致，寇准则说："《洪范》里说，天和人的关系，相互应和就像影子和回声，大旱是因为刑罚有不公平的地方。"太宗听了很生气，起身回到宫中。过了一会儿，召寇准询问刑罚不公平的情况，寇准说："希望把中书省、枢密院二府的官员召来，我就说。"太宗下令召二府的官员来，寇准说："不久前祖吉和王淮都触犯法律接受贿赂，祖吉受贿较少却被杀头，王淮因为是参政王沔的弟弟，收受钱财千万，只受杖刑，且不久又官复原职，这不是不公平是什么？"太宗就此事问王沔，王沔叩头谢罪。太宗严厉批评了王沔，随即任命寇准为左谏议大夫、枢密副使，改任同知院事，直接参与北宋朝廷的军国大事。

自唐朝末年以来，西蕃人居住在渭水南边。温仲舒任秦州知州时，把他们驱赶到渭水以北，设立堡栅以限制他们的往来。太宗看到温仲舒的奏折后很不高兴，说："古代羌戎尚且与汉人杂居伊水、洛水，这些少数民族容易冲动难以安抚，一有调发，将会严重危及关中。"寇准说："唐朝宋璟不因边地战功而施奖赏，最终带来了开元时期的太平。边疆的官员为求得战功而酿成祸害，这是应当引起警戒的。"太宗命寇准出使渭北，安抚这些少数民族，而调任温仲舒到凤翔。

至道元年（公元995年），寇准任给事中，当时太宗在位日久，一直未立皇储，这件事也一直是令太宗头疼的事情。太祖驾崩后，其子德昭未能继位，太宗以皇弟身份践祚，并且太祖之死还有"烛影斧声"之谜，也就是说太宗有杀兄夺位之嫌。因此太宗传位，就面临两个选择：立自己的儿子，还是立太祖的儿子？大臣冯拯曾上书请立皇储，被太宗贬到岭南，从此朝野上下没有人再敢议论此事。太宗召见寇准，问起应立谁为皇太子。寇准说："为天下选择国君，不能与后妃、宦官商量，也不能与近臣谋划，应选择众望所归者立为太子。"太宗低头想了好久，屏退左右的人，轻声问道："襄王怎么样？"寇准心中暗喜，顺水推舟地说："知子莫若父。

寇准

陛下既然认为襄王可以,就请决定吧。"第二天,太宗便宣布襄王赵恒为开封尹,改封寿王,立为皇太子。

至道三年(公元997年),太宗驾崩,太子赵恒继位,即真宗,寇准任尚书工部侍郎。真宗想让寇准做宰相,只是担心他性格刚直,难于独自担任。辽国乘宋主新立,更加频繁地骚扰边境。咸平二年(公元999年),辽军大败宋军于高阳关,俘获宋军并州代理都部署康保裔,大掠而还。咸平六年(公元1003年),辽军再侵高阳关,宋军副都部署王继忠又被俘降辽,这两次战争极大地震惊了北宋朝廷。景德元年(公元1004年),边境告急文书频传,说辽军又要大规模入侵。这年六月,参知政事毕士安向真宗推荐寇准为相,毕士安说:"寇准天资忠义,能断大事;志身殉国,秉道嫉邪。眼下北强入侵,只有寇准可以御敌保国。"八月,寇准与毕士安同日拜相。九月,辽圣宗耶律隆绪和他的母亲萧太后,率二十万大军,从幽州出发,浩浩荡荡,向南推进,告急的文书一夜连发五次。寇准未采取任何行动,依然饮酒谈笑自如。第二天,同僚把这件事情告诉了真宗,真宗听了非常惊讶,问寇准要怎么办。寇准说:"陛下如果想了结此事,不会超过五天。"请真宗亲征澶州,北宋统治集团的上层人物大多惊惶恐惧。

不久契丹包围了瀛洲,直逼贝州、魏州,朝廷上下都很震惊。参知政事王钦若是江南人,主张迁都金陵;枢密副使陈尧叟是四川人,提议迁都成都。真宗询问寇准去哪里,寇准心里明白王钦若和陈尧叟两人的计谋,假装不知道,说:"谁为陛下出此策略,其罪当死。当今陛下神武,将臣团结,如果陛下大驾亲征,敌人自然会逃去。不这样的话,也可以出奇兵扰乱敌人的战略部署,坚守阵地让敌兵疲惫,以逸待劳,我军胜利在望。怎么可以放弃宗庙社稷跑到偏远的楚、蜀之地,人心涣散,敌人会乘机深入内地,天下还能保住吗?"在寇准的督促下,真宗让雍王留守京师,自己起驾北上,亲征澶州。

到了澶州南城,契丹军队气势正旺,大家都请求真宗暂时停留,寇准坚持请求说:"陛下不过黄河,那么人心就更加恐惧,敌人也不会惊惧害怕,这不是取得军威获得胜利的办法。而且王超率领劲旅驻扎在中山,扼住了敌人的咽喉要塞;李继隆、石保吉领兵分别布成了大阵,卡住了敌人的左右两翼。天天都有四方将帅前来援助，为何还迟疑不前呢？"众人都畏惧前进，尽管寇准全力争辩，真宗仍未做决断。寇准出门遇见高琼，对他说："太尉你身受国家恩泽，今天要怎么来报答呢？"高琼说："琼一介武夫，愿意以死报效国家。"寇准再次觐见真宗，高琼随之站立在堂下，寇准严肃地问道："陛下对臣的建议不以为然，那可以问问高琼等人。"高琼立即上奏说："寇准说得对。"寇准说："机不可失，应该尽快御驾亲征。"高琼立即指挥卫士推来辇车，真宗渡过黄河，亲御澶州北城门楼，远近士兵望见皇帝的御盖，雀跃欢呼，声音远传数十里。契丹兵面面相觑，露出惊愕的表情，队列混乱。

真宗把军中事务全权委托给寇准，寇准奉旨自作决断，号令清明严格，宋兵十分喜悦。契丹数千骑兵乘胜逼近澶州城下，寇准命令士兵迎击，杀死俘敌大半，敌兵渐退。双方军队相持十几天，契丹统帅萧挞览出来督战。当时威虎军头张瑰守床子弩，弩工发动机关，射中萧挞览的额头。契丹秘密派使者持信请求结好，寇准始终反对议和，主张乘势出兵、收复失地。在妥协派的策划下，十二月，宋辽双方订立了和约，这就是历史上著名的"澶渊之盟"。澶渊之盟后，宋辽边境干戈宁息，贸易繁荣，人民生活安定。

王钦若对寇准恨之入骨，一次退朝后，他乘机对真宗说："陛下敬重寇准，是因为他对国家有功吗？"真宗点头肯定。王钦若说："我想不到陛下竟有这样的看法。澶渊之役，陛下不以为耻，反而说寇准有功。"真宗一愣，诧异地说："为什么是耻辱？"王钦若说："《春秋》一书把城下之盟当作一种耻辱。澶渊之盟实际上是城下之盟，皇上以万乘之尊却与敌人城下结盟，这是多么大的耻辱啊！"真宗听了非常不高兴。王钦若接着说："陛下听过赌博吗？赌徒快把钱输光的时候，就尽其所有去赌，输赢在此一着，称为孤注一掷。陛下在澶州时不过是寇准的'孤注'罢了，真是危险啊！"从此，真宗对寇准就冷淡了。

寇准做宰相，选拔人才不讲门第，喜欢进用出身贫寒而有真才实学的人。御史台是专门批评朝政得失的机构，每当御史台官员有缺额时，他就让平时具有批评精神的人去担任，这样一来，他就更成为王钦若等人的眼中钉。在王钦若一伙人的攻击下，景德三年（公元 1006 年）二月，寇准被免去相职，到陕州去做知州。

天禧三年(公元 1019 年),南郊祭祀,寇准晋升尚书右仆射、集贤殿大学士。当时真宗患风疾,刘太后干预朝政,寇准向真宗请示说:"皇太子众望所归,希望陛下能以国家为重,传位给太子,选择正直的大臣辅佐。丁谓、钱惟演是奸佞之人,不宜辅佐少主。"真宗同意了。寇准密令翰林学士杨亿起草诏书,请太子监国,还打算请杨亿辅政。但很快计划泄露,寇准被降任太子太傅,封为莱国公。当时内侍省都知官周怀政寝食不安,担心获罪,谋划杀害大臣,请皇帝制止皇后干预朝政,奉皇帝为太上皇,传位于太子,再以寇准为相。客省使杨崇勋等把这件事告诉了丁谓,丁谓连夜乘坐牛车、着便装到曹利用家谋划,第二天就把这件事禀告了皇后。皇后处死了周怀政,降寇准为太常卿、相州知府,接着又调任安州,贬为道州司马。真宗起先不知道此事,一天,他问随从:"为什么很久没有看到寇准了?"随从没有人敢回答,真宗临死时说只有寇准和李迪可以委以大任。

乾兴元年(公元 1022 年),寇准含冤负屈离开道州,向南部海滨雷州赴任。到任后,连个像样的住房也没有,当地官员、百姓素来仰慕寇准的为人,主动替他盖房,安排寓所。他在任上,除少数政务外,主要是读经释书,闲暇时写字、会友,每逢客至,则笑脸相迎,毫无权贵大官的样子。指导当地居民学习中原文化,传授农业技术、兴修水利,开渠引水灌溉良田;向群众解说天文地理,力避邪说;同时还修建真武堂,收徒习文学艺,对雷州文明发展起到促进作用。

天圣元年(公元 1023 年),寇准在雷州任所忧病交加,卧倒在床。此时,他以《病中诗》为题,赋诗一首:"多病将经年,逢迎故不能。书惟看药录,客只待医僧。壮志销如雪,幽怀冷似冰。郡斋风雨后,无睡对青灯。"10 月 24 日,寇准病故于雷州竹榻之上,妻子宋氏奏乞归葬故里,仁宗准奏。路过荆南公安县,县里的百姓都在路上设祭哭吊,将折断的竹子插在地上,挂满纸钱,过一个月再看,枯竹全部都生出芦笋。因所拨费用有限,灵枢运至中途,钱已用完,只得寄埋洛阳巩县。

明道二年(公元 1033 年)十一月,仁宗恢复寇准太子太傅、莱国公,赠中书令,归葬下邽,谥号"忠愍"。皇祐元年(公元 1049 年),仁宗又令翰林学士孙抃为寇准撰写《莱国寇忠愍公旌忠之碑》,并亲笔为碑首篆书了"旌忠"二字。寇准一生保持勤俭朴素的美德,魏野赞叹道:"有官居鼎鼐,无地起楼台。"

名节无疵——范仲淹

范仲淹(公元 989 年 8 月 29 日—公元 1052 年 5 月 20 日),字希文。范仲淹先祖是唐朝宰相范履冰,世居邠州。高祖范隋,唐懿宗时渡江南下,任丽水县丞,时逢中原兵乱,遂定居吴县(今苏州)。五代时,曾祖和祖父均仕吴越,父亲范墉早年亦在吴越为官。北宋建立后,范墉追随吴越王钱俶归降大宋,任武宁军节度掌书记。淳化元年(公元 990 年),范墉因病去世,母亲谢氏贫困无依,只得抱着两岁的范仲淹,改嫁淄州长山人朱文翰。范仲淹也改从其姓,取名朱说。

范仲淹从小就志向远大,很有节操。长大后,知道了自己的家世,伤感不已,流泪辞别母亲,离开家乡前往应天府,跟随戚同文学习。因家境贫寒,日常就用两升小米煮粥,隔夜粥凝固后,用刀切为四块,早晚各食两块,再切一些腌菜佐食。冬天读书疲倦发困时,就用冷水洗脸。一般人不能忍受的困苦生活,范仲淹却从不叫苦。数年寒窗苦读,范仲淹已博通儒家经典的要义,有慷慨兼济天下的抱负。

大中祥符八年(公元 1015 年),范仲淹以"朱说"之名,考取进士,被任为广德军司理参军,掌管讼狱、案件事宜。鉴于已有朝廷俸禄,范仲淹便把母亲接来奉养。以治狱廉平、刚正不阿,升为文林郎、任集庆军节度推官,便归宗复姓,恢复范仲淹之名。

天禧五年(公元 1021 年),范仲淹调任泰州西溪盐仓监,负责监督淮盐贮运及转销。西溪濒临黄海之滨,唐时修筑的旧海堤年久失修,多处溃决,海潮倒灌、卤水充斥,淹没良田,毁坏盐灶,百姓苦难深重。范仲淹征调 4 万民众,耗时 6 年重修捍海堰。新堤横跨通、泰、楚三州,全长约 200 里,不仅当时人民的生活、耕种和产盐有了保障,还在后世"捍患御灾"中发挥了重要作用,当地人民将所修之堤命名为"范公堤"。

天圣五年(公元 1027 年),范仲淹为母守丧,居应天府。时晏殊为南京留守、应天知府,听说了范仲淹的才名,就邀请他到府学任职,执掌应天书院教席。范仲淹主持教务期间,勤勉督学、以身示教、创导时事政论。每当谈论天下大事,则慷慨激昂、大胆陈词。当时士大夫多慷慨激昂,崇尚风度节操,严于律己的品德,即由范仲淹所倡导。书院学风亦为之焕然一新,范仲淹声誉日隆。他曾经把他的俸禄分给四方云游的士子以供应他们的衣食,以至于他自己的几个儿子需要相互交换衣服才能出门,但范仲淹却很坦然。

天圣六年(公元1028年),范仲淹向朝廷上书万言的《上执政书》,请求挑选郡守,选举县令,斥退游荡懒惰的官吏,辞去多余且不称职的人,谨慎选举,安抚将帅。范仲淹继承和发展了儒家正统的教育思想,把"兴学"当作是培养人才、救世济民的根本手段。在《上执政书》中,范仲淹明确提出"重名器"(慎选举、敦教育),把当时科举以考试取人而不在考试之先育人,比之为"不务耕而求获"。他主张"劝学育才",恢复制举并使之与教育相衔接,着力改革科举考试制度、完善教育系统、加强学堂管理。各地亦奉诏建学,地方学堂如雨后春笋般涌现,时谓"盛美之事"。教学内容上,范仲淹提倡"宗经",以儒家经典培养能通达"六经"、悉经邦治国之术的人才;同时注意兼授算学、医药、军事等基本技能,培养具有专门知识、技能的实用人才。范仲淹亦身体力行,无论"居庙堂之高"、还是"处江湖之远",足迹所涉,无不兴办学堂,教泽广被。

天圣七年(公元1029年),仁宗已十九岁,章献太后依然主持朝政。冬至,仁宗准备率领百官在会庆殿为太后祝寿。范仲淹认为这一做法混淆了家礼与国礼,上书说:"皇帝有事奉亲长之道,但没有为臣之礼;如果要尽孝心,于内宫行家人礼仪即可,若与百官朝拜太后,有损皇上威严。"谏言仁宗放弃朝拜事宜,并上书太后,请求还政于仁宗,但没有获得答复。晏殊得知范仲淹上书,大惊失色,批评他过于轻率,不仅有碍自己的仕途,还会连累举荐之人。范仲淹回写一封长信《上资政晏侍郎书》,详述自己做法的缘由,申明自己的政治立场:"侍奉皇上当危言危行,绝不逊言逊行、阿谀奉承,有益于朝廷社稷之事,必定秉公直言,虽有杀身之祸也在所不惜。"

天圣八年(公元1030年),范仲淹被任为河中府通判;次年调任陈州通判。当

169

时正在建造太一宫和洪福院,在陕西买木料,范仲淹说:"昭应、寿宁引来的天戒才刚刚过去。而今又大兴土木,败坏百姓的产业,这不是顺应民心、符合天意的事啊。应当停止修建寺观,减少平常年份买木料的数量,以免除多年积攒下来的亏空。"又说:"皇帝宠幸的官员大多是由宫内直接下诏授予官职的,这不是太平之政啊。"事情虽然没有施行,但仁宗认为他很忠心。

明道二年(1033年),太后去世,仁宗亲政,召范仲淹入京,任为右司谏。七月天下大旱,蝗灾蔓延,江、淮和京东一带灾情尤其严重。为了安定民心,范仲淹奏请朝廷派人视察灾情,仁宗不予理会。他寻找机会面见皇上说:"宫中半天不吃饭,将会如何?"仁宗幡然醒悟,任命范仲淹前去安抚江、淮灾民。他所到之处开仓济民,禁止百姓进行不合礼制的祭祀;上奏免除庐州、舒州折算劳役的茶钱,江东按人口征收的盐钱;上奏列举挽救时弊的十件事,并将灾民充饥的野草带回朝廷,以警示六宫贵戚戒除骄奢之风。

景祐元年(公元1034年),苏州发生水灾,江湖泛滥,积水不能退,造成良田委弃,农耕失收,黎民饥馑困苦。范仲淹调任苏州知州,根据水性与地理环境,提出开浚昆山、常熟间的"五河",将积水引入太湖,再导引太湖水流入大海的治水计划。次年,因治水有功,范仲淹被调回京师,判国子监,很快又转升为吏部员外郎、代理开封知府。范仲淹在京城大力整顿官僚机构,剔除弊政,开封府"肃然称治",时称"朝廷无忧有范君,京师无事有希文"。

范仲淹治家甚严,教导子女做人要正心修身、积德行善。一次,范仲淹让次子范纯仁自苏州运麦至四川,范纯仁回来时碰见熟人石曼卿,得知他逢亲之丧,无钱运柩返乡,便将一船的麦子全部送给了他,助其还乡。范纯仁回到家中,没敢提及此事。范仲淹问他在路上有没有遇到朋友,范纯仁回答说:"路过丹阳时,碰到了石曼卿,他因亲人丧事,没钱运柩回乡,而被困在那里。"范仲淹立刻说道:"你为什么不把船上的麦子送给他呢?"范纯仁回答说:"我已经送给他了。"范仲淹听后,对儿子的做法非常高兴,并夸奖他做得对。

宝元元年(公元1038年),党项族人李元昊称帝,建国号大夏(史称西夏),定都兴庆(今宁夏银川),与宋朝的外交关系正式破裂。次年,为逼迫宋朝承认西夏的地位,李元昊率兵进犯北宋边境,于三川口大败宋兵,集兵于延州城下,准备攻城。消息传至京师,朝野震惊。仁宗以范仲淹众望所归,任命为天章阁待制、永兴军知军。七月,升为龙图阁直学士,与韩琦共同担任陕西经略安抚招讨副使。针对西北地广人稀、山谷交错、地势险要的特点,范仲淹提出"积极防御""屯田久守"的守边方略,即在要害之地修筑城寨、修葺城池、建烽火墩,加强防御工事;建立营田制,解决军需问题,达到以守为攻的目的;更改军队旧制,训练边塞军队,分部训练,轮流御敌;对沿边少数民族,诚心团结,慷慨优惠,严立赏罚公约,使其安心归宋;西北军事防务形势发生了根本性的变化,边境局势大为改观。

康定二年(公元 1040 年)正月,仁宗诏命陕西各路讨伐西夏。范仲淹上书,建议加强边防守备,固守鄜延,以军威恩信招纳西羌归附,徐图西夏,仁宗采纳。范仲淹又奏请修筑承平、永平等要塞,把十二座旧要塞改建为城,以使流亡百姓和羌族回归。二月,李元昊进兵渭州(今甘肃平凉),仁宗批准夏竦反攻计划,韩琦命尹洙谒见范仲淹,联络同时发兵。范仲淹认为反攻时机尚未成熟,坚持不从。韩琦派环庆路副都部署任福率兵出击,西夏军受挫撤退。任福下令急追,追至西夏境六盘山麓,在好水川遇伏被围,任福等十六名将领阵亡,折兵万余。四月,仁宗降夏竦为豪州通判,范仲淹为户部员外郎、知耀州,职责不变。五月,范仲淹改知庆州,兼环庆路都部署司事。李元昊起兵时,曾联络羌族,约定环庆路酋长六百余人为其向导。范仲淹到任后,即以朝廷名义犒赏羌族各部,与之签订条约,严明赏罚。羌族遂脱离西夏,为宋朝效力。为进一步稳固边防,范仲淹又修筑大顺城,遏止白豹城、金汤城一带的敌军进犯;同时,修葺细腰、胡芦等军塞,切断敌军通路,使明珠、灭臧两部族安心归附大宋。

庆历二年(公元 1042 年)闰九月,李元昊分兵两路,再次大举攻宋。泾原路经略安抚招讨使王沿获知夏军来攻,命副使葛怀敏率军阻击,进抵定川寨。宋军大败,葛怀敏与部将等 16 人战死,丧师近万人。李元昊获胜后,挥师南下,进逼潘原,关中震动。十月,范仲淹率领六千军队,从邠州、泾州出发进行援救,西夏军队撤出边塞。仁宗非常欣赏范仲淹军事才能,加封为枢密直学士、右谏议大夫,任鄜延路都部署、经略安抚招讨使。十一月,仁宗采纳范仲淹建议,恢复设置陕西路安抚、经略、招讨使,让范仲淹、韩琦、庞籍分领职事。范仲淹与韩琦在泾州设置官第,将文彦博调到秦州做统帅,滕宗谅调到庆州做统帅,张亢担任渭州的统帅。范仲淹做将军时,赏罚分明,爱护士卒。羌人各部中有来归降的,他都推心置腹地接待,不会随便怀疑他们的诚意,西夏军队不敢轻易侵犯他所统辖的地区。次年,李元昊请求议和,西方边事稍宁。仁宗召范仲淹回京,授枢密副使,又擢拔欧阳修、余靖、王素和蔡襄为谏官,锐意进取。八月,仁宗罢免副宰相王举正,任范仲淹参知政事,上书《答手诏条陈十事》,提出十项改革措施:

一是官员升降的标准要分明。二府中不是有大的功劳、大的善行的不予升迁,在内外任职必须满三年。在京师的百官不是通过选拔举荐而授予官职的,必须任满五年,才能够考核升迁,这才是考核的办法。

二是抑制侥幸心理。取消少卿、监以上乾元节的恩泽;正郎以下像监司、边任等,需要在职满两年,才能荫及子孙;大臣不能推荐自己的子弟担任馆阁职务,任用子弟的制度就不会过于烦冗没有约束。

三是严密贡举制度。进士、诸科请求取消糊名法,查考言行才能没有欠缺的,把他的名字报到朝廷。进士先考策论,再考诗赋,诸科选取兼通经义的考生。赐及第以上的,都让皇上诏命裁定。其余优等的免选注官,次等的按照原科待选。选取士子,可以根据他的名声来考察他的实际才能。

四是选择长官。委派中书、枢密院首先选举转运使、提点刑狱、大藩知州;其次再委派两制、三司、御史台、开封府官、各路监司举荐知州、通判;知州、通判再举荐知县、令。限定人数,举荐的人选若多,就让中书从中选择授任。刺史、县令,就可以有合适的人选了。

五是平均公田收入。外任官员薪俸不一样,怎么能要求他们尽职尽责呢? 请求皇上平均他们的收入,按等级发给他们,使他们能够养家糊口,然后才可以要求他们廉洁为政,而那些违法乱纪的人,也可对其惩办或撤职。

六是重视农桑。每年预先诏令各路长官,向官吏和百姓宣传农业的重要性,堤堰渠塘由州县选举官员整修。制定劝勉农耕的办法,来振兴农业,减少漕运。江南的圩田,浙西的河塘,毁坏废弃的都可以修整好。

七是整治军备。制定府兵法,招募京城附近地区的强壮男丁作卫士,以辅助正规军。这些卫士每年中用三个季度务农,一个季度的时间训练,可以节省他们的给养费用。京郊的这种制度成形后,那么各道都可以仿照执行了。

八是推广朝廷的惠政和信义。赦免的诏令一旦颁布施行,主管部门若有人拖延或违反赦令,要依法重惩;另外派遣使臣巡察那些应当施行的惠政是否施行。这样,便没有妨碍皇恩推行的现象。

九是严肃对待朝廷号令。法规制度是用来显示信义的,如今颁行不久就随即更改。请管理政事的大臣们议定可以长期执行的条令,删去烦冗的条款,裁定成皇帝的诏令颁行天下,诏命指令就不会多次变更。

十是减轻徭役。户口减少而需要供应的数量增多,将县邑户口少的作为镇,职官中额外的吏役,以州兵充任,那些不该服役的都让他们回去务农,百姓就没有繁重困苦的劳役。

仁宗非常信任范仲淹,对他的主张全部采用,应当制定为法令的,都用诏书统一颁布天下;只有府兵法,大家都认为行不通就停下来了。新政实施的短短几个月间,政治局面焕然一新,官僚机构开始精简。科举中突出了实用议论文的考核,有特殊才干的人员,得到破格提拔。

庆历四年(公元 1044 年),范仲淹又上书仁宗"再议兵屯、修京师外城、密定讨伐之谋"等七事,并奏请扩大相权,由辅臣兼管军事、官吏升迁等事宜,改革广度和深度进一步增加。新政实施后,裁减宠幸滥用的官员,减少任用子弟,严格考核升迁制度,那些侥幸投机的人感到很不方便,毁谤范仲淹的言论就渐渐流传起来,指责范仲淹等是"朋党"的议论再度兴起。六月边事再起,范仲淹请求外出巡守,仁宗任命范仲淹为河东、陕西宣抚使,赏赐黄金百两,他把黄金分给了守边的将士。麟州新近遭遇大批贼寇侵扰,议政的人大多请求放弃这里。范仲淹修治旧的营寨,招回流亡的百姓三千多户,免去他们的税钱,废除了酒业专卖权,将之交给百姓。又上奏免除府州的商税,河外就安定了。

庆历五年(公元 1045 年)正月,反对声愈加激烈,攻击他的人更加猖獗。范仲淹自己也请求免去政务,任命他为资政殿学士、陕西四路宣抚使、邠州知州。有一次登楼饮酒,尚未举杯,看到几个人披麻戴孝地营造葬具。范仲淹急忙派人询问,得知是一名书生客死邠州,准备就近埋葬,但墓穴、棺材和治丧用具尚未制备。范仲淹听后非常悲伤,立即撤去酒席,并赠以钱财,使其得办丧事。随着范仲淹、富弼等大臣的离京,历时仅一年有余的新政也逐渐被废止,改革以失败告终。次年范仲淹调任邓州知州,设立花洲书院,闲暇之余到书院讲学,邓州文运大兴。范仲淹在邓州共计三年,百姓安居乐业,其传世名篇《岳阳楼记》及许多诗文均写于此。

皇祐四年(公元 1052 年),调任颍州,范仲淹扶疾上任,行至徐州,与世长辞,享年六十四岁。开始时,范仲淹病了,仁宗经常派使者赐药慰问。他去世后,仁宗为他悲伤哀叹了很久,派使者到他家慰问。下葬后,仁宗亲自书写他的墓碑为"褒贤之碑",赠兵部尚书,谥号"文正",追封楚国公,世称范文正公。

范仲淹内心刚毅外表谦和,极其孝顺,因为母亲在世时正贫困,后来虽然显贵,若不是招待宾客,不吃两种以上的肉食。妻子儿女的衣食,仅仅能自给。乃至晚年"田园未立",居无定所,临终《遗表》一言不及私事。范仲淹喜好施舍给予,他在乡里设立义庄、建义学,对范氏远祖的后代子孙义赠口粮,对族中子弟实行免费教育,激劝"读书之美",并资助婚丧嫁娶等用度。很多士子出自他的门下,即使是街巷胡同里的人,他都能说出他们的名字。范氏义学在教化族众、安定社会、优化风尚上取得了巨大成功,开启了中国古代基础教育阶段免费教育的新风尚。范仲淹去世那天,四面八方的人听说后,都为他悲伤感叹。他为政崇尚忠诚淳厚,所到之处都有恩泽。邠、庆两州的百姓和归依的羌人,都画了他的画像建立生祠来侍奉他。他去世时,羌人首领几百人,哭得就像是自己的父亲去世一样,斋戒三天才离开。

范仲淹所倡导的"先忧后乐"思想和仁人志士节操,为儒家思想中的进取精神树立了一个新的标杆,是中华文明史上闪烁异彩的精神财富。毛泽东曾评论说:"中国历史上有些知识分子是文武双全,不但能够下笔千言,而且是知兵善战。范仲淹就是这样的一个典型。"

铁面无私——包拯

包拯（公元 999 年 5 月 28 日—公元 1062 年 7 月 3 日），字希仁，庐州合肥（今安徽合肥肥东）人，以清廉公正闻名于世。

包拯从小接受良好的儒家教育，天圣五年（公元 1027 年）考取进士，被任命为大理评事、建昌县知县，因父母年迈，包拯辞官没有赴任。改任为和州监税，父母还是不想让他离开，包拯就辞去官职，回家赡养父母。过了几年，他的父母相继去世，包拯在双亲的墓旁筑起草庐，直到守丧期满，还是徘徊犹豫、不忍离去，同乡父老多次前来劝慰。

景祐四年（公元 1037 年）春，包拯赴京听调，进京前写了一首明志诗："清心为治本，直道是身谋。秀干终成栋，精钢不作钩。仓充鼠雀喜，草尽狐兔愁。史册有遗训，无贻来者羞。"这就是包拯出仕做官的座右铭。到京后，他不去拜访权贵，立志廉洁奉公，正身立朝，做国家的栋梁，上报国家、下安黎民的清官。包拯被任命为天长知县。刚到任，有个农民哭着到县衙告状，诉说有人割了他家牛的舌头，请求捉拿凶手，给他申冤，这就是史书称的"牛舌案"。这虽是一个小案，但影响农耕生产，包拯详细询问后，认定是一件仇人报复的案件。思虑后，他想出一个"金钩钓鱼计"，便对告状的农民说："牛舌被割，这头牛必死，你回去杀掉牛，卖肉赚钱吧。只是不要声张，更不能说是本县叫你杀的牛。"那位农民一听，吓了一跳说："包大人，牛舌虽无，但牛还未死，杀耕牛是违法的。"包拯说："本县给你做主，你只管杀牛卖肉。"仇家见那农民宰杀耕牛，认为有机可乘，立即到县衙告状。包拯升堂，一拍警堂木，猛然怒喝道："大胆狂徒，为何先割牛舌，又来告人家私宰耕牛？如此可恶还不从实招供。"罪犯一听，以为事情败露，十分惊恐，又怕刑杖之苦，只好招供认罪。

庆历元年（公元 1041 年），包拯被提拔为大理寺丞、端州（今广东肇庆）知府。

当时端州特产——端砚是宋朝士大夫最珍爱时髦的雅器,每年向朝廷进贡。凡在这里做官的官员,都在"贡砚"规定的数量外加征几十倍的数额以贿赂朝廷权贵,此举加重了老百姓的负担。包拯一上任就高调破除这一运行多年的潜规则,下令只能按规定数量生产端砚,州县官员一律不准私自加码,违者重罚。并且表态自己决不要一块端砚,此举在当地掀起轩然大波。三年后,包拯任期满,被调至朝廷任职,果然"岁满不持一砚归",没拿一方砚台回家。不久包拯被任命为监察御史,负责监察百官,"大事则奏劾,小事则举正"。包拯建议练兵选将、充实边备,"国家每年向契丹交纳财物,不是抵御戎人的计策,应该操练军队选择将领,致力于充实边境守备"。包拯性情严峻刚正,憎恶办事小吏苟杂刻薄,废黜贪官污吏不得做官,选择郡守县宰,务求忠诚厚道,推行考核试用补任恩荫子弟的方法。

包拯进入朝廷,正赶上范仲淹"庆历新政"。范仲淹的吏治改革集中在改变官员冗滥作风,斥退冗员、举贤用能方面,自然要触及一些既得利益者。朝廷陷入"党争",守旧派与革新派闹得不可开交。按理说包拯该站在守旧派阵营,因为把他从地方推荐到朝廷任职的是守旧派大臣王拱臣,但他却并不急于表态,也不参与其中纷争。同时,守旧派也没把这个无名小卒看上眼,更没指望他能在打击改革派上有所作为。然而,包拯却突然上了一个抨击范仲淹新政关于人事制度改革的奏折,对其派出的监督地方官员的按察使权力过大提出质疑。此奏一出立即炸开了锅,两派就新政是否加重官员腐败争论不休。保守派士气大振,为加入包拯这个生力军惊喜。不久,变法失败,新政被废,正当保守派长呼一口气时,包拯又突然上奏,建议保留范仲淹考试选拔人才等新政。这正是包拯峭直的禀性,他跟人交往不随意附和,不以巧言令色取悦于人,一生不结派系也不卷入党争,平常没有私人信件,甚至没有一个走得近的朋友,连亲戚朋友都断绝了来往。

历任三司户部判官,出京任京东转运使,改任尚书工部员外郎、直集贤院,调任陕西转运使,入朝担任三司户部副使。按惯例,秦陇斜谷征集造船所用的木材,全部向百姓征收索取;还有七个州需交纳造河桥所用竹索的赋税,一般都是几十万的数量,包拯都奏请加以废除。契丹在邻近边塞地区集结军队,边境州郡开始加强戒备,包拯受命去河北调发军粮。包拯说:"漳河地区肥沃的土壤,百姓不能耕种,邢、洺、赵三州农田有一万五千顷,可是都用来牧马,请求把这些土地全都分给百姓。"朝廷听从了他的意见。解州盐法规定伤害到百姓的利益,包拯前去加以经营管理,请求朝廷准许通商买卖,一概与商贩流通交换。

包拯被任命为天章阁待制、知谏院,多次上书,斥责权贵及得宠大臣,请求免去一切由内廷施予的曲意恩赐。又依次递上唐魏徵的三篇奏疏,希望能放在皇帝座位右侧,作为借鉴。上言天子应当

包拯

公开采纳意见,分辨朋党,爱惜人才,不听信先入为主的说辞等等,一共七件事;还请求废除苛刻的法规,抑制投机的行为,正刑法、明禁令,不大兴土木,禁止妖言妄说,朝廷大多付之施行。

包拯被任命为龙图阁直学士、河北都转运使,调任瀛洲知府,因丧子请求任政务清简的郡职,调任扬州知府,再召入朝,迁升刑部郎中。后因担保推荐官员失误获罪,贬官授兵部员外郎、池州知府。

至和三年(公元 1056 年),包拯成为开封府尹,他为人刚强坚毅,廉洁公正、不攀附权贵,贵戚宦官因此大为收敛。在当时,平民告状都得先通过门牌司才能上交案件,时常被小吏诓诈。包拯一上任就改革诉讼制度,裁撤门牌司,使告状的人能够到跟前陈述是非。几个月后,惠民河涨水,淹了南半城。包拯一调查,原来屡疏不通的原因是达官贵人在河两岸占地修豪宅,还堵水筑起了"水上公园"。包拯立即下令将这些花园水榭全部"毁去",以泄水势,"人患"一治,水患自然解除。有人拿着地券虚报自己的田地数,包拯都严格地加以核实,上奏弹劾那些弄虚作假的人。这一举动可谓石破天惊,威名大震,京师老百姓都盛传"关节不到,有阎罗包老"。他处理案件公道正派,执法严峻,对各阶层一视同仁。他不苟言笑、过于严肃,得来了"包希仁笑比黄河清"(要看包公笑,比黄河水变清还难啊!)的民间评价。

然而,包拯的主要政绩并不在开封府任期,更不在英明断案上,他是一个实

干家。不到两年，六十一岁的他被任命为三司使，负责全国经济工作。他展现出了经济改革的天赋，比如改"科率"为"和市"，即朝廷按照公平价格购买农民要缴的上供物资；免除部分地区"折变"，即废除农民将粮食变成现钱纳税的规定等措施。他开展经济工作卓有成效，升迁谏议大夫、代理御史中丞。上奏章说："东宫太子之位空缺已久，天下都为此担忧，陛下这么长时间不决定，为什么呢？"仁宗说："你认为谁可为太子？"包拯说："臣无才，聊充官位，所以请求预立太子，是为宗庙万代考虑。我已年近七十，而且没有儿子，不是乞求福荫的人。"仁宗高兴地说："以后再慢慢讨论此事。"包拯又请求裁撤内侍数量，减少不必要的费用，按条文督促各路监司尽忠职守，御史府可以自己举荐所属官员，减少官员一年中休假的天数，这些建议都得以施行。

包拯以枢密直学士暂代三司使，改变了过去的一些做法。以前，凡是各种封藏于仓库供皇帝用的物品，都从各地科派，造成百姓困难。包拯为此设立市场，实行公平买卖，此后百姓不再受到侵扰。原来司里吏员欠下金钱布匹，大多受到监禁，其中有些人往往逃走，就连带拘禁了他们的妻子儿女，像这一类情形的包拯都释放了他们。

包拯被提拔为枢密副使，主管军事。不久，调任礼部侍郎，他推辞不受。嘉祐七年（公元1062年）因患病去世，终年六十四岁。仁宗亲自到包家吊唁，并宣布停朝一天以示哀悼，赠礼部尚书，谥号"孝肃"。当仁宗看到包家如此俭朴，又听闻他"居家俭约，衣服器用饮食如初宦时"，不禁感慨！虽然他地位高贵，但穿的衣服、用的器物、吃的饮食跟当百姓时一样。包拯曾说："后代子孙当官从政，假若贪赃枉法，不得放归老家，死了不得葬入家族墓地。假若不听从我的意志，就不是我的子孙。"包拯一生纯朴平实、刚直不阿、疾恶如仇、爱民如子，成为中国历史上无人企及的崇高与正义的化身。一个至忠至正、至刚至纯的清官标志与忠臣样本，一个被历朝官方推向神坛，又被历代百姓奉为神明的"包青天"。欧阳修评价他："少有孝行，闻于乡里；晚有直节，著在朝廷。"

一琴一鹤——赵抃

赵抃(公元 1008 年—公元 1084 年),字阅道,号知非子,浙江衢州人。

北宋景祐元年(公元 1034 年),赵抃考取进士,任武安军节度推官。有人在大赦前伪造印信,大赦后使用,法官判处该人死刑。赵抃说:"赦免前没有使用,赦免后没有伪造,不应当处死。"审判后没有处死那人。濠州守不按照法令供给士卒衣食,士卒扬言要发动兵变。州守非常害怕,太阳还没下山,就闭门不出。转运使发公文让赵抃暂时代为治理。赵抃到任后,像平时一样从容行事,州中因此太平无事。

翰林学士曾公亮并不认识他,推荐他任殿中侍御史。他弹劾不法行为从不回避权贵幸臣,伸张正义,声名卓著,威震京师,被朝野上下称为"铁面御史"。他认为:"小人即使只有小小的过失,也应该竭力遏制并且阻隔这些人;君子如果不幸受到牵连犯了错误,也应当保全爱惜,以成就他的德行。"温成皇后的丧事,刘沆以参知政事的身份监护此事,等到他任宰相后,仍然兼领此事,赵抃议论说应该罢免他,以维护国家的体制。又上言说宰相陈执中不学无术而且有很多过失,宣徽使王拱辰平生所作所为以及奉命出使时有很多不法之事,枢密使王德用、翰林学士李淑不称职,这些人都被罢免。

吴充、鞠真卿、刁约因为惩治礼院官吏,马遵、吕景初、吴中复因议论梁适,相继被贬逐。赵抃讲明其中的缘故,他们都被朝廷召回。吕溱、蔡襄、吴奎、韩绛出京赴任后,欧阳修、贾黯又要求出任郡守。赵抃上言说:"近来正直之士纷纷离开,侍从中像欧阳修之类的贤才已经没多少了。现在都要离开的原因,是他们在朝中处事正直,不愿谄媚权贵,中伤他们的人很多。"欧阳修、贾黯因此得以留在京城。当时的名臣,很多都依赖他才得以安身。

嘉祐四年(公元 1059 年),朝廷任赵抃为成都转运使。成都离汴京路途遥远,赵抃匹马只身,带着平生喜爱的一琴一鹤,风尘仆仆地赶去赴任。转运使掌管一路财政,有督促地方官吏的权力,还兼管边防、治安和巡察等,是州府以上的行政长官。当时,成都虽有"天府之国"美称,但由于地处边陲,各级官员大都目无法纪,放纵无忌,大吃大喝,过着花天酒地的生活,百姓对此敢怒而不敢言。赵抃到任后,从访察民情入手。每天傍晚,公务完毕,他就换上便服,带着老仆,来到成都街上溜达。四川成都,茶馆林立,讲究喝茶,三教九流,各色人等,喜欢在茶馆泡上一壶茶摆龙门阵。赵抃挑了个十字街头最热闹的茶馆,只见一群茶客围坐一桌,高声大嗓地正在议论本地官员请客送礼的种种花招。他俩便买了壶茶,挑了旁边一张桌子坐下,一边品茗一边留心听起来。从众人议论中,赵抃了解到,在四川各级地方官员中,存在着严重的用公款请客送礼的奢靡之风。逢年过节是共喜,新官上任是接风,归官离任须钱行,州县间有喜事要致贺,出了倒霉事情还要慰问压惊。长官家里的庆寿、婚嫁、丧葬、营宅、置田等,属员都得有所表示,这些已成为四川吏治中民愤极大的一患。赵抃正听着,忽然发现隔桌一位茶客在暗自掉泪,便移坐过去跟他搭讪。原来四川各路州县之间,一年中四时八节互相间要馈赠节酒和土特产,派衙前差运送,而且规定要在节前安全送到。为此,官府在摊派这类衙前差时,一般都挑选殷实人家。万一有什么差池,便拿其家产抵押赔偿。这位掉泪的茶客就因运送节礼失误而倾家荡产,亲友们花了不少钱,好不容易才把他从狱中赎出来。赵抃听后感到非常震惊,很想查清那些州官馈赠宴请所需的酒来自何处。按照当时宋朝的制度,朝廷对酒、茶和盐实行专营,由国家控制,不许随便买卖私酒。赵抃回到衙门的第二天便召来几个有关的老吏问话。他们说:赵大人所言极是,只是四川地远民弱,官吏违法乱纪严重。造酒场所由官府指定,民间遵照官府指令酿造的酒,每斗值大钱一贯,但官府来买,只给200文。结果官府要酒越多,酒坊亏损越大,纷纷破产倒闭,官员趁机营私舞弊,互相勾结,鱼肉百姓,谁也管不了。他们奉劝新来乍到的转运使大人,睁只眼闭只眼算了,官场中请客送礼,由来已久,成了家常便饭。高官通过这种手段,巴结朝中大臣,为自己日后升迁作铺垫;州官们以此联络感情,为自己建立关系网;小吏们把这个当作生财之道,敲诈勒索,中饱私囊。他们听说赵抃是当朝声名赫赫的铁面御史,为官清正,声名远播,但认为川蜀乃边陲之地,吏治久废,冰冻三尺非一日之寒,单凭转运使个人力量是难以改变的。赵抃见大家对改变官员中奢靡之风缺乏信心,越发坚定他整顿吏治的决心。他对大家说,这次他向皇上主动请缨来成都,就是要碰一碰各级官员中的腐化问题,为百姓伸张正气。他向手下的各级官员表示:"既然各位已知道我赵某为官清廉,那么这廉首先就要廉于自身,从自己做起;其次还要廉于职务,不能利用手中的权力谋私利,要干净干事;最后要廉于社会,提倡节俭,反对奢靡。各位可以相信,我不会随波逐流,更不会同流合污!"赵抃言之凿凿,说到做到。从上任那天起,他就谢绝了为他举行的接风宴请,更不利用职务之便收受贿赂。他自己这样做了后,要求各级州官也必须照此实行,禁绝官员间名目繁多的各种馈赠和酒礼。对于那些敢于顶风违抗的官员,赵抃绳之以法,严惩不贷,并且从成都推向各地,连穷城小邑也不放过。经过这样雷厉风行的惩治,成都地区一些恶吏悚然,乡亲父老惊喜相慰,蜀地民风为之一变!然而地方上的问题不是孤立的,与朝廷有着千丝万缕的联系。成都自古以花色绮丽、做工精致的蜀锦名闻全国,因此又称锦官城。成都同时又是版刻业中心,蜀版图书写刻精工,广受欢迎。由此,仁宗不断派宫中太监来成都为宫中爱妃织造新花样蜀锦,为宫廷版刻新的图书。这些人自恃来自皇上身边,有恃无恐,为所欲为,成都地方官员为讨好他们,每天都在公家所置的酒场里招待他们吃喝。他们在成都一般都要待上两三个月,影响极坏。赵抃了解到这一情况后,给仁宗上了两道奏折。一是奏请禁绝四川官员们的宴请馈赠,以减少公款开支,减轻百姓衙前差等杂役负担;进一步健全制度,保护酿酒人家的正当权益。二是请求皇上少派宫中人员来四川。实在需要来的,最好对他们在成都的逗留时间作适当限定,一般不要超过 10 天。赵抃向仁宗一再强调,川中离中原遥远,地处边陲,百姓更需要安定生息。何况川中由于人多地少,赋税负担历来很重,百姓生活本已不易,倘若无休止地烦扰苛剥下去,后果不堪设想。仁宗那个时候还能听得进大臣们的一些谏言,赵抃的两道奏折准奏后,四川官员都有所收敛,蜀民欢天喜地,奔走相告,盛赞赵抃治蜀有方。两年多后,赵抃奉调回京,离开成都时,依旧两袖清风,行具简朴,带着来时的一琴一鹤。

　　赵抃被召回朝廷任右司谏,内侍邓保信带进退伍兵士董吉在皇宫中炼丹。赵抃援引文成、五利、郑注的例子,竭力加以阻止。陈升之为枢密副使,赵抃与唐介、吕诲、范师道联合上言揭发陈升之的奸诈,说他结交宦官,不是通过正当途径得以升迁的。奏章上了二十几份后,陈升之被迫辞职。赵抃与一同进言的人也被罢免,出任虔州知州。虔州一向难于治理,赵抃治理虔州严厉而不苛刻,他告诫各个县令,让他们各自治理。县令都很高兴,争相努力工作,监狱常常没有犯人。在岭外任官的人死后,大多无法归葬家乡,赵抃造船一百艘,下公文通告各地说:"官宦人家,有无力归葬的,费用都由我这儿出。"人们相继前来找他,赵抃都会给他们船只,同时赠予他们回乡的路费。

　　赵抃被召为侍御史知杂事,改为度支副使,晋升为天章阁待制、河北都转运使。当时贾昌朝以前任宰相的身份镇守魏州,赵抃准备巡察府库,贾昌朝派人来说:"以前,监司没有人来巡察我的库藏,恐怕此事没有先例,怎么办?"赵抃说:"如果这里不察,那么巡察别的州会不服。"最终还是去了。贾昌朝很不高兴。当初,有诏令招募民兵,过了限期还没有完成,官吏因此而获罪的有八百多人。赵抃奉旨督察此事,他上奏说:"河朔连年丰收,所以应征的人少,请朝廷宽免他们的罪责,等农闲时再招。"朝廷听从了他的意见,获罪官吏被赦免,而随后招募人数也足够了,贾昌朝非常惭愧并佩服他。

　　神宗熙宁初年,川地边境不宁,朝廷经慎重考虑,决定派一位在当地有威望的官员去。神宗思前想后,认为赵抃最合适。可这时他已年过六旬,怕他身体吃不消。赵抃听后二话没说就到了四川。赵抃以前任蜀地转运使时,向以严格执法著称,有聚众进行非法祭祀的依法严惩。到了此时,又有这样的案件,大家都认为这回肯定不能逃脱严惩。赵抃通过审察,确定此事并没有别的非法内容,就说:"这只是吃酒饮食过量而已。"仅惩处了带头的人,其他人都释放了,蜀地百姓很高兴。当时剑州地方有个叫李孝忠的,纠集200余徒众,私造度牒,度人为僧,骗取钱财,以谋逆罪被捕入狱。听说赵抃要来成都,这200多人个个心中恐慌,认为自己这下死定了。赵忭到任后,先一一查清这些人的底细,再认真地审阅案卷,认定李孝忠一案性质只是私造度牒,并不是聚众谋反,决定从宽处置,刑其首恶,余皆释放,"蜀民大悦"。不料当地有人告到朝廷,称赵抃包庇叛众,为其开脱罪责。神宗闻知后严令有关官员调查此事,调来李孝忠案全部案卷,细细查审,一致认定赵抃处理得完全正确,维持原判不变。所以苏轼在传中说他"公为吏,诚心爱人。时出猛政,严而不残,为世所称道"。赵抃治蜀,使川中奢靡之风为之一变,以至神宗对赵抃之后的新任成都知府都要提到他治蜀的成功经验,勉励其要很好地向赵抃学习。

熙宁八年(公元 1075 年)夏天,吴越一带遭遇严重旱灾。虽未立见饥荒,但时任越州知府的赵抃却敏锐地预见到灾难即将来临。因此,在这年九月百姓未被饥荒所苦之前,他就下文书询问所属各县遭受旱灾的有多少个乡?百姓能够养活自己的有多少户?应当由官府供给救济粮的有多少人?可以雇用民工修筑沟渠堤防的有多少处?仓库里的钱粮可供赈灾的有多少?可以征募出粮的富户有多少?令各县呈文上报,以为救灾的前期准备。各州县官吏汇总的结果是,全州孤儿、老人、疾病、体弱不能养活自己的共有二万一千九百多人。按历来的规矩,官府每年发给穷人的救济粮限额为三千石。若死守此数,将有一部分灾民得不到救助。赵抃征收富户上缴和僧人道士多余的粮米,共得谷物四万八千多石。这样,就可以用来补助缺口了。饥荒发生后,粮食分发到位,从十月初一开始,每人每天可领一升救济粮,孩童则为半升。领米的人多,赵抃担心发生相互践踏,又规定男人女人分别在不同的日子领米,并且每人一次可领两天的口粮。他又担心乡民会因灾流离失所,就在城镇郊外设置了五十七处发粮点,让乡民就便领粮,并通告大家,离开居住地的不发给粮食。灾民有了稳定的粮食接济,忧虑大减。为使有钱买粮的人买到粮食,赵抃告诫富人不得囤积粮米不卖,还采取措施,调出官粮五万二千余石,低价卖给百姓,平抑市场粮食价格。设置卖粮点十八处,为买粮者提供方便,对无钱买粮的人,雇用他们修补城墙,然后发两倍的工钱、粮食。对愿意出利息借钱的老百姓,劝告富人家尽量出借,并承诺等田中谷熟,由官府出面责令偿还,让富人借贷无虑。对被抛弃的小孩,设专人予以收养。灾后必有疫情,第二年春瘟疫严重,官府设病院安置无家可归的病人。每处招募两位通医僧人照料病人的医药和饮食,对病死的人及时就地安葬,使"生者得食,病者得医,死者得葬"。

按照当时的法律规定,遇灾发放救济三个月为限,但赵抃这次却发放了五个月才停。他要求下属从实际灾情出发,便宜从事,不要死守陈规。若上面追究责任,他一人承担,绝不牵连下属。在救灾期间,赵抃早晚操劳,从未稍微懈怠,事无巨细,亲自处理,还自掏腰包,为病人买药买粮。赵抃的救灾部署,环环紧扣,周到周全。对此,宋朝大散文家曾巩写有《越州赵公救灾记》,他在文中不无感慨地写道:"其施虽在越,其仁足以示天下;其事虽行于一时,其法足以传后。"

赵抃一生廉政为民,为吏清正,自律甚严,平生从不经营产业,不蓄养歌舞伎,帮助兄弟的女儿十几人、其他孤女二十几人出嫁,广施恩德,救助贫苦,这样的事不可胜数。白天处理完公务,晚上都要焚香拜天,口中念念有词。有人好奇问他在向上苍密告什么,赵抃笑笑说:"哪是什么密告呀!无非是将自己白天做过的事,一件件一桩桩地在心里说上一遍,借以检点反思。倘若一个人连在那种场合都还不好意思启口,那就必定做了什么不该做的事,自己就需要警醒了!"

赵抃累官至参知政事,资政殿大学士,以太子少保退休,元丰七年(公元1084年)去世,享年七十七岁,赠太子少师,谥号"清献"。苏轼第二次来杭州任知府,为他写了一篇很详尽的碑传《赵清献公神道碑》,赞称:"东郭慎之清,孟献子之廉,郑子产之惠,晋叔向之贤"抃一人"兼而有之"。宰相韩琦赞赵抃为"世人标表"。

疾恶如仇——陈希亮

陈希亮(公元1014年—公元1077年),字公弼,北宋眉州青神(今属四川)人,祖籍京兆(今陕西西安)。陈希亮在处理家事方面,品德高尚,为人称道。他父母死得早,依靠哥哥为生。哥哥是个性情偏狭的人,存心侵吞全部家产。在他十六岁时,他决定外出寻师,专攻学问。哥哥独占了田园房产,只将乡邻们的借款账单共三十万钱给了他。他把那些借债的人都找来,当面将账单全部烧掉,然后背起书篮行囊,不远千里去寻师访友。结果捷报传来,金榜题名,陈希亮进士及第。这时，他哥哥年事已高，身体很差，两个侄儿陈庸、陈谕尚未成人。陈希亮不计前嫌，服侍兄长，教养侄儿。后来两个侄儿也高中进士，乡亲们赞扬他的为人，亲切地称他们为"三俊"。

天圣八年（公元 1030 年），陈希亮考中进士，起初做大理评事，主管长沙县政事。有个叫海印国师的僧人，出入章献皇后家，与达官显贵们交往，倚仗着他们的势力占据百姓的土地，百姓没有谁敢与他抗争。陈希亮查清实情，收捕惩治他，依据法律定了他的罪，全县的人都很震惊。

陈希亮后来又升为殿中丞，主管户县政事。县府的老官吏曹腆无视法令，而且因为陈希亮年轻就十分轻视他。陈希亮任职办事，首先查实了他的罪行，曹腆磕头出血，表示愿意改过自新。陈希亮告诫他后，免于对他的处罚，使他成了一位好官吏。当地的巫师每年搜刮百姓的钱财祭鬼，把这叫作"春斋"，他们说不这样做就会发生火灾。陈希亮张贴告示，禁止了这项活动。同时，命人捣毁专门搜刮百姓钱财、不合礼制的祠堂数百座，抓获以巫术行骗的七十余人，勒令他们改邪归正，成为农民。等到陈希亮任满离开，当地父老送他出城，流泪说："您走后，火灾又要发生了。"

陈希亮母亲去世后，他服丧期满任职开封府司录。福胜塔着了火，官府想要再建，估计要用三万钱，陈希亮说："陕西在打仗，希望用这笔钱馈赠军队。"仁宗下令停止建塔。青州百姓赵禹上书朝廷，说赵元昊一定反叛。宰相认为赵禹乱说，把他流放建州，赵元昊后来果然造反。赵禹诉告所属的官府，官府不接收他的案子，他逃到京城自己申辩，宰相发怒，把他下到开封狱中。陈希亮提出赵禹可以奖赏而不可以加罪，争辩了很久。仁宗下令释放赵禹，奖赏他做徐州推官。外戚沈元吉因偷盗杀人，陈希亮一审问就得到实情。沈元吉因受惊吓，倒地而死，沈家状告陈希亮，仁宗下令弹劾陈希亮以及几位办事的官吏。陈希亮说："杀死这个坏人的，唯独我一个人。"陈希亮把罪过归在自己身上，他因有过失而罢官。

皇祐元年（公元 1049 年），仁宗下令让陈希亮做提举河北便籴之官（负责征调粮食），都转运史魏瓘揭发陈希亮擅自提高降低物价。不久魏瓘被任命为龙图阁学士，主管开封政事，陈希亮请求在朝廷上与他们论辩。他们对答以后，仁宗认为陈希亮正确有理,罢免魏瓘的官职,让他去主管越州政事,并且想要任用陈希亮为龙图阁学士。陈希亮说:"我与转运使不和,不能算没有罪过。"他竭力请求回到滑县。正赶上黄河鱼池一带涨洪水,快要决口,陈希亮召集朝廷派到黄河监督防洪的人,派那些皇帝的亲兵防守堤坝。陈希亮住在会决口的地方的屋子里,官吏百姓流着泪劝他离开,他坚持住在那里,直到洪水退去。

陈希亮在安徽宿州任职时,汴河改道流经宿州,年年洪水泛滥。一年夏天,又逢天降暴雨,差役慌忙前来禀报说:汴河上的桥梁又被冲垮了。陈希亮当即冒雨来到河边,察看灾情。据当地老百姓讲,汴河水势太猛,再坚固的桥墩都要被冲垮,要在此地架桥真比登天还难。如今桥又被冲垮,来往行人过河只有靠渡船,极不方便。再加上水势太猛,渡船也不时翻沉。陈希亮想,这河上还是应该架桥,要怎么架才不被冲垮呢? 陈希亮详细查勘了汴河水情,回到衙门以后,成天伏案在纸上设计,经过没日没夜地筹划,终于设计出一种新的造桥方案。这就是不在河水湍急的流水中建桥墩,而是修建一种木质结构的直接飞跨两岸的桥梁。这样不仅来往船只不受阻隔,而且夏天不论发多大的洪水,桥身也丝毫无损,安然无恙。他命令属下采备木料,并请来木工现场施工。没多久,宿州城的汴河上,架起了一座崭新的木桥,桥身如虹,飞跨两岸,桥上行人来往,桥下船楫畅通。人们都赞扬陈希亮不仅是一位清官良吏,还是一位能工巧匠。

淮南发生灾荒,安抚使、转运使上书说寿春太守王正民不认真履行职责。王正民被免职,任命陈希亮替代他。转运使降低了里长们应缴纳的大米数量并且免除了他们的劳役,总共有十三万石,称为"折役米"。米价更加贵了,老百姓受饥饿的范围更大了。陈希亮到任后废除了这一规定,上书报告朝廷,并上奏说王正民没有过失,朝廷下诏任命王正民为鄂州太守。不久任命陈希亮为庐州知府,当时,寿春驻军头目以谋反罪被杀,其余的数百人迁居到庐州,士兵都疑虑不安。一天,有一人偷偷进入知府院内想刺杀陈希亮,陈希亮笑着说"这个人一定是喝醉了",把他流放到外地,其余的人都分配给左右使令,让他们看守仓库。

陈希亮青年时出外游学,曾与同乡宋辅一起寻师访友。后来,当他在都城开封任京东、京西转运使时,宋辅也到京城做了小官。可是事隔不久,宋辅染病身亡,老母、孀妇和幼子宋端平失去了依靠,生活艰辛。陈希亮决定承担起宋家的义务,把宋母他们接到自己家中。他对宋母十分孝敬,一早一晚都行安问礼,还将自己的女儿许配给宋端平,要他努力攻读诗书。就这样,宋辅一家老小,在陈希亮的照顾下,过上了衣食无忧的生活。由于陈希亮薪俸不多,清廉自守,他本人又有四个儿子,再加上两个侄儿,家庭经济已是十分拮据,又添了宋母全家,负担之重可以想象。尽管如此,他宁愿缩减自己儿女们衣食,节约家庭不必要开支,也要把两个侄儿和老友之子抚养成人。除亲自教习他们吟诵诗书外,又让他们出外寻师访友。陈庸、陈谕、宋端平都进士及第,当陈希亮搀扶着宋母出堂接取捷报时,人们都以为宋母是他的亲生母亲!

陈希亮任京西转运使,石塘河服役的士兵在周元的领导下发生兵变,汝州、洛阳震动。陈希亮率领精锐部队,轻车简从,出城袭击并斩杀了周元,流放军校一人,其余的人都免于处罚,仍旧像以前一样让他们服役。人们都称颂他仁慈,严厉而不残忍。

陈希亮从政的三十多年中,先后任过知县、知州、知府、转运史等地方官,也曾到首都开封府及朝廷任职。不论是在地方还是京城为官,陈希亮忠于职守,疾恶如仇,不考虑个人的祸福进退,肯为百姓办实事,后因辛劳过度而去世,享年六十四岁。著名文学家苏轼,自称平生不为人作行状墓碑,但他十分敬佩陈希亮的为人,担心陈希亮的事迹失传于后世,破例写下了《陈公弼传》,以称颂他的事迹和美德。

典地葬妻——司马光

司马光(公元 1019 年—公元 1086 年),字君实,号迂叟,陕州夏县涑水乡(今山西夏县)人,世称涑水先生。父亲司马池,曾为兵部郎中、天章阁待制,为人正直仁厚,号称一代名臣。

司马光七岁时就神色凛然,像成人一样。他听人讲《左氏春秋》,当即就明白了其要旨所在,非常喜欢,回家后就给家人讲解,从此手不释书。并且做出了"砸缸救友"这一件震动京洛的事,有一次,司马光跟小伙伴们在后院里玩耍。院子里有一口大水缸,有个小孩爬到缸沿上玩,一不小心掉到水缸里。缸大水深,眼看那孩子快要没顶了。别的孩子们一见出了事,吓得边哭边喊,跑到外面向大人求救。司马光却急中生智,从地上捡起一块大石头,使劲向水缸砸去,缸里的水流了出来,被淹在水里的小孩也得救了。这件偶然的事件使司马光出了名,东京和洛阳有人把这件事画成图画,被人们广泛流传。

仁宗宝元元年(公元 1038 年),司马光参加会试,一举高中进士甲科。他刚至弱冠之年,生性不喜欢华丽奢靡,参加闻喜宴只有他不戴花。同仁对他说:"皇上赐的东西不可以不接受。"他这才簪了一枝花。初任华州(今陕西华县)判官,次年改任苏州判官。父母去世后,他守丧多年。守丧期满,任命为武成军判官事,又改为大理评事,补国子直讲。在短短的时间里,就取得"政声赫然,民称之"的政绩。

庆历七年(公元 1047 年),贝州农民王则起义,攻占贝州城,号称"东平郡王",发誓要推翻宋王朝。庞籍为枢密副使,掌管全国军事要务。司马光写了《上庞枢密论贝州事宜书》,为尽快平息起义给庞籍献计献策,具体建议"以计破",威胁利诱并用,进行分化瓦解,只诛"首恶",余皆不问。

皇祐三年(公元 1051 年),由宰相庞籍推荐,司马光任馆阁校勘,同知太常礼院。

至和二年(公元 1055 年),庞籍出任并州知府、河东路经略安抚使,司马光被庞籍征召做了并州通判。麟州屈野河西有很多良田,西夏人蚕食这块地方,成为河东的祸患。庞籍命令司马光巡视此地,司马光建议说:"可以建两个城堡来抑制西夏人,招募百姓耕种。种地的人多了米价就低了,也可以缓解河东地区米价高,运输远的问题。"庞籍听从了他的计策。麟州将领郭恩勇猛狂妄,夜里带兵渡河,没有做好防备,被敌方消灭,庞籍因此获罪离开。司马光多次上书自责,没有得到答复。庞籍死后,司马光拜见庞籍的妻子就像拜见自己的母亲一样,抚慰庞籍的儿子就像对待自己的兄弟一样,当时的人都认为他贤良。

仁宗患病之初,太子还没有确立,天下忧心却没人敢说话。谏官范镇首先提出建议,司马光在并州听说也跟着上书,他还面见仁宗说:"臣当年做并州通判时所上的三个奏章,希望陛下果断地去做。"仁宗沉思了很久说:"难道非要选宗室作为继承者吗?这是忠臣之言,但是一般人不敢说。"司马光说:"臣说这些,自认必死无疑,不想陛下竟接纳了。"仁宗说:"这有什么不好,古今都有这样的事。"司马光退朝后没听到诏命,又上书说:"臣前面进谏,以为马上就实行了,现在却悄然没有动静。这一定是有小人说陛下年富力强,为何现在就做这样不祥的事情。小人没有远虑,只是想仓促之际立他们素日关系亲厚的。那些'定策国老''门生天子'的祸患,能说得完吗?"仁宗大为感动,说:"把奏章送中书。"司马光见韩琦等人说:"诸公现在不抓紧定下大计,将来某天从宫中传出一寸纸,以某人为继承人,那时天下没人敢于违抗了。"韩琦等人拱手说:"怎敢不尽力。"不久,诏命英宗为判宗正,英宗推辞没有就任。又立为皇子,英宗又称病不去。司马光说:"皇子推辞了无法估量的富贵,已经有一个月,这贤能已经超出常人很多了。然而父亲召唤应立刻就去,君主诏命要马上出发,我希望以臣子大义责备皇子,应该立刻入宫。"英宗接受了诏命。

司马光升任知制诰,他坚决推辞,改任天章阁待制兼侍讲、知谏院。当时朝政非常松懈,小吏吵闹就折中执法,内侍傲慢就斥退宰相,卫士凶悍忤逆却不追究,军士辱骂三司使却不认为自己违反等级制度。司马光说这些都是国家衰颓的征兆,不可以不纠正。充媛董氏去世,赠淑妃称号。仁宗罢朝穿丧服,百官送灵吊丧,定谥号,行册封礼,出葬赐仪仗队。司马光说:"董氏本来地位低微,临终前才拜为充媛,古时妇人是没有谥号的,近来的制度中只有皇后有谥号。仪仗队本来是赏给有军功的人的,从未给过妇人。唐平阳公主有举兵辅佐高祖平定天下的功劳,才得以颁赐。至韦庶人才命令妃主下葬之日都赐给鼓吹,这不是好的制度,不值得效法。"当时有关部门制定后宫封赠法,后与妃都封赠三代。司马光说:"妃子不应当与皇后相同。汉代袁盎把慎夫人的席位向下移,正是为了这个缘故。天圣年间,皇上亲自到南郊祭祀,对李太妃也只是追赠二代,何况现在的妃子呢。"

嘉祐八年(公元 1063 年)三月仁宗病死,英宗赵曙即位。两宫矛盾加剧,司马光看到这种情况，进《上皇太后疏》和《上皇帝疏》，力陈国家当务之急应君民同心、内外协力的道理。又上《两宫疏》指出："金堤千里，溃于蚁穴；白璧之瑕，易离难合。"皇帝没有太后支持"无以君天下"，太后离开皇帝"无以安天下"。又写了两封章奏，一封给皇太后，一封给皇帝。在奏章中，讲历史，摆利害，晓明大义，从全局出发，苦苦相劝。一年多时间里，司马光为消除太后和英宗之间的矛盾，前后共上奏章 17 封，终于得到效验，使太后和英宗的矛盾趋于缓和。

司马光反对宫中宴饮和赏赐之风，上《论宴饮状》，恳请英宗为民着想，悉罢饮宴。上《言遗赐札子》，反对朝廷不顾国家实际厚赏群臣。上《论财利疏》，农民苦身劳力，粗衣粗食，还要向政府交纳各种赋税，负担各种劳役；收成好的年代，卖掉粮食以供官家盘剥，遇到凶年则流离失所，甚至冻饿而死；发出了关心人民疾苦，减轻人民负担的呼声，建议切实采取一些利民措施。次年司马光任龙图阁直学士。

治平四年（公元 1067 年）英宗病死，神宗赵顼即位。参知政事欧阳修极力向神宗推荐，说司马光"德性淳正，学术通明"。神宗任司马光为翰林学士，不久又升任御史中丞。

神宗年轻气盛，朝气蓬勃，决心振兴祖业，他在虚心下问、多方征求治国方略以后，感到王安石提出的一整套激进、大胆的变革方案很符合自己的思想。在熙宁二年（公元 1069 年），神宗起用王安石为参知政事，主持变法。在思想上王安石主张开源，司马光主张节流。司马光和王安石因政见不同，在一些问题上进行激烈的争辩，有时在皇帝主持的议政会议上也毫不相让，但司马光对王安石的变法也并不一概反对，尤其当变法还未显露明显弊病时，他也并未公开持反对意见。甚至有人要弹劾王安石时，他还进行劝解和说服。直到王安石颁发"青苗法"，司马光才表示不同意见。他认为县官靠权柄放钱收息，要比平民放贷收息危害更大，表现了强烈不满。熙宁四年（公元 1071 年），范镇因直言王安石"进拒谏之计""用残民之术"，而被罢官。司马光愤然上书为范镇鸣不平，并请求任职西京留司御史台，退居洛阳，绝口不论政事，继续编撰《通鉴》，时间长达 15 年。元丰七年（公元 1084 年），《通鉴》全部修完，神宗十分重视，将书的每编首尾都盖上了皇帝的睿思殿图章,以其书"有鉴于往事,以资于治道",赐书名《资治通鉴》,并亲为写序。

元丰八年(公元 1085 年)三月,神宗病死,年仅 10 岁的哲宗赵煦继位,由祖母皇太后当政。皇太后向司马光征询治国方略,司马光把新法比之为毒药,请求立即采取措施,全部"更新",建议"广开言路",呼吁对贫苦农民不能加重负担,要对农民施以"仁政"。当时青苗、免役、将官之法都还在,对西夏的决议也没有形成。司马光叹息说:"四患不除,我死不瞑目啊。"他写信给吕公著说:"我把身体托付给医生,把家事托付给儿子,唯有国事还未托付,现在我把它托付给你。"他上书谈论免役法五大害处,请求直接下旨废除。军队都隶属州县,军政大事由守令决定。废除提举常平司,把其职能转归转运、提点刑狱。边防大计以讲和为好。他说监司多数是新进的年轻人,做事苛刻急躁,应当令近臣在郡守中选举,并且在通判中选取转运判官,又建立了十科荐士法。

司马光任尚书左仆射兼门下侍郎,准许他乘轿,三天一觐见。司马光不敢当,说:"不见君,不可以处理事情。"哲宗又下诏让他的儿子司马康扶着他进宫,并且说:"不用下拜。"两宫虚心听取他的意见,取消了青苗钱,恢复了常平粜籴法。辽、夏使者来到,一定会问起司马光的身体起居情况,并对他们的边将说:"中国以司马光为相,不要轻易生事,挑起边界战争。"司马光亲自处理政务,不分日夜。宾客见他身体瘦弱,就举诸葛亮食少事烦的例子来劝诫他,他说:"死生都是命。"办事依然尽心尽力。他病重之时,已经失去知觉,还像说梦话似的不停地自语,说的都是天下大事。

元祐元年(公元 1086 年)九月,司马光因病去世,享年六十八岁,获赠太师、温国公,谥号"文正",哲宗赐碑名为"忠清粹德"。

司马光为人孝顺父母、友爱兄弟、忠于君王、诚信对人,他做的每一件事都有法度,一言一行都符合礼节。在洛阳时,他每次到夏县去扫墓,一定要经过他的哥哥司马旦的家。司马旦年近八十,司马光侍奉他像严父一样。从小到大到老,他从来没有随便说过一句话,他自己说:"我没有什么超过别人的地方,只是我一生的所作所为,从来没有不可告人的。"

北宋士大夫生活富裕,有纳妾蓄妓的风尚。司马光和王安石、岳飞一样,是极为罕见的不纳妾、不储妓之人。婚后三十年余,妻子张夫人没有生育,司马光并未放在心上,也没想过纳妾生子。张夫人却急得半死,一次,她背着司马光买了一个美女,悄悄安置在卧室,自己再借故外出。司马光见了,不加理睬,到书房看书去了。美女也跟着到了书房,一番搔首弄姿后,又取出一本书,随手翻了翻,娇滴滴地问:"请问先生,中丞是什么书呀?"司马光离她一丈,板起面孔,拱手答道:"中丞是尚书,是官职,不是书!"美女很是无趣,大失所望地走了。还有一次,司马光到丈人家赏花,张夫人和母亲合计,又偷偷地安排了一个美貌丫鬟。司马光不客气了,生气地对丫鬟说:"走开!夫人不在,你来见我作甚!"第二天,丈人家的宾客都知道了此事,十分敬佩,说俨然就是"司马相如和卓文君"白头偕老的翻版。张夫人终身未育,司马光就收养了哥哥的儿子司马康作为养子。司马光年老体弱时,其友刘贤良拟用五十万钱买一婢女供其使唤,司马光婉言拒绝说:"我几十年来,食不敢常有肉,衣不敢有纯帛,多穿麻葛粗布,何敢以五十万买一婢女呢?"司马光对财富和物质享受看得很淡薄,没有什么爱好,他一辈子粗茶淡饭、普通衣服,一直到死。妻子去世后,清贫的司马光无以为葬,拿不出给妻子办丧事的钱,只好把在洛阳仅有的三顷薄田典当出去,作为丧葬的费用。

司马光为人温良谦恭、刚正不阿;做事用功刻苦、勤奋。以"日力不足,继之以夜"自诩,其人格堪称儒学教化下的典范,历来受人景仰。

无欲则刚——王安石

王安石(公元 1021 年—公元 1086 年),字介甫,号半山,抚州临川(今江西抚州临川区)人。父亲王益,曾任都官员外郎。

王安石自幼聪颖,酷爱读书,过目不忘。他作文才思泉涌,立论高深奇丽,旁征博引,看似不经意,写成后惊艳四座。他的好友曾巩把他的文章拿给欧阳修看,欧阳修对其也赞誉有加。稍长,跟随父亲宦游各地,接触现实,体验民间疾苦。

庆历二年(公元 1042 年),王安石进士及第,授淮南节度判官。任满后他放弃了京试入馆阁的机会,调为鄞县知县。在任四年,修筑堤堰,疏通水塘,使水陆交通得以畅通;把官谷借贷给百姓,秋收后百姓再加些利息偿还,使得官府陈粮得以以旧换新,同时又方便了百姓;兴办学校,初显政绩。后任舒州通判,勤政爱民,治绩斐然。宰相文彦博以王安石恬淡名利、遵纪守道向仁宗举荐,请求朝廷褒奖以激励风俗,王安石以不想激起越级提拔之风为由而拒绝。欧阳修举荐为谏官,王安石以祖母年高为由推辞。欧阳修又以王安石须要俸禄养家为由,任命他为群牧判官。不久王安石出任常州知州,主张"发富民之藏"以救"贫民","有司必不得已,不若取诸富民之有良田得谷多而售数倍之者。贫民被灾,不可不恤也。"声誉日隆。

嘉祐三年(公元 1058 年),王安石入京任度支判官,向仁宗进呈万言书,系统地提出了变法主张。在此次上书中,王安石总结了自己多年的地方官经历,指出国家积弱积贫的现实:"如今朝廷财力捉襟见肘,世风日下,主要在于法度不明,没有效法先王之政。而效法先王之政,主要在于学习其精神。所以我所倡议的改革,不会惊扰视听,引起大众哗然,也就自然合乎先王之政了。借天下之力生财,取天下之财供需,自古以来,治理国家没有因财政问题而受困扰的,困扰在于无理财之道。朝中人才不足,朝外也少可用之才,国家的重托,疆域的守护,陛下难道能一直以上天的宠幸来维持,而无忧患之思吗?请陛下纠察朝中因循守旧的弊病,明令大臣,逐渐革除这些弊病,以适应时代的变化。我所强调的,流俗之辈不会讲,而议者又认为是陈词滥调。"

当时诏令舍人院不得申请删改诏书文字,王安石辩之称:"如果是这样的话,那么舍人就不能履行其职,而一味听任大臣所为。这虽然不是大臣要以权谋私,但也不应有这种立法。现在朝臣中弱者不敢为陛下护法,而强者则矫旨下令,谏官、御史不敢违逆旨意,我真的很担心。"王安石的话触犯了执政大臣,自此与朝臣有更多抵触。嘉祐八年(公元 1063 年),王安石母亲病逝,遂辞官回江宁守丧。英宗继位后,屡次征召赴京任职,王安石均以服母丧和有病为由,拒绝入朝。治平四年(公元 1067 年),神宗赵顼即位,久慕王安石之名,起用为江宁知府。不久诏为翰林学士兼侍讲,从此王安石深得神宗器重。

熙宁元年(公元 1068 年),神宗为摆脱宋王朝所面临的政治、经济危机以及辽、西夏不断侵扰的困境,召见王安石。神宗问治世之先所在,王安石答:"治世方法为先。"神宗问:"唐太宗怎么样?"答说:"陛下应当效法尧、舜,何必效法唐太宗?尧、舜之道,简而不繁,精而不迁,轻而易举。只是后世之人不能完全知晓,以为高不可攀。"神宗说:"你可真是为难我了,我自视不高,难称你意。你可全力辅政,与我一起完成此事。"一天,神宗聆听讲学,群臣退去后,留下王安石说:"唐太宗有了魏徵,刘备有了诸葛亮,然后才有所作为,然此二人不是世代都有的人才。"王安石说:"陛下如果真能成为尧、舜,那必然就会有皋、夔、稷、离;如果能真成为高宗,那必然就会有傅说这样的贤臣。天下之大,民众之多,百年承平,学者比比皆是。经常担忧少有辅助陛下治世之人,这是因为陛下用人方法不明,诚意未到,所以即使有皋、夔、稷、离、傅说之类的贤人,也被小人所蒙蔽,藏身而去了。"神宗说:"什么朝代没有小人?就是尧、舜之时,也有四凶的存在。"王安石说:"只有能辨别四凶,将其诛杀,才能成为尧、舜。如果放任四凶进谗言、陷害忠良,那么皋、夔、稷、离之辈又岂肯苟食俸禄虚度终身?"

熙宁二年(公元 1069 年),神宗任命王安石为参知政事,对他说:"人们都不了解你,以为你只懂理论知识,不通世务。"王安石回答说:"理论正是用来指导世务,只是后世所谓的儒者,大多平庸无能,浅俗地认为理论脱离世务而已。"神宗问:"那么,你认为实行政策以何为先?"王安石说:"改变世风,树立法度,是当务之急。"神宗深以为然,设置三司条例司,任命王安石与知枢密院事陈升之共同掌管。变法触犯了保守派的利益,遭到保守派的反对。法令颁行不足一年,围绕变法,拥护与反对两派展开了激烈的论辩及斗争。次年,王安石任同中书门下平章事,位同宰相,在全国范围内推行新法,开始大规模的改革运动。所行新法在财政方面有均输法、青苗法、市易法、免役法、方田均税法、农田水利法;在军事方面有置将法、保甲法、保马法等。

熙宁四年(公元 1071 年),颁布改革科举制度法令,废除诗赋辞章取士的旧制,恢复以《春秋》、三传明经取士。同年秋,实行太学三舍法制度。王安石变法以发展生产,富国强兵,挽救宋朝政治危机为目的,以"理财""整军"为中心,涉及政治、经济、军事、社会、文化各个方面,是中国古代史上继商鞅变法后又一次规模巨大的社会变革运动。变法通过一系列理财新法的实行,增加了新的财政收入项目,财政收入明显增加,国库充裕,神宗年间国库积蓄可供朝廷二十年财政支出。通过"强兵之法"的推行,北宋国力有所增强。保甲法的推行,加强了农村的封建统治秩序,维护了农村的社会治安,建立了全国性的军事储备,节省了大量训练费用;裁兵法提高了军队士兵素质;将兵法改变了兵将分离的局面,加强了军队战斗力;保马法使马匹的质量和数量大大提高,同时政府节省了大量养马费用;军器监法增加了武器的生产量,质量也有所改善。变法在一定程度上改变了北宋积贫积弱的局面,充实了政府财政,提高了国防力量,对封建地主阶级和大商人非法渔利也进行了打击和限制。

熙宁七年(公元 1074 年)春,天下大旱,饥民流离失所,群臣诉说免行钱之害,神宗满面愁容,欲罢除不好的法令。王安石认为天灾即使尧舜时代也无法避免,派人治理即可。监安上门郑侠反对变法,绘制流民旱灾困苦图献给神宗,并上书论新法过失,力谏罢相王安石。四月,慈圣和宣仁两位太后亦向神宗哭诉"王安石乱天下"。神宗对变法产生了怀疑,罢免了王安石的宰相职务,改任观文殿大学士、江宁知府。

元丰八年(公元 1085 年),神宗去世,哲宗即位。太皇太后高氏垂帘听政,起用司马光为相,提出"以母改子",全面废除新法(史称"元祐更化")。

元祐元年(公元 1086 年)四月,王安石病逝于钟山(今江苏南京)。时年六十六岁,追赠为太傅,谥号"文",葬于江宁半山园,世称王文公。

王安石从不注意自己的饮食和仪表,衣裳破旧,须发纷乱,仪表邋遢,苏洵曾经描述王安石说:"衣臣虏之衣,食犬彘之食""囚首丧面而谈诗书"。王安石任知制诰时,王安石的妻子吴氏,给王安石置一妾。那女子前去伺候王安石,王安石问:"你是谁?"女子说自己是"家欠官债,被迫卖身"而来。王安石听罢,不仅没收她为妾,还送钱给她,帮助她还清官债,使其夫妇破镜重圆。王安石做宰相的时

候,儿媳妇家的亲戚萧公子到了京城,前来拜访,王安石邀请他吃饭。萧公子盛装
前往,料想王安石一定会用盛宴招待他。过了中午,他觉得很饿,可是又不敢就这
样离开。又过了很久,王安石才下令入座,菜肴都没准备。萧公子心里觉得很奇
怪,喝了几杯酒,才上了两块胡饼,再上了四份切成块的肉。上饭后,旁边只放置
了菜羹而已。萧公子很骄横放纵,只吃胡饼中间的一小部分,把四边都留下。王安
石就把剩下的饼拿过来吃了,那个萧公子很惭愧地告辞了。有人告诉王安石的夫
人,说她丈夫喜欢吃鹿肉丝。在吃饭时他不吃别的菜,只把那盘鹿肉丝吃光了。夫
人问,你们把鹿肉丝摆在了什么地方?大家说,摆在他正前面。夫人第二天把菜的
位置调换了一下,鹿肉丝放得离他最远。结果人们才发现,王安石只吃离他近的
菜,桌子上照常摆着鹿肉丝,他竟完全不知道。黄庭坚评论说"余尝熟观其(王安
石)风度,真视富贵如浮云,不溺于财利酒色,一世之伟人也。"列宁说:"王安石是
中国十一世纪时的改革家。"

一策安中原——耶律楚材

　　耶律楚材(公元 1190 年—公元 1244 年),字晋卿,号玉泉老人,法号湛然居
士。出身于契丹贵族家庭,是辽太祖耶律阿保机的九世孙,东丹王耶律突欲的八
世孙。耶律突欲是契丹皇族中最早接受北宋文化的人之一,对中原文化十分推
崇,有很厚的汉学功底,他治理东丹,一概采用汉法。父亲耶律履,因学问品行出
众得以侍奉金世宗,受到特别信任,官至尚书右丞。

　　耶律楚材生于燕京(今北京),三岁丧父,随母杨氏定居义州弘政(今锦州义
县)。十二岁入闾山显州书院,秉承家族传统,自幼学习汉籍,精通汉文。年轻时博
览群书,旁通天文、地理、音乐、历法、术数以及佛、道、医术、占卜等学问,下笔写
文章,就像是预先构思好一样。依照金朝制度,宰相的儿子例行考试后即可以任
职中枢省的官员。耶律楚材想参加进士科的考试,金章宗诏令依照旧制施行。

当时一起参加考试的有十七个人,考官用几桩疑难狱案进行询问,只有耶律楚材的回答优秀,任命他为开州同知。

贞祐二年(公元 1214 年),金宣宗迁都汴梁,完颜福兴留守燕京,代行宰相职事,任用耶律楚材为左右司员外郎。

元太祖十年(公元 1215 年),蒙古军攻占燕京,成吉思汗听说耶律楚材才华横溢、满腹经纶,专门召见他。耶律楚材身高八尺,声音洪亮,长着漂亮的胡须,太祖觉得他与众不同,说道:"辽国和金国积有世仇,我为你报仇雪恨。"耶律楚材回答道:"我的祖辈、父亲曾经委身于金国为臣,既然做过金国的臣子,怎么敢仇恨金国的君主呢!"太祖很认可他的话,让他跟随左右,并且不叫耶律楚材的名字而称呼他吾图撒合里。吾图撒合里,在蒙古语里是"大胡子"的意思。耶律楚材随成吉思汗西征,常晓以征伐、治国、安民之道,屡立奇功,备受器重。太祖每次征讨,必定让耶律楚材占卜,太祖也亲自烧灼羊胛骨,以相验证。太祖指着耶律楚材对后来的太宗说:"此人是老天赐给我们家的,今后国家事务,都应当全部委托他去办理。"

太祖十九年(公元 1024 年),太祖行至东印度,驻扎在铁门关。这里出现一只绿色独角兽,外形像鹿但是长着马尾巴,能说各地语言。它对太祖侍卫说:"你们的主人早点回去为好。"太祖就询问耶律楚材,耶律楚材回答道:"这是瑞兽,叫作角端,会讲各地的语言。它珍惜生灵,憎恶杀戮,这是上天降下符兆来告诫陛下。陛下乃天之元子,天下人皆是陛下子民,希望陛下承奉天意,珍爱生灵保全民命。"太祖当日便班师了。

太祖二十一年(公元 1026 年),耶律楚材跟随太祖攻克灵武,将领们争相抢夺丁壮、女人和金帛,耶律楚材只搜集残存下来的书籍及大黄一类的药材。不久部队感染病疫,使用大黄便痊愈了。太祖忙于经营治理西域疆土,没有空暇制定典章制度,因此部分州郡的官吏,肆意杀戮,甚至将他人的妻女抢夺为奴婢,强取资财,兼并土地。燕蓟留后长官石抹咸得卜尤其贪婪暴力,杀人很多。耶律楚材听说后泪流满面,马上上奏,请求禁止州郡官吏的违法行为,并下令若没有朝廷的诏令,不能擅自征发税役,囚犯要执行死刑的必须先向朝廷报告,违反者以死罪论处，贪婪残暴的风气才逐渐收敛。燕地有很多势力强横的贼寇，光天化日之下就赶着牛车到富人家里抢夺财物，如若不给他们就杀人。当时元睿宗拖雷以皇子的身份监理国事，听说这个事情，就派使臣和耶律楚材共同去追查处理。耶律楚材查访到这些人的姓名，原来都是一些留后官吏亲属及有势力家族的子弟。耶律楚材将他们全部抓捕关进监狱，盗贼的家属贿赂使臣，使臣便欲延缓处理。耶律楚材向他讲明这样做将带来的后果，使臣听从了耶律楚材的意见。定案后，在集市上处死十六人，燕京的百姓才安定下来。

公元1229年秋天，太宗窝阔台即位时，宗亲族人全部聚集在一起，讨论这件事，却做不了决定。睿宗是太宗的亲弟弟，耶律楚材对睿宗说："这是社稷大事，最好尽早决定。"睿宗说："还没有准备好，另外挑个日子可以吗？"耶律楚材说："过了今天就没有吉日了。"睿宗决定大计，订立礼仪制度。耶律楚材又对察合台亲王说："亲王您虽然是兄长，但地位上却是臣子，依礼您应当跪拜。亲王您跪拜了，就没有人敢不跪拜。"察合台亲王深表赞同。等到太宗即位的时候，察合台亲王率领皇族及群臣跪拜于帐下。参拜礼仪的制定，使大汗在蒙古贵族中至高无上的地位得到了确认和巩固，增加了大汗的威严和权力，耶律楚材被誉为"社稷之臣"。

蒙古征服中原地区后出现了一个问题：该如何治理这个文化先进的地区？耶律楚材上奏说："天下虽得之马上，不可以马上治。"他深知要统治中原非用中原的制度不可，而熟知汉法统治之道的是汉儒士。他大力保护汉儒士，并引荐他们进入仕途。公元1230年耶律楚材建议窝阔台颁行《便宜一十八事》，设立州郡长官，使军民分治；制定初步法令，反对改汉地为牧场；严禁地方官吏擅自滥杀百姓，不准商人财主贪污公物；打击地痞流氓杀人盗窃，禁止地主富豪夺取农民田地，社会秩序渐渐安定下来；建立赋税制度，在中原辖区设置燕京、宣德、西京、太原、平阳、真定、东平、北京、平州、济南十路，每路任命正副课税使，皆由儒士担任，直接隶属于可汗，这是蒙古统治集团大批任用汉人之始。

耶律楚材

公元1231年秋天，太宗来到云中，十路都送来储存粮食的簿册和黄金、绢帛,陈列在庭院中。太宗笑着对耶律楚材说:"你没有离开过我的身边,却能使国家经费充裕,南方金国还有像你这样的大臣吗?"耶律楚材回答说:"在那里的人都比我贤明能干,我没什么本事,所以才留在燕京,为陛下所用。"太宗赞赏他的谦虚,赐酒给他,任命他为中书令,受命全权筹设中书省,蒙古帝国开始有了中央的行政机构。他积极恢复文治,逐步实施"以儒治国"的方案和"定制度、议礼乐、立宗庙、建宫室、创学校、设科举、拔隐逸、访遗老、举贤良、求方正、劝农桑、抑游惰、省刑罚、薄赋敛、尚名节、斥纵横、去冗员、黜酷吏、崇孝悌、赈困穷"的政治主张。主要有保护农业,实行封建赋税制度;改革政治体制,提拔重用儒臣;反对屠杀,保护百姓生命;禁止掠民为驱,实行编户制度;反对扑买课税,禁止以权谋私;主张尊孔重教,整理儒家经典。

耶律楚材上奏道:"各州郡都应该让长吏专门负责管理民政,万户负责管理军政,课税使所掌管的赋税,鼎立而三,各不相干,权贵们都不得侵夺。"耶律楚材又举荐镇海、粘合等人,并与之共事。权贵们心有不平,尤其是咸得卜因为与耶律楚材有旧怨,更加痛恨他。咸得卜在宗王面前谗说道:"中书令耶律楚材任用亲朋故旧,其人必有异心,应该上奏杀掉他。"宗王派遣使者奏于太宗,太宗知道这是诬陷,斥责使者,并罢免发遣了他。咸得卜部属告其违法,太宗让耶律楚材去审问,耶律楚材上奏说:"咸得卜此人傲慢自大,因此容易招惹是非。现在将征伐南方,以后再处理他也不晚。"太宗私底下对侍臣说:"耶律楚材不计较私仇,真乃宽厚长者,你们都应该效仿他。"中贵可思不花上奏说开采金银的役夫以及在西域耕种土地和栽种葡萄的民户不足,太宗命令从西京宣德迁移一万多户以补充。耶律楚材说:"先帝遗诏,说山后百姓质朴,与蒙古族人没有区别,发生紧急情况时可以征用,因此不应该轻易征调。现在即将征伐河南,请不要因为此役而伤害百姓。"太宗批准了他的建议。

公元 1232 年春天,太宗南下征讨,将要渡过黄河,诏令逃难的百姓,前来投降的可以免死。有人说:"这些人危急的时候就投降,没事的时候就逃走,只对敌人有好处,不能宽大处理。"耶律楚材请求制作几百面旗子,发给投降的难民,让他们返回乡里,很多人因此得以保全性命。按照蒙古传统的制度,凡是攻打城池,敌人用弓箭和石块袭击的,就是违抗命令。攻克之后,必定将城中军民全部杀死。汴梁将要攻下,大将速不台派人来说:"金人抗拒了很长时间,我军死伤很多,汴梁攻克之日,应该屠城。"耶律楚材急忙上奏道:"将士们辛苦了几十年,想要得到的不过是土地和人民。得到了土地而失去了人民,又有什么用呢?"太宗犹豫不决,耶律楚材又说:"能工巧匠,富裕人家,都集中在这里,如果将他们全部杀死,将会一无所获。"太宗接受了他的意见,下诏只处罚完颜氏一族,其余概不追究。当时躲避打仗而住在汴梁的有一百四十七万人。耶律楚材又请求派人进城,寻求孔子的后代,找到孔子的五十一代孙孔元措。奏请由他继承"衍圣公"的封号,将孔林、孔庙的土地交付给他,命令他收集金朝的太常礼乐生。又征召著名的儒生梁陟、王万庆、赵著等人,让他们将《九经》译成口语,讲给太子听。率领大臣们的子孙拿着经书讲解其中的含义,使他们知道圣人的学说。在燕京设置编修所,在平阳设置经籍所,从此文明教化开始兴盛。

当时河南地区刚刚攻下,俘虏很多,蒙军返回,俘虏逃跑的有十分之七八。太宗下令:凡是收留和资助逃亡者,处死全家,同村邻里也要连坐。因此,逃亡者没有人敢收留,大多饿死在路上。耶律楚材对太宗说:"河南已经平定,这里的百姓都是陛下的儿女,还会走到哪里去呢!何必因为一个俘虏,而使几十个上百个人牵连受死呢?"太宗醒悟,下诏解除了这个禁令。金朝灭亡后,只有秦、巩等二十多个州还没有投降,耶律楚材上奏道:"过去我们的百姓逃避罪罚,有的集中在这些地方,所以拼死抵抗。如果答应不杀他们,将不攻自破。"赦免死罪的诏令一下,这些城池都投降了。

公元1234年,朝廷商议登记中原地区户口,大臣忽都虎等建议,应以成年男子为户。耶律楚材说:"不可以,如果成年男子逃走,就收不到赋税,应当按户来确定。"多次力争,最终以户为单位。当时将相大臣们得到奴隶后,常常让他们寄居在各郡。耶律楚材乘统计户口的机会,将他们赦为平民,藏匿和占有者都要处死。

公元1235年,朝廷商议将第四次征讨不臣服的地区,并欲派回回人征讨江南,汉人征伐西域,以此达到相互制约的目的。耶律楚材说:"不可以,中原与西域之间相距甚远,如果依照朝臣所议,那么军队还未到达敌境,就已人困马乏,再加上水土不服,疾疫流行,因此还是应该就近征讨。"这个意见得到太宗采纳。次年春天,诸王举行大规模集会,太宗亲自拿起酒杯赐给耶律楚材,说道:"我之所以真诚待你,这是因为先帝之命。如果没有你,中原就没有今天。我之所以能够安枕无忧,这都是你的功劳。"西域诸国及宋朝、高丽的使臣来朝见,言语多不真实,太宗指着耶律楚材对他们说:"你们国家有这样的人吗?"使者们都说:"没有,像耶律楚材这种人大概就是神人吧!"太宗又说:"你们只有这句话说得不假,我也揣度你们国家必定没有这样的人。"有一人叫于元,上奏建议发行交钞,耶律楚材说:"金章宗时开始发行交钞,与钱币同时流通。政府相关部门以发行交钞牟利,却不愿意回收交钞,因此称交钞为老钞,以至于后来万贯钱只能买一张饼。因此百姓穷困,国用匮乏,应该引以为戒。现在印行交钞,不应该超过一万锭。"这个意见得到采纳。秋七月,忽都虎送来了户口簿,太宗打算分割州县赏赐给亲王、功臣。耶律楚材说:"分割土地和人民,容易发生冲突和纠纷。不如多赐给他们金帛、财物。"太宗说:"已经答应了,怎么办呢?"耶律楚材说:"如果朝廷设置官吏,征收上交给诸王功臣的赋税,到年底分给他们,不让他们自行征收,这样就可以了。"太宗同意他的想法,确定全国的赋税,每两户出丝一斤,以供国家使用;五户合出丝一斤,作为诸王和功臣封地的收入。地租方面,中等田地每亩二升半,上等田地三升,下等田地二升,水田每亩地五升。丁税方面,验民户成丁之数,每丁每年纳粟一石,奴婢五升,新户奴婢各半,老幼不纳。凡田多人少者按地计税,田少人多者按丁计税。户税方面,以户为单位缴纳科差,有丝料、包银两种。商税方面,三十分之一纳税。盐价方面一两银子可以购买四十斤盐。制定基本的赋税制度后,群臣朝议认为赋税征收太轻,耶律楚材说:"法律即使定得很轻,也仍然会有很多弊端,况且以后难免不断加重征收,由此看来现在所定已经很重了。"

当时工匠制造物品,随意浪费官府的物资,十之八九被他们私自占有。耶律楚材请求全部加以考核,建立固定的制度。侍臣脱欢奏请在天下没有出嫁的女子中挑选美女,诏令已经颁发,耶律楚材拦住不执行,太宗很生气。耶律楚材进谏道:"以前挑选了二十八个美女,已经足够用来使唤。现在又要挑选,我担心骚扰百姓,正想再向陛下汇报。"太宗过了好一会儿才说:"可以取消这件事。"又打算征收民间的母马,耶律楚材说:"农耕地区不是产马的地方,现在如果这样做,以后必将成为百姓祸害。"太宗又接受了他的意见。

公元 1237 年,随着金朝的灭亡,统治地域的扩大,国家需要大量的人才来治理。耶律楚材上奏说:"制造器具必须用好的工匠,要保持国家已取得的成就必须任用儒臣。儒臣的事业,不进行几十年的积累,是难以成功的。"太宗说:"果真是这样的话,可以让这些人做官。"耶律楚材说:"请加以考试选拔。"命令宣德州宣课使刘中到各郡去主持考试,考试内容分为经义、辞赋、策论三个科目。被俘为奴的读书人,也让他们参加考试,奴隶主人藏匿不让他们参加考试的以死罪论处。这次考试共录取了儒士四千零三十人,其中免除奴隶身份的有四分之一。科举考试的恢复,提高了中原儒生的地位,为国家招揽了大量的人才,为忽必烈时期蒙古帝国的发展、繁荣积蓄了力量,奠定了基础。

此前,州郡长官很多向商人借银以偿还官钱,利息累积为本金的好几倍,被称为羊羔儿利,甚至将妻儿变为奴隶,仍不足以偿还。耶律楚材奏请当利息和本金相当时则免除债务,并成为永久制度,民间百姓们的负债,由官府代为偿还。耶律楚材又统一了度量衡,颁发符印,确立货币制度,规定征税制度,布置书信传递邮道,明确使用驿券。至此,各种政务制度大体齐备,百姓们逐渐得到了休养生息。

有两个道士为争夺地位,各自结党,其中一个道士诬陷另一个道士朋党中有两个人是逃兵,并勾结中贵人和通事杨惟忠,将这两个人抓住并残酷地杀害了。耶律楚材逮捕了杨惟忠,中贵人又告耶律楚材违反制度。太宗很生气,逮捕了耶律楚材,不久就后悔了,命令释放耶律楚材。耶律楚材不肯解下绑绳,进言说:"我位居公辅之位,管理国政。陛下一开始命令逮捕我,这是因为我有罪过。我有罪过应该明白宣示于百官,有罪就不能赦免。现在又释放我,说明我没有罪过,岂能如此轻易反复,出尔反尔,像戏弄小孩子一样?国家一旦遇上大事,将如何处理!"群臣都惊讶失色。太宗说:"我虽然贵为皇帝,难道就不能有过错吗?"并用好话来安慰耶律楚材。耶律楚材于是陈请当务之急的十件政事,即:赏罚有信,正名分,供给官员俸禄,赐功臣官职,考核政绩,均衡赋税,选拔工匠,致力农桑,确定土贡,规划漕运。这些建议都切合当时实际情况,全部得到了施行。

富人刘忽笃马、涉猎发丁、刘廷玉等人以一百四十万两白银投标,拍得天下课税权。耶律楚材说:"这些贪利之徒,欺上虐下,为害非常大。"奏请罢免他们。耶律楚材经常说:"兴一利不如除一害,生一事不如省一事。任尚认为班超的这句话很普通,但千古之下,自有定论。以后受到谴责的人,才会知道我的话不假。"太宗素来嗜好喝酒,每天与大臣畅饮,耶律楚材屡次劝谏,太宗都不听。耶律楚材便拿着酒槽上的铁口进言说:"酒曲能腐蚀器物,金属铁尚且如此,何况人的五脏呢?"太宗醒悟,对近臣说:"你们的爱君忧国之心,岂会有像吾图撒合里的呢?"赏给耶律楚材金银布帛,并下令近臣每天饮酒以三盅为限。

公元 1241 年冬十一月,太宗在狩猎之地去世。皇后乃马真氏摄政,信任回回奸臣,朝政混乱。奥都剌合蛮以贿赂得以执掌朝政,朝臣全部畏惧依附他。耶律楚材在朝廷上和他当面争论,言人之所不敢言,众人都为他的处境担忧。

公元 1243 年五月,荧惑星侵犯房宿,耶律楚材上奏说:"天象显示会出现惊扰之事,但最终不会有变故。"没过多久,朝廷用兵,因为事起仓促,皇后下令分发甲胄并挑选心腹之人,最后甚至想要西迁以避开敌军。耶律楚材进言道:"朝廷是国家的根本,如果根本动摇,那么国家将会大乱。臣观察天象,绝对不会有事。"几天后事情便平定了。皇后交给奥都剌合蛮加盖玉玺的空白纸张,让他自行填写使用。耶律楚材说:"天下是先帝的天下。朝廷自有规章制度,今天要违背这些制度,我不敢奉行这个诏令。"此事于是作罢。皇后又下旨说:"凡是奥都剌合蛮所说的,令史若没有记录,就砍断他的手。"耶律楚材说:"国家典故,先帝全都委托于老臣,与令史无关。事情如果合理,自然就应当奉行,如果不可行,死尚且不回避,何况是砍断手呢?"皇后很不高兴。耶律楚材辩驳不已,大声说道:"我侍奉太祖、太宗三十多年,不负国家,皇后岂能以无罪杀我呢!"皇后虽然怨恨他,但因为他是前朝老臣,所以对他非常敬畏和害怕。

耶律楚材在成吉思汗、窝阔台汗两朝任事近三十年,主持政务很长时间,把得到的俸禄分给自己的亲族,从来没有徇私情让他们做官。行省刘敏严肃认真地向他提起此事,耶律楚材说:"使亲族和睦的道理,只应是用财物资助他们,我不能为了照顾私人感情而让他们去做官违法。"他生活简朴,每每念及征战时期的凶险艰辛,忆苦思甜,"执菜根,蘸油盐,饭脱粟(糙米)",甘之若饴。

公元 1244 年 5 月 14 日,耶律楚材死于任上,终年五十五岁。"砥柱中流断,藏舟半夜移",消息传出,倾国悲哀。许多蒙古人都哭了,如同丧失了自己的亲人。汉族的士大夫更是流着眼泪凭吊这位功勋卓著的契丹族政治家。元朝政府数日内不闻乐声,正如其同时代人暮之谦在《中书耶律公挽词》中所言:忽报台星折,仍结薤露新。斯民感天极,洒泪叫苍旻。耶律楚材去世后,朝廷派人到他家中查看,"唯琴阮十余,及古今书画、金石、遗文数千卷。"

元世祖中统二年(公元 1261 年),忽必烈遵照耶律楚材的遗愿,将他的遗骸移葬于故乡玉泉以东的瓮山(今北京颐和园的万寿山),追封广宁王,谥号"文正"。

治世能臣——张文谦

张文谦(公元 1216 年—公元 1283 年),字仲谦,邢州沙河(今邢台沙河市)人。张文谦祖居沙河盖里(今沙河市葛村),其父亲张英为避兵乱,携家南迁到邓之南阳(今河南邓州市),张文谦即出生于此。三岁时随父母返回老家,在家乡又遇战事,遂逃往西山避难。有次夜间突然追兵来到,同行者有弃婴舍子仓皇逃命者,张文谦父母不顾危险抱着张文谦终于逃脱。时局稍稳后,张英到州中谋到一份管军资库的差事,张文谦有了读书识字的机会。为了早日帮父母养家度日,张文谦开始学习比较实用的文书簿册之类。张英发现后让其为了"远大之业"而攻读儒家著作。张文谦自幼聪敏,善记诵,曾与刘秉忠、张易、王恂、郭守敬等人一起在邢州城西紫金山共同研习天文、历法、算学等,称邢州五杰。

戊戌年(公元 1238 年),张文谦参加元朝在中原举行的儒士考试中选,得免本户徭役。元世祖忽必烈还是藩王的时候,邢州是其封地,他雄才大略,有一统天下之心,他接受汉人谋臣刘秉忠等人的建议,延揽汉人精英,形成了一个号称"金莲川幕府"的谋臣侍从集团。丁未年(公元 1247 年),刘秉忠向他推荐张文谦,世祖召见,应对很合心意,张文谦被任命为王府书记并日益受到信任。邢州地处要冲,最初朝廷划分两千户作为功臣的封地,每年都派人监督掌管,但那些人不懂得安抚百姓,一味地勒索,百姓难以承受,就有人到世祖王府去控告。张文谦与刘秉忠对世祖说:"如今百姓生活困苦,邢州尤为严重。为什么不选派人员前去治理,让他做出成绩,然后让各地效仿,这样天下的百姓就都受你的恩惠了。"世祖便选派近侍脱兀脱、尚书刘肃、侍郎李简前去治理。他们三人到邢州后,协同治理,革除弊政,罢黜贪暴的官吏,逃亡的百姓又重新回来了,不到一年,户口增加了十倍。从此以后,世祖更加重视儒士,对他们委以政事。

辛亥年(公元 1251 年),宪宗即位。张文谦和刘秉忠多次向世祖进言需优先处理的政事,世祖都批准施行了。世祖征伐大理(今云南地区),大理国王高祥拒不投降,还杀掉使臣,然后逃跑。世祖非常恼怒,准备屠城。张文谦和刘秉忠、姚枢进谏说:"杀害使臣、拒不投降的只是高祥一人,不是百姓的罪过,请赦免他们。"大理的百姓因此全部得以活命。

己未年(公元 1259 年),世祖率领大军征伐南宋,张文谦和刘秉忠进言说:"仁义之师,不战而胜,对征服地区应该一视同仁,不应滥杀无辜。"忽必烈听从劝告,逐渐改变了本族掠地屠城的旧习。进入南宋境内后,他命令诸将不可随意杀人,不可焚烧百姓家园,俘获的百姓都要放回。这些措施不仅对元军取得胜利起到了重大作用,而且最大限度地保护了征服地区的原有文明。

中统元年(公元 1260 年),世祖即位,设立中书省,任命王文统为平章政事。张文谦升任中书左丞,负责制定各种典章制度,阐明个中利病,一切以治国安民为要务。但王文统为人一向嫉妒苛刻,讨论问题时总是否定别人的意见,以致做不出决定。张文谦只得请求出朝为官,世祖诏令他以中书左丞身份代理大名等路宣抚司事,临行时对王文统说:"百姓困苦已久,何况如今天下大旱,如果不酌情适量减免税赋,怎么能给百姓休养生息的希望?"王文统说:"皇上刚刚即位,国家经费全都依靠税收,若再减少,怎么能供给国家用度?"张文谦说:"百姓富足,君主怎么会不富足呢?等风调雨顺、丰收之时,再征收赋税也不晚。"免除了一般赋税的十分之四,商酒税的十分之二。在治理大名时,张文谦重用郭守敬,考察该地区水利,治理河道,发展生产。积极主张轻徭薄赋,与百姓休养生息,得到百姓的称赞。

中统二年(公元1261年)春,张文谦来京朝见,被留在中书省。中书省刚开始设立左右部,讨论施行政务,处理大小事务,张文谦出力最多。次年阿合马统领左右部,总管全国财政。他打算以后直接向皇上奏请,不再通过中书省,世祖诏令廷臣讨论这件事。张文谦说:"划分各部管理财政,古代就有先例,而中书省不参与,于理不合。假如中书省不过问,难道要天子亲自过问吗?"世祖说:"仲谦说得有道理。"

至元元年(公元1264年),世祖诏令张文谦以中书左丞的身份任西夏中兴等路(今宁夏、甘肃和内蒙古部分地区)行省官。羌族的习俗一贯粗野,凡事都没有纲纪,张文谦从被俘虏的蜀人中挑选出五六个,让他们学习吏事。仅一个月,文书簿记就有了章法,子弟也知道读书,风俗为之一变。整顿吏治,兴学重教,积极传播汉地先进文化,使西夏落后、鄙野的习俗为之一变。张文谦还支持郭守敬对唐来、汉延等大小数十条渠道进行疏浚修复,引水灌溉农田十多万顷,西夏再现"塞北江南"的景象。

至元三年(公元1266年),张文谦回朝任职。当时一些有权势的家族认为,拥有几千户的就应当把这几千户作为私奴役属,朝廷讨论了很久都没有结果,张文谦认为应该以乙未年的户口登记为依据,没有占籍的奴隶,可以归属权势家族,其余的良民则没有再沦为奴的道理。讨论就这样有了结果,并定为法令。

至元五年(公元1268年),淄州(今山东淄博)妖人胡王蛊惑人心,事情败露后,官府逮捕了一百多人。丞相安童引述张文谦的话上奏说:"愚民不懂事理,被人诱骗,诛杀首恶就够了。"世祖随即命张文谦前去审理此案,最后只有三人被判斩首示众,其余的人则都获释。

至元七年(公元1270年),元朝中央设司农司,张文谦被授为大司农卿,他奏请设立诸道劝农司,巡行全国,掌管劝课农桑、水利、乡学、义仓等事。还请求开垦籍田,奉行祭祀先农、先蚕等礼仪。这些农官巡行各地,劝保农桑,指导生产,不几年,功效昭著,野无旷土,栽植之利遍布天下,有力促进了元初经济的恢复和发展。又与窦默一起奏请设立国子学,世祖诏令许衡任国子祭酒,选派贵族与官员子弟入学受教。当时阿合马提议限制民间用铁,由官府铸造农器,以高价配售给百姓,同时在东平(今属山东)、大名(今河北大名县)两地设行户部制造宝钞以及诸路转运司,以干涉民政,虐害百姓,张文谦都在世祖面前指出其中弊端而将它们废除。

至元十三年(公元 1276 年),元朝灭南宋,统一天下,张文谦升迁为御史中丞。阿合马害怕御史台揭发他的奸事,奏请废罢诸道按察司,以撼动御史台的权力,张文谦经奏请又得以重新恢复。然而他自知被奸臣忌恨,极力请求辞官。因为《大明历》施行年久,逐渐出现误差,世祖命令许衡等人制定新历,授任张文谦为昭文馆大学士,兼任太史院的官职,以总管此事,全面负责制定历法的工作。王恂、郭守敬等人在张文谦的支持、领导下,率南北日官在全国范围内进行了空前规模的四海测验,掌握了大量准确的天文数据,于 1280 年编订完成了当时世界上最先进的历法,世祖取古语"敬授民时"之意,定名为《授时历》。《授时历》以365.2425 日为一岁,距近代观测值 365.2422 仅差 26 秒,精度与现通用之公历即《格里历》相当,但却早了 300 多年,将我国古代天文学推向了一个高峰。

至元十九年(公元 1282 年),张文谦任枢密副使。一年多后,因病在任上去世,享年六十八岁。他去世时,家无余财,只有图书数柜,藏书数万卷,传之子孙。朝廷封赠他为推诚同德佐运功臣、太师、开府仪同三司、上柱国,追封为魏国公,谥号"忠宣"。

张文谦为人刚直明达,简约稳重,凡是向皇上进言的,都是尧、舜仁义之道。在地方,治理邢州,一年间革弊政、惩贪官、招流民,户口增加十倍,史称"邢州大治";宣抚大名,安民薄赋,百姓得以富足;行省西夏,移风易俗,兴修水利,百姓受益。在中央,出任中书左丞,制定典章;清理户籍,使良民不再沦为权势家族的奴隶;奏请设官劝课农桑,设立国子学教育贵族子弟;勇于废除弊政,数次开罪权贵,对成败得失毫不在意。在晚年,又发挥精通术数的特长,参与修订历法。张文谦以巩固新王朝、安抚因长期战乱而流离失所的百姓为己任,充分发挥了自己的才干,在元朝初期稳定国家、建立纲纪、振兴经济、恢复发展等方面做出了重要贡献。

刚直清廉——张雄飞

张雄飞(生活于公元 13 世纪),字鹏举,琅邪临沂人。父亲张琮,仕于金朝,镇守盱胎。金人对张琮有疑忌,收回了他的兵权,他就举家迁到许州。不久又命令张琮镇守河阴,他把家人仍留在许州。张雄飞自幼失去母亲,是张琮的妾李氏从小抚养他。元朝军队对许州进行屠城,只有工匠可以免死。有一田姓人,是当年张琮手下的小吏,自称会做弓箭,假称张雄飞和李氏是自己家人,他们这样才活了下来。他们向北方迁徙,张雄飞当时只有十岁。到霍州时,李氏想逃跑,又怕张雄飞连累她。张雄飞察觉了她的意图,时刻不离其身。李氏乔装改扮带着他逃回来,寄居在潞州(今山西襄垣县北)。张雄飞长大后,前往赵城拜王宝英为师。金朝灭亡后,张雄飞不知父亲在哪里,在泽州、潞州之间来回寻访十几年,常常在寺庙寄食。之后又到关陕一带,找遍了怀州、孟州、临潼、华州,最终也没有找到他父亲的下落,之后来到燕京。住了几年后,他就完全精通了蒙古语和各部语言。

至元二年(公元 1265 年),廉希宪把张雄飞推荐给世祖,得到世祖召见。他陈言当世要务,世祖听后非常高兴,授任他为同知平阳路转运司,负责调查揭发各种弊端,并全部加以清除。世祖向处士罗英咨询谁可以重用,他回答说:"张雄飞就是匡扶国家、辅助君主的大器。"世祖赞成他的看法,命驿官召张雄飞回朝。世祖询问张雄飞当务之急是什么,他回答说:"太子是天下的根本,请您早日确定以稳定民心。寻常百姓有一升一斗的粮食储存,都知道应该有所托付,国家、社稷最为重要,不早作打算设立储君,就不是好的谋划。若是先帝知道这样,陛下能有今天吗?"世祖当时正卧着,听了张雄飞的话突然坐起,久久称善。

一天,张雄飞与江孝卿一同被世祖召见,世祖说:"现在任职的官吏多庸才,政事松懈,就像高楼大厦即将倒塌,要是没有好的工匠就不能扶正它,你们能担当匡扶重任吗?"江孝卿推辞不敢当。世祖又看张雄飞,张雄飞回答说:"自古以来的御史台，就像皇帝的耳目，凡是朝政的得失，民间百姓的疾苦，都能由御史台奏告。若有官员违法乱纪，贪赃枉法，鱼肉百姓，也可以对其弹劾。这样一来，就能整治朝廷纲纪，天下就能大治。"世祖说："说得好。"不久设立御史台，让前丞相塔察儿担任御史大夫，张雄飞任侍御史，并告诫说："诸卿既为御史官，正义直言乃职责所在。我作为你们的君王，如果没有做好，也要极力进谏，更何况百官！你们要明白我的意思，即使别人嫉妒你们，我也会支持你们。"张雄飞很受感动和鼓舞，从此知无不言。

参议枢密院知事费正寅一向奸猾，有人告他的罪，世祖诏令丞相线真等人与张雄飞一起审查。为费正寅请托的人纷至沓来，张雄飞全不顾及，彻底查清了他的罪状并上报，费正寅和他的同党管如仁等皆伏诛。当时讨论设立尚书省，张雄飞在世祖面前极力争论，违背了世祖的意旨，被贬为同知京兆总管府事。皇室的一位公主有家奴逃到渭南，入赘一百姓家为婿。公主刚好路过临潼，认出了他，把家奴及其妻子、妻子的父母全部捉拿，囚禁起来，还没收了他们的家产。张雄飞与公主争辩，言辞激烈，公主不得已，把妻子、父母和家产都归还，只抓了她的奴隶回去了。

后又入朝任兵部尚书，平章阿合马任国用司主官时，与亦麻都丁有矛盾。这个时候，阿合马罗织亦麻都丁的罪状，同僚都争相附会，张雄飞不赞同，说："所犯的罪责在国用司任职期间，只有平章大人没有参与吗？"众人无言以对。秦长卿、刘仲泽也因为忤逆阿合马，被下狱，阿合马想杀掉他们，张雄飞极力反对。阿合马派人利诱张雄飞说："如果真能杀了这三个人，就给你参政的官职。"张雄飞回答说："杀无罪的人来谋求做大官，这种事我不做。"阿合马很生气，奏请世祖让张雄飞任澧州安抚使，那三个人最后都死在狱中。

当时澧州刚收服，百姓心怀不满，张雄飞到任后，宣布德教安抚人心，百姓都安定下来。有两个大商人，犯了逃税和打人的罪，下属官僚收受了贿赂，想宽免他们的罪状，张雄飞坚决将他们绳之以法。有人说："这是小事，为什么这么坚持？"张雄飞说："我并不是要刻意惩罚逃税斗殴的人，只是要革除宋朝弊政，惩罚不惧怕法律的人。"有百姓因为缺乏粮食，聚在一起抢夺富家的粮食，官吏想把他们定为强盗,张雄飞说:"他们抢粮食是为了要活命,并不是真强盗。"宽免了他们的罪,最终挽救了百余人的生命。澧西南接溪洞,徭人时常抢掠居民,张雄飞派遣杨应申等前往,恩威并施,晓谕教化,徭人都感念顺服。

至元十四年(公元1277年),朝廷改安抚司为总管府,命张雄飞为达鲁花赤,迁任荆湖北道宣慰使。有人告发常德十几家富民要与德山寺僧一起作乱,众人议论应派兵讨伐。张雄飞说:"告发的人一定是他们的仇人,而且新归属的百姓,应该通过稳定来镇守,不可轻易用兵,如果有其他后果,我自己负责。"后来慢慢调查,果真如他所说。之前,荆湖行省阿里海牙把三千八百户降民收为家奴,自己设官管理,每年向他们收税,官府不敢言。张雄飞劝说阿里海牙,请他把家奴交还官府处理,阿里海牙不同意。张雄飞入朝向世祖禀告,诏令这些家奴都改为民籍。

至元十六年(公元1279年),任命张雄飞为御史中丞,管理御史台的事务。张雄飞的儿子张师野在东宫做宿卫,荆湖行省平章政事阿里海牙进京朝觐。他跟宰相说,想奏请皇太子,任命张师野为荆南总管。张雄飞阻止了,回家对张师野说:"现在有人想让你做官,你在宿卫的时间也很长,本来也应该做官,但是我才为中书宰臣,天下百姓一定会认为我有私于你。我一天不离开这个位置,你们就别期望得到官职。"他清介谨慎一向如此。

阿合马让自己的儿子忽辛担任中书右丞,管理江淮行省事务,但又怕不为张雄飞所容,就奏请留下张雄飞,不派遣他,改任张雄飞为陕西汉中道提刑按察使。还没赴任,阿合马就死了,朝中大臣大多因罪罢官,张雄飞被授任参知政事。阿合马在位时间很长,主政期间卖官鬻狱,纲纪散乱。张雄飞首先自降官阶一级,那些侥幸越级提拔的人也都被降级。忽辛犯罪,世祖下令中贵人和中书省一起审问,忽辛一个个地指着审问的官员说:"你们曾经用过我家钱财,现在怎么来审问我?"张雄飞说:"我曾收过你家的钱物吗?"忽辛说:"只有你没有。"张雄飞说:"既然这样,那么我可以审问你了。"忽辛坦白认罪。

至元二十一年(公元1284年)春,册封皇帝的尊号,世祖和大臣们讨论要大赦天下,张雄飞规劝说:"古人说,一个不需要赦免的国家,它的刑罚一定比较平和宽大。之所以要赦免,说明执政不公平。圣明的君主执政,怎么能多次赦免犯人！"世祖表示赞同，接受了他的谏言，对张雄飞说："多次打猎后才能发现善于射箭的人，集中各种想法后才能听到好的意见。你说得很对，我听从你的意见。"只颁发减轻刑罚的诏令。

张雄飞为人刚直清廉，处事谨慎，始终坚持操守。曾经在中书省值班，世祖派使者急速叫他，在便殿见他，对张雄飞说："像你这样的人，应该可以说是真正廉洁的人了。听说你非常贫困，现在我特意赏你白银二千五百两、钱二千五百贯。"张雄飞拜谢，刚要出去，世祖又下令再赏赐黄金五十两和金酒器。张雄飞接受了世祖的赏赐，全部封藏在家中。后来，阿合马的党羽以张雄飞不理政事为名，到中书省请求追回世祖赏赐给他的财物。裕宗在东宫听说这件事，命令参政温迪罕告诉丞相安童说："皇帝赏赐张雄飞的原因，是要表彰他的廉洁，你难道不知道吗？别被小人欺骗了。"塔即古阿散请求检查核实张雄飞过去在中书省任上的财务，重新起用阿合马的余党，最终假借世祖的命令追查并没收赏赐给他的财物。塔即古阿散等人不久因犯罪被杀，世祖考虑到阿合马的余党检查核实可能有误，命令亲近的大臣伯颜复查。中书省左丞耶律老哥劝张雄飞到伯颜那里为自己讲明情况，张雄飞说："皇帝因为我廉洁，才赏赐我，但是，我没敢随便使用这些东西，封存做好标记来等待的原因，正是料到有今天这个情况，又何必自己去说呢？"

至元二十一年（公元 1284 年），卢世荣以理财言论得以晋升，张雄飞与各执政同一天都被罢免。至元二十三年（公元 1286 年），起任张雄飞为燕南河北道宣慰使，他开通阻塞，清除罪恶贪婪之人，清廉的风俗盛行。后来张雄飞死在任上。

清贫廉洁——廉希宪

廉希宪（公元 1231 年—公元 1280 年），字善甫。祖上均为高昌世臣，成吉思汗兴兵崛起时，其父亲布鲁海牙投附蒙古。后于燕京（今北京）、真定（今河北正定）任职，接触到中原文化。廉希宪出生时，正值其父拜燕南诸路廉访使，遂以官为姓,子孙皆姓廉。

廉希宪自幼身材魁伟,行动举止与平常的孩子不同,他九岁时,四名家奴偷了五匹马逃走,被抓获后,按照当时的法律要处死,廉希宪的父亲大怒,要将他们交与官府审理,廉希宪哭着为他们求情,家奴最终免于一死。他还曾经陪侍母亲居住在中山,有两个家奴喝醉了酒,口出恶言,廉希宪说:"这是欺负我年幼无知呀。"立即把他们送往官府处置,大家都为他的见识感到惊奇。

当时世祖还是皇弟,廉希宪年方十九,得以入侍世祖。世祖见他容貌非凡、识见高超,对他特别恩宠。廉希宪非常喜好经史书籍,因其"笃好经史,手不释卷"的勤学精神,深得世祖赏识。一天廉希宪正在读《孟子》,世祖突然召见,他急忙把书放到怀中就去觐见。世祖询问是什么书,廉希宪回答是《孟子》。世祖问《孟子》书中所言何事,廉希宪以人性本善、重义轻利、行仁政不行暴政的要旨回答。世祖很赞赏,把他视作廉孟子,廉希宪由此远近闻名。廉希宪曾经与近臣在世祖面前比试射技,廉希宪腰插三支箭,有人想拿去射。廉希宪反问:"你以为我不会射箭吗?只不过我的挽弓力量稍弱而已。"左右随从拿给他劲弓,他连射三箭,全中靶心,大家惊叹而佩服地说:"真是文武全才啊。"

宪宗四年(公元 1254 年),世祖让廉希宪做自己京兆分地的宣抚使。京兆掌控陇蜀地区,诸王贵戚的藩属领地分布在左右,并有羌戎等少数民族杂居,号称是最难治理的地方。廉希宪到任后,关注民间疾苦,压制豪强,扶持弱小。闲暇之时找许衡、姚枢等著名的儒士咨询,访求为政之道,奏请任用许衡掌管京兆学校,培养人才。按照国家法令制度,士人不属奴籍,但京兆的豪强大户很多,国家的法令在这里不能通行。廉希宪来了后,命令士人全部回归儒籍。

当初,世祖受宪宗蒙哥之命,治理河南、关右。过了几年,有人进谗言说王府的人大多专权不守法。此时,朝廷命阿蓝答儿、刘太平查检、核验所属机构,任用酷吏分别主持此事,大开告发之门。廉希宪说:"宣抚司各事都是出自我的主意,有罪的话当然是我自己承担,关我的下级僚属什么事呢?"结果没有人因此获罪。

宪宗九年(公元 1259 年),宪宗御驾亲临合州,世祖渡过长江,攻下鄂州,命廉希宪进城登记府库财物。廉希宪带领一百余名儒生,拜伏在营门前,说道:"如今王师渡过长江，凡是军中有俘获的士人，应当由官府赎买遣返，以显示特殊的恩德。"世祖高兴地采纳了他的建议，由此遣还的有五百余人。

宪宗驾崩，丧讯传来，廉希宪启奏说："殿下是太祖皇帝的嫡孙，先皇的同母兄弟，从前征讨云南，在限期内平定。如今南伐，又率先渡江，可知天命如此。况且殿下招揽人才俊杰，全都符合人们的期望，恩德惠及百姓，全国都归心于你。今日先皇不幸归天，国家没有君主，愿陛下迅速返回都城，登临大位以安定天下。"世祖认为他说得对，下令廉希宪先行启程，观察情势变化。廉希宪说："刘太平、霍鲁海驻守关右地区，浑都海屯兵六盘山，征南各军分散在秦蜀地区。刘太平联络勾结各路将领，他生性阴险狡诈，一向畏惧殿下的神明英武。倘若他们依仗关中地区优越的地理位置，生有异心，那就不易控制了。应当派赵良弼前往查看人心向背情况。"世祖听从了他的建议。阿里不哥在北方制造叛乱，派脱忽思发兵进攻河朔地区，十分凶暴。真定著名士人李盘曾奉庄圣太后之命侍奉阿里不哥讲读经书。脱忽思对李盘不肯依附自己非常恼怒，将他戴上枷锁。廉希宪访知李盘被关在狱中，就向世祖说明，把李盘放了出来。世祖命廉希宪赐御膳给宗王塔察儿，廉希宪就把自己的意思告诉塔察儿，劝他率先谋划，拥戴世祖即位。塔察儿听从了廉希宪的建议，答应亲自主持此事。廉希宪回来后，把塔察儿的话报告了世祖。世祖说："像这么重大的事情，爱卿怎么毫不畏惧呢？"

次年，世祖到达开平（即日后的上都，今内蒙古正蓝旗），宗室诸王都劝世祖登极称帝，世祖谦让，没有答应。廉希宪再次拿天时人事向世祖进言说："阿里不哥是殿下同母的弟弟，据守北方，专权已有多年，要是他也觊觎皇帝宝座，那事情就不可预料，应该早日定下大计。"世祖应允。第二天即位，建年号为中统。廉希宪又上奏说："高丽国的王子倎长期逗留京师，现在听说他父亲已死，应当立他为国王，让他回国，用恩德笼络他。"又进言说："留在鄂州的军队还未班师，应当遣派使臣同宋朝和好，下令各路军队北归。"世祖全都听从。

赵良弼从关右地区回来，奏报刘太平、霍鲁海反叛的种种情状，都和廉希宪所说的一样。世祖把汉地划分为十道，京兆、四川合为一道，让廉希宪做宣抚使。刘太平、霍鲁海听到消息后，秘密谋划叛变。三天后，廉希宪来到京兆，宣布世祖的诏旨,派人安抚、劝谕六盘山的军队。没多久,断事官阔阔出派人来告知:浑都海已经造反,杀害了所派来的使者朵罗台,另派人通知在成都的同党密里火者、青居的乞台不花,让他们各自率兵来支援。又给蒙古军奥鲁官兀奴忽等很多金帛财物,征集新军,而且同刘太平、霍鲁海约定同日发兵。廉希宪得到报告后,召集僚属说:"皇上刚刚即位,把重任交给我们,正是为了今天能用上。如果不提早谋划,那就来不及了。"派遣万户刘黑马、京兆治中高鹏霄、华州尹史广,去抓捕刘太平、霍鲁海及其同党,最后全部擒获,并查清了他们的叛乱阴谋,把他们关进监狱。再派刘黑马诛杀密里火者,总帅汪惟正诛杀了乞台不花,这些情况都通过驿传的使臣上奏朝廷。当时关中地区没有军备,廉希宪命汪惟良率领秦州、巩州的各路军马进驻六盘山。汪惟良以未得到皇上的圣旨为由推辞,廉希宪马上解下自己所佩带的虎符银印交给他说:"我是奉密旨行事,你只管把我交办的事情办妥,我已经写好文书飞报朝廷。"又拿出一万五千两银子,用作对士卒的功赏,拿出国库的钞币制作军衣。廉希宪又征发蜀地轮候戍守的士兵及剩余在家的男丁,交由节制诸军蒙古官八春率领。廉希宪对他说:"你所率领的部众没有经过训练,六盘山屯驻的都是精兵,不要和他们针锋相对争高低,只要虚张声势,让他们无力向东进军,那就大功告成了。"此时诏书赦令到达,但廉希宪先下令在狱中绞死刘太平等人,把他们的尸体放在大道上,才出来迎接诏书,人心于是安定下来。廉希宪派人上奏,弹劾自己未执行赦令而自行行刑、征调各路军马、擅自以汪惟良做元帅等罪。世祖赞赏他说:"《经》书上所说的随机应变行使权力,廉希宪就是这样做的。"另外赐给他金虎符,使他节制各路军马,而且下诏说:"我委任爱卿以坐镇一方的大权,处理事情应当随机应变,不要拘泥常制,以致坐失事机。"

西川将领纽邻奥鲁官打算起兵响应浑都海,八春将他擒获,把他的同党五十余人全部抓了,关在乾州监狱,并把两人送到京兆,请求把他们一并杀掉。廉希宪对下属说:"浑都海不能乘势向东进攻,就保证没有其他忧虑了。现在人心不一,仍然心怀反复,他们的军队见到自己的将校被抓起来,或许会另生他心,到时为害不小。现在借着他们怕死的心理,加以宽大释放,让他们感恩戴德,为我所用,随即征发这支军队的剩余军丁,编入八春军中,才是上策。"起初,八春捉拿了各个将校,军兵怀疑恐惧,因害怕而四出逃亡,没有人可以控制。等到知道将校全身而还,纽邻奥鲁官也被释放,大喜过望。八春也明白了其中道理,结果得到几千精锐的骑兵,率领他们一起向西进发。

朝廷下诏让廉希宪担任中书右丞,兼理秦蜀省事务。浑都海听闻京兆已有防备,向西渡过黄河,逼近甘州。阿蓝答儿又从和林调集军队与他会合,分别联络陇、蜀地区的将领,派纽邻之兄宿敦写信招降纽邻,人心动荡,情势不可预测。廉希宪派人去劝谕、告诫,两川地区诸将素来畏惧廉希宪的威名,全都听从命令,平安稳定下来。浑都海、阿蓝答儿合军一处,向东进发,诸将作战失利,河右地区大为震动。朝廷讨论想放弃两川地区,退守兴元,廉希宪力陈不可。亲王合丹同汪惟良、八春等合兵一处,再和敌军大战于西凉地区,大败敌军,把敌人俘获斩杀殆尽,两个叛军首领在京兆市上斩首示众。廉希宪启奏:四川的降民,都散居山谷之中,应当申令军吏,禁止他们掳掠,有违犯的,千户以下的军吏与犯人同罪,又命令人们不得贩卖人口,归降的人越来越多,这样四川就安定下来。又解散解盐户所征集的军队,以及京兆各地戍守灵州屯田的无籍民户,以增加民力。世祖得知这些情况后,大为嘉奖,说:"希宪是真正的男子汉!"晋升为平章政事,赐给他一处宅第,当时廉希宪才三十岁。在拥戴忽必烈和平定关陇的过程,不仅显示了廉希宪的军事才能,而且表明他是一个具有政治远见,善于审时度势,临事镇定,处理问题果断的政治家。

中统三年(公元 1262 年),廉希宪进拜中书平章政事。在中书省任内,署理各项大小事务,综合审查,裁撤冗官滥职,贬抑侥幸投机之徒,兴利除害,人们都高兴地称赞说有大治气象,典章制度,都光辉耀目,可以考述。廉希宪又建议说:"国家自从开创以来,凡是献纳土地和最初任命的大臣,都让他们世代袭职,到现在已近六十年。他们的子孙都把部下当作奴隶看待,小都邑的长官吏员,全成了他们的奴仆,供他们使唤。这是以前所没有的,应当改变这种制度,对官员通过考课,决定升降。"随后朝廷讨论实行迁转法。

世祖晓谕廉希宪说:"官吏把法律置于一边而贪污腐败,人民失去本业而各处逃窜,工匠不敷使用,财政入不敷出,前朝受此祸患已经很长时间了。自从爱卿等人做宰相，就没有这方面的担忧了。"廉希宪回答说："陛下就像尧、舜那样圣明，臣等未能用皋陶、稷、契之道辅佐陛下治理天下，实现天下太平，为此很惭愧。现在还只算是小治，不值得过多赞扬。"世祖又谈到魏徵，廉希宪回答说："忠良之臣，哪一代没有呢？只是人君起用与否罢了。"

有言官揭发丞相史天泽在朝廷内外安插亲朋党羽，权势日盛，渐渐不可控制。世祖下诏罢免史天泽平章政事的职务，听候审问。廉希宪上奏说："史天泽侍奉陛下已经很长时间了，没有人比陛下更了解他。从藩邸时，就多次听令差使，统率军队，驾驭百姓，很有成效。陛下知道他可以托付大事，所以任用他为辅相。小人有什么谗言，陛下应当仔细明察他的心迹，他果真有肆无忌惮、不臣的行为吗？今日陛下信任臣，所以臣还能参与旨意的拟定，假如有一天有告发臣的，那臣也要遭受怀疑了。臣等在政府中任职，陛下如果都像这样疑心，我们怎么能自保呢？史天泽如果被罢官，臣也请求罢免。"过了一段时间，世祖才说："你先退下，让我再想一下。"第二天，召见廉希宪，对他说："我昨天想过了，史天泽没有可以被控诉的事情。"事情得到化解。

又有人控告四川元帅钦察，世祖下令中书省立即派遣使臣诛杀钦察。第二天，廉希宪回奏此事，世祖大怒说："你怎么这么晚才回奏！"廉希宪回答说："钦察大帅，因为一个小人的谗言就被诛杀，民心必定惊恐，应该把他押解到这里，与告发之人当庭对质，然后向天下昭示他的罪行才比较合适。"世祖下诏派遣干练的官吏审问，事情终究查无实据，钦察得以幸免。

方士请为世祖炼大丹，世祖敕令中书省提供所需的物资。廉希宪以秦、汉已有的教训详细上奏，并且说："尧、舜得以高寿，并不是因为吃大丹的缘故。"世祖辞退了方士。当时世祖正尊礼国师，命廉希宪也跟着受戒，廉希宪回答："臣已经受戒孔子了。"世祖问："孔子也有戒吗？"廉希宪答道："做臣子要一片忠心，做儿子要秉持孝道，孔子之戒，就是这样的。"

廉希宪每次在世祖面前奏议，议论事情言辞激烈，没有任何回旋顾忌。世祖说："爱卿昔日在王府侍奉朕时，多能包容承受。如今做了天子的大臣，怎么却变得刚直强硬了？"廉希宪回答说："王府之事轻，天下之事重，若是当面顺从，那么天下都将受害,臣并不是不自重。"

至元五年(公元 1268 年),设立御史台,接着又在各道设立提刑按察司。当时阿合马专擅财政大权,说:"各项政务责成各路办理,钱钞粮食等事交付给转运司,现在这样条块分割,事情还怎么办得好?"廉希宪回答说:"设立御史台、按察司等监察机构,是自古已有的制度,对内则弹劾奸佞大臣,对外则察访非法之事,访查民间疾苦,没有比这更有益于国家大计的了。如果废除按察司,使上下官员肆无忌惮地按自己心意行事,贪婪暴虐,事情怎能办成呢!"阿合马无言以对。一次阿合马的党羽互相攻击,世祖命中书省查办。大家畏于阿合马的权势,都不敢过问。廉希宪却一查到底,把实际情况奏报世祖,阿合马获杖刑,并废止他所领的衙门,归还相关官署。

至元七年(公元 1270 年),世祖诏令释放京师囚禁的犯人。西域人匿赞马丁先朝时就为朝廷办事,资产数以万计,被仇家告发关在大都监狱,这时得到释放。当时廉希宪正在休假,并没有参与此事。当年秋天,世祖的车驾从上都归来,匿赞马丁的仇家向世祖告发,廉希宪取来当时的呈堂判文,补签上自己的名字说:"皇帝天威不可测,我哪能庆幸自己没有签字而可以免罪呢!"廉希宪进见世祖,用诏书上的话为依据。世祖质问:"有诏旨释放囚犯,难道有诏释放匿赞马丁吗?"廉希宪回答说:"臣等也没有听说有诏书不释放匿赞马丁。"世祖大怒说:"你们还号称读了不少书,遇到事情也不过如此,该当何罪?"廉希宪回答说:"臣等有幸任宰相,有罪则应罢职。"世祖说:"那就按你说的办吧。"廉希宪同左丞相耶律铸一起罢相。一天,世祖问身边的侍臣,廉希宪在家里都做什么?侍臣回答说:"读书。"世祖说:"当然是朕让他读书的,然而读了书又不能学以致用,多读书又有什么用。"意思是责备他罢官在家,不想着再复出。阿合马趁机进谗言说:"廉希宪每天都和妻子儿女设宴享乐。"世祖听了变了脸色说:"廉希宪家中清贫,拿什么办酒宴!"廉希宪曾经有一次生病,世祖派了三个医生前往诊治,医生说需要以砂糖作辅饮用,当时砂糖极为难得,家人出去寻求,阿合马给了两斤,而且表达了殷切的情意,廉希宪拒绝说:"即便此物真能让人活命,我也不乞求靠奸人给的东西活下来。"世祖听说后,特地派人去赐给他砂糖。

至元十一年(公元 1274 年),任命廉希宪为北京行省平章政事。长公主与驸马进京朝见,在郊野平原纵马射猎,颇为扰民。廉希宪当面劝谕驸马,打算入朝上奏。驸马十分惊恐,进帐告诉公主,公主出帐说:"我的随从骚扰百姓,我不知道。请允许我用一万五千贯银钞来赔偿百姓的损失,希望您不要派人去奏报朝廷。"从此以后达官贵人路过,都不敢肆意妄为。

次年,右丞阿里海牙攻下江陵,绘制地形图奏报朝廷,请求派重臣设大级别官府镇守。世祖急忙召廉希宪回朝,派他行省荆南,并有授三品以下官职之权。世祖赐坐说:"荆南地区并入我国版图,打算让新归附的人们感念我们的恩德,还没归附的人能向往归化。宋朝知道我朝有你这样的大臣,也足够收服他们的心。南方土地低洼潮湿,对你的健康很不利,但现在把大事托付给你,想来爱卿不会推辞。"并赐予他田地以供养在家居住的人,赐五十匹马给随从。廉希宪说:"臣每每担心才识浅陋,不能胜任大事,哪里敢以身体不适推辞。但此次新的赏赐我不能接受。"廉希宪冒着酷暑、带着疾病上任。到达治所,阿里海牙率领部属在郊外迎接,离得很远就拜在尘土之中,荆南百姓看了大为惊骇。

廉希宪到任当日就下令禁止抢掠,让商贩流通,兴利除害,军民一片安定。他首先录用以前宋国的宣抚、制置二司之中的能干幕僚,以备选任和咨询,最后选出二十余人,根据才能授以相应官职。左右下属都不赞成,廉希宪说:"现在大家都是国家的臣子,还有什么要怀疑的?"宋朝前任官到廉希宪官署行礼拜见,都会送各类珍玩,廉希宪一概拒收,对他们说:"你们仍然担任之前的官职,有的还会被破格提拔,应当感念圣恩,尽力报效国家。你们送的这些东西,如果是自己的物品,我收下就是不义;一旦有官府的财物,此事就如同盗窃;如果是从百姓处聚敛而来,那就更是有罪。你们对此事应当慎重。"众官吏都感激不已,谢罪离去。廉希宪下令,凡是俘获的人,若是随意处死,就以故意谋害平民论罪。那些被军士所虏获、生病而被抛弃的,允许别人收养;痊愈后,以前的主人不能再占有。订立契约质卖妻子儿女的人,加重治罪,并没收他典卖所得的钱财。廉希宪下令决开江陵城外用做防御工事的蓄水,新增良田数万亩,作为贫苦人民的家业。又征发沙市不在官府仓库登记的二十万解粮食,以赈济公安的饥荒。大力兴办学校,选任教官,置办经籍,亲自到讲堂激励学生。

西南地区的溪洞,以及思州田氏、播州杨氏,重庆制置使赵定应,纷纷越过边境请求降附,此事奏报朝廷,世祖说:"先朝不用兵就得不到土地,如今廉希宪能让数千百里之外的人跨境来纳献土地,他的治理教化可见一斑。"守关的小吏得到江陵人的一封私人信件,不敢启封,上交到朝廷,枢密院的大臣在世祖面前拆开,信中说道:"归附之初,民不聊生。皇帝派廉相出镇荆南,岂止是人受到恩德教化,就连昆虫草木,都会感受到恩惠。"世祖说:"希宪不喜好杀人,所以能做到这样。"

至元十四年(公元 1277 年)春,廉希宪久病不愈,近臣董文忠进言说:"江陵地区潮湿炎热,廉希宪的病怎么能好呢?"下诏廉希宪还朝。江陵人民痛苦流泪,拦路请求留下,并纷纷给他画像,建立祠堂,作为纪念。廉希宪归来时,行李简单,只有随身携带的古琴和书籍。世祖知道他家里贫穷,特地赐给他白银五千两、钞一万贯。五月,廉希宪抵达上都,太常卿田忠良前来问候病情。廉希宪对他说:"上都是圣上即位、开创基业的地方,天下百姓都把这视为根本。最近听说龙冈失火,火势蔓延,烧到了民房。这是常有的事,千万不要让妄谈风水的人迷惑皇上,让他心意动摇。"不久,果然有好几个人上奏迁都之事。枢密副使张易、中书左丞张文谦和他们当庭辩论,力陈不可迁都,世祖听了很不高兴。第二天,召见田忠良询问这件事,田忠良就把廉希宪的话说了,迁都的议论就此停止。

至元十六年(公元 1279 年)春,诏令廉希宪再回中书省,廉希宪说自己的病情严重。皇太子前去询问病情,趁机询问治国之道。廉希宪说:"统治天下在于用人,任用君子就会国家大治,任用小人就会乱国。臣的病虽很严重,但也只能听从天意安排了。我非常担忧的是奸臣把持朝政,各种小人阿附,误国殃民,这才是真正的大病。殿下应当扩大圣明的听闻,尽快剪除奸臣,不然的话,日积月累,发展为重病,就不可医治了。"又告诫他的儿子说:"大丈夫见义勇为,不要预先为自己考虑祸福,认为皋陶、夔、稷、契、伊尹、傅乐、周公、召公那样的贤相不容易做到,这是自暴自弃。天下大事如果没有牵制,三代的盛世是可以再现的。"

至元十七年(公元 1280 年)十一月十九日夜,有颗大星陨落在廉希宪居住的正屋旁边,光芒照亮大地,很久才熄灭。当晚,廉希宪去世,终年五十岁。大德八年(公元 1304 年),封赠忠清粹德功臣、太傅、开府仪同三司,追封为魏国公,谥号"文正"。

清廉谨慎——董文忠

　　董文忠(公元 1231 年—公元 1281 年),字彦诚,藁城人,元朝名将董俊第八子。

　　壬子年(公元 1252 年),董文忠到世祖忽必烈的潜邸担任侍卫。王鹗曾谈诗,顺便问董文忠会不会作诗,董文忠说:"我从小读书,只知道在家孝敬父母,出门要忠君报国,作诗不是我学习的范围。"癸丑年(公元 1253 年),跟随忽必烈征讨南诏。己未年(公元 1259 年),征伐南宋,与兄长董文炳、董文用在阳罗堡击败宋兵,俘获上百艘战舰,又进军围攻鄂州(今湖北武汉市)。世祖忽必烈即位,设置符宝局,让董文忠担任符宝郎,授予他奉训大夫,跟他关系更加亲密,曾叫他董八而不叫他的名字。董文忠不曲意逢迎,只是据实献纳符宝,宫中的事情都属秘密,外人大多不能知道。

　　至元二年(公元 1265 年),安童以右丞相的身份总领中书,建言陈述十件事,言论违忤了世祖的意思,董文忠说:"安童垂相向来有贤能的名望,现在他刚开始主持政务,人们都在倾听他的意见。他所请求的不获批准,以后怎么执政?"他从一旁代替安童应答,恳切忠诚,详细贴切,如同是他自己上奏的一样,这些建言都得到了世祖的许可。

　　至元八年(公元 1271 年),侍讲学士徒单公履想要上奏举行贡举。他知道世祖重视教宗而轻视禅宗,上言儒家也有差别,科举类似教宗,道学类似禅宗。世祖大怒,召姚枢、许衡与宰臣当朝辩论。董文忠从外面进来,世祖说:"你每天读《四书》,也是道学者。"董文忠回答说:"陛下常说:士人不研究经、不讲孔孟之道却写作诗赋,这跟修身有什么关系,对治国有什么益处!由此,海内士人才稍稍从事实学。臣现在所读的,都是孔孟之言,哪里知道所谓的道学!而俗儒固守着金朝的旧习,想要实行他的主张,所以拿这个迷惑皇上,这恐怕不是陛下教人修身治国的意思。"贡举的事情就停止了。

至元十一年(公元 1274 年),攻伐南宋,民众因供应军粮而感到非常痛苦,董文忠上奏乞求免除常年滥征的赋税,世祖听从了。世祖曾见过南宋的降将,问他们南宋为什么亡国?他们都说:"贾似道当国,轻视武人而偏重文儒,将士怨恨他,没有斗志。因此蒙古大军到来后,争相解甲投降。"世祖问董文忠:"这话说得怎么样?"董文忠就诘问南宋降将说:"贾似道轻视你,而皇帝却让你当官,给你俸禄,不曾轻视你。现在你对宰相有怨恨,却转移到皇帝身上,不肯拼力一战,坐视国家灭亡,哪里有大臣的节气!贾似道轻视你,难道不是预知你们这些人靠不住吗?"世祖认为他说得很对。世祖有旨把大都猎户迁徙到郢中(今湖北钟祥),董文忠上奏停止了。他又请求废除出售耕田器械的官税,听任人民自造。

当时盗贼很多,世祖下诏对盗贼杀无赦,所有的监狱都人满为患。董文忠上奏说:"杀人掠货,与偷窃一枚钱的一样处死,过于严酷,恐怕有违陛下好生之德。"世祖下令将此革除。有人告发汉人打伤蒙古人,以及太府监属卢甲偷剪官布。世祖大怒,命令杀了他们以儆效尤。在当时,官员损公肥私、监守自盗也是不轻的罪名。这两个案子虽有不少破绽,但侍臣们见皇上盛怒之下,无人敢提出不同意见。董文忠认为证据不足,犯颜进谏说:"现在刑曹对于犯死罪的囚犯,已有供词的,也仍然一定要详细审查。这次怎么可以因为某人的片面之言,就施以重刑!应该交付有关部门审查核实,待以后决断。"世祖派董文忠及近臣突满分别去调查核实,结果证实,这两桩案子都属冤案,世祖下诏赦免了他们。世祖责备侍臣说:"当朕发怒时,你们都不敢说话。如果不是董文忠开悟朕心,就杀了两个无辜的人,这样一定会被朝廷内外议论。"为此,赐给董文忠金尊,说:"用它来旌表爱卿的正直。"裕宗真金也对宫臣说:"当皇上震怒的时候,董文忠从容不迫地进谏修正,这实在是作为人臣最难能可贵的。"太府监属卢甲得救后,非常感谢董文忠的救命之恩,带着一份厚礼去答谢,他感激涕零地说:"鄙人依赖您才活下来。"一定要董文忠收下礼物,董文忠说:"我平素不认识你,之所以相救于危急之时,主要是为国家立正刑罚,哪里期望你的报答!"坚决拒绝了他的礼物。为维护法律的严肃性,董文忠敢于犯颜进谏,不怕招引杀身之祸,当受害者前来报答救命之恩时,却坚辞不受,这种居官清廉的作风为百姓所称颂。

自安童北伐以后,阿合马独持国柄,大规模树立亲党。他害怕廉希宪再次入京担任宰相,使他的计谋不能实现,就上奏让廉希宪到江陵担任行省右丞。董文忠进言:"廉希宪是国家名臣,现在宰相位置空着,不可让他久居京外,否则会让人们失望,应该早早召他回京。"世祖听从他的建议了。

至元十六年(公元 1279 年)十月,董文忠上奏说:"陛下一开始让燕王担任中书令、枢密使,但他只去过中书省一次。自从册立他为太子,就多次让他实习军国事务,然而十余年,他始终是谦避退让,不肯掌事。不是他不奉皇上的旨意,主要是朝廷没有让他尽他的职责。事情已经上奏决定了,才向太子启奏,这是让皇子评断皇父命令的正误,所以太子只有唯唯诺诺、沉默退避而已。以臣所知道的,不如令有关部门先启奏太子而后上奏皇上。如果有未定好的,由皇上裁断,这样大概才道理通顺而不逾越君臣之分,太子一定也不敢推辞他的责任。"世祖即日召见大臣,当面说了董文忠的意见,让他们实行。世祖又对太子说:"董八是崇立国本的人,不要忘了他。"

礼部尚书谢昌元请求设立门下省,封驳制敕,以革除中书省上奏随意、惯于上奏的弊端。世祖想要锐意实行,下诏让廷臣讨论,并且生气地对翰林学士承旨王磐说:"像这样有益的事,你不告诉我,而让后来从南方来的大臣说,你那些学问留着干什么用!一定要今天就设立门下省。"三天后,廷臣上奏让董文忠担任侍中,并确立门下省属官数十人。近臣乘便进言说:"陛下将要另外设置门下省,时机确实很对。然而,得到人才才可以宽慰圣心,一新民政;我听说现在盗诈之臣在门下省中,这不合适。"矛头直指董文忠。董文忠愤然辩解说:"皇上常常称赞我不偷盗,不欺诈,现在你看着我这么说,意思其实是在说我。何不明说我做了什么盗诈的事!"世祖命令进言者出去,董文忠仍然诉苦不止,且攻击近臣害国的奸恶。世祖说:"我自然知道,他不是说你。"这个人忌恨董文忠,想要中伤他,然而因为董文忠为官正直,清廉谨慎,两袖清风,毫无过错。他就拿一万缗钞为董文忠祝寿,请求与他交朋友,董文忠推辞了。当时董文炳担任中书左丞,他去世后,太傅伯颜上表说董文忠可以担任宰相。世祖让他继任这个官职,董文忠推辞说:"我的兄长有平定南方的功劳,可以担任这个职务。我在宫中任职,出了什么力,怎敢担任如此重要的职务!"

至元十八年(公元 1281 年),升典瑞局为监,升郎为卿,仍让董文忠担任。授正议大夫,随后又授资德大夫、金书枢密院事,依然为卿。世祖车驾出京,诏命董文忠留守大都,凡宫苑、城门、直舍、徽道、环卫、营屯、禁兵、太府、少府、军器、尚乘等监,全部总领。兵马司原来隶属于中书省,一并交付给董文忠。当时权臣屡次请求把兵马司归还中书,世祖都没有答应。这年冬天十月二十五日,鸡鸣,即将入朝,董文忠忽然病倒。世祖派遣中使拿药去救,已经来不及了,董文忠去世。世祖非常哀悼惋惜,赏赐了丧葬费数十万钱,下制书赠董文忠光禄大夫、司徒,封寿国公,谥号"忠贞"。

忠义廉介——董士选

董士选(生活于公元 13 世纪),字舜卿,藁城人。元朝名将董俊的孙子,董文炳的次子。

董士选自幼跟随父亲成长于军旅之间,白天习武,晚上读书,从不间断。董文炳率领大军与宋兵在金山作战,董士选作战非常卖力,大败敌军,一直追到海边才退兵。丞相伯颜亲临前线视察,认为他骁勇善战,派人去询问,才知道是董文炳的儿子。等到降服张瑄等人后,向朝廷奏报战功,让董士选佩带金符,做管军总管。宋朝投降后,董士选跟从董文炳进入宫中,收取宋主降表,并收集宋朝的文书图籍。董士选沉静稳重,明于大体,对财物丝毫不取,官兵都称扬不已。宋朝平定之后,班师回朝。朝廷诏令设置侍卫亲军诸卫,董士选担任前卫指挥使。他号令严明公正,得到士大夫的称许。不久世祖令董士秀统率侍卫亲军前卫,让董士选在湖广行省做同金行枢密院事,过了很长时间,召他回朝。

宗王乃颜叛乱,世祖御驾亲征。召董士选到世祖驻扎的地方,让他与李劳山一同率领汉人诸军护驾。乃颜军队射出的飞箭一直射到世祖乘坐的舆驾前,董士选等人率步兵阻击,把乃颜军队打败。董士选御敌,缓急进退都有法度,世祖很欣赏。桑哥倒台后,世祖寻求正直之士加以任用,以革除以前的弊端。董士选以刚直不阿而知名,号称"得士大夫心"。因此,朝廷意图改弦更张,革除弊政的时候,号称"直士"的董士选就成为当然的人选。世祖召见董士选议论政事,让他任中书左丞,与平章政事彻理一起去镇守浙西,听凭他们选任属吏。到达衙署后,董士选调查危害百姓的弊政,全部遵照世祖的旨意加以废除,百姓都很高兴。有专事聚敛、谋取不法奸利的大臣,事发获罪,将要被处死。他们谎称派出的商船去到海外还没有回来,请求暂留性命等待商船。董士选说:"出海的商船一回来就把他们逮捕登记,要是不回来那也无可奈何,与他个人的生死存亡没有关系。假若这个人侥幸得以存活,那无法向天下百姓谢罪。"最终还是将其依法治罪。浙西地区湖泊众多,可以大面积地蓄水和泄洪以防备水旱灾害。但这些湖泊都被地方豪强霸占,用作园艺,而没有地方蓄水,多次造成水旱灾害。对于各种病民、害民的弊政,董士选努力予以革除,将豪强霸占的湖泊重新归还给百姓,以促进当地的农业生产,使百姓过上安定、富裕的生活。

成宗即位后,命董士选为建康金行枢密院。不久,又授官江西行省左丞。赣州的盗贼刘六十擅自建立伪名号,聚集民众达到数万人。朝廷派兵征讨,但是主将观望退缩,不肯努力作战,镇守的官吏又趁机骚扰良民,盗贼的势力越发强盛。董士选请求亲自前往,大家都高兴地把希望寄托在他身上。董士选当天就踏上征程,他没有请求增加兵力,只是率领属吏李霆镇、元明善二人,拿着文书就去了,众人都搞不清楚他究竟要怎样。到达赣州境内后,董士选首先逮捕那些残害百姓的官吏,加以惩治。百姓们奔走相告说:"不知道有如此严明执法的官。"董士选率军进发到兴国县(今江西兴国),距离贼人的巢穴不到一百里,下令选择将校分兵几处严守阵地待命。查明激发叛乱的人,把他们全都依法处置,又诛杀了暗中包庇贼人的奸民。百姓争相出来请求为其效力，没过几天就把贼首擒获，其余贼众则遣散他们回家务农。在军中查获贼人所写的文书，附近郡县富人的姓名都赫然在列。李霆镇、元明善请求将其焚毁，民心更加安定。董士选派人把乱事平定的消息上报朝廷，中书平章政事不忽木召见使人，对他说："董公没有呈上功劳簿吗？"使者回答说："我临行时，左丞对我说：'朝廷如果问起军功等事，你只要说我镇守地方失职，能够免除罪过就已经十分庆幸了，哪里还敢谈什么功劳！'"使者接着拿出董士选的亲笔信，信里也只是请求罢黜几名贪赃枉法的官吏而已，丝毫不提自己破贼之事。大臣们在廷议之中，深深感叹董士选识大体，不夸耀自己的功劳。又拜任董士选为江南行御史台中丞，他向来有廉威之名，故能不严而肃，凛然有大臣的风度。

后入朝做金枢密院事，很快又官拜御史中丞。前任御史中丞崔彧长期在监察部门任职，善于从中斡旋而促成诸事。崔彧死后，不忽木以平章军国重事的身份继任，行事方正而秉持大体，为众望所归。不过不忽木多病，就让董士选担任此职。董士选在任上表现卓越，朝廷内外敬畏景仰。

丞相完泽听从刘深的建言，出动军队征讨八百媳妇国，长途跋涉，又受烟瘴之苦。等到赶到那里还没有开始战斗，士兵们死掉的就已有十之七八。又驱使百姓为军队转运粮草，山谷之间根本不能通行粮车、舟船，只能靠人背肩扛才能够到达。一个民夫运送八斗军粮，就需要有数人辅助，历时十多天才能够到达，百姓为此而死难的也达到数十万人，朝廷内外一片哗然。完泽还游说成宗说："江南的广大地区都是世祖皇帝打下来的。陛下如果不发动这场战争，那就没有什么功绩可被后世称颂。"成宗采纳了他的意见，用兵的意志更加坚决，大臣们没有敢再进谏的。董士选在朝臣中领头议论此事，在大殿中奏事完毕后，诸臣全都起立，董士选乃独自上奏说："如今刘深出动大军，以有用的百姓去攻取无用的土地。就算应当去攻打，也应当先派使者前去劝谕。如果他们不听从劝谕，然后再屯聚粮草，调集兵力，等待合适的时机进攻。怎么能够听信一人的虚妄言论，而置百万生灵于死地呢？"成宗听了后脸色沉了下来，董士选还在不停地陈言，旁边的侍从人员都为他感到战栗。成宗最后说："征讨之事已定，爱卿就不必多言了。"董士选回道：

"因进言而获罪,那也是我应当承担的。要是有一天因我不直言而怪罪于我,我就是死了又有何益!"成宗命令他离开,左右的大臣拥着他出了宫殿。没过几个月,成宗听到了征讨大军失败的消息,感慨地说:"董二哥所说的都得到了应验,我很惭愧。"把御用的酒樽赐给他,表彰他能直言进谏。此前,世祖曾经称呼董文炳为董大哥,所以成宗以二哥称呼董士选。董士选又出任江浙行省右丞,迁汴梁行省平章政事,再迁陕西行省平章政事。

董士选平生以忠义自许,尤其以廉洁号称。他的门生部下,没有人敢拿一丝一毫的财物进献给他。他治家也非常严格,在孝敬友爱方面尤其突出。当时人们说到遵守礼法的世家,必定要推举董氏家族。在礼贤下士方面,董士选做得尤其周到。在江西的时候,他以属吏元明善为宾友,之后又拜吴澄为师,还延请虞汲在家塾中教导自己的儿子。诸位年老的儒士及西蜀遗留下来的士人,董士选全都用书院的俸禄聘任他们,让他们以生平所学教授自己。迁任江南行御史台时,又召集虞汲的儿子虞集一同前往,后来又征来范椁等数人,这些人都以出众的文学才华在当时享有盛名。所以世称访求贤才,推荐名士,也必以董氏为首。董士选晚年喜欢读《易经》,终生平和淡泊。每次到一地任官,必定要先变卖先世留下的田园房屋作为路上的行旅费用,到了老年更加贫穷,子孙与一般的老百姓没有什么不同,其中为官的往往也是以廉洁为名。

严峻刚直——张思明

张思明(公元 1259 年—公元 1337 年),字士瞻,河南获嘉人,后来迁居辉州。张思明自幼聪明过人,博学强记,口齿伶俐,声音动听,每天读书可背诵千字。

至元十九年(公元 1282 年),张思明以侍仪司舍人的身份被征召为御史台属官,后又被征召为尚书省属官。左丞相阿合马死后,世祖追查他奸诈欺瞒的罪行,命令尚书讯问他的余党。一天,世祖召见右丞相何荣祖、左丞相马绍,把他所有的赃物运入宫中。张思明抱着赃物明细册跟随进宫,当时天色已近黄昏,世祖命令张思明读文件,从黄昏一直到次日清晨。世祖仔细地听着,忘记了疲劳,问:"你的吐字发音,很像侍仪舍人。"右丞相回答说:"他正是刚从侍仪舍人升为尚书省属官的。"世祖很欣赏张思明的才能,说:"这个人可以重用。"第二天,任命张思明为大都路治中。张思明认为越过等级提拔,破格升迁不合规制,坚决推辞,就改任为湖广行省都事。

成宗元贞元年(公元 1295 年),张思明被召为中书省检校,使六部没有积压的案子,又调为户部主事。大德初年,被提升为左司都事。国家在江浙设立海道运粮万户府之初,一些官员怕难,不肯赴任。张思明请求升高此官的品级用来优待他们,此后便成为制度。大德五年(公元 1301 年),张思明调为吏部郎中。大德十年(公元 1306 年),出任江浙行中书省左右司郎中。大德十一年(公元 1307 年)春,浙江地区严重饥荒,他首先开仓赈济灾民。

武宗至大三年(公元 1310 年),张思明升为两浙盐运使,还没上任,就入朝担任参议枢密院事,又改为中书省左司郎中。

仁宗皇庆元年(公元 1312 年),张思明再次被授予两浙盐运使。当年征收的税收超额,他的下属要求增加税收的数量,张思明说:"税收亏盈是不确定的,万一把增加后的数目作为定额,这是为我一个人的政绩荣耀,而贻害后世。"次年,张思明升为户部尚书。

延祐元年(公元 1314 年),张思明再升为参议中书省事。延祐三年(公元 1316年),任命为中书参知政事。和尚妙总统被仁宗宠幸,命令中书省给他的弟弟封五品官,张思明坚决不答应。仁宗大怒,召见张思明,严厉地斥责他。张思明回答说:"选拔官员的制度,是天下的公器。小路一开,进来的人就杂而多。所以我宁可违抗皇上的旨意而获罪,也不忍心毁坏祖宗的成法,让天下的老百姓得以窥测陛下的深浅。"仁宗虽然心里认为他的话是对的,然而已经许诺了妙总统,就说:"你姑且给他这个职位吧,下不为例。"张思明就任命妙总统的弟弟为万亿库提举,而不给具体官职。仁宗身边的人憎恨张思明执法严峻刚直,每天造谣离间,在仁宗面前进谗言。过了一段时间,张思明被调为工部尚书。仁宗问左右的人:"张士瞻在工部没有不高兴吗？"身边人回答说："他和以前一样勤于政务。"仁宗嘉许赞叹，授张思明宣政院副使。

延祐五年（公元 1318 年），张思明授西京宣慰使。岭北戍边的士兵大多是贫困的人，由于年成不好，相继铤而走险发动叛乱。张思明恩威并施，使边境得以安宁。张思明上书奏议和林运粮不方便事十一条，仁宗以端砚和上等的酒樽犒劳他。恰逢左丞相哈散要求辞职，仁宗不允许，哈散态度坚决，仁宗责问说："难道是我对你不信任吗？"回答说："不是。"仁宗又问："近臣有人干涉朝政吗？"回答说："没有。""那你为什么辞职呢？"他回答道："我思量自己能力不足，才能浅薄，害怕耽误国家大事。倘若皇上一定坚持任用我，希望推荐一人作为自己的助手。"仁宗问："你要推荐谁？朕依从你的意见。"哈散再次拜谢说："我希望张思明来帮助我。"当日，就任命张思明为中书参知政事。等到他被召来了以后，仁宗巡幸上都，在路途中接见了他，勉慰他说："你向来不辜负朕对你的器重，所以我听从了哈散的建言，再次起用你。"不久，张思明升为左丞相。

仁宗驾崩，英宗居丧，右丞相帖木迭儿执掌政事，经常诛杀不党附自己的大臣，朝廷内外惶惶不安。张思明进谏说："皇帝刚刚驾崩，新皇未即位，丞相任意杀戮大臣，天下人都说你有谋逆的企图。万一诸王驸马生疑心不来，将怎么办呢？你不可不考虑！"众人都为张思明担心，怕他遭到丞相的报复。帖木迭儿恍然大悟说："要不是左丞相的一番忠言，我要坏大事。"英宗营造寿安山寺，监察御史观音保、琐咬儿哈的迷失、成珪、李谦亨强行劝谏。英宗大怒，杀了观音保、琐咬儿哈的迷失，并把成珪、李谦亨下狱治罪。张思明对丞相说："上书言事，这是御史的本职。自我朝开国以来，从没有诛杀过进谏的大臣。"成、李下罪以后，当以法论处，丞相尽力为他们求情，这两个人从轻发落。拜住为左丞相，与帖木迭儿各结朋党，残害忠良。张思明害怕祸及自己，多次上表请求辞职，没有获得批准。最后，张思明被诬陷不给蒙古子女口粮，导致饿死四百人，被罢官回家，他闭门不出有六年之久。

文宗天历元年（公元 1328 年），张思明再次被起用为江浙行中书省左丞。适逢陕西地区严重饥荒，中书要求江浙盐运司调拨岁课十万锭来赈济灾民。属吏说："全年的收入，已经输送到京师，应当到中书省去要粮。"张思明说："陕西的饥民，犹如鲋鱼在干涸的车辙里，公文往复的时间要超过一个月，只能到市场寻找到鲋鱼干了。解决的办法是用还未缴送京城的下一年度的钱，如数交给他们。如果因此获罪，就由我来承担罪责吧。"朝廷赞赏他的做法。

天历二年（公元 1329 年），张思明再次召为中书左丞相，入慈仁殿觐见文宗。他历述各朝任贤用能、治国足民的方法，又以年老请求辞官，文宗没有同意。张思明平生不治家产，不积累财物，酷爱藏书，尤其熟悉明了律令方面的问题，和谢仲和、曹鼎新同称"三绝"，但在执法严谨、铁面无私方面尤胜谢、曹二人。

元顺帝至元三年（公元 1337 年），张思明去世，时年七十八岁。死后人们才发现，这位刚直不阿的当朝宰相竟然穷得一塌糊涂，没有房产，陋室里找不到钱帛、纸钞乃至任何值钱的东西，倒是书籍很多，约有三万七千余卷。被赠推忠翊治守义功臣、中书左丞、上护军、清河郡公，谥号"贞敏"。

临危受命——张养浩

张养浩（公元 1270 年—公元 1329 年），字希孟，号云庄，又称齐东野人，济南（今山东省济南市）人。祖父张山曾经从戎，其父张郁弃儒从商，所以积攒了一定的资产，为幼年张养浩的就学创造了经济基础。

张养浩幼年之时，就有德行和节义。外祖父许氏一家从济南迁徙至江南，七岁的张养浩随母亲送行到城西，在路上捡到别人丢失的财物，失主已经走远了，张养浩追上去把财物还给了失主。张养浩年仅十岁时，就勤奋攻读，经常昼夜不辍，父母担心他太过用功累坏身体，而加以制止。张养浩在白天就默默诵读，夜里关上门窗，点灯偷偷读书。

至元二十五年（公元 1288 年），十九岁的张养浩游济南白云楼，作《白云楼赋》。这篇文章写成后，人们争相传抄，文章传到山东按察使焦遂那里，他的眼睛为之一亮,破例接见了张养浩,并推荐他做了东平学正。

至元二十九年(公元 1292 年),二十三岁的张养浩遵从父亲的意愿离开东平,到京城大都求仕。当时的平章政事不忽木看过张养浩的文章后,大为欣赏,便力荐他做了礼部令史,后来又推举他进了御史台。有一次,张养浩生病了,不忽木听说后,亲自到他家中看望慰问,他往四周一看,家里只有光秃秃的墙壁,别无长物,禁不住脱口赞叹道:"这才真是御史台的属吏啊。"

大德九年(公元 1305 年),张养浩被任命为堂邑(今并入山东聊城)县尹。由于天灾人祸多,社会秩序很混乱。张养浩到任后,进行了卓有成效的整顿。当时人们都说官府的房舍风水不好,对人不利,凡是居住的就不能免灾,张养浩不信邪,安然入住。就任后,他首毁淫祠,把官绅欺骗乡民、用以敛财的淫祠一下子毁掉了三十余所。然后惩恶霸,将地方上为非作歹的恶人绳之以法。据史料记载,当地有一暴徒名叫李虎,拉帮结伙,危害一方,百姓苦不堪言,前任县尹也不敢动他。张养浩上任后,将他们一网打尽,全部绳之以法,百姓非常喜悦。他还把被诬为"盗贼"的饥民释放回家,解除了不合理的"朔望参"制度,即被释放的犯人须每月初一、十五去县衙前点名听取教诲的规定,这一措施深受百姓欢迎。张养浩说:"这些人本是良民,只是为饥寒所迫,不得已铤而走险做了盗贼;既然已对他们施加了刑罚,还是把他们当作盗贼看待,这是断绝他们改过自新之路呀。"盗贼们感动

得流下眼泪,互相约定说:"我们不能辜负张公。"用辛勤劳动、自食其力来报答他的信任。三年之间,县内自治,张养浩离任十年后,当地百姓还为他立碑刻石,颂扬他的功德。

至大元年(公元 1308 年),武宗即位,封其弟爱育黎拔力八达为皇太子。张养浩被东宫召至司经,还没到任,又改为太子文学,官拜监察御史。当初,朝中谈论设立尚书省,张养浩上书说不支持设立。尚书省设立后,张养浩又上书说这是变法乱政,将祸害天下。御史台大臣压制了这些奏章而装作没有

张养浩

收到，张养浩大声说："以前桑哥在职的时候，御史台的大臣就缄默无言，后来几乎都没能免罪。如今监察御史已有建言，而不奏报朝廷，那设御史台又有何用！"所作所为大大违背了当朝宰相的心意。

至大三年（公元1310年），中书省大臣奏上准备起用的御史台官员，张养浩感叹说："县尉是负责捕捉盗贼的，即使不称职，难道可以让盗贼自己去选取县尉吗？"上一封万言书，进献给武宗，直陈时政"十害"：一、赏赐过于奢侈浪费；二、刑罚禁令太过轻疏；三、名位官爵太轻；四、御史台纲纪太弱；五、土木工程过度兴盛；六、朝廷号令太过轻浮；七、宠幸的人太多；八、社会风俗太过奢靡；九、异端势力太过蛮横；十、选取人才的标准过为宽松。所言都切中时弊，为"当国者不能容"，改任他为翰林待制，又罗织罪名罢免他，还告诫中书省和御史台不要再起用此人。张养浩深知后果严重，唯恐祸患及身，变换姓名逃走了。

至大四年（公元1311年），武宗驾崩，仁宗即位。旋即罢尚书省及之前的一系列变法。仁宗爱惜张养浩之才，召其出任中书省右司都事，随后为翰林待制。

延祐二年（公元1315年）农历三月七日，在张养浩、元明善等人的积极推动下，朝廷在京城大都皇宫举行殿试，这是元朝开国以来举办的第一次科举考试。张养浩以礼部侍郎的身份，与元明善、程钜夫等一起主持。为广纳人才，激励后学，张养浩建议这次考试不宜过严，即使对落榜考生也应给予一定照顾。他的主张得到了朝廷认可，最终录取护都答儿、张起岩、许有壬、欧阳玄、黄溍等五十六人为进士。恢复科举开启了读书人入仕的大门，登科的士子非常感激，纷纷要登门拜谢，都被张养浩婉拒，只是告诫他们说："只要想着怎么用才学报效国家就好了，不必谢我，我也不敢受诸公之谢。"延祐五年（公元1318年），张养浩升任陕西行台治书侍御史，后改右司郎中。再任礼部尚书，并主持当年科举考试，奖掖后学。

英宗至治元年（公元1321年），命张养浩参议中书省事。适逢元宵节，英宗想在内庭大规模张灯结彩，做成鳌山状。张养浩上书给左丞相拜住，拜住把他的上书藏在袖子里，入宫谏阻。奏疏的简要内容是："世祖皇帝在位三十多年，每年的元宵佳节，家家户户、乡里之间，就连点灯也要禁止；更何况皇家宫殿戒备森严，宫内深邃幽远,尤其应当谨慎戒备。如今建造灯山,臣以为游玩取乐事小,而影响甚大;所能获得的欢娱是很浅薄的,而造成的祸患会很深远。真切希望陛下把崇尚节俭、谋虑长远作为法则,戒除奢侈享乐、贪图眼前享受的做法。"英宗听了勃然大怒,但将奏疏读完后,又转怒为喜说:"不是张希孟不敢说这样的话。"停止了营造灯山的工程,赐给他尚服局金织丝织品一件、帛一匹,以表彰他的刚直。后来张养浩以父亲年老为借口,辞官不做,回家休养。为父亲服丧,还没有服完规定的日期,朝廷召他做吏部尚书,张养浩坚决推辞,不肯就任。至治元年(公元 1321年)至天历二年(公元 1329 年),八年间,张养浩居故乡筑云庄(今济南市天桥区张公坟村),多与士人、文人、故人交往游玩,收集金石,著作有多部诗文、曲赋、游记、碑铭等作品。居家八年间,朝廷七召不起。

文宗天历二年(公元 1329 年)正月,陕西大旱,朝廷以"关中大旱,饥民相食",特拜张养浩为陕西行台中丞,前往赈灾。接到任命后,张养浩不顾高龄体弱,立即把自己家里的财产分给村里的穷人,便登上车子向陕西进发,碰到饥饿的灾民就赈济,看到饿死的灾民就埋葬。途经洛阳、渑池、潼关,直达长安。一路行来,目睹灾民惨状,感历代兴废,写了数首怀古曲,意绪苍凉,流露出对元朝前景暗淡的哀叹,和对人民苦难的深切同情。经过华山,在岳祠向上天祈雨,哭泣下拜到不能站立,天色忽然转阴,一场雨下了两天。等到上任后,再次到社坛祈雨,结果大雨如注,积水三尺方才停止。当时一斗米值十三贯钱,百姓拿着钞票出去买米,钞票稍有不清或破损就不能用。拿到府库中去调换,那些奸刁之徒营私舞弊,百姓换十贯只给五贯,而且等好几天还不一定能换到,生活十分困苦。张养浩检查府库中那些没有损毁、图纹可以看得清的钞票,得到一千八百五十多万贯。全部在它的背面盖上印记,又刻十贯和五贯的小额钞票发给穷人,命令米商凭钞票上的印记把米卖给他们,到府库验明数目便可换取银两,那些奸商污吏再也不敢营私舞弊。张养浩又命令富人家出卖粮食,向朝廷上奏章请求实行纳粮补官的法令。听到民间有人为了奉养母亲而杀死自己的儿子,张养浩非常悲痛,拿出自己的钱财去救济这户人家。

在陕西做官四个月,张养浩一直住在官府,晚上便向上天祈祷,白天就出外救济灾民,一天到晚没有丝毫的懈怠。每当想到灾民的悲惨境况,就抚胸痛哭,终因劳累过度,病逝于任上,终年六十岁。关中地区的百姓十分哀痛,就像失去了自己的父母。至顺二年(公元1334年)朝廷下诏追赠张养浩摅诚宣惠功臣、荣禄大夫、陕西等处行中书省平章政事、柱国,追封滨国公,谥号"文忠"。

张养浩一生遵循儒家学说,始终言行一致。所著《为政忠告》代表了他一生主张为官清廉的主导思想。《为政忠告》包括三篇文章,其中《牧民忠告》作于堂邑县令时,《风宪忠告》作于监察御史时,《庙堂忠告》作于参议中书省事时。三篇文章按照所任的不同职责,勾勒出胜任三种职责所需要具备的素质要求和道德规范。三事忠告,就是对地方官员、监察官员、中央官员的真诚劝告,主要体现在五个方面:一是律己省身。一旦为官,就要自省,注意扬长避短,为官者要"廉以律身,忠以事上,正以处事,恭慎以率百僚。""不可死于财、于酒、于色、于逸乐者"。二是爱民为本。为政之道就是以民生为重,民安为本。三是安分尽责。为官者要安其职,任其事。四是审慎处事。为政理事,最忌先入为主,一定要知悉情由,认真询访。五是约束近臣。为官者能否任而不败,善始善终,管好自己的家人和下属,极为重要。《为政忠告》是中国古代吏道专著的重要组成部分,对于研究元代的政治思想、上下政务以及社会风气都有重要参考价值,对于后世的封建统治观念亦有相当影响。

清风高节——黄溍

黄溍(公元1277年—公元1357年),字文晋,又字晋卿,婺州义乌(今浙江义乌)人。

黄溍生性聪颖,天资绝人,且相貌俊秀,得人喜爱。从小就好学不倦,博览群书,孜孜以求,他学习写作,长进很快,议论精要,布置谨严,援据切洽,一挥而就。先生教授的《诗经》《尚书》,过目不忘,熟读成诵。久而久之,黄溍的文章在当地出了名，并不断传扬开去。"以文名于四方"的黄溍，淡泊名利，"绝无仕进意"。但不少了解他的友人却竭力荐举，希望他出仕为国出力。成宗大德五年（公元1301年），25岁的黄溍，被举为教官。两年后，他又被举为宪吏。不久，黄溍仍退隐于家，沉湎于写诗作文。

仁宗延祐二年（公元1315年），黄溍及进士第，被授予台州宁海县丞。宁海县位于浙东沿海，濒临盐场，盐业兴旺。一些盐户有恃无恐，以为他们不隶属于县衙门，因而不受管束，肆意妄为，残害百姓。当地的一些官吏受这些盐户的贿赂收买，也不主持公道，听之任之，使得这股恶势力更加肆无忌惮，横暴尤甚。黄溍到任后，察访社情民意，见此情景，深恶痛疾，并毫不迟疑，对为非作歹者一律绳之以法，绝不宽容。此时，黄溍的下属官吏，有的忧心忡忡，生怕受到报复，就小心翼翼地告诉黄溍说："这伙人背后有人撑腰，惹不得！"可黄溍没有却步，他斩钉截铁地回答道："官可以不当，百姓的事不能不管。"他仍然执法如山，对地方恶霸严惩不贷。几经努力，恶焰渐消，百姓终得安宁。有个人的后母与僧人通奸而谋杀了他的父亲，反过来却诬陷是这个人杀的，将要定罪。黄溍脱下官服，打扮成平民，深入暗访，查明实情，使案情真相大白，冤案昭雪。好人得救，凶手受惩，全县百姓拍手称快，莫不叹服，对黄溍钦敬不已。当时，宁海县内还有一些恶少参加盗窃集团，图谋抢劫，县衙得到举报，悬赏缉拿。可地方上的大姓豪强，为了谋取赏格，不凭证据，胡乱举报，并据此抓来一批"嫌疑犯"！但由于没有真凭实据，案件长时间悬而未决。黄溍为此多方调查，细细审理，公正断案，既不冤枉好人，也不放纵坏人，其间被免除死刑的就有10余人。朝廷派员到各地考察，得知黄溍既能干又清廉，政绩显著，便提升他为两浙都转运盐使司石堰西场监运，并委以整顿吏治。黄溍任劳任怨，秉公办事，惩治了盐场不法之亭户。这一来，纪纲大振，百姓信服，盐场风气为之一清。

延祐六年（公元1319年），黄溍改任绍兴路诸暨州判官，诸暨"其俗素称难治"，积弊深重，棘手难题较多。黄溍到任后，一不畏难，二不大意，审时度势，对症下药，重点击破，终于变难治为易治。当时巡海的官船，按照惯例，三年就得更新，费用由官府支出，而不足的部分，责成百姓承担。一些贪官借机向百姓伸手敛财，以多收少付的办法,中饱私囊。黄溍变革向例,节省开支,杜绝贪污,把多余的钱退还给百姓,减轻了人民负担。百姓领了这笔退还的钱,欢呼声不断,称黄溍是清官。

还有一些不法之徒,互相勾结,以伪钞扰乱社会,侵夺百姓的财产。而一些地方官吏又任其欺诈,不管不闻。这些不法之徒就更加胆大妄为,致使伪钞泛滥成灾,殃及邻近的新昌、天台、宁海、东阳等县,连累了数百户人家,百姓受到的祸害极为惨重。黄溍通过查问,明白了真相,掌握了充分的证据,使得有关人员低头认罪。渎职的官吏被除名,不法之徒受到了惩罚,那些无辜被株连者也得到解脱,百姓不再受伪钞的祸害。可其间有一个"捕盗卒",暗中把伪钞藏匿民家,而后又向官府"揭发检举",并纠集近百个恶少手持棍棒,冲向这民家搜查,气势汹汹,企图大敲竹杠,以发横财。正好黄溍下乡后回城,同这伙人相遇于郊野。黄溍见此情景,顿生疑窦,他反问道:"州府弓卒定额仅 30 名,哪来这许多人?""捕盗卒"瞠目结舌,无言以对。这群恶少见势不妙,慌忙作鸟兽散。

有一盗贼被关在钱塘县监狱,可他贼心不死,暗中勾结一游民,指使这个游民贿赂收买了狱吏,狱吏便私自放了这个盗贼,还伪造了文书。这狱吏利令智昏,又如法炮制了假文告,并打发这盗贼做向导,先后逮捕了 20 余人,以此威胁百姓,索取钱财。黄溍得知这一情况,深入察访,掌握了全部实情。他理正词严地告诉狱吏:"缉捕盗贼,应当慎重对待,认真商议。"他又严厉地指出,今天手持这文书的人,又不是本州州民,情况更是可疑。为查清实情,黄溍命手下人将狱吏、刚放出的盗贼以及刚被抓来的 20 余人,全部套上枷锁,送往钱塘县狱。后经县狱审理,受冤枉被抓的 20 余名普通百姓全部释放,狱吏和那个盗贼得到了惩罚。无辜百姓感激涕零,把黄溍奉若神明。

黄溍任州县官,历时 20 余年。他生性孤高,不随流俗,体恤民间疾苦,躬身为百姓办事。平日,唯以清白为始,除奉给之外,不收受任何非分钱财,常常因生活费用欠缺而变卖家产,以资弥补。他如此一丝不苟,两袖清风,而又政绩卓异,嘉惠地方,深受百姓的爱戴和称颂。

文宗至顺二年(公元 1331 年),黄溍应召进京,调任翰林文字、同知制诰兼国史院编修官,转任国子博士。在国子监时他把弟子当作朋友,从不把自己尊为老师而轻易让人参拜,他的学生们对他都非常恭敬,学成之后入仕,均闻名于世。朝廷想增设礼殿配位四个,配位全部坐东朝西,有的学官认为应该分别放置在左右两边,同僚官员不敢争论,只有黄溍当面争辩,此事才停止。黄溍为人正直,为官清廉,他"足不登巨公势家之门",不攀附权势,不阿谀显贵,挺然自立,光明磊落,一身正气。当时才德之士,莫不钦佩,异口同声称赞他道:清风高节,如冰壶玉尺,纤尘不染。平时,黄溍平易近人,从不以高官自居,同时也严于律己,绝不滥用自己的威望。亲友如有非分之请托,他总是婉却。一些贪鄙钻营之徒,想通过他的荐引,谋取一官半职,他也是坚决拒绝,并告诉他们:"国家设置官爵,为的是选拔贤能,为国效力,为民造福,难道可以当作私产授受,而助长贪鄙者的利欲吗?"有些庸俗之辈讥他不近人情,他只是一笑置之。黄溍生活俭朴异常,虽居高位,但从不奢靡,贵而能贫,日常生活,萧然不异于平民。他清心寡欲,正当"强壮之年"岁时,"即独榻于外,给事于左右者,二苍头(仆人)而已。"

至正元年(公元 1341 年),黄溍任江浙等处儒学提举。他精通儒学,也奉行儒教,特别孝顺父母,拳拳之心始终如一。他时时想到在老家年迈的母亲,还不到退休年龄,就提出了交回俸禄、陪侍双亲的请求,渡过长江径自回乡。很快他就从秘书少监任上退休,但不久朝廷又取消了他退休的命令,拜任为翰林直学士、知制诰同修国史,编修辽、金、宋三史,但因母亲病故未赴任。

至正八年(公元 1248 年),黄溍官升侍讲学士、知制诰同知经筵事,执经进讲了三十二次。惠宗嘉奖他的忠诚,屡次拿出金织的纹段赏赐给他。黄溍受命编修《后妃功臣列传》,为总裁官。凭着他卓越的史才、丰富的史识,高尚的史德,秉承春秋笔法,裁定国史尊重史实,从不曲意奉迎,务使成为信史,真可谓是"笔削无所阿,史书留人间"。黄溍还曾三度出任浙江等省的乡试主考官,又奉旨为廷试读卷官。不论是在乡试考举人中,还是在廷试考进士中,黄溍都以伯乐之心,慧眼识才,努力甄拔后学。黄溍为学,博览天下之书,而能概括出最精华的部分,剖析经史中的疑难问题,以及古今沿革制度名物之类,都能旁征博引,多是以前的大儒所未能指出的。他的文章文辞布局严谨,援引论据精辟贴切,从容大度,就像是平静湖面上没有一点波浪，一碧万顷，鱼、鳖、蛟龙，都潜伏在水下不动，而渊博深远的光彩却不可侵犯。

至正九年（公元 1249 年），黄溍再次递呈奏章，请求辞官还乡，不等圣旨下来，他又径自而行。惠宗听说了，立即派遣人马追赶，一直追到武林驿（今浙江杭州），终于把他请回京师，并官复原位。次年，黄溍已七十有四，终于告老还乡。他南归故里后，悠然生活在稠州乡村田野间。他依然勤治学，严修身，到老不懈怠，尤其是吟诗作赋，意趣不减当年。

至正十七年（公元 1357 年）闰九月五日（10 月 18 日），黄溍逝于稠城绣湖畔自家住宅内，终年八十一岁。噩耗传开，学士大夫闻之，俱流涕曰："黄公亡矣，一代文章尽矣！"朝廷追赠他为中奉大夫、江西等处行中书省参知政事、护军，追封为江夏郡公，谥号"文献"。

第六章　明清时期

明朝是我国封建社会进入末期的重要历史阶段,封建专制主义中央集权的政治体制已步入高度发展和完全成熟的历史时期,封建皇权高度强化。为预防和惩治腐败,明朝设置了都察院、十三道监察御史和六科给事中,构成了一张纵横交错、上下相维的严密监察网络,监督协调着整个明王朝国家机器的运转。都察院以肃政饬法、纠劾百司、监察和考核百官为主要职责。都察院属官十三道监察御史负责纠劾百司、参与议政、考察官吏。吏、户、礼、兵、刑、工六科给事中的职责是规谏皇帝、参与议政、监察六部中央官署和考察官吏。明朝不少御史和给事中为了坚持原则,敢于批鳞忤旨、犯颜直谏、为民请命、拼死抗争,虽遭廷杖、或下诏狱、幽囚拷掠,甚至以身殉职,也矢志不移、忠于职守,对于吏治清明、惩治贪腐起到了一定的积极作用。明朝建立了比较详尽的法律体系,规定了各级官吏应当担负的法律职责,对贪赃枉法做了具体规定,处罚也极为严厉,在一定程度上,保证了明初政治稳定、社会安定,社会经济得到较快的发展,《明史》记载明朝循吏 170 人。

清朝统治者集各代专制主义中央集权的管理经验于一体,试图打造一个坚不可摧的封建政权,通过对朝廷内部政治机构的调整来加强对官吏的整体约束,非常重视官吏的廉洁自律、任人唯廉,强调吏治的清廉作用,任用许多廉洁干练之吏,对有罪的官吏坚决惩黜。清朝的监察制度同样集历代监察制度之大成,监察制度被不断完善,组织严密,权力集中。监察官拥有广泛的监察权,弹劾官吏,批驳奏章,凡朝廷政事,无论大小都可以监察。都察院作为专司稽查和弹劾的机构,功能更加强大,一面作为皇帝耳目,监督各级官员,一面上达民意,辨别是非,调和专制制度的矛盾。从而使"康乾盛世"达到了中国封建社会的顶峰,疆域之广大,经济之发达,人口之众多,大到人伦典则,小到诗书礼仪,均有所成。文化的浸润,制度的严苛,使清朝出现了众多的名臣廉吏,《清史稿》记载清朝循吏 109 人。

清操励节——夏原吉

夏原吉（公元 1367 年—公元 1430 年），字维喆，祖先是德兴（今江西）人。他的父亲夏时敏，曾担任湘阴县教谕官，就在那里成家定居。

夏原吉早年丧父，他致力于学问，以乡荐身份进入太学，被选入宫中抄写制诰。有时太学生们大声喧笑，夏原吉却正襟危坐、态度严肃。太祖看见后觉得他很不平凡，提升他做户部主事。夏原吉所在的部门事务烦琐，但他都处理得井井有条，尚书郁新很赏识他。有个姓刘的郎中，嫉妒他的才能。恰逢郁新弹劾各部门中办事懒惰的人，太祖想宽恕这些人，郁新坚持不可。太祖火了，问道："是谁教你这样的？"郁新叩头说："是大堂后的书算生。"太祖下诏将书算生关入监狱。刘郎中便说："教尚书的是夏原吉。"太祖说："夏原吉能够帮助尚书处理本部事务，你想陷害他吗？"刘郎中和书算生都被处死，暴尸街头。

建文元年（公元 1399 年），夏原吉升任户部右侍郎，第二年充任采访使。有一次夏原吉巡视苏州，谢绝了地方官的招待，只在旅社中进食。厨师做的菜太咸，使他无法入口，他仅吃些白饭充饥，并不说出原因，以免厨师受责。随后巡视淮阴，在野外休息的时候，不料马突然跑了，随从追去了好久，都不见回来。夏原吉不免有点操心，适逢有人路过，便向前问道："请问你看见前面有人在追马吗？"话刚说完，没想到那人却怒目对他答道："谁管你追马追牛？走开！我还要赶路。我看你真像一头笨牛！"这时随从正好追马回来，一听这话，立刻抓住那人，厉声呵斥，要他下跪赔礼。夏原吉阻止道："算了吧！他也许是赶路辛苦了，所以才急不择言。"笑着把他放走了。巡视福建时，所过郡县乡邑，都检查吏治好坏，询问百姓疾苦，任内政治清明，人们都很高兴和敬佩。

成祖即位后，有人抓住夏原吉献给成祖。成祖释放了他，并转任左侍郎。有人说夏原吉在建文帝时曾受重用，不可以信任。成祖没有听信，夏元吉和蹇义一起被提升为尚书，他协同蹇义详细拟定了赋税徭役等各种制度，提出三十多项建议，都简便而容易遵守。他说："政策颁行后如果难以继续下去，将会加重人民的困苦，这是我不愿意看到的。"

永乐元年（公元 1403 年），浙西发生洪水灾害，有关官员治理不力，改命户部尚书夏原吉主持治理。他在《苏松水利疏》中分析了当时本区的水道形势，认为治水关键是疏浚下游河道，使洪水畅流入海。但以往泄水干道吴淞江已严重淤塞，从吴江长桥至夏驾浦一百二十余里的上游段虽可通水，但多有浅狭之处，而自夏驾浦至上海县南跄浦口的一百三十余里则是"荻芦丛生，已成平陆"。重新使之通畅，工费浩大，不如上段着重疏浚东北入江的嘉定县刘家港和常熟县白茆港。下段着重疏浚直通南跄口的范家浜，此外在河口设闸，控制泄水和涨潮，再修理加固围堤，水灾当可得到控制。当年集中了 10 多万人进行施工，他身穿布衣，徒步往返，日夜规划，盛夏也不张伞盖。他说："人民很劳苦，我怎忍独自贪图舒适？"到第二年九月完工，主要工程是由夏驾浦引吴淞江上游水自刘家港入江，开范家浜，上接大黄浦，引淀山湖水自南跄口入海，从而改变了太湖下游泄水道的基本格局。流水畅通，苏州、松江一带农田获得大利。

永乐三年（公元 1405 年）夏天，浙西发生严重饥荒，成祖命夏原吉率领俞士吉、袁复和左通政赵居任前往赈济。他们发放三十万石粮食，并供给饥民耕牛和种子。有人请召来百姓佃耕大水退后的淤田，夏原吉急速上书反对。姚广孝从浙西回来，称赞夏原吉说："他真有上古仁爱之心。"过了不久，郁新去世，夏原吉被召回，代理户部事务。他首先请求裁革冗员，降低赋税，减轻徭役，加强食盐和钱钞的专营制度。清理仓库、货场，扩大屯田耕种，用以供给边防，减轻人民负担，而且有利于商人往来贸易，这些建议都获得了许可。无论中原还是边疆的户口、官府仓库、农田赋税的增加或者减少，他都用小本子记好，带在身上，随时查阅核对。一天，成祖问他："全国收入钱和谷物有多少？"他熟练而条理清晰地作了回答，成祖对他更加重视。当时刚刚结束战争安定下来，按照"靖难"之役的功劳封赏大臣，分封各个藩王，并增加武装防卫等部门。不久，朝廷又发兵八十万征讨安南，宦官建造巨型船舶和海外各国进行交流，并大规模修建北京的宫殿。这些事项,供应转输的财物都以数万万计,夏原吉都尽心筹划,保证了各项开支。

永乐六年(公元 1408 年),朝廷命夏原吉监督军队和民夫运输木材到北京,并下诏令锦衣卫官校随行,惩治那些工作懈怠的人。夏原吉考虑到有这种问题的人很多,总是先给予警告而后实施处罚,大家都很感动,心悦诚服。次年成祖巡查北方,命夏原吉兼管皇帝巡幸途中的礼部、兵部和都察院的事务。有两个指挥冒领月饷,成祖要处决他们。夏原吉说:"这样做不符合法律规定,假如他们确实是强盗,那又应该如何从严处置呢?"最终没有杀他们。

永乐八年(公元 1410 年),成祖出征北方,夏原吉辅佐太孙留守北京,并总管皇帝征途上各个衙署的事务。这些衙署刚刚创立,每天夏原吉都入朝辅佐太孙处理决断大小事情。退朝后,各个衙署的郎中御史都围绕着他请示工作。夏原吉或口头或书面予以答复,井井有条,非常镇定。夏原吉北面掌管皇帝行军所在事务,南面辅助太孙监管国家政务,京师安定,秩序井然。成祖回到京城,赏赐夏原吉钱财、鞍马、牺牲、祭酒,特别慰劳了他。不久夏原吉随同成祖回到南京,奉命侍奉太孙遍访乡间村落,考察民间疾苦。夏原吉将咸菜粟米呈给太孙说:"希望殿下吃了这些食物,能够了解人民的艰辛。"九年期满,成祖在便殿设宴,款待夏原吉和蹇义等人,指着两人对群臣说:"高皇帝培养贤才留给我使用。各位想看古代名臣,这两位便是。"夏原吉屡次侍奉王孙,往返于南京、北京之间,路途中根据不同情况提出良好的建议,对王孙有很大帮助。

永乐十八年(公元 1420 年),北京的皇宫建成,朝廷命夏原吉从南京召回太子、太孙。回到京城后,夏原吉说:"连年营建宫殿,现在已经落成,应该安抚流亡百姓,减免拖欠的赋税,让人民休养生息。"第二年三殿发生火灾,夏原吉再次强调他以前的这一请求,朝廷责成有关部门立刻执行。当初成祖因三殿失火下诏求直言,许多朝臣都说定都北京不合适。成祖大怒,杀了主事萧仪,说:"当初迁都的时候,曾和大臣们商议讨论,斟酌了很久才决定的,并不是轻率的举措。"负责谏言的官员乘机弹劾这些大臣,成祖命令他们跪在午门外进行质辨,许多大臣争相责骂言官。夏原吉上奏说:"他们是应皇上的诏书直言的,并没有罪责,我们这些充任朝臣的人,不能够辅佐皇帝筹划大计,罪在我们。"成祖的怒气才消了,宽恕了双方人员。有人责怪夏原吉违背了当初的决议,夏原吉说:"我们这些人做官时间久了,言语虽有过失,幸好皇上体谅我们。如果谏言的官员获罪,损失可不小。"众人都对他表示叹服。

夏原吉虽然任职在户部,但是国家大事总是让他参与意见。成祖每次驾临便殿的内廷,就把他召来谈一谈,谈话内容左右众人都不知道,他返回后神态恭谦好像没有参与过皇帝的密谈。平定交趾叛乱后,成祖问夏原吉:"升迁和赏赐哪种方式更好?"他回答说:"赏赐的花销只有一时,是有限的;升官给将来造成的花费是没有穷尽的。"成祖听取了他的意见。西域喇嘛教的法王来朝廷参见,成祖想到郊外迎接,夏原吉不同意。等到法王来到朝廷,夏原吉见了他也不行拜礼,成祖笑着说:"你想仿效韩愈吗?"山东唐赛儿叛乱平定后,俘获了胁从的三千多叛军来朝。夏原吉请求宽恕他们,成祖将这些人都赦免了。谷王朱穗发动叛乱,成祖怀疑他在长沙有同谋的人,夏原吉用家中百口人性命为其作保,事情才得以平息。

永乐十九年(公元 1421 年)冬,成祖将要大举远征沙漠,命夏原吉与礼部尚书吕震、兵部尚书方宾、工部尚书吴中等人一起讨论。他们一致认为不应当发兵,还没有上奏,正好成祖召见方宾,方宾极力说兴兵的费用不足。成祖很不高兴,召夏原吉来问边防储备情况,夏原吉回答说:"连年出兵,都无功而返,军马储备已损失了十分之八九,加上灾荒不断发生,现在已经内外交困了。况且您圣体欠安,还需要调养,就请遣将出征,不要亲自领兵了。"成祖大怒,立即命令夏原吉离京去负责开平的粮食储备。吴中进去所说的也和方宾一样,成祖更加愤怒,将夏原吉召回,关进内官监,并将大理寺丞邹师颜也关押起来,理由是他曾代理户部事务。方宾因惧怕而自杀,成祖下令抄夏原吉的家,除赐给的钞币外全部没收,只剩下布衣和坛坛罐罐。第二年成祖北征,因粮食用尽而返回,其后又连年出塞,但都没有遇见敌军。永乐二十二年(公元 1424 年),回到榆木川时,成祖病危,对左右的人说:"还是夏原吉关心我。"成祖去世的消息传到京城后三天,太子朱高炽跑到关押夏原吉的地方,哭着告诉了他,夏原吉哭倒在地,许久不能起来。太子令他出狱,商议丧礼事宜,又问赦免诏书该写些什么。夏原吉回答说要赈济饥民,减省赋役,停止派遣前往西洋的取宝船,停止到云南、交趾地区各道采办金银等。

仁宗即位后，恢复夏原吉的官衔。当夏原吉还在狱中时，他的母亲去世了，这时他请求回家守孝。仁宗说："您是老臣，应当与我共济艰难。您有丧事，难道我就没有吗？"仁宗给他优厚的赏赐，命令他的家人护送灵柩，派遣官府的车马迅速回乡安葬，又令有关官员治理丧事。不久进封少保，仍兼太子少傅、尚书，享受三职俸禄。夏原吉极力推辞，仁宗允许他辞去太子少傅俸禄，赐给"绳愆纠谬"银章，并在南京和北京都为他建造了府邸。

不久仁宗去世，太子朱瞻基从南京北上，夏原吉奉遗诏到卢沟桥迎接。宣宗即位后，夏原吉作为先朝重臣更受敬重。宣德元年（公元 1426 年），汉王朱高煦谋反，也以"靖难"作为借口，檄文列举了各大臣的罪状，夏原吉排在第一个。宣宗连夜召集大臣们商议，杨荣首先劝宣宗亲征。宣宗很为难，夏原吉说："您难道不知道李景隆的故事吗？我昨天见到所派遣的将领，接到命令脸色就变了，临事就可想而知了。而且兵贵神速，卷起盔甲，快步前进，正可以先声夺人。杨荣的计策很好。"宣宗遂下定了决心。回师后，宣宗加倍赏赐，并赐给守门人三名，夏原吉以自己没有功劳而推辞。

宣德三年（公元 1428 年），夏原吉随宣宗北巡。宣宗拿过夏原吉袋里的干粮尝了尝，笑着说："怎么这么难吃？"夏原吉答道："军中还有挨饿的呢。"宣宗命赐给他丰盛的美食，并犒赏将士。夏原吉随从宣宗在兔儿山阅兵，将领们动作太慢，宣宗大怒，要脱下他们的衣服。夏原吉说："将帅，是国家的栋梁，怎能将他们冻死？"反复极力谏阻。宣宗说："看在您的面上将他们放了。"夏原吉又与蹇义一起获赐银印，上面刻着"含弘贞靖"。宣宗善于绘画，曾亲手画了一幅《寿星图》赐给夏原吉。

宣德五年（公元 1430 年）正月，两朝《实录》修成，宣宗又赐给金币、鞍马。夏原吉早上入宫谢恩，回来后去世，终年六十五岁，赠太师，谥号"忠靖"。

理 财 能 臣 —— 周 忱

周忱(公元 1381 年—公元 1453 年),字恂如,号双崖,江西吉水人。

永乐二年(公元 1404 年),周忱进士及第,补翰林院庶吉士。次年,成祖选择了其中的二十八个庶吉士进入文渊阁。周忱向成祖说自己年龄小,请求也参加进文渊阁学习,成祖称赞他是有志之人,同意了,参与编修《永乐大典》等。不久周忱被提升为刑部主事,又升为员外郎。周忱虽有经世之才,但他在官场浮沉二十年,无人了解他,没有再获升迁。只有夏原吉认为他非同一般,永乐二十二年(公元 1424 年),推荐他为越府长史。

明代江南官田重赋,是明代经济财政中一个十分特殊的现象。太祖平定吴地时,将全部吴地功臣子弟的庄田没收充公。后来又因为憎恶富豪兼并土地,将他们的田产也没收,这些都称为官田。按照这些人家收租的情况来收赋税,所以苏州的田赋比其他的地区都重。官田和民田的租税共二百七十七万石,而其中官田竟达二百六十二万石。沉重的负担,迫使农民大批逃亡,国家税源减少,拖欠严重。苏州府,从永乐二十年至洪熙元年(公元 1422 年—公元 1425 年)欠粮三百九十二万石;松江府,从永乐十三年至十九年(公元 1415 年—公元 1421 年)不得不免征几百万石。宣德初年,苏州府累计拖欠至七百九十万石。宣德五年(公元 1430 年),松江额定征收田粮的起运部分为四十三万九千石,实征六万六千石,只征得百分之十五。实在如人所说:"只负重税之名,而无征输之实。"虽然从太祖时候起就一直颁布减轻税额的诏令,但多数情况是朝令夕改,言而无信。因为江南是朝廷的财赋重地,承担着官僚、勋贵的巨额俸禄支应。到宣德年间,问题已经到了非解决不可的时候了。宣德五年(公元 1430 年)宣宗再次下诏减轻官田税额,而户部考虑到支出的困难,往往"私戒有司,勿以诏书为辞"。正是在这种情况下,宣宗采纳大学士杨荣的建议,升周忱为工部右侍郎,巡抚江南各州府,整顿江南田赋,负责税收及粮食问题。

周忱上任,询问父老乡亲拖欠赋税的原因。大家都说在交税纳粮时,豪门大户不肯出损耗,全都向老百姓征收,百姓因太贫穷而四处逃亡,因而拖欠赋税就更多。周忱创立平米法,损耗均摊。他又请求宣宗命令工部制定铁量器作为标准量器下发各县,并将那些用大斛进小斛出的粮长撤掉。旧例,粮长有正、副三人,在七月前往南京户部领取证书。等到事情结束后再送回户部,而这一来一往的费用都从所征赋税中支出。周忱进行改革,只设正副粮长各一人,轮流去南京户部领取证件,等事情结束,有关部门一并将其交回户部。老百姓得到很大的便利。周忱见各县收取粮食组织不周,粮长只好把粮食储存在家里,他说:"这就是导致拖欠粮食的根源!"他命令在各县河边设置粮囤,每粮囤设粮头和囤户各一人,叫"辖收"。六七万石以上者,才设置粮长一人总管,叫"总收"。人们拿着粮帖到囤粮处,官方监督缴纳,粮长只将其汇总而已。他又设置拨运和纲运两种簿册,拨运簿册记支拨发运粮食的情况,预算到达北京和通州各粮仓的费用,以便支付费用。纲运簿册让运粮食人自己填写在水浅处分载转运的费用,回来以后给予补偿。划拨后剩下的粮食,储存在仓库中,叫"余米"。第二年余米多的话,就向百姓加征余米的六成,再过一年就加征余米的五成。

宣宗多次下诏减少官田租税,周忱与苏州知府况钟等经过一个多月的筹算,对各府的税粮都做了认真调整。苏州府将田租减至七十二万石,其他州府也依次削减,百姓才开始恢复元气。宣德七年(公元 1432 年),江南丰收,宣宗下令各府县用官银平价买进谷物,以救济荒年,在苏州买到二十九万石米。先前,王公侯的禄米和军官的俸禄都是从南户部支取,苏州、上海粮食运往南京,每石加收损耗六斗。周忱奏请宣宗,令在各府就地支取,给船运费大米一斗。剩下的五斗通算起来有四十多万石,加上官府收购的米,共七十多万石。周忱将这些粮仓储存起来,叫"济农粮",除了救灾借贷之外,每年还有剩余。凡是大规模运输、船只被风吹翻飘走、被强盗夺走,都从这里面借取,待秋天收割后,再还给官府。还有,修水坝、筑堤岸、开河道、疏浚湖泊所支口粮不用偿还。对耕田人的借贷粮食,一定要验证这家劳动力是中等还是下等,以及土地的多少借给他,到秋天与税粮一起上缴,灾年再救济。对于那些耍赖而不偿还的人,以后不再借给他。这种把田赋的征收与徭役的支出混合使用的办法,实际上开了赋役合征的先河,在明代赋役制度的改革中具有开创意义。周忱亦以善理财赋著称,直到周忱任满离职,江南地区大州大府的百姓不知道什么叫饥荒,夏秋两季的税收从没拖欠过。

当时的漕运,军队和民间各一半。军队运粮食的船由官府提供,老百姓则靠租船,加以杂税损耗,往往运三石就要增加一石,常年往来就耽误了农业生产。周忱与漕运总督、平江伯陈瑄商量,百姓运粮食到淮安或瓜洲码头就交换给军队,军队再运到通州。运到淮安的每石加收五斗,运到瓜洲的在这个基础上再加五升。在它的附近以及南京的运粮军队没有过江的,就在粮仓交换,加给过江米每石二斗,而运粮所用的垫子、苇席折合成米五合给付。如果运粮军因风误期,便命令州县支付给多损耗的米。周忱在瓜洲岸边修建粮仓,储蓄转运到这里的粮食,适当补贴给守仓库的人,粮食漕运的费用大大降低。

民间的马匹粮草每年都要运送到南北两京,耗费巨大。周忱请求每一束草折合银子三分,南京则折了银两就地缴纳。北京官员的月俸,都要拿着俸帖到南京去领取俸禄。米价便宜时,俸帖上的七八石,只能兑一两银子。周忱请求查核税收重的官田、极其贫穷者春秋两季的税收情况,准许他们将粮税折合成金花银缴纳。每两白银等于四石米,押送到北京时兑换。这样,老百姓的损失很少,而且官员的俸禄也能充足。嘉定、昆山各县的农民每年要交纳布匹,每匹重三斤的布抵一石粮食,运送时,因布匹太粗糙而十分之八九的人被斥责。周忱对宣宗建议说:"布匹细了一定会轻,而这样的布价更高。现在,既然以重的为贵,就没人肯做细的了。恳请皇上从现在开始,不看布的轻重,只看它的长度和宽度。"宣宗听从了周忱的建议。以前各州府的驿马和其他供给,都从管理马匹的头领那里领取,有了损耗,这个头领就另收赋税来补充。为此,周忱命令每亩出米一升九合,与秋粮一起征收,然后按马的上、中、下三等来给米。

起初,周忱想要减少松江官田的税额,依照民田的标准来征收。户部官员郭资、胡濙上奏说这是变乱朝廷法则,请求治他的罪,宣宗严厉斥责了郭、胡二人。周忱曾经上言说:"吴地淞江畔有沙滩柴场一百五十顷,水草茂盛,害虫蚂蚱生长其中。请皇上允许招募农民开垦，这样，国家既可获得赋税，又可消除害虫。"他又上书说："丹徒、丹阳两县沿江土地被长江水淹没的，还照样征收田赋。我大明开国之初，那些被减免赋税的人家，他们的土地多数被富人兼并了。应该向富人征收这些土地的田租，免除被淹在水中土地的赋税，国家赋税不会减少而贫富又可均衡一些。无锡官田征收的白米赋税太重，请求改为征收租米。"这些都得到了批准。

正统元年（公元 1436 年），淮河、扬州地区发生灾荒，盐税亏损，朝廷命令周忱前往巡视。他上奏请求朝廷命令苏州各府调拨余米一二万石运往扬州的盐场，抵明年的田租，煮盐的盐户用盐来换米。当时米价昂贵而盐价便宜，官府储藏了大量食盐，百姓也得以吃上了大米，国家和盐民都得到了好处。随后，英宗又令周忱兼管松江的盐税，因为华亭、上海两县拖欠的盐税达到六十三万多引，盐户纷纷逃亡。周忱上书说，田赋应该能养活农民，盐税也可以养活盐户，他上奏根据情况而自行处理的四种办法，请英宗诏令地方迅速实行。为此，周忱节省下盐户在运输的消耗，得到了三万两千多石大米。他还仿效济农仓的办法，设置"赡盐仓"，补充逃亡盐户的差额，这里的盐税大增。

周忱素来喜欢朴实。起初，大理寺卿胡概为巡抚，执法严厉。周忱办事，不搞繁文缛节，一切从简入手，有人诬告他，他不理会。有人当面攻击周忱说："你不如胡概！"周忱笑笑说："胡概奉旨为百姓除害，朝廷只要我安抚军民，任务不同嘛。"周忱在江南为官时间长了，他与官吏百姓就像家人和父子一样。每当他走村串户时，都要随从人员避开，询问农夫农妇的疾苦，并和他们商量解决的办法。他对待下属，即使是较低级官员或闲散的吏役，都坦诚相待。遇到有才能的地方长官，比如苏州知府况钟、松江知府赵豫、常州知府莫愚、常州同知赵泰等人，都推心置腹地商讨定策，务必使他们才尽其用，所以事情都很顺利。他经常前往松江视察水利，在空闲时，就一个人骑马来往于江边，看到嘉定和上海之间，沿江荒草丰茂，水流淤塞，就疏浚上游，从而使昆山、顾浦各条河的水流湍急而下，淤泥全被冲走。

正统九年（公元 1444 年），给事中李素等人弹劾周忱随意变乱祖制，独裁国家税收。英宗认为余米都为国家所开支，没有理睬。当时理财的人，天下无过周忱，他以民为本，开设济农仓，虽然与百姓订立偿还契约，但是到时多不追讨。每年征粮完毕以后，过了正月中旬，就颁布公文，命令放粮，他说："这是大家缴给朝廷的粮食剩余，现在还给百姓吃。请大家努力耕种朝廷的田地，到秋后再给国家缴税。"他执法处事，宽严有度，又灵活变通。江南各府的余米，有时多到无法计算，官府百姓都很富裕，还送给其他的州府。

　　周忱机智敏捷，数目再大的钱粮谷米，他立马可以算出来，不会出错。他曾经私下里用小册子记录天气的情况。有人说某一天在江中遇风损失了粮食，周忱打开小册子，原来这一天江中风平浪静，那人惊叹佩服。有奸民故意用以前的案子刁难他，周忱说："某一天你来我这里告状，我已经为你审理了。你还敢来欺骗我！"朝廷重新修建了三大殿，下诏征收一万斤牛胶，以绘制彩色图案使用。周忱恰好到了京城，说府库的牛皮，年头长了已经腐烂了，请拿出来煎成牛胶，等以后买新的牛皮充实国库。土木之变时，掌权者想焚毁通州的粮仓，以断绝敌人的粮食来源。周忱恰好因为会同议事来到京城，说仓库有米数百万石，可以充驻京军队一年的粮食，要他们自己去拿，很快可以拿完，何必要烧掉？

　　景泰元年(公元1450年)，长江以北地区发生大荒灾，都御使王竑向周忱借米三万石。周忱考虑要支撑到来年麦子成熟，便借给了他十万石。溧阳人彭守学攻击周忱不该征收损耗的米粮，户部请求派御史李鉴等人前往各府调查。次年，又因为给事中金达上书，周忱回到朝廷，说："微臣在负责此事以前，各地税粮无不拖欠。微臣到任后，立法规，除弊病，节省多余的开支，税收再无拖欠的现象，还有盈余。凡是以前公用所支出或是从百姓那里征收来的税粮，都从余米中随时支取。有时因为赈灾没有归还，有时遇到大赦又免去赋税，有时没有估算时价，价钱不一。因微臣得到宣宗皇帝和太上皇的敕令，准许我根据具体情况自行处理，所以支付的费用不必都上报，致使彭守学上奏攻击，户部派官员追加征收，这实在是我的罪过。"礼部尚书杨宁上书说："周忱胡乱开支，现估计所多余之税，全部来自百姓，使一些人弃家室逃亡，恳请将正统以来的余粮免予征收。"下诏同意杨宁的上书，召回李鉴等人。不久台官纷纷上奏弹劾周忱，请求治他的罪。代宗知道周忧向来贤良，大臣也多有保护他的，只是令他退休。

景泰四年（公元 1453 年），周忱去世，享年七十三岁，谥号"文襄"。

不带江南一寸绵——况钟

况钟（公元 1383 年—公元 1442 年），字伯律，号龙岗，又号如愚，靖安（今江西靖安）人。祖父况渊，饱读诗书，但元末已是沸反盈天，所以并未出仕。红巾军到处屠杀洗劫富室，靖安龙冈洲况家广有钱粮，在当地树大招风。有一伙红巾军攻入靖安龙冈洲况家，全家几十口尽遭屠杀，年仅 6 岁的况以实幸免于难。同乡人黄胜，家里贫穷无钱娶妻，收养了况以实，并将况以实改名为黄以实。黄家一贫如洗，黄以实很小就出去做工，长大后尽管一表人才，又聪敏勤奋，但由于家中贫困，仍然无钱娶妻。况钟的外公，很看重黄以实，就将女儿许配给他，不收一分彩礼。黄以实成家后，非常勤俭，善于筹划，家道渐渐富裕起来。黄以实看着况钟兄弟渐渐长大，感于自己目不识丁，就请老师教授况钟兄弟二人。待养父黄胜去世后，黄以实让二子钟、镛分挑况、黄两家香火，钟续黄家香火，镛续况家香火。明代尊崇程朱理学，礼部专门监督仪制，身为礼部官员的黄钟想要恢复祖姓非常困难。到黄钟外放苏州知府的时候，才申请恢复祖姓，因此况钟一生中只有任苏州知府的 13 年才是况钟。

况钟二十四岁时被靖安县知县俞益选拔为掌管礼仪的小官。永乐十二年（公元 1414 年），况钟吏期已满九年，按照惯例应允许赴京考职。当时，俞益与礼部尚书吕震关系很好，就向吕震竭力推荐，历陈况钟的贤能。恰巧吕震将跟随朱棣北巡，需要简选属员。与况钟交谈后，吕震对他的才能感到惊异，大为器重。第二年春天，以其才识优长，录用为六品礼部仪制司主事，并且打破常例，得到了朱棣的召见。从此况钟更加勤于职守，凡册立后妃、东宫、藩王、帝女下嫁、朝觐贡举等重大典礼，都非常勤勉，得到大家的赞赏。永乐十五年（公元 1417 年），朱棣再次北巡,况钟以礼部属员跟从。由于北京初建,四夷朝贡、会试、北征等诸多事项,都在北京举行。其中诸如祭告、庆赏、封策礼文等,均属仪制司的职责范围,况钟筹划安排得当,深受赏识。永乐二十一年(公元 1423 年)况钟九年考满,按例应升员外郎,因其贤劳著称加一等,升为礼部仪制司郎中。况钟在礼部任职十五年,官声很好,得到器重。

宣德五年(公元 1430 年),明宣宗因为感到各地郡守大多不能称职,又正逢苏州等九府缺少知府,这九府都是重要难治之地,就命令六部及都察院大臣推荐属下廉正有能力的官吏补各府之缺。况钟得到尚书蹇义、胡濙等人举荐,升任苏州知府。当时苏州豪强污吏相互勾结,百姓赋税繁重,是全国有名的难治之地。况钟上任后,许多问题都等待他去处理。他开始处理事务时,不少属下和群吏都站在他四周,看他如何理事。况钟假装不懂,向左右请教询问,一切按照属吏们的意图去办,群吏们都很高兴,私下以为这位新任太守是很容易欺侮的。几天后他召集群吏宣布:前几天某件事是应该做的,是某某不让我做;某件事是不应该做的,是某某强行我做的!你们有些人长期以来玩弄这种手段,罪当处死!将罪大恶极的几个人处以死刑,将属僚中贪婪、暴虐、庸暗、懦弱的全都痛斥一番,全府上下大为震动,全都奉法行事。况钟免除烦扰苛细的赋税,制定教民条文,事情有不利于百姓的,就立即上书朝廷讲明。况钟为政,细心而且周密,他曾设置两本簿籍记录乡民的善恶,用来进行奖励和惩罚。又设立通关勘合簿,防止进出时行奸作伪。设立纲运簿,防止运夫偷盗侵没。设立馆夫簿,防止无理的需求。他兴利除害,不遗余力,铲锄豪强,扶植良善。以前,太监奉使织造采办和购求花木禽鸟的接踵而至,府中僚佐以下的官吏,动不动便遭他们绑打。又有卫所将士军卒,时常欺凌百姓。况钟到任后,他们都收敛许多,不敢再放肆。即使是上级官员和其他省的官吏经过苏州的,也都从心里对况钟有所畏惧,百姓将他奉若神明。

明朝军人立有军籍,是世袭的。在卫所当兵的死了或逃亡了,要在原籍抓来他的子弟补充。宣德三年(公元 1428 年),御史李立、同知张徽奉命到苏州清理军籍,人民惨遭残害。吴江县县民被冤枉为军籍的有四百七十三名,而被杀死者不计其数。以一府七县计算,数量就更加多了。况钟上任后,看到这些受尽冤屈的人民,"扶老携幼,填塞道路,号哭呼天",问明缘由,立即上奏朝廷。他指责说"现在办事的人贪污枉法,不管合适不合适,就全部收入军中,好像是为国家增加了几千名士兵,却不知道事情不是这样办的。为了国家而让百姓心生怨恨,失去民心的损失更加大啊。"在况钟的奏请下,一百六十人免除了军役,一千二百四十人只本身服役,免除世役。

苏州官田的租税非常重,一亩田"科米不等,少者一斗三升至四升止,多者自五斗至三石"。虽然宣宗下诏减轻苏州、松江的重赋,但没有得到执行。况钟上奏请求减免官租,被户部驳回不准。他一再上书,指出如果不减,"仍照旧额征粮,有违恩命,抑且失信于民"。况钟和巡抚周忱精心计划,经过多次上奏力争,宣德七年(公元 1432 年)得到宣宗批准,减去官田租税七十二万一千六百石,荒田租税十五万石,使被重租压得透不过气来的苏州人民松了一口气。他还设立济农仓,赈济灾民,所积累的救济农民和存储的粮食每年有几十万石。除用来赈济灾荒之外,还用来代交民间杂赋和拖欠的租赋。接着,他率领苏州民众疏浚河道,兴修水利,促进了苏州地区农业生产的发展。

在文化教育方面,况钟十分重视学校教育,培养人才。注重开办地方学校,招收学生,以儒教培养学生,重视招收贫困学生,并给他们一定的救济,使很多寒门学子得以成就学业。有一个叫邹亮的曾经向况钟献诗,请他指点。他看后很高兴,觉得邹亮很有才华,便推荐他当官。有人为此写匿名信诬陷邹亮,况钟看信后风趣地说:"这不过是想要我更快地提拔邹亮而已。"并奏明朝廷,朝廷任命邹亮为吏、刑二部司务,后又升为御史,成为明代"景泰十才子"之一。当初况钟为吏员时,吴江人平思忠也由吏员起家,任吏部司务,对况钟有恩。到这时况钟多次邀请他做客,对他非常恭敬,并且让自己的两个儿子侍奉他,说:"并非我没有仆役,而是想借此报答您罢了。"平思忠家一向贫寒,从来没有因为和况钟有旧交情而对他有所请托,人们都称赞他们两人是贤德之人。

况钟为官清廉,在《示诸子诗》中说自己"虽无经济才,沿守清白节",告诫他的儿子"非财不可取,勤俭用无竭"。宣德六年(公元 1431 年),况钟的母亲去世,按照礼制,他必须回靖安原籍守丧,这叫"丁忧"。这一去,要三年孝满才能出来。

苏州两千多人向巡按御史请愿,"请求夺情起复"。苏州人民还编了首歌谣:"况太守,民父母,众怀思,因去后。愿复来,养田叟。"朝廷为此下诏命他戴孝起复留任。

宣德十年(公元 1435 年),况钟进京述职,苏州人民怕他因政绩优异,升官离去。况钟起程时,"士耆民庶咸候上道,且控舆卧辙",舍不得他走。第二年(正统元年),况钟在苏州人民的一致要求下,再次回到苏州。正统四年(公元 1439 年),况钟任苏州知府已九年,要赴北京考绩,朝见皇帝。在明朝,地方官进京朝见,一般都要带搜刮来的金银珍宝,名产土仪,遍送京城的势宦权贵。明代流行的一首歌谣说:"知县是扫帚,太守是畚斗,布政是驻袋口,都将去京里抖。"而况钟进京朝见,却两袖清风,不带一镏一铢。他赴京临行时,作诗和前来饯行的苏州人民告别:

其一

清风两袖去朝天,不带江南一寸绵。惭愧士民相饯送,马前洒酒注如泉。

其二

检点行囊一担轻,长安望去几多程。停鞭静忆为官日,事事堪持天日盟。

况钟赴京后,因任期满要升官,苏州百姓八万人又上书挽留,要求况钟再次回苏州。明英宗接受人民的请求,升了况钟的官,赐正三品,但仍回苏州做知府。

正统七年(公元 1442 年)12 月,况钟病死苏州任所,终年六十岁。况钟灵柩运回江西时,"民多垂泣送其柩归"。运载况钟灵柩的船中,"惟书籍,服用器物而已,别无所有。"苏州府所属七县都为他立了祠堂,作为纪念。他生前俭省,死后薄葬,是一位深受百姓尊敬的清官,苏州人民称他"况青天",和包拯"包青天",海瑞"海青天",并称为中国民间的三大青天。

七朝廉吏——王翱

王翱(公元 1384 年—公元 1468 年),字九皋,盐山(今河北沧州)人。

永乐十年(公元 1412 年),王翱为邑庠弟子员。永乐十三年(公元 1415 年)王翱在北京参加会试,考取进士。他两试都是上等,朱棣非常高兴,特地召见他,赐给饮食,改任庶吉士。永乐十七年(公元1419年),他被任命为大理寺左寺正。永乐十九年(公元1421年),因父亡故,王翱回乡守制。三年后回京,被降为行人。

宣德元年(公元1426年),因重臣杨士奇的推荐,王翱升任御史。当时官员有罪,不问轻重,都允许赎罪复职。王翱请求对犯贪污罪的官员,只许赎罪,不许复职,以惩治贪污,宣宗采纳了他的建议。

宣德五年(公元1430年),王翱受命巡按四川。松潘(今四川阿坝)地区少数民族作乱,都督陈怀驻扎在成都,两地相隔八百余里,无法控制。王翱根据情况上奏五条建议:一是请调陈怀到松潘;二是松茂的军粮趁农闲时齐力起运,由官军护送,不要专累百姓,致使遭到抢劫;三是许多贪官如同是百姓的蛀虫,请令他们自首,不要隐瞒;四是州县和土司地区,遍设社学;五是会川银场每年运米八千余石供给军队,往返烦劳,花费也大,请令有罪的人缴纳粮食以赎罪。宣宗下诏令有关官员详细讨论运粮之事,把害民的官员迁到北京,其他的都照王翱所请求的实行。

英宗朱祁镇即位后,廷臣建议派文武大臣外出镇守。王翱升任右佥都御史,与都督武兴镇守江西,惩治贪污,抑制奸人,官民都十分地敬重他。

正统四年(公元1439年),处州叛贼流窜到广信,王翱受命前往剿捕,将其全部抓获。同年冬,松潘都指挥赵谅诱擒国师商巴,掠夺他的财物,与同官赵得诬陷他反叛。商巴的弟弟小商巴大怒,聚众抢掠,英宗命王翱和都督李安率军二万前往征讨。巡按御史上报商巴是冤枉的,英宗便命王翱视情况决定进退。王翱到达后,把商巴从狱中放出来,派人招他弟弟来,安抚余党,上奏弹劾诛杀赵谅,将赵得贬往边境戍守,恢复商巴国师之职,松潘地区就此平定。

正统六年(公元1441年),王翱接替陈镒镇守陕西。当时军民借贷粮食有不能偿还的,王翱核实后都免去他们的欠粮。次年冬,王翱受命提督辽东军务,因军令长期以来废弛,敌人一来,将士都不力战。王翱便趁诸将来谒见时,责备他们失律之罪,命左右将他们拉出去斩首。诸将全都惶恐叩头,愿效死赎罪。王翱亲自巡行边防,从山海关到开原,沿途修缮城垣,疏浚沟渠。五里设一堡,十里建一屯,使烽烟相接。他还训练将士，给鳏寡士兵成家，军民都非常高兴。王翱又因边塞孤悬在外，远离内地，军饷缺乏，便依据当地风俗立法，令犯罪的人可以劳作赎罪。十多年间，靠劳作获得了米粮和牛羊数十万，边防用度因此很充足。王翱从辽东回朝时，同事的宦官敬重王翱，送给他几颗明珠，王翱坚决推辞。那人说："这是先朝皇帝赐给我的，您不是以为这是赃物而拒绝我吧？"王翱不得已，收下并珍藏起来。那位宦官死后，王翱召来他的侄子把明珠还给了他。

正统十二年（公元 1446 年），王翱与总兵曹义等人出塞，攻击兀良哈，擒获和斩杀一百余人，获得牲畜四千六百头，晋升为右都御史。当时，夫人为他娶了一个妾，过了半年才告诉他。王翱大怒说："你为什么破坏我的家法？"当天就备好金币把妾送了回去。那个妾一生不再嫁人，说："岂有大臣之妾嫁给别人的？"王翱死后，她去奔丧，王翱的儿子赡养她终身。李贤曾对人说："皋陶所说的九德，王公有其中五个：处乱而谨慎，遇扰而坚毅，虽贫而不贪，刚正而诚实，虽强但很讲道义。"

正统十四年（公元 1448 年），诸将在广平山击破敌军，王翱升为左都御史。脱脱不花大举侵犯广宁县（今河北昌黎），王翱当时正在阅兵，敌军突然来到，致使明军溃败，王翱入城自保。有人说城无法守住，王翱提剑说："敢说弃城者斩。"敌军退走后，王翱被罚停俸半年。

代宗景泰三年（公元 1452 年），王翱被召回掌管都察院事务。同年，朱祁钰改换太子，王翱被加授太子太保。浔州、梧州瑶人作乱，总兵董兴、武毅互相推诿，不负责任。于谦请让翁信、陈旺接替二人，并特派一名大臣总督军务，王翱被任命为首任两广总督。到驻镇之地后，将吏都惶恐敬服，王翱推诚安抚，瑶人很快就归顺了，辖区内平安无事。次年王翱被召入京，任吏部尚书，以协助年迈的吏部尚书王直。之前，何文渊协助王直掌选官之政时，多有营私，被言官弹劾罢免。王翱接替他上任后，完全遵循原来的制度。王翱在吏部时，谢绝别人的请谒，公事之余总是住在办公室中，不是过年过节、初一十五拜谒祖先祠堂，他不曾回到私宅。每次选用官员，有时正值他被代宗召去谈话，侍郎代为选用。王翱回来后虽然很晚了，仍到官署查看所选的是什么人，唯恐有选用不当。他推荐人才不让他人知道，他说：

"吏部怎能是快意恩仇之地？"王翱的女婿贾杰在近畿为官,王翱的夫人多次把女儿接回来,贾杰很愤怒地说:"你的父亲掌管选官之政,把我调到京师,易如反掌,怎么就不烦路上往来?"夫人听到后,找机会求王翱。王翱大怒,把书案一推,打伤了夫人的脸部,贾杰最终不得调入京城。王翱的孙子王辉因王翱的功勋入国子监,将参加秋试,把印卷给王翱看,王翱却说:"你确有真才实学登第,我怎么忍心埋没你的才学! 可你若遇到糊涂主考中选,却误了另一个寒士的前程。你吃得好穿得暖,何必强所不能,来希求非分之想呢!"将他的卷子撕碎烧了。

天顺元年(公元 1457 年)正月,石亨、徐有贞等人发动"夺门之变",英宗复辟。次年王直致仕回乡,王翱专掌吏部事务。石亨想除掉王翱,王翱便请求退休。本已获英宗批准,因大学士李贤力争,又把他留了下来。后来,李贤被石亨逐出,也因为王翱的意见,英宗把他留了下来。英宗在用人时一定先询问李贤,李贤又推给王翱,因此王翱得以实现他的想法。英宗很尊宠王翱,时常把他召到便殿谈论,称他为"先生""老王"而不称其名。王翱已年近八十,记忆力已经很差。王翱曾令郎官谈伦随他入宫,英宗询问原因,王翱叩头说:"臣老了,所聆听的圣谕,怕有贻误,所以令这个郎官记下来,此人诚实谨慎,是可信的。"英宗听后很高兴。

天顺五年(公元 1461 年),石曹之乱时,曹钦抓获李贤,遍寻王翱。王翱躲在一个房间中,主事朱文范身材高大很有力气,他背着王翱逃走,才免于被抓。不久,叛乱平息,王翱晋升为太子少保。

宪宗成化元年(公元 1465 年),王翱升为太子太保,雨雪天气可免朝参。王翱屡次上书请求致仕回乡,宪宗总是安慰挽留,还多次派御医为他看病。

成化三年(公元 1468 年)王翱病重,宪宗准许他退休。王翱还没出都城便去世了,享年八十四岁。一生历仕七朝,辅佐六帝,刚明廉直,生活俭朴。宪宗追赠王翱为特进光禄大夫、太保,谥号"忠肃"。

要留清白在人间——于谦

于谦(公元 1398 年—公元 1457 年),字廷益,号节庵,浙江杭州府钱塘县(今浙江杭州)人,祖籍考城(今河南民权县)。曾祖于九思在元朝时离家到杭州做官,遂把家迁至钱塘太平里。永乐十九年(公元 1421 年),于谦考取进士。

宣德元年(公元 1426 年),于谦被任命为御史。觐见皇帝时,他声音洪亮,言语畅达,宣宗也为之侧耳倾听。顾佐任都御史时,对待属下很严厉,唯独对于谦很尊敬,认为于谦的才能胜过自己。汉王朱高煦在乐安起兵谋叛,于谦随宣宗亲征。待朱高煦出降,宣宗让于谦数落他的罪行。于谦义正词严,声色俱厉,朱高煦在这位御史的凌厉攻势下,被骂得抬不起头,趴在地上不停地发抖,自称罪该万死。宣宗非常高兴,当即下令派于谦巡按江西,昭雪了被冤枉的几百个囚犯。

恰好此时朝廷准备将各部的右侍郎增设为直省巡抚,宣宗亲笔写了于谦的名字交给吏部,破格提拔他为兵部右侍郎,巡抚河南、山西。于谦到任后,轻车简从,巡视所辖地区,接见和走访乡邻父老,考察各项应该兴办或者革新的事,稍有水旱灾害,立即上报。

正统六年(公元 1441 年),于谦上书说:"现在河南、山西都积蓄了数百万斤粮食。请在每年三月份,令府州县报上缺少食物的贫民,然后按份额发给他们。先是豆类和高粱,其次给小米和麦子,最后给稻谷,到秋收后偿还,年老有病以及贫困而不能偿还的则给予免除。州县官吏任期已满应当升迁的,如果预备粮不足,不能离任,还要命令监察官员经常监察。"英宗下令施行。河南黄河沿岸,经常被洪水冲开缺口,于谦下令加厚建筑堤坝,每个乡里都要设亭,亭设亭长,责令其督率修缮堤坝。又命令百姓种树挖井,使当地榆柳夹路,行人也不再受干渴之苦。大同孤立在塞外,巡查山西的官员常走不到,于谦奏请专设御史来治理。又把镇边将领私人开垦的田地全部收为官家屯田,以资助边防开支。于谦恩威并行,隐匿在太行山的盗贼都不敢露面。

当初杨荣、杨博、杨士奇主持朝政,很重视于谦。于谦所奏请的事,早上递上去,晚上便得到批准。但于谦每次进京议事时,都是空着手进去,那些有权势的人不能不感到失望。到了"三杨"去世以后,太监王振当权,作威作福,肆无忌惮地招权纳贿,百官大臣争相献金求媚。每逢朝会期间,进见王振的人,必须献纳白银百两;若能献白银千两,始得款待酒食。于谦每次进京奏事,从不带任何礼品。有人劝他说:"您不肯送金银财宝,难道不能带点土特产吗?"于谦潇洒一笑,甩了甩他的两只袖子,说:"只有清风。"还特意写诗《入京》以明志:

绢帕蘑菇与线香,本资民用反为殃。清风两袖朝天去,免得闾阎话短长!

正统十一年(公元 1446 年),于谦入朝,推荐参政王来、孙原贞代替自己。这引起王振不满,暗地指使其党羽通政使李锡,弹劾于谦因为长期未得晋升而心生不满,擅自推举人代替自己。把他投到司法部门,判处死刑,关在狱中。百姓听说于谦被判处死刑,一时间群民共愤,联名上书,才把于谦放出来,降职为大理寺少卿。山西、河南的官吏和百姓俯伏在宫门前上书,请求于谦留任的人数以千计。周王、晋王等藩王也上言,于谦被再次任命为巡抚。当时山东、陕西流民到河南求食的,有二十余万人,于谦请求发放河南、怀庆两府积储的粟米救济。又奏请令布政使年富把这些人集中安置,给他们田地、耕牛和种子,由里长进行管理。

正统十三年(公元 1448 年),于谦被召回京,任兵部左侍郎。次年秋天,瓦剌也先大举进犯,王振挟持英宗亲征。于谦与尚书邝野极力劝阻,英宗不听。邝野随军出征,参佐军务,于谦则留下管理兵部日常事务。英宗在土木堡被俘,京师震动,众人慌乱。郕王监国,命令群臣讨论作战和防守的方略。侍郎徐珵说星象有变,应当迁都南京。于谦厉声说道:"主张南迁的人当斩!京师是天下之根,一旦动摇就不可挽救。难道不知宋朝南渡的结局?"郕王肯定了他的说法,防守的决策就这样定下来了。当时京师精锐步兵骑兵已经损失殆尽,老弱残兵不到十万,人心惶惶,朝廷上下都没有信心。于谦请郕王发檄调两京和河南的备操军,以及山东和南京沿海的防倭军,江北和北京各府的运粮军,令速赴京师。经过于谦有条不紊的部署,人心逐步隐定下来。于谦升任兵部尚书,全权负责筹划京师防御。

于谦

郕王刚刚摄政朝议时，右都御史陈镒上奏请求诛杀王振全族，廷臣一时纷纷响应。朱祁钰无法做决定，下令择时改议，廷臣则抗议不依。此时，王振党羽、锦衣卫都指挥使马顺站出叱斥百官。给事中王竑突然带头在朝廷上猛击马顺，众臣纷纷跟随。马顺当即毙命，一时血溅朝堂，朝廷秩序大乱，卫士们也大声喊叫。郕王害怕，站起来想逃走。于谦推开众人，挤到郕王面前把他拽住，并让他下旨说："马顺等有罪该死，其他人不予追究。"大家才安定下来，而此时于谦的袍袖都被撕烂了。在他退出左掖门时，吏部尚书王直握着于谦的手叹道："国家正是倚仗您的时候。今天这样的情况，即使是一百个王直也处理不了啊！"朝廷上下都倚重于谦，于谦亦毅然以社稷安危为己任。

大臣们担心国家无主，太子年幼，敌人很快要来，便请皇太后立郕王为皇帝。郕王很吃惊，多次推辞。于谦激动地说："我们完全是为国家考虑，不是为个人打算。"郕王这才受命。九月，代宗即位，于谦进宫，慷慨哭奏："敌寇胜利，要挟留下上皇，这样下去必将轻视中原，长驱南下。请饬令各守边大臣全力防御。京营的军械已快用完，应当从速分道招募民兵，令工部修缮兵器。遣都督孙镗、卫颖、张轨、张仪、雷通分兵守卫京师九城要害之地，军队驻扎在外城的外面，迁徙外城附近的居民进入城内。通州囤积的粮食，官军自己到那里领取，富余的粮食就作为他们个人的酬劳，不要丢弃留给敌人。"代宗全部采纳了。十月代宗令于谦提督各营军马。也先挟持英宗攻破紫荆关长驱直入，逼进京师。于谦率领二十二万军队于九城门外列阵：都督陶瑾在安定门，广宁伯刘安在东直门，武进伯朱瑛在朝阳门，都督刘聚在西直门，镇远侯顾兴祖在阜成门，都指挥李端在正阳门，都督刘得新在崇文门，都指挥汤节在宣武门，于谦与石亨率领副总兵范广、武兴在德胜门外布阵，抵挡敌兵。他将部事交给侍郎吴宁，将所有城门全部关闭，亲自督战。下令："将领不顾士兵而先退却的，斩将领；士兵不顾将领而先退却的，后队斩前队。"将士们抱定必死之心,俯首听令。

也先攻入内地,以为旦夕之间便可攻下京城。见官军严阵以待,气势逐渐减弱。宦官喜宁教唆也先,让朝廷派大臣去迎接英宗,索要的金帛以万万计,又约于谦和王直、胡濙等人出城商议。代宗没有同意,也先的锐气进一步受挫。十月二十九日,敌人想突破德胜门。于谦令石亨在无人的民房中设伏兵,再令几名骑兵诱敌。敌人的一万骑兵来追,副总兵范广引发火器,伏兵四起。也先的弟弟孛罗、平章卯那孩中炮而死。敌人转到西直门,遭遇都督孙镗的抵抗,石亨援军也到了,敌军败退。副总兵武兴在彰义门拒敌,与都督王敬共同击退敌军前锋。相持了五天,也先见邀约没有奏效,作战又失利,听说勤王兵将到,恐怕归路被断,便拥着英宗从良乡退去。于谦调遣将领追击,直到长城关口才罢。战后论功,加封于谦为少保,总督军务。于谦说:"京城外有那么多的壁垒,是卿大夫的耻辱啊,怎敢还邀功请赏?"他坚决推辞。同时,增兵守真定、保定、涿州、易州等府州,请求用大臣镇守山西,防止敌寇南侵。

景泰元年(公元 1450 年),也先认为无隙可乘,愿意释放英宗,京师局势稍有缓和。于谦上奏说:"南京重地,安抚工作需要人。中原地区多流民,遇上荒年他们就会聚集作乱,值得忧虑。请下令内外守备将领和各地巡抚加强整治,防患于未然。召回那些派出去招募武装的文武官员和内地镇守的宦官。"也先见中原没有发生灾祸,求和之心更加强烈,使者频繁到来,请求送回英宗。大臣王直等人建议派使者将其迎回,代宗不高兴,说:"我本来不想登基,当时被推上去,也是你们的主意。"于谦从容说道:"天位已定,难道还有变?按理应该尽快迎回上皇。万一他们使诈,我们就有理了。"代宗看着于谦,脸色缓和下来,说:"依你,依你。"先后派出李实、杨善前去接回英宗。于谦认为和议难以依靠,提出了安边三策。他请命令大同、宣府、永平、山海、辽东各路总兵官增修工事。京师武装分隶五军、神机、三千等营,虽然各设总兵,但相互之间不统一。请挑选精兵十五万,分为十营进行操练,加强对军队的操练,这就是团营制度的开端。

于谦做兵部尚书的时候,也先势力正强,而福建邓茂七、浙江叶宗留、广东黄萧养分别聚众造反,僭号称王,湖广、贵州、广西的瑶、壮、苗、僚也纷纷作乱。所有的调兵征战都是于谦统筹,戎马倥偬之际,形势多变,于谦眼神所指,口授文书,都十分恰当,他思维敏捷,精力旺盛,无人可比。于谦为官清廉正直,生活简单俭朴,所居住的房子仅仅能够遮挡风雨。代宗赐给他西华门的府第,于谦说:"国家多难,臣子怎么敢自己安居。"坚决推辞,代宗不准。于谦就把代宗所赏赐的玺书、袍服、银锭之类,全部封好写上说明放到那里,每年去看一看罢了。于谦的性格很刚强,遇到有不痛快的事,总是拍着胸脯感叹说:"这一腔热血,不知会洒在哪里!"于谦敢于为民请命,严惩作奸犯科的权贵。他看不起那些懦怯无能的大臣、勋臣、皇亲国戚,从不巴结权贵,不避嫌怨,所以和权臣石亨、徐有贞及宦官曹吉祥矛盾很深,憎恨他的人也很多。

天顺元年(公元 1457 年),英宗在石亨、徐有贞、曹吉祥等人支持下发动宫廷政变,夺回帝位。将于谦和大学士王文逮捕入狱,诬陷他制造不轨言论、谋划迎接册立襄王,定谋反罪,判处死刑。王文否认他们的诬陷,极力辩解,于谦笑着说:"这是石亨等人的意思,辩解有什么用?"奏疏上呈后,英宗还有些犹豫,说:"于谦是有功劳的。"徐有贞进言说:"不杀于谦,这一行动便没有借口。"英宗才下定了决心。正月二十三日,于谦被押往崇文门外,就在这座他曾拼死保卫的城池前,被斩决了。于谦被杀后按例应该抄家,可抄家的官员到于谦家时,发现这是一项十分容易完成的工作。因为于谦家里什么也没有,除了生活必需品外,根本就没有多余的钱财。只有正屋锁得严严实实,打开一看,是代宗赐给的蟒袍、剑器等。于谦死的那天,阴云密布,全国的人都认为他是冤枉的。有一个叫朵儿的指挥,本来出自曹吉祥的部下,他把酒泼在于谦死的地方,大哭不已。曹吉祥很愤怒,用鞭子打他,第二天他还是照样泼酒在地表示祭奠。都督同知陈逵被于谦的忠义感动,收敛了他的尸体。过了一年,送回去葬在杭州。皇太后开始时不知道于谦的死,听说以后,叹息哀悼了好几天。

于谦死后,石亨的党羽陈汝言代兵部尚书,不到一年被革职,查获的赃物达好几万。英宗召集大臣围观,伤感地说:"于谦重用于景帝朝,死后没有余财,汝言的财物太多了!"石亨低头无语。不久有边警,英宗忧心忡忡。恭顺侯吴瑾在旁侍从,说:"假如于谦还在,决不会让敌人这么猖狂。"英宗沉默不语。这一年,徐有贞被石亨中伤,充军到金齿口;几年后石亨亦被捕入狱,死于狱中;曹吉祥谋反,被灭族。

成化元年(公元 1465 年),于谦的儿子于冕赦免回朝。他上书申诉父冤,于谦才得以恢复生前的官职。宪宗也派使臣去祭祀,诰文说:"在国家多难之时,是您保全了国家。您独自坚持公道,召来奸臣的忌恨。先帝已知您蒙受冤屈,而朕也非常哀悯您的忠诚。"天下争相传诵。弘治二年(公元 1489 年),赠于谦特进光禄大夫、柱国、太傅,谥号"肃愍",赐建祠堂,题为"旌功"。万历中,改谥号"忠肃"。

直言天下第一事疏——海瑞

海瑞(公元 1514 年—公元 1587 年),字汝贤,号刚峰,广东琼山(今属海南)人。海瑞的祖先原籍福建,南宋时从福建迁移到了广州。海逊子在明朝开国之初任广州卫指挥,海逊子的儿子海答儿于 1383 年从军来到海南岛,就在琼山落了户籍。海答儿的儿子海宽,中举后曾任福建松溪知县,有子海澄、海澜、海翰、海鹏、海迈五人。海翰娶妻谢氏,于 1514 年生下海瑞。海瑞 4 岁时,他父亲便去世了,从此孤儿寡母相依为命,靠祖上留下的几十亩田,勉强维持生活。谢氏性格刚强,对海瑞要求很严格,对孩子的教育极为重视,从海瑞幼年起便让他读《孝经》《尚书》《中庸》等书。海瑞自幼攻读诗书经传,也立志日后如果做官,就要做一个不谋取私利,不谄媚权贵,刚直不阿的好官,并自号"刚峰"。

嘉靖二十八年(公元 1549 年),海瑞参加乡试得中举人。进入北京后就向朝廷呈上《平黎策》,希望在海南设道置县,以平定乡土,有识之士认为他志气豪壮。嘉靖三十三年(公元 1554 年),海南承宣布政使司指派海瑞到福建延平府南平县当教谕。有一次,延平府的御史到南平县视察工作,照例要往孔庙行香朝典,海瑞带着两名教官早早在庙堂迎候。在当时的官场上,下级迎接上级,一般都要行跪拜之礼,所以当御史进门后,随同的两位教官都跪地相迎,可海瑞却站着,只是长揖行礼。三个人的反差非常鲜明，两边伏地弯弓，中间一杆高耸，俨然一个笔架——海瑞自此便留下了"笔架博士"的雅号。御史走南闯北，显然没有见过这么不懂规矩的人，大为震怒，训斥海瑞不懂礼节。海瑞不卑不亢地回答说："到御史您所在的衙门里，当行部属礼仪。这个学堂，是老师教育学生的地方，不应屈身行礼。"碰到这么一个既死板又较真的下属，御史虽然怒发冲冠，却也无可奈何。

嘉靖四十一年(公元 1562 年)，海瑞被任命为淳安知县。他生活节俭，穿布袍，吃粗粮糙米，让老仆人种菜自给。总督胡宗宪曾告诉别人说："昨天听说海县令为母亲祝寿，才买了二斤肉啊。"有一天，胡宗宪的儿子路过淳安，接待人员按海瑞规定的标准为其提供食宿。这与一路走来远接高迎、大吃大喝外加红包的风光大相径庭，胡公子一怒之下把负责接待的驿吏捆绑倒挂起来，鞭打训斥。海瑞得知消息，马上带人把这个气焰嚣张的胡公子抓了起来，然后面容严肃地对众人说："胡总督为官堂堂正正，他一直教育属下不要铺张浪费。过去胡总督考察巡视各部门，命令所路过的地方不要供应太铺张。现在这个人行装华丽，一定不是胡总督的儿子。"下令将他关进大牢，并没收了他搜刮来的数千两银子，充入国库。之后他又提笔给胡总督写了一封信：您向来最重操守，对子女以及身边的人看管得很严。现在有这么一个人竟然冒充您的公子，在这里混吃混喝，胡作非为。我已经把他拿下，想跟您核对一下，并请求指示。弄得胡总督哑巴吃黄连，有苦说不出，只好不了了之。国公张志伯奉旨巡察各省，依仗权势，贪赃枉法，百姓怨恨。海瑞劝农归来，张志伯的亲信差官张彪来至县衙，强索赂银万两，海瑞拒绝并将张彪棍棒逐出。张志伯闻报大怒，至淳安责问。海瑞指斥其贪赃枉法，张志伯大窘，临行索要纤夫四百名再作刁难。海瑞因农事繁忙，不愿扰害百姓，就亲自率领衙役背纤。张志伯恐因此引起民愤，狼狈而去。都御史鄢懋卿下基层视察，沿途官吏们纷纷破格接待。鄢懋卿为显清廉，发出告示说："本官素性简朴，不喜承迎。沿途饮食供帐，都应俭朴为尚，毋得过为华奢，侵扰百姓。"话虽这么说，可鄢懋卿的大队车马所到之处，无不呈风卷残云之势。眼见就要到淳安县了，海瑞思虑良久，他修书一封，派人快马送给鄢懋卿，信上说：您是天下第一廉官，过州过府，轻车简从，从不增加地方负担。但现在有些人专门败坏您的名声，说您每到一地"各处皆有酒席,每席费银三四百两,供帐极华丽,就是溺器也用银器之具"。这把我搞糊涂了,究竟哪个是真,哪个是假,请您明示,我好做接待准备。一席话像打了鄢懋卿一记火辣辣的耳光,作不得声,还不得不对传言解释一番,他又表扬了海瑞几句,为了耳根清净,干脆借口公干,绕道而行。鄢懋卿嘱咐巡盐御史袁淳想法子治海瑞和慈溪县霍与瑕的罪。霍与瑕是礼部尚书霍韬的儿子,也是坦率正直、不谄媚鄢懋卿的人。当时,海瑞已提升为嘉兴通判,因此事贬为兴国州判官,任职期间屡平冤假错案。

世宗朱厚熜晚年,不去朝堂处理政务,深居在西苑,专心致志地设坛求福。总督、巡抚等边关大吏争着向其贡献有祥瑞征兆的物品,礼官动辄便上表祝贺。朝廷大臣自杨最、杨爵获罪以后,无人敢指斥时政。嘉靖四十五年(公元 1566 年)二月,海瑞在棺材铺买好了棺材,将自己的家人托付给了一个朋友。然后向世宗呈上《治安疏》:

臣听说君主是天下臣民万物的主人,责任重大,想要称职,就只有把职责托付给大臣,让他们畅所欲言。臣冒死向陛下进言,就算在以前贤明的汉文帝面前,贾谊尚且痛哭流涕地进言。这不是苛求责备,而是因为文帝性情仁慈近于柔弱。虽然有惠民之举,也不免有懈怠荒废,这是贾谊所忧虑的。陛下天资英武果断,远远超过汉文帝。然而文帝能够充分发挥其仁慈宽恕之性,节省费用,体恤人民,使天下钱贯腐朽、粟粮陈积,几乎使刑罚都无用武之地。陛下您锐意精进没多久,就被妄念牵之而去,背离刚明的品质,以致认为可以升天。一心要修炼成仙,用尽民脂民膏,滥兴土木,二十多年不理朝政,法纪废弛。数年间扩大范围的一些事例,使得名分混乱。裕、景二王见不到皇上,人们认为父子情义浅薄。因为猜疑诽谤而屠戮侮辱大臣,人们认为君臣情谊浅薄。待在西苑享乐不归皇宫,人们认为夫妇情谊浅薄。吏官贪污蛮横,民不聊生,水旱灾害不断,盗贼日益猖獗。陛下试想现在的天下,是怎样的状况呢?

近来,严嵩被罢相,严世蕃被判处极刑,一时大快人心。然而朝政在严嵩罢相后,和之前没有什么分别,世道仍不清明,更远远不及汉文帝时期,天下的人对陛下有看法已经很久了。古时人君有过错,依赖大臣匡扶矫正。现在皇帝仍然修斋建祭坛,争相敬香,送仙桃,献天药,大臣都众口一词,称贺赞颂。建官殿,筑居室,则竭力经营;采购香料珠宝,府库开支入不敷出。陛下错误地发起,大臣们错误地顺从,没有一个人愿意向陛下直言进谏,阿谀之风严重。他们内心惭愧、气馁,告退后又背地议论,这难道不是欺君之罪吗?

天下是陛下一家的天下,没有不念家之人,内外朝臣都为陛下之家奠基则家坚如磐石。只想一心修炼真身,这是陛下的心智受到迷惑。过分苛求武断,这是陛下的情感偏激。陛下不顾念其家,合乎人情吗?大臣们徇私损公,费力谋得的官职或因欺诈而丢掉,或因不作为而丧失,实在不能合乎陛下的心意。君臣之心偶有不合,就称陛下讨厌刻薄大臣,因此拒绝纳谏。揪住一两个不适当的人,就怀疑成百上千的人都这样,使陛下做出错误的举动,却不以为怪,诸位臣工们的罪行太大了。《礼记》说:"皇帝犹豫则老百姓迷惑,不晓民情则君王劳累",说的就是这个。

陛下的失误很多,其中最大的就是斋祭,斋祭是求长生。自古圣贤传下训诫,修身立命称"顺应自然保全正命",没有听过长生的说法。尧、舜、禹、汤、文、武等圣贤,都没能长生,再说,也没有见到从汉唐、宋到现在还活着的方士。陛下接受陶仲文的方术,称他为师。陶仲文却已经死了,他都不能长生,陛下怎能求得长生呢?仙桃天药,更加怪诞荒谬。以前宋真宗在乾祐山获得天书,孙奭说:"天怎么讲话?怎么会有天书呢!"桃子必须先采摘才能得到,药必须焙制才能成,现在无缘无故得到这两件东西,是它们自己有脚能行走吗?称"天赐",有手执掌来交付吗?这是左右奸人,制造荒诞的事来欺骗陛下,陛下误信了,认为是真的,大错啊。

陛下又说用刑赏来督导大臣,派人分头去治理,天下没有不能治理的事,而修炼真身就对自己没有损害吗?太甲说:"有言论与自己想法相反,必须求证它是否符合客观规律;有言论恭顺自己的意志,必须求证它是不是不合道理。"所用之人必须听话,陛下的这种想法就有失偏颇。试看严嵩,有一件不顺从陛下的事吗?过去所谓的同心同德,现在却身首异处了。梁材恪守道德和为官本分,陛下认为是不顺从的人,但他为官很有声色,在户部做过官的人至今都还称赞他。然而各位大臣都宁愿像严嵩一样恭顺,也不愿像梁材那样违逆,不是察看陛下的过失,而是暗暗地回避,这样对陛下有什么好处呢?

陛下如果确实能知晓斋祭无益,一旦幡然悔悟,天天上朝;与宰相、侍从、言官商讨天下的利害,纠正数十年所累积的过失;置身于尧、舜、禹、汤、文、武圣贤之列,使大臣们也得以自己洗刷数十年来阿谀君王的羞耻;置身于皋、夔、伊、傅的行列,何患天下不能治、万事不能理,这只是陛下振作一下的事。反之,热衷于轻举度世,伤精劳神,执着于捕风捉影、茫然不知之中,我看只会终身劳苦,而最终却一无所成。现在大臣们领取俸禄而喜好阿谀,小官吏畏罪而三缄其口,我很愤恨。因此冒死尽绵薄之力,唯求陛下有所采纳。

世宗读了《治安疏》,十分愤怒,把疏扔在地上,对左右侍从说:"快把他逮起来,不要让他跑掉。"宦官黄锦在旁边说:"这个人向来有傻名,听说他上书之前,自己知道冒犯该死,买了一副棺材,和妻儿诀别,在朝廷等候治罪。童仆也都逃散,没有人留下,他是不会逃的。"世宗听了,默默无言,过了一会又取过奏章细读,一天读了好几遍,终被感动叹息,将奏疏留在宫中几个月。世宗曾说:"此人可以与比干相比,但我不是商纣王。"秋天世宗生病了,心情郁闷,召来内阁大臣徐阶议论禅让帝位给太子的事。世宗说:"海瑞所说得都对,我已经病了很长时间,怎能临朝听政。"又说:"我自己不谨慎珍惜,导致身体多病。如果我能够在偏殿议政,岂能遭受这个人的责备辱骂呢?"遂逮捕海瑞关进诏狱,追究主使的人。不久把他移交刑部,判处死罪。案宗上报后,仍被留在世宗手上。户部司务何以尚揣摸到世宗并无杀掉海瑞之意,上书请求释放他。世宗发怒,下令锦衣卫将他杖击百次,下在狱中,昼夜棒击审讯。农历十二月十四日,世宗驾崩,提牢主事听说了这个情况,认为海瑞不仅会释放而且会被任用,就办了酒菜来款待海瑞。海瑞怀疑自己是被押赴西市斩首,恣情吃喝,不管别的。主事附在他耳边悄悄说:"皇帝已经死了,先生现在即将出狱受重用了。"海瑞说:"确实吗?"随即悲痛大哭,把刚才吃的东西全部吐了出

海瑞

来,晕倒在地,一夜哭声不断。十五日,裕王朱载垕(穆宗)继位,国号隆庆。奉先帝遗诏,穆宗赦免了以海瑞为代表的所有谏言诸臣。海瑞被释放出狱,官复原职,不久改在兵部任职。后来调大理寺任职,提拔为尚宝丞(专门管理皇帝御玺、印鉴的官员)。

隆庆元年(公元1567年),徐阶被御史齐康弹劾,海瑞上言说:"徐阶侍奉先帝,没能谏止皇帝迷信道教,大兴土木,畏惧龙威,想要保全职位,实在也是有这样的事。然而自从徐阶主持国政以来,忧劳国事,气量宽宏能容人,有很多值得称赞的地方。齐康心甘情愿地充当飞鹰走狗,捕捉吞噬好人,他的罪过又高过高拱。"人们都赞同他的说法。

隆庆四年(公元1570年)夏天,海瑞升调右佥都御史,巡抚应天十府。下属官吏害怕他的威严,有劣迹的人大都自己辞官而去。有权势人家用朱丹漆门,听说海瑞来了,又漆成黑色。派出管理织造的太监,都减少车驾和随从。海瑞就任后,立即颁布《督抚宪约》。规定巡抚出巡各地,府、州、县官一律不准出城迎接,也不准设宴招待。考虑到朝廷大员或许仍须稍存体面,他准许工作餐可以有鸡、鱼、猪肉各一样,但不得供应鹅和黄酒,而且也不准超过伙食标准。这个标准是:物价高的地方纹银三钱,物价低的地方两钱,连蜡烛、柴火等开支也在上述数目之内。

海瑞一贯痛恨大户人家兼并土地,极力折损豪强,安抚贫穷羸弱。贫户田地被富户兼并的,一概替他们夺回。徐阶罢相居家,海瑞照例查问其家里的情况而不宽免。他的命令如雷霆万钧,有司惶恐奉行,权势豪强都避而逃往他郡。裁减邮传冗费,士大夫离开其地一律不提供食宿。推行一条鞭法:将过去按地、户、丁分别征收实行、征发徭役的赋役制度,改为按土地、人丁征收货币与白银;将过去由纳税户轮流征收解运改为官府自行征收解运。把田赋、力役和其他杂税合编为一条,统一按田亩核算征收,原来按丁户征役的办法一并改为摊入田亩。同时,兴利除害,请求整修吴淞江、白茆河,让河水畅流入海。百姓得到了兴修水利的好处,海瑞深受百姓的爱戴,称他为"海青天"。

隆庆四年(公元1570年)冬,都给事中舒化上奏批评海瑞迂腐滞缓,不通晓施政的要领,应该把他置于南京的清闲之地。穆宗下诏用嘉奖的语言鼓励海瑞。

不久给事中戴凤翔弹劾海瑞庇护奸民,鱼肉士大夫,沽名乱政,海瑞被改任南京粮储。海瑞巡抚吴地才半年,平民百姓听说海瑞解职而去,呼号哭泣于道路,家家绘制海瑞像祭祀。海瑞要到新任上去,正遇高拱掌握吏部,早就仇恨海瑞,把海瑞的职务合并到南京户部当中。海瑞遂告病引退,回到琼山老家。

万历初年,张居正主持朝政,也不喜欢海瑞,指使巡按御史考察他的清廉情况。御史到山中巡视,海瑞以鸡肉和米饭与他相对而食,房舍简陋,御史叹息着离去。张居正害怕海瑞的耿直,虽然朝廷内外交相推荐,他始终不召见海瑞。万历十二年(公元 1584 年)冬,张居正死,吏部拟任用海瑞做左通政。神宗很看重海瑞的名声,授予他旧职。第二年正月,神宗召海瑞为南京右佥都御史,在赴任的路上改为南京吏部右侍郎。当时海瑞已七十二岁,上书陈述衰老将死,愿比附古人尸谏的大义,大略说:"陛下励精图治,但政治还不理想,原因是惩治贪官的刑罚太轻。大臣们都不向您言明这个道理,反而借待士有礼一说,对此交口称赞,文过饰非。待士有礼不错,但是百姓又有什么罪过呢?"他列举太祖剥皮囊草的刑罚以及洪武三十年(公元 1397 年)规定的贪污八十贯处绞刑的例证,称现在应该用这些刑罚惩治贪官。其他针砭时弊之语,都非常切实。神宗屡次打算重用海瑞,都有朝臣暗中阻拦。南京各官向来苟且懒惰,海瑞身体力行地矫正此风。有位御史偶尔演戏取乐,海瑞打算遵循太祖法令杖责他,百司惶恐,都患其苦。提学御史房寰担心被纠察和揭发,准备先发制人,给事中钟宇淳也从中怂恿鼓动,房寰再次上书对海瑞丑化诋毁。海瑞也多次上书请求退休,神宗都安抚挽留不予批准。

万历十五年(公元 1587 年),海瑞病死于南京任上。海瑞没有儿子,去世后,佥都御史王用汲去主持海瑞的丧事。见海瑞住处用葛布制成的帏帐和破烂的竹器,有些是贫寒的文人也不愿使用的,禁不住哭起来,凑钱为海瑞办理丧事。海瑞的清廉,甚至达到了不近人情的地步。按照当时官场的风气,新官到任,旧友高升,总会有人来送些礼品礼金,以示祝贺。海瑞公开贴告示说:"今日做了朝廷官,便与家居之私不同。"然后把别人送的礼品一一退还,至于公家的便宜,更是一分也不占。海瑞临终前,兵部送来的柴金多算了七钱银子,他也要算清了退回去。海瑞的死讯传出,南京的百姓为此罢市。海瑞的灵柩用船运回家乡时,穿着白衣戴着白帽的人站满了两岸,祭奠哭拜的人百里不绝。朝廷追赠海瑞为太子太保,谥号"忠介"。《剑桥中国明代史》评价说:"海瑞,是严峻守法的官员,热心保护老百姓,制止绅士的非法行为。"

四朝元老——袁可立

袁可立(公元 1562 年—公元 1633 年),河南睢州(今河南睢县)人。始祖袁荣,安徽凤阳府颍州(今阜阳)人,明洪武二年(公元 1369 年)以武功仕睢阳卫。后代世袭卫百户,称睢州东关"百户侯",遂家于睢州。

万历十七年(公元 1589 年)袁可立进士及第,任苏州府推官。苏州自古为江南重地,是明代万历年间首辅申时行和王锡爵的故乡,背景非常复杂,来此赴任的官员无不如履薄冰。太守石昆玉素以廉直著称,因惩治当地豪横势家而得罪应天巡抚李涞。李涞与宰相王锡爵是故交,诬告石昆玉有罪。有司惧怕其淫威,不敢详细审问,只有袁可立为其申辩,使石昆玉含冤得雪,李涞被罢免。以七品之卑斗翻四品之尊,袁可立的不畏权势和正直气节,使他声名远扬,成为中国历史上"推官"的楷模。

万历年间,倭寇出没,吴中一带实行"海禁",一些势家动辄以"通海"的罪名兴起大狱,相互倾轧。秦灯是无锡望族,江西布政使秦梁之子,力气很大,闲暇之余喜欢听曲唱戏。和太仓王弇州次子王士骕、云间乔一琦三人为伍。万历二十年(公元 1592 年)丰臣秀吉侵犯朝鲜,三人招募乡兵打算投军报效,御倭保家。他们想让江南富户赞助钱粮,仇家立即举报说他们聚众谋反。福建巡抚许敬庵闻之大惊,通报应天巡抚朱弘谟。朱弘谟本就对江南世家有看法,又好大喜功,立刻断定做实,三人被捕入狱。传到京城,三司大惊,兵部尚书石星怕有出入再次派人核查。后经苏州府推官袁可立查实是一场冤案。朱弘谟怕自己官帽不保便提前定调,判秦灯斩、王士骕入监、乔一琦充军南汇所。袁可立觉得疑点重重,顶住巡抚的压力,坚决不同意草率处决人犯,以乌纱和性命将人犯保释候审,最终洗清了这三人的冤屈。

万历二十二年(公元 1594 年),袁可立在查办涉倭案件时,发现被指为倭寇同党处以极刑者竟多达数百人,有些案件甚至殃及妇女儿童。他不惜得罪一些急于邀功的高官权贵,对案件进行重审,先后使千余名无辜百姓和渔民免遭屠戮并获释。一次,袁可立奉命巡视琉球(今冲绳),一个李姓千总邀袁可立共饮,席间出赠三把倭寇"武士刀"。袁可立谢绝了,将刀奉还,并发现这不是倭刀,而是来源于琉球之物。不数日,海上传来战报,说军队打了胜仗,击毙倭寇数百,擒获 20 名俘虏和大量物资及船舰。但在审验时却没有战俘的口供,也没有证据,案件一筹莫展,但急于报功的军方要求草草结案将犯人处死。巡按感到棘手,交给推官袁可立查办。袁可立接手时,有两人已毙命杖下,另外的十八人也被以毒药致哑。袁可立仔细地查验了所有缴获的物品,惊讶地发现自己曾经见过的三把"倭刀"竟然也在其中,又被当作"战利品"上报。袁可立顿觉案件大有蹊跷,马上找来李姓千总对质,但千总死不承认诬良为盗,一口咬定说就是在海上俘获的倭寇。不久,琉球贡使来到中国,袁可立请他们过来指认,贡使辨认出这些全都是琉球百姓,是在海上运输粮食时因风失舵而漂流海上,才不幸被官兵捕来冒充倭寇的。这十八个琉球百姓被无罪释放,为感谢袁可立救命之恩,在琉球建庙塑像奉祀,敬若神明。

万历二十三年(公元 1595 年),袁可立调任山西道监察御史,奉命巡视京都西城。神宗宠幸的弄臣仗势杀人,百官皆不敢问,袁可立将弄臣的罪行张榜于五都衢。有人持重金至袁可立门上,袁可立勃然大怒道:"杀人者死,朝廷法也,即弄臣顾可脱乎? 吾知有三尺,不知弄臣。"并将说情者赶出门外。不久,神宗绕过内阁直接下旨,豁免弄臣作奸犯科的罪行。袁可立毅然抗旨坚持将弄臣正法于市,万民呼"青天"。自袁可立巡城,亲自审理案件,无论皇亲国戚或朝中大僚,凡有贪纵不法,袁可立皆一并弹劾论处。惩治奸吏无数。五月袁可立上书,针砭时弊,批评神宗堵塞言路,被夺俸一年。九月景德门遭雷击。由于神宗宠信后宫,弄权误国,朝纲废弛,袁可立上书辩论,矛头直指神宗。他尖锐地指出时局的艰危,神宗大怒,于万历二十四年(公元 1596 年)正月将袁可立削职为民,罢官回籍,沉冤达二十六年之久。当时袁可立正与同事下棋,接到下旨,从容地把棋子收入盒中,面色沉稳,缓缓地走出长安门,大家都为之惋惜。朝中大臣为袁可立鸣冤者十数年不绝,神宗都不听从,终万历一朝不被起用,史称"震门之冤"。罢官期间,袁可立与文友结诗社,教化地方,礼贤父老,调停事务,代民请减赋税徭役,与同里大司农李汝华丈量厘清睢州田赋。又于万历四十三年(公元 1615 年)主持修复睢郡城池,自此"新旧两城屹立如金汤",睢州人"赖以无恐"。

泰昌元年(公元 1620 年),袁可立沉冤得以昭雪。八月十七日任尚宝司丞,光宗嘉奖道:"一朝抗疏,二纪归田。口不言事,耻汉人部党之名;退不忘君,有楚尹毁家之风。"赞扬他"详刑惟允,执法有闻"。

天启元年(公元 1621 年)二月,升尚宝司少卿。三月奉旨遣祭历代帝王及孔子祖陵,五月奉命回河南祭告山陵,七月在河南睢州家里晋升太仆寺少卿。冬,封疆多事,沈阳、辽阳相继失守,全辽沦陷,百官噤口以图自保。袁可立向熹宗提出"收残兵,以省调募;出奇兵,以图制胜;明赏罚,以振法纪;慎防守,以固封疆;实京营,以固根本;多储资粮,以防未然;破格用人,以期实用"等七项建议,熹宗一一嘉纳允行。次年三月,袁可立升任通政使司左通政署司事、侍经筵,充廷试读卷官,取倪元璐、黄道周、王铎等三十六人为翰林院庶吉士。袁可立还负责为天启皇帝讲述经史,"君臣之间有聚会精神之美,有意谕色授之益",这为日后袁可立出镇登莱、晋位中枢奠定了基础。

后金占领辽东半岛及沿海岛屿后,对明朝的威胁日趋严重。有识之士纷纷出谋献策:"登莱惟北岸旅顺口,实咽喉总区。诚宜得一大将,量提水陆兵驻扎。"此时的登莱不仅下辖辽东的锦州等地,还担负着光复辽东的重任,同时也是辽东前线的后勤和练兵基地,而首任登莱巡抚陶郎先刚刚因贪赃被免,继任者非特别出类拔萃的人不可担当。熹宗日夜为边事所忧,先后将孙承宗和袁可立两位帝师忍痛推出赴边。四月十四日,帝以"弹压登莱非公不可,于是以节钺授公。"加袁可立为右佥都御史"巡抚登莱等处地方备兵防海赞理征东军务",袁可立拜命就道,从河南睢州出发路经金乡。适逢山东白莲教起事,袁可立发兵七千余名与山东巡抚赵彦调兵剿而抚之，袁可立"星驰至兖，申以法令，陷阵登陴"，严缉首者，胁从不问，令流民各自还乡生产。袁可立锐意规划，整肃军纪，打造战舰，操练水师，拓地筑城，并收留和安置大量逃难辽民。沿海增置炮台，屯兵各岛间，练兵用戚继光"水军先习陆战"之法，步步向前推进海上防御，使登莱武备大为增强，成为辽东前线的海岛基地。袁可立抚登三年，厉兵秣马，积有战船四千艘，组成了一支五万余人的水陆师军队，与枢辅孙承宗、津抚李邦华、总兵毛文龙、沈有容相互策应，形成"百里棋布，鼎足传烽"的掎角之势，确保了明朝沿海疆域一带的平安，大大牵制削弱了后金对山海关一带的战斗力。

天启三年（公元 1623 年）春夏间，努尔哈赤下令大肆屠戮旅顺和金州一带的百姓。袁可立令登莱水师"联络诸岛，收复旅顺"，以图解救沦陷区内的流散百姓。七月张盘率领军队和登莱招抚的辽民混编的队伍一举攻下金州，乘胜收复要塞旅顺、望海堡和红嘴堡等战略要地，使辽南数百里土地重新收归于明朝。秋收后，后金军再次大肆侵略旅顺等地，掠夺粮食等战略物资，驻守复州的后金军更是横行无忌，四处掳掠百姓。袁可立利用辽民对后金的痛恨，令明军乘夜以火把袭城，彻夜透明，喊杀声震天，后金大败。十月大将张盘率领明军于城中设伏，再次大败后金军，并乘势收复复州和永宁。在袁可立的精心筹划下，明朝沿海大部分要地失而复得，在辽海开辟了辽东战场的新局面，使登莱、旅顺、皮岛、宽甸等地连为一线，形成了一道新的屏障，解除了后金对山东半岛的军事威胁，令明朝两千里海疆重新得到巩固，并完成了对后金的海上军事封锁，加重了后金占领区内粮食等战略物资的紧张状况。终袁可立之任，后金与明军水师屡战多败，疲于奔命，不复有勇与之再战矣。袁可立治军严明，"所过鸡犬不扰，则李西平三代之师也"。首辅孔贞运评价道："公久历海上，凡地形险易，军储盈缩，将吏能否，虏情向背皆洞若烛照，故登莱终公之任销锋卧鼓。"

天启四年（公元 1624 年）五月二十一日，袁可立即将离任，在登州公署中看到了难得一遇的海市蜃楼："岛下先涌白气，状如奔潮，河亭水榭，应目而具……。忽艨艟数十扬帆来，各立介士，甲光耀目，朱旗蔽天，相顾错愕。急罢酒料理城守，而船将抵岸，忽然不见，乃知是海市。"遂诗兴大发，在蓬莱阁上留下了千古不朽的名篇《观海市》诗,成为中国古代罕见的海市蜃楼实录。

袁可立为人公正廉直,识大体,顾大局。天启年间,魏忠贤专权,东林党人遭受打击,朝中党派纷争。袁可立深为国事所忧,本意排除党争,自取中立,且终日忙于辽务,但由于思想倾向东林,与高盘龙、冯从吾为同年,关系很好,为魏忠贤所忌恨,同时一些激进的东林人士甚至联合阉党分子宋祯汉寻衅攻击。党祸的酷烈很快打破了袁可立的初衷,阉党也每以袁可立有意"轧己"而欲构陷之,派出大批爪牙"卒日环伺公门,思坐以不法",终因袁可立素享清望"而无可乘借"。

天启六年(公元1626年)十一月二十一日,九卿科道官公推袁可立为南京户部尚书,再改南京兵部尚书参赞机务。本来魏忠贤也有意依赖袁可立的才望来支撑和平衡多事的兵部,但出于全面夺权的目的,阉党已经无法隐忍袁可立的忤逆不顺,下决心将袁可立排挤出朝,遂被迫致仕归里。魏忠贤以心腹刘廷元掌南京兵部,崔呈秀掌北京兵部,天下兵马大权阉党一手掌握。

崇祯即位后,战事日急,朝廷每有再起之议,袁可立皆谢绝不出。崇祯六年(公元1633年)十月十一日袁可立去世。大宗伯董其昌报告给崇祯,崇祯遣使到睢州祭葬,首辅孔贞运亲为墓铭:"使天假数年,则公将奋谋决策,焚冒顿之虎落,犁老上之龙庭,以抒我皇上东顾之忧。"

袁可立做事干练果断,是晚明少有的既清廉又能干的官员,他尽量远离党争而多做实事,为清流官员在晚明党争纷扰的朝堂上争得一席之地,在群阉环伺的情况下主持辽务多年,成效颇丰,十分难能可贵。董其昌说:"公护名节,胜于功名。"

二不尚书——范景文

范景文(公元1587年—公元1644年),字梦章,号思仁,别号质公,河间府吴桥(今属河北)人。范景文出生于官宦世家,其父范永年,曾任南宁太守,在乡里享有声望。范景文自幼便受到良好的家庭熏陶,4岁能文,14岁中秀才,22岁中举人，26 岁中进士。范景文为童生时，即以天下为己任，发愤读书，思有作为，极富器度胆识。

万历四十一年（公元 1613 年）范景文中进士，授东昌府推官。他时时以名节约束勉励自己，从不收人贿赂。一位曾行贿不成的人对他说："当官不谋私利，古今难觅，你为何难为自己呢？"范景文斥责他说："最大的私利，乃是保全生命，我不收贿赂，正是为此。你只见其利，不见其害，我为你感到羞愧！"当地发生饥荒，旱蝗成灾，哀鸿遍野，他向上级求得赈济灾粮，并舍出家财，赈灾救民。范景文对百姓说："和我的一点钱财相比，你们才是无价之宝。没有你们，我的衣食从何而来？请放心收下。"百姓感恩不尽，事后又纷纷归还他财物，范景文一律不受。他诚恳地说："我并非品德高尚，而是自知你们乃我衣食父母之故。我现在衣食无忧，实乃你们所赐，我施一点实在应该。"经过他的一系列努力，数以万计的黎民百姓得以安居乐业，重建家园。范景文在任期间，致力于冤假错案的平反工作，为很多在审判定罪过程中有误的"犯人"平反昭雪。朝廷念其功勋卓著，越级提拔他任吏部稽勋司主事，后又历任文选员外郎、验封郎中。神宗驾崩，光宗继位后，范景文因事乞假回乡。

天启五年（公元 1625 年）二月，范景文被重新起用，任吏部文选郎中。上任不久，范景文便上书请求朝廷，广开仕路，养仕节，招纳有德贤良之士，他说："天地人才，当为天地惜之。朝廷名器，当为朝廷守之。天下万世是非公论，当与天地万世共之。"言词深刻贴切，时人传为名言。当时魏忠贤大权独揽，压制不同意见，培植党羽，许多人便劝他投靠魏忠贤，以获更大的重用。范景文坚决拒绝，他对家人说："如今奸人当道，与其同流合污只能使自己背负骂名，这是得不偿失的事啊！我知道自己难以立足朝廷了，不过这样正可保住我的清誉。"

崇祯元年（公元 1628 年），范景文经别人荐举被召为太常少卿。次年七月升任右佥都御史，巡抚河南。京师戒严时，他率领自己的部下八千人出兵救援，兵饷都是自理。抵达涿州时，四方的援兵多数都抢掠，只有河南的部队秋毫无犯。他移兵驻守京都大门，又移兵驻防昌平，远近之人都依靠他。崇祯三年（公元 1630 年）三月，范景文升任兵部添注左侍郎，在通州练兵。通镇刚开始设置，士兵都是招募的新兵,范景文训练有度,军容整齐,战斗力高强。范景文尝请有司实行一条鞭法,徭役归之官,民稍助其费,供应平买,不立官价名。思宗对此建议极为欣赏,令永著为例。两年后,因其父亲病故,范景文辞官守丧。

崇祯七年(1634年)冬,范景文被起用为南京右都御史。不久拜兵部尚书,参赞机务。他屡次派遣部队驻戍池河、浦口,援助庐州,扼守滁阳,遇有警报则发兵。曾经因为军粮的事情与南京户部尚书钱春互相揭发奏告,获罪降级视事。后来因为剿匪的功劳,恢复原有级别。

崇祯十一年(公元1638年)冬,京师戒严,派遣部队入卫。杨嗣昌夺情辅政,刚愎自用。黄道周因在堂上提了几句反对意见,即遭鞭笞杖打。范景文挺身而出,他说:"黄道周乃国家目前少有的有用之人,用之犹惺其晚,弃之有何得益!"范景文倡议同僚们联合上书替黄道周求情相救。思宗震怒不悦,追究首谋者,范景文就自我承担责任,并且以众人说法都相同来告知。思宗益发恼怒,范景文被削籍为民。

崇祯十七年(公元1644年)二月,范景文又以本官入阁,兼东阁大学士。范景文受命于危难之际,终于实现了他幼时成就伟业的宏愿,但此时的明王朝已摇摇欲坠,范景文独木难撑。明朝不设宰相,大学士为皇帝顾问,相当于首辅。范景文为东阁大学士时,亲友多登门相求,范景文一一婉拒,并在门上张贴"不受嘱,不受馈"六个大字,以明心迹。老百姓交口称赞,尊称他为"二不公"或"二不尚书"。有人对范景文说:"你执掌用人大权,自当为己着想。你不贪不取,一旦无权无势,何以为靠呢?"范景文回答说:"为国选贤,乃是朝廷大计,若存私心,害国害己,祸大难料。我并非讨好贤士,也不是故意和小人作对,此乃职责使然啊。"同僚中的正直之士以范景文勤政廉政为内容撰成一联,上联是"不受嘱,不受馈,心底无私可放手",下联是"勤为国,勤为民,衙前有鼓便知情"。

李自成军攻破宣府,前锋直逼京师的奏报传来,范景文茶饭不思,夙夜忧叹,每当夜深人静之时,他独自一人对月流泪,念念自语:"身为大臣,不能仗剑为天子杀敌,虽死又有何益?"有大臣提出让崇祯弃京南逃,以避锋芒。对此,范景文坚决反对说:"团结人心,坚守待援而已,除这以外,我什么也不知道。"三月十七日崇祯又将范景文召至宫中,此时,范景文已有三天未进饮食了,见到崇祯,放声大哭,言词断续不能成句,崇祯也不由暗自落泪。三月十九日城池失陷,大顺军拥入京师,包围官宅府第。闻此讯,范景文急速赶到宫门。宫人说:"皇上已经出去。"又急速赶到朝房,大顺军已经堵塞道路。随从的人请他换下服装回家,范景文说:"皇上出去了,我怎么能回家呢?"就在道旁的庙中草拟遗疏,又用大字写道:"身为大臣,不能够灭贼雪耻,死有余恨。"就到演象所拜辞阙墓,跳入双塔寺旁的古井而死。范景文死的时候,犹以为思宗已逃亡南方,殊不知已自缢身死。死后赠太傅,谥号"文贞",清朝赐谥号"文忠"。

天下第一廉吏——于成龙

于成龙(公元 1617 年—公元 1684 年),字北溟,号于山,山西永宁(今山西吕梁市方山县)人。

明崇祯十二年(公元 1639 年)于成龙参加乡试,省城太原考场考官公然行贿受贿,徇私舞弊。于成龙在考卷上痛陈时弊,直抒胸臆,结果正榜无名,勉强考取副榜贡生。副榜贡生相当于备取生,不算中举,但可以直接参加会试。会试后,于成龙以父亲年老为借口,辞去做官的机会,回到来堡村,并于 1647 年至 1651 年到太原崇善寺开办的学校学习了四年。

清顺治十八年(公元 1661 年),年已四十五岁的于成龙,不顾亲朋的阻拦,离妻别子,怀着"此行绝不以温饱为志,誓勿昧天理良心"的抱负,接受朝廷委任,到遥远的边荒之地广西罗城担任知县。罗城县四周群山环绕,恶性疟疾盛行,当地瑶族与僮族人粗犷凶悍,他们刚归顺朝廷不到两年。由于地处偏远,局势未稳,两任知县一死一逃。于成龙到罗城时,这里遍地荒草,城内只有居民六家,人口稀少,县衙也只是三间破茅房,他只得寄居于关帝庙中。在困境中,同来的五名仆从或死或逃,而他以坚强的意志,扶病理事,迈开了仕宦生涯的第一步。于成龙在罗城采取"治乱世,用重典"的方法,建立保甲制度。对那些盗匪,只要他们出现,立即逮捕、审讯,呈上级批准后,即予处决。数年来惶恐不安的百姓终于可以安居乐业。此外,罗城边境的瑶族人经常杀人抢劫,于成龙便集结民兵,准备一举捣毁他们的据点,瑶族人畏惧了,再也不敢来骚扰罗城边境,罗城的社会秩序恢复了往日的平静,百姓日出而作,日落而息,万事欣欣向荣。由于当地的人力不足,于成龙十分注重招募流民以恢复生产,对迁入新居的农家,还亲为题写楹联,以示鼓励。他常常深入田间访问农事,奖勤劝惰,又向上级请求宽减人民的徭役,整肃盐务。农闲时他带领百姓修建民宅、学校和养老院、救济院,使百姓接受教育,穷人和孤寡老人能有所养。在深得民心后,又以刚柔并用的方法,解决地方豪强欺压百姓的行为。经过三年治理,罗城摆脱混乱,得到治理,出现了百姓安居乐业的新气象。于成龙在罗城做了七年县令,与人民建立了鱼水深情,他的突出治行受到两广布政使金光祖的重视,罗城被评为全省治理的榜样。

康熙六年(公元 1667 年),于成龙被举荐为广西唯一的"卓异",升任四川合州(今重庆合川区)知州。由于四川屡经战乱,合州只剩下一百多户人,收取的地丁税仅十五两银子,而徭役却很繁重,人民困苦不堪。为了使荒芜的土地得到开垦,于成龙请求上级革除这些相沿已久的弊端,规定土地为最先耕作的人所占有。同时要求各县注意为新附百姓解决定居与垦荒中的具体困难,亲自为他们区划田舍、登记注册、借贷耕牛和种子,并明确规定三年不收田租。因此,百姓纷纷返回家乡,一个月以后,合州的人口就增加到了一千户。

康熙八年(公元 1669 年),由于招民垦荒政绩显著,于成龙被擢升为黄州府同知。"盗"是清初的一大社会问题,在黄州府岐亭镇一带,盗贼甚至白天劫路伤人,严重影响了地方安定和百姓正常生活。于成龙上任之初,即以郡丞身份坐镇岐亭治盗。为了摸清盗情和每一件重大盗案,他总是亲自访察,扮作田夫、旅客或乞丐,到村落、田野调查疑情,从而对当地盗情了如指掌。他还特意在衣内置一布袋,专放盗贼名单,"自剧贼,偷儿踪迹无不毕具,探袋中勾捕无不得"。对待案犯他主张慎刑,以教为主,采取"宽严并治"和"以盗治盗"的方法,取得突出效果。于成龙在词讼、断狱方面铁面无私,头脑敏锐而细心,善于从一些常人忽视的细节上发现问题的症结,曾排解过许多重大疑案、悬案,使错案得到平反,从而被百姓呼为"于青天"。由于在黄州府同知任上的突出政绩,于成龙深为湖广巡抚张朝珍所器重,再次被举为"卓异"。

康熙十二年(公元 1673 年),于成龙被调主持武昌府政务,并将擢升武昌知府。这时吴三桂的叛军进犯湖南,清军开赴岳阳打击叛军。于成龙奉命修造浮桥以渡清军,但浮桥刚造成时,山洪便暴发,将桥冲垮,于成龙因此被革职。吴三桂为争取更多人的支持,在湖北各州县到处散发传单,麻城、大冶、黄冈、黄安等地的盗贼,也试图响应吴三桂,形势十分严峻。黄金龙藏在兴宁县山中,伺机欲动。刘君孚曾经是于成龙的部下,他善于捕拿盗匪,也得到了吴三桂的传单,因而便与黄金龙等联系大盗周铁爪,占据曹家河准备起事。张朝珍知道于成龙深得民心,便想以他的这种威望,前往招抚这些人。经过侦察,于成龙知道刘君孚虽已起事,但由于人心涣散,仍犹豫不决。鉴于此,于成龙昼夜兼程,赶到距叛军营寨十多里的地方停下来,在那里安民告示:自首者免罪。结果叛军每天有千余人来投降,这些人都以无罪释放。于成龙又派乡里的负责人告知刘君孚,只要他本人来投降,便可免死。之后于成龙便亲自骑着一匹黑驴,带着两个随从,打着伞,敲着锣,直奔叛军据点。于成龙边走边高声喊道:"君孚出来见我!"刘君孚深为感动,立即向于成龙叩头谢罪,投降的叛军达几千人。于成龙从这些投诚的叛军中挑选勇敢强壮者,组成一定编制,命令他们讨伐其他山寨的叛军。黄金龙逃到纸棚河,企图与邹君申一起逃往保山砦,被于成龙捉拿并斩首。张朝珍因为于成龙平定叛军有功,奏请朝廷恢复于成龙的官职并升为黄州知府。此时,仍有几支叛军响应吴三桂:在永宁乡起事的何士荣,在阳逻起事的陈鼎业,在石陂起事的刘启业,在泉畈起事的周铁爪、鲍世庸。他们各有数千人马,试图与湖口、宁州等地叛军遥相呼应,向黄州进军。此时各镇兵均已调往湖南戡乱,黄州城的军队和百姓总共才几百人,敌众我寡,形势严峻。有人建议从黄州撤退,而守住麻城。于成龙驳斥说:"黄州是七郡的门户,是我屯驻荆州和岳州大清官兵军需转运之路。如放弃黄州,则荆州和岳州部队就会因无供给而土崩瓦解。"于成龙誓与黄州共存亡,决不撤退。为解决兵源不足的问题,于成龙决定招募乡勇,因于成龙素负盛名,人们纷纷报名参加，很快就达到了两千人。于成龙派遣黄冈知县李经政率军攻打阳逻，俘虏叛军头目陈鼎业。何士荣率叛军在牧马崖兵分两路，屡次进攻。于成龙派千总罗登云率千人从东路迎击，自己则亲自从西路迎击，又命令千总吴之兰从左翼进攻，武举张尚圣从右翼进攻，于成龙向叛军主力进攻。在混战中，千总吴之兰中枪而死，官军稍稍后退。在这千钧一发之际，于成龙无所畏惧，冒着密集的乱箭策马前进，对千总李茂升说："如果我战死，请你回去后就报告巡抚大人！"李茂升深受鼓舞，更加英勇奋战；张尚圣则从右边攻击叛军的后翼。叛军大败，何士荣被俘，官军乘胜追击，攻克泉畈。经过二十四天，东山叛军全部被镇压，于成龙受到湖广总督蔡毓荣的高度褒奖。

康熙十七年（公元 1678 年），于成龙升任福建按察使。当时郑成功屡次进犯泉州、漳州等地，当地以串通海盗罪而遭牵连的有几千人，他们全部被判处死刑。于成龙在审阅案卷时，发现每案被拟极刑的就达数十人甚至上百人，有时还殃及妇女孩子。他坚决主张重审，他说："皇天在上，人命至重，吾誓不能咸阿从事！"于成龙马上禀告康亲王杰书，说所牵连的大多是无罪的老百姓，应当将这些人释放。康亲王向来看重于成龙，就答应了他的请求。康亲王在遇到疑难案件时，就让于成龙来审讯，于成龙铁面无私，且断案神速。福建的军队中多有被抢来为奴婢的良家女子，于成龙便集资将她们赎买，让她们高高兴兴回家。巡抚吴兴祚上书推荐于成龙是第一廉洁能干的官吏，遂迁任主管财赋和人事的布政使。福建的驻军每月征调为马铡草的人多达数万，成为当地人民的一项沉重负担，于成龙说服康亲王取消了。

康熙十九年（公元 1680 年），于成龙被提拔为直隶巡抚，他到任后，革除州县官吏私加火耗银以馈赠上司的陋习。政令发布后，道府一旦弹劾州县，州县便立即攻击道府是因为没得到火耗银而心怀不满。于成龙奏请康熙对他们严加处分，这一奏折下中央部院商讨施行。在宣化所管辖的东西两城和怀安、蔚州两地，有因水冲沙而荒芜的田地一千八百顷，前任直隶巡抚金世德曾上书请求免征此粮税，没有成功，一直是百姓的负担。于成龙接任后，又一次奏请，康熙恩准了。又因为这里在夏季和春季多灾害，请求政府赈灾。于成龙上书弹劾青县知县赵履谦贪污,赵履谦遭到法律的惩罚。次年于成龙进京觐见康熙,康熙称赞他是"天下第一廉吏",并询问他一些镇压黄州叛军的情况。于成龙回答说:"我除了将皇上的威德宣示于众,没有其他才能。"康熙又问:"你的下属中有没有清廉的人员?"于成龙说,有知县谢锡衮、同知何如玉、罗京等三人。康熙又提起他弹劾赵履谦甚好,于成龙回答说:"赵履谦有错误而不思悔改,我不得已才弹劾他。"康熙说:"处理政务当以大局为重,小聪明、小事情不必

于成龙

挂怀。"康熙赏赐给于成龙一千两银子和自己所乘的良马一匹,而且作诗褒奖他,命令户部派出官员协助于成龙赈济宣化等地的饥民。于成龙又奏请缓交真定府所管辖五个县的房租,并全部减免霸州当年应交的钱粮,都得到了康熙的批准。

于成龙调任江南江西总督,严厉约束下属官吏,革除各种苛捐杂税,除去多年的积弊,工作常常通宵达旦。他经常微服私访,以了解民间疾苦和属下官员的好坏。他的生活十分简单,每天只以粗茶淡饭度日,江南盛行奢靡之风,他率先穿粗布衣。为此,士大夫家减少自己的车辆和随从,刮掉墙壁上的红白涂料,嫁娶时不用音乐,有些豪门贵族带领全家逃往他乡。几个月后,于成龙的政令教化在江南推广,民风得到很大改变。有权势的人家因担心于成龙的举措损害自己的利益,便到处散布谣言。大学士明珠当政后,与于成龙更加不合。康熙二十二年(公元 1683 年),副都御史马世济监造漕运船只后返回北京,弹劾于成龙因年老体衰,被副将田万侯所欺骗蒙蔽一事。康熙命于成龙回奏,于成龙请求严厉处罚自己并要引咎辞职。康熙下诏,让于成龙留在原任上,田万侯遭降职处分。

身为"治官之官",于成龙始终把整顿吏治放在工作的首位。他指出:"国家之安危由于人心之得失,而人心之得失在于用人行政,识其顺逆之情"。"以一夫不获曰予之喜,以一吏不法曰予之咎,为保邦致政之本。"在黄州时,他衣内的布袋

便利了治盗。升巡抚后仆人请去掉,他笑道:"此袋昔贮盗,今以贮奸贪不省之官吏,未可去也!"他新任直隶,即发出清查庸劣官员的檄文,责令各属将"不肖贪酷官员","昏庸衰志等辈""速行揭报,以凭正章参处"。针对各属贿赂公行,请客送礼之风,他从利用中秋节向他行贿的官员开刀,惩一儆百。他赴任江南,入境即"微行"访于民间,面对"州县各官病民积弊皆然而江南尤甚"的状况,不禁叹说:"吏治败坏如倒狂澜,何止时乎?"很快颁布了《兴利除弊约》,其中开列了灾耗、私派、贿赂、衙蠹、旗人放债等 15 款积弊,责令"自今伊始",将所开"积弊尽行痛革"。与此同时,他根据自己的体会,又制订了以"勤抚恤、慎刑法,绝贿赂,杜私派,严征收,崇节俭"为内容的《新民官自省六戒》作为地方官的行为准则。方法上,他举优劾贪,宽严并济,时人说凡他所到之处,"官吏望风改操",康熙也称其"宽严并济,人所难学"。

于成龙对科考和教育也十分关心,在文化发达的江南地区,官僚、势豪贿通学政,科考中舞弊之风盛行,贫苦士子虽皓首穷经却往往落榜。针对这种状况,于成龙规定:一旦发现弊行,"立刻正章入告,官则摘印,子衿黜革候者按律拟罪。其蠹胥、奸棍即刻毙之杖下"。对教育的重视还表现于他在各地兴办学校,即使像罗城那样条件困难的地区,他也很快办起学堂,鼓励瑶、壮子弟入学,以倡导地方绅仕捐资的方式兴办"义学"。

于成龙在二十余年的宦海生涯中,所到之处,多行善政,皆有政绩,三次被举"卓异",深得士民爱戴。他一生勤政廉洁,始终清廉自守,无论在穷乡僻壤的小城,还是在富庶繁华的江南,始终不改节俭作风。为遏止奢侈腐化现象,他带头实践"为民上者,务须躬先俭朴"。去直隶,他"屑糠杂米为粥,与同仆共吃",在江南"日食粗粝一盂,粥糜一匙,侑以青菜,终年不知肉味",江南百姓因而亲切地称他为"于青菜"。总督衙门的官吏在严格的约束下,"无从得蔬茗,则日采衙后槐叶啖之,树为之秃"。他不仅自己生活清苦,也要求家人尽量俭朴,不论在何处,从没有任何家眷随行。他的妻子阔别二十多年只见面一次,以"天下廉吏第一"蜚声朝野。

康熙二十三年(公元 1684 年),于成龙去世于两江总督任上,终年六十八岁。他死时,将军、都统和属下到他屋里,看见竹箱中仅有一件粗丝绢袍子,床头有几个装盐、装豆豉的器皿。为他的离世，市民不做生意聚丧痛哭，家家都挂上于成龙的画像以祭祀他。康熙赐祭葬礼，谥号"清端"。康熙感叹说："居官如于成龙者有几？"赞誉其为"清官第一，天下第一廉吏"。追赠为太子太保。史书评价说："于成龙得民心如此，古史罕见。"

州府典范——白登明

白登明（生活于公元 17 世纪），字林九，奉天省盖平县人，隶籍于汉军镶白旗。

顺治二年（公元 1645 年），白登明拔贡国子监，因成绩优异而得官。

顺治五年（公元 1648 年），白登明授任河南柘城（今属于商丘）知县。当时，"削发易服"已经完毕，强力作用下的民怨多有反弹，加之灾荒频发，役使繁重，民不堪其苦。各地盗贼相聚成群，处处骚动，人人不安。白登明主政柘城时，严肃法治。他派遣衙役，将贼首擒拿归案，依法处置，人民得以安宁。白登明怜悯人民在战后流离失所，田园荒芜，因而千方百计招揽安抚人民。他到百姓中间倾听呼声，以百姓疾苦确定政策，"悯遗黎荒残，多方招抚，停止增派河夫"。他出台了许多有利于"劝耕读"的乡规民约，制定章程劝百姓努力从事耕作，在空闲时多读书，不久即实现境内清晏。

顺治十年（公元 1653 年），因政绩考核优异，白登明擢升为江南太仓知州。下车伊始，白登明便整顿赋税，除去火耗羡余银两的交纳，昭雪各种冤案，并亲自查访时弊。他刚正不阿、实事求是地处理案件，隐蔽的坏人坏事都被揭发出来，有效扭转了"嘉定三屠"所形成的民心痼疾，为时人所推重，终以区区州县小官而跻身名宦。其他州有冤情而向州官申诉的话，州官就援引白登明所审案例为参考。沿海百姓因为战乱而妻离子散，为改变此状，白登明请人民回到家乡，开垦荒地，安居乐业，慢慢地恢复了往日的繁荣。这年九月，海盗侵入刘河堡，白登明组织人马奋力防守,海盗不能得逞,只好撤退。

白登明治理州事,以德教民,立讲院,举同善会,赈济孤贫,受到百姓爱戴。在任期间,白登明非常注意境内水利建设。州地东高西低,由于浏河淤塞,泄水不畅,致使西部低洼地区水患不断。经过广泛征求意见,他采纳了治水专家顾士琏提出的用"销圩法"来疏浚河道的建议,于顺治十三年(公元 1656 年)先开竣朱泾。娄江旧名浏河,朱泾是其北边支流,即范仲淹兴修的新塘,至清初早已淤塞。白登明到任,组织百姓重凿了五十里,使娄江之水排泄入江,民皆欢乐。继而他又准备疏浚浏河。浏河涉及太仓、嘉定、昆山三地,他亲临工地视察,积极与嘉定、昆山的官员商量,根据工程的难易情况分配任务。由太仓负责工程的三分之二,分得 7000 丈,嘉定分得 2000 丈,昆山分得 1800 丈。当时适逢岁荒兴役,百姓没饭吃,纷纷叫苦。白登明极力开导民众,陈以利弊,广泛征求意见,并在州衙门前写诗一首:"苦劳民力导泾沟, 虽曰时艰利万秋。若个今朝含怨报, 他日方晓白知州。"顺治十四年(公元 1657 年)春,开始疏浚浏河。由同善会募集一部分粮食,州库出一部分粮食,保证民工口粮,并赈济孤贫,解决他们的后顾之忧。白登明为专督,天天奔波于泥涂中,住在工地,吃在工地,与群众同甘苦。百姓为之感动,开凿越加奋力,太仓 7000 丈的任务仅 1 个月就告完成。浏河得到疏浚后,太湖西水得以畅通入海,也减轻了太仓西部地区的水患。

顺治十六年(公元 1659 年),海盗攻破镇江,后由江宁败逃。海盗败逃时,加紧进攻崇明岛。江宁巡抚蒋国柱率兵策应,想派人入崇明岛把官军发援兵日期告诉当地人民,但没人敢去送信。这时候,白登明独自驾一只小船,趁半夜时分出发,他用绳索攀城墙而入。岛上人民得知援兵将至,士气高涨,更加奋力防守,海盗只好逃跑。清淤朱泾,库藏消耗太多,白登明又不忍心摊加赋税于民。当初,紧急剿匪时,兵饷没有着落,巡抚蒋国柱只得以云南协饷暂时代替,这件事让他遭受了弹劾而罢职。为挽留白登明,常州百姓将白登明在任内的政绩逐条列出,为其申冤,但没有得到朝廷的认可,白登明离职二十余年。离去时,军民阻道痛哭,城乡均建祠以示纪念。

康熙十八年(公元 1679 年),朝廷下决心解决台湾问题,正在对台湾用兵。福建总督姚启圣、福建巡抚吴兴祚一向知道白登明贤能,便代他捐钱赎罪,并上书朝廷予以保举推荐,朝廷便起用他为高邮知州。高邮是吴三桂的老家,"三藩"初平,人心未定。这时高邮正发生旱灾和蝗灾,接着又发水灾,东湖湖水暴涨。为了抗洪,白登明命人开决东湖的清水潭泄洪,并修筑大堤来防洪。在修堤过程中,白登明严禁官吏克扣工匠和役人的钱粮,百姓争先恐后地来筑堤。第二年高邮又遇天灾,白登明请求朝廷免除人民的赋税,救济灾民。此外,他还劝导有钱人开仓救民,使无数受灾的人存活下来。

当时三藩之乱刚刚平息,军事檄文往来频繁。白登明与百姓约定,凡是被抽调去驿站的夫役,只有在听到吹笛声后才去报到,以免侵扰农民的耕作时间。上级如果要征调什么,白登明不会轻易答应。上级官员也知道白登明素来是清正廉洁之人,也就不去计较。最后白登明积劳成疾,卒于任上。白登明去世时,一贫如洗,人们凑钱将他安葬。后来白登明被供入名宦祠,高邮人民很多在家里立塑像供奉他。

豆腐汤——汤斌

汤斌(公元 1627 年—公元 1687 年),字孔伯,号荆岘,晚号潜庵,河南睢州(今河南商丘睢县)人。清代名臣、中原名儒,著名的文学家和历史学家。汤斌出身阀阅旧族,家教甚严。汤斌的父亲汤契祖,喜研《诗经》,中过秀才,做过陕西按察副使。汤斌生逢乱世,十一岁那年,其家为豪绅所逼,财产尽失,家道衰落。汤斌随父在山东、河南、河北、安徽、浙江辗转,后在浙江衢州(今衢江区)寓居。汤斌十四岁应童子试,十五岁前从父学完《左传》《战国策》《公羊》《史记》《汉书》等。

顺治二年(公元 1645 年),局势稍稳,汤斌便同父亲回到故乡睢州。家败国破,流离失所,让汤斌尽早成熟并能吃苦,且悟出了一条终身谨守、所为皆由此出的"座右铭",即"节用最关治道"。汤斌喜研理学,信奉王阳明所倡导的"知行合一""经世治用",而他也想有所作为,入世入仕,拯救民众于水火。

顺治九年(公元 1672 年)汤斌参加殿试,考取进士,被朝廷选中庶吉士。三年后汤斌通过"散馆"考试,被授为翰林院国史院检讨。当时正准备编修《明史》,汤斌建议说:"《宋史》在元朝至正年间编修,没有忌讳文天祥、谢枋得的忠贞不屈;《元史》在明朝洪武年间编修,照样记载了丁好礼、巴颜布哈等人信守道义。对在顺治元年(公元 1644 年)和顺治二年两年中,为气节而宁死不屈的前明大臣,不能一概以叛臣来记载,而应让纂修大臣秉笔直书,不要瞻前顾后,顾虑太多。"大学士冯铨、金之俊认为汤斌褒奖叛逆,准备拟旨严斥。顺治帝不但没有批评他,还特意召汤斌到南苑,给予一番安慰。当时朝廷正缺少府、道等地方官员,顺治帝以为,在此人才匮乏之时,仍要以学济天下、品学兼优的标准来选取外任官员。以此为标准,选出陈爌、黄志遴、王无咎、杨思圣、蓝润、王舜年、范周、马烨曾、沈荃、汤斌等十位翰林院官员出任外官。汤斌出任陕西潼关道副使,上任之时,他买了三头骡子,主仆各骑一头,另一头驮着两副破旧被褥,一个竹书箱。到了潼关,汤斌向守关的把总说明身份,把总见他一主一仆,人畜俱瘦,行李又少,便使劲摇头说:"把你放到锅里煮也煮不出个官味来。"就是这个"煮不出官味来"的汤斌,任职期间清正廉明,几乎不沾荤腥,每日三餐都以豆腐汤为菜,生活非常简朴。他上任不到三个月,潼关各州县的土豪劣绅就不敢再胡作非为,地痞流氓也纷纷收敛,百姓安居乐业,人称"豆腐汤"。汤斌的一生都过着粗茶淡饭的生活,甚至其儿子因为偷偷地买了一只鸡而受到他的惩治,负责买鸡的仆人也被赶出他的官邸。

顺治十六年(公元 1679 年),汤斌调任江西岭北道(今赣州)道台。一百四十三年前王阳明以金都御史巡抚赣南,一举平定谢志山、池仲容、王宸濠等暴乱匪霸,并由此得出了一个有名的结论"破山中贼易,破心中贼难"。有王阳明的激励,汤斌更加实心任事,"甫三日清积案八百余"。在此期间,他率领清兵擒获了南明抗清将领李玉廷,李玉廷是明末清初在赣南坚持抗清的南明旧将,率所部万余人,于雩都山一带坚持抗清斗争,汤斌到任后,致书李玉廷进行招降。此时,郑成功、张煌言攻入长江,围困江宁(南京),他们秘密遣使至赣州与李玉廷联系,争取呼应。李玉廷决定伪装接受招降并约定降期,被汤斌识破。李玉廷举兵袭击南安,遭清军伏击,经数月追捕,李玉廷被俘。年底,汤斌回到老家睢州奉养病重的父亲。父亲去世后,守完父丧,汤斌去河南辉县苏门山夏峰拜孙奇逢为师。孙奇逢,容城(今河北)人,与黄宗羲、李颙并称明末清初三大儒。孙奇逢继承陆九渊、王阳明之学,讲慎独、讲体认天理、讲日用伦常、讲励行经世。

康熙八年(公元 1669 年),汤斌回到故乡,筹建绘川书院,讲"身心性命、纲常伦理",讲"人事外岂复有天下,不尽人事便是违天",讲"居敬穷理,躬行实践",培养后学。

康熙十七年(公元 1678 年),为了更有效地笼络汉族知识分子,康熙诏告开"博学鸿词(儒)"科,意在选"奇才硕儒、学问渊通、文藻瑰丽、追踪前哲者",要求官员"凡有学行兼优、文词卓越之人,不论已仕未仕……各举所知"。最早入仕清朝的汉人左都御史魏象枢以"学有渊源、躬行实践"、左副都御史金鋐以"文词淹雅,品行端醇"推荐汤斌。汤斌考取了第一等的成绩,被授予翰林院侍讲,参加《明史》的撰写工作。康熙升其为翰林院侍读,《明史》总裁官,内阁学士,从此大开了汉人高级知识分子参幕清朝的先河。

康熙二十三年(公元 1684 年),江宁巡抚空缺,朝廷要大臣推荐人选,康熙晓谕群臣说:"现在有些以道学著名者,言行不一。朕听说汤斌跟随孙奇逢学习,操守特好,可使他补江宁巡抚。"汤斌临行赴任时,康熙对他说:"做官应当首先纠正风俗,江苏有崇尚奢侈的习俗,你去了以后,应当认真教化引导民众。不过这不是一朝一夕的事,一定要慢慢实施,让民众改变原有的观念。"康熙赏赐他一匹马和鞍、十块衣料及五百两银,又赐给他亲笔题字三幅,说:"现在你远离京城,到江宁后,你展开此字画,就跟看见朕一样。"汤斌上任后,注意为百姓减轻负担、赈灾救施、兴利除害,始终躬身实践儒家的"修身、齐家、治国、平天下"的"民本"思想。这年十月康熙南巡到苏州,对汤斌说:"以前听说苏州繁华,现在看这里的风土人情,确实贪图享受,崇尚虚华,从商的人多,力田的人少。你应当帮助他们除去这些不好的习惯,让他们返璞归真。你们做每件事情都应从根本着眼,以挽救颓废的风气。"康熙返回时,汤斌跟随他到江宁。康熙命他返回苏州,并赏赐他亲笔题字以及用狐腋做成的绣蟒官服。

汤斌担任江苏巡抚的前一年，淮安、扬州、徐州三府遭受水灾。前任江苏巡抚余国柱曾上奏朝廷说："水退以后，田地还可以耕种，明年应当继续征收赋税。"汤斌派人重新勘察，发现水并没有退去，露出水面的田地也无法耕种。他请求废除余国柱所提的建议，免了江南扬州一带的赋税。次年汤斌上书说："江苏的赋税是全国最多的，每年的本征和折征共有五六百万两银子。请皇上下令，分作若干年征收，并且附带征收以前的漕粮欠额，地丁钱粮自康熙十八年至二十二年五年一起征收。按照州县的统计，十天为一期，如果每天轮流的话，那么十天中只有三天空闲，七天都要轮到。百姓无计可施，不惜舍命拖延征收；官吏知道无法催征赋税，也宁可被降职、革职，以卸掉百姓的负担。恳请皇上将百姓拖欠的地丁银，借鉴漕粮的收法，从康熙二十四年（公元 1685 年）起，分为若干年附带征收。"汤斌又上书说："苏州、松江土地狭小，人口稠密，而条银、漕白、正耗以及白粮经费漕剩等五米十银，以及杂项差役，多得无法统计。这两个小地方，土地没有变得更为宽广，却承担着与大省百余个州县不相上下的赋税，百姓的人力、财力一天比一天差。顺治初年，上缴的钱粮和农民自己存留各一半，考核官吏的办法较为宽松。后来由于军饷告急，上缴的数额增多，还规定了十分严厉的考核办法。一分完不成，难免被户部议罪。官吏为了自己的功名，做出很多苛刻的事情。一旦参奏、惩罚的时间临近，便把拖欠说成完成；一旦赔补拖欠困难，又把完成说成是拖欠。民脂民膏被耗尽，各级官吏的能力无法发挥，欠交赋税拖的时间久了，只能盼望皇上施恩豁免。与其在穷追后赦免，不如在加征之前酌情减征。我恳请皇上将苏州、松江的钱粮依照征收规程的标准减少一二成，规定适度能够完成的数量，把征收项目合并起来，让它简易明了，便于核查。"汤斌又请求康熙免征苏州、松江等七府于康熙十三年至康熙十七年欠征的银米，淮安、扬州二府于康熙十八年、十九年两年受灾造成的欠额，还有邳州荒地、宿迁九厘地亩款项和流失的额丁粮。对于汤斌的这些奏请，康熙将其下发到户部去讨论并施行。九厘地亩款项，指的是明朝万历后暂时加征的三种饷额，宿迁派银四千三百两有余，到这时才得以免征。

淮安、扬州、徐州三府遭受水灾，数十万百姓流离失所，汤斌详细列举免征以及救灾事项,请求国库发银五万两进行救济。没等到圣旨颁布下来,汤斌便发文给漕运总督徐旭龄、河道总督靳辅,请他们帮助救济淮安。汤斌又下令各县打开官仓赈灾,让江苏布政使从国库拨出存银五万两,派人到盛产稻米的湖广一带采购大米。当时一些官员劝汤斌说:"国库的银两你不能私自动用,要动用的话应该给皇上报告。如果私自动用,皇上怪罪下来,你承担不了。"汤斌说:"如果我们现在上奏章,等皇上批准下来,灾民早就饿死了。现在先用着,我们的皇上非常仁慈,他不会怪罪我们。他要怪罪下来,罪过由我一人承担,就是免去我的职务,但能救整个扬州的灾民也值了。"汤斌知道,这五万两银子还不能从根本上解决问题,就让前去买米的官员,沿途不断散布消息,说扬州一带的米价已涨到一两银子一斗。各地的粮商见有利可图,纷纷把大米运到扬州,米多了米价也就降了下来。汤斌用这种方法,最后使一斗米的价格降到了一百个铜钱,由旱灾引起的饥荒很快得到了缓解。汤斌奔赴清河、桃源、宿迁、邳州、丰县等州县视察赈灾情况,先后弹劾了知府赵禄星、张万寿,知县陈协漘、蔡司霈、卢綖、葛之英、刘涛、刘茂位等人。常州知府祖进朝由于失察属吏而被降职调离,汤斌了解到他为人廉洁,奏请将他留任。汤斌又上书推荐吴县知县刘滋、吴江知县郭琇。虽然他们征收钱粮没能按照十分的要求全部完成,但是他们廉洁有才,请调他们入京任职。康熙特意下旨,批准按照他的奏折办理。

汤斌下令各州县设立社学,讲解《孝经》《小学》等传统学问;修筑太伯祠堂和宋代范仲淹、明代周顺昌的祠堂;禁止妇女抛头露面;官府小吏、从事唱歌跳舞行业的人不得穿皮衣和丝织品;焚毁淫词小说。苏州城西的上方山有座五通神祠,几百年来,远近的人趋之若鹜地前往参拜。民间把那座山称为"肉山",山下的石湖称为"酒海"。年轻的女子患了病,巫婆动不动便说是因为五通神要娶她为妻,导致患病女子病死。汤斌下令没收五通神的塑像,把其中的木质塑像烧掉,石质塑像沉到湖中,并下令要求各州县类似这种的祠堂全部拆毁,并把拆除所得的材料用于学校的修筑。这之后,教化普遍推行,百姓心悦诚服,被尊为"理学名臣"。

当时明珠掌权,余国柱攀附明珠。江苏布政使龚其旋贪污,被御史陆陇其弹劾,因为余国柱贿赂了明珠,龚其旋得以脱罪;余国柱想在汤斌这里说情,汤斌严词拒绝，没有达到目的。当朝廷免征江南赋税时，余国柱派人告诉汤斌，说这都是明珠的功劳，江南百姓应当为此对他有所报答。他向汤斌索要贿赂，汤斌不予理睬。等到官员考核的时候，带着金银财宝来明珠家拜访的各省官员络绎不绝，唯独没有汤斌的属下。

南昌某人，一天偶尔经过京城延寿寺街，看见书铺中有一个少年用几枚钱买了一本《吕氏春秋》，恰巧有一枚钱落在地上。某人暗中用脚踏在钱上，等少年走后就俯身拾起这枚钱。旁边坐着一位老翁，盯着看了很久，忽然起身问了某人的姓氏大名后，冷笑一声离去。后来这个昧心"俯拾"一枚钱的人，以监生的身份进入誊录馆任职，赴吏部应选得到江苏常熟县县尉的官职。他欣喜万分，整装赴任之际，到巡抚衙门投书请求谒见上司汤斌。当时汤斌正任江苏巡抚，结果某人请求十次也得不到一次接见的机会。某人纳闷，欲问根由，只见门卫传达汤斌的命令说："你不必前去赴任，你的名字已经写进弹劾的奏章了。"某人问："大人弹劾我什么罪？"回答："贪钱。"某人思忖："我尚未赴任，怎么会有赃证？一定是弄错了。"急忙请求当面陈述。门卫进去禀报后，又出来传达汤斌的命令："你不记得从前书铺中的事了吗？当秀才时尚且爱一钱如命，今天侥幸当上地方官，能不绞尽脑汁贪污盗窃，成为一名戴乌纱帽的强盗吗？请马上解下官印离开，不要使当地百姓因为你的贪污盗窃而受苦痛哭。"听了这番话，某人才想起以前在书铺中叩问姓名的老翁，就是这位巡抚大人，满面羞愧地弃官而去。

康熙二十五年（公元 1686 年），康熙为太子选择辅导大臣，有人推荐汤斌。康熙下诏说："自古帝王教育太子，一定要选择谨慎、恭敬的大臣，统领官僚，专门辅佐协助太子。汤斌担任翰林院讲官的时候，一向行为谨慎，这是我熟知的。他选任江宁巡抚以后，行为廉洁，办事踏实。应当提拔，用来激励在位者。"授予汤斌礼部尚书的官职，让他管詹事府事。汤斌离开赴京的时候，苏州百姓哭泣挽留不成，停市三天，满街巷烧香为他送行。起初靳辅与按察使于成龙争论黄河下游治理之事，长时间没有结果。朝臣为了迎合明珠的想法，大多推崇靳辅。康熙下令尚书萨穆哈、穆成额同汤斌一起调查拿出意见。汤斌主张疏通下游，与于成龙的意见相同。萨穆哈等回到京师，没有将汤斌的意见报告。汤斌到京城后，康熙询问汤斌，汤斌将实情告诉了康熙,萨穆哈等人被罢官离去。

康熙二十六年(公元 1687 年)五月,一直没有下雨,钦天监灵台郎董汉臣上书,触及当权者。康熙将此疏下到朝臣中讨论,明珠很惊恐,以为要招罪。只有大学士王熙一人表示:"市井小人胡言乱语,应当立即斩首,事情就解决了。"汤斌来了以后,余国柱将这一情况告诉了他。汤斌说:"董汉臣根据诏旨议论朝政,不应处死。大臣们不敢直言而小臣敢言,我们应当自我检讨。"康熙终于免除了董汉臣的罪。明珠、余国柱等更加痛恨汤斌,他们摘录汤斌的一些言论上报康熙,并找出汤斌在苏州发布文告中的话"爱民有心,救民无术",说这是诽谤朝廷。康熙下旨责问,汤斌说自己天资愚昧,过错很多,要求接受严厉处分。左都御史璙丹、王鸿绪等又接连上书弹劾汤斌。汤斌之前推荐候补道耿介担任少詹事,一同辅佐太子,耿介以年老多病请求辞官。詹事尹泰等弹劾耿介请求辞官有其他的目的,并且弹劾汤斌胡乱推荐,要求革去汤斌的官职。九月,汤斌改任工部尚书,没多久,疾病发作,康熙派太医诊治。十月,汤斌从通州勘察外地进贡的木料回来,一夜之间便病故,享年六十一岁。汤斌生活清苦,他的故居板门竹篱,异常简陋,死时家里仅剩下八两俸银,连买棺材的钱都没有,谥号"文正"。

县令楷模——张瑾

张瑾(公元 1630 年—公元 1694 年),字子瑜,又字去瑕,号涤园,江南扬州江都人。十二岁时,他的父亲去世,与母亲和一个弟弟一起生活。

顺治二年(公元 1645 年),清军南下,一路势如破竹,在豫亲王多铎的指挥下,四月十九日到达扬州,扬州被清朝水陆各军重围。史可法督率扬州人民阻挡清军入城,四月二十五日终因弹尽粮绝,扬州在激烈抵抗后失陷。张瑾被清军掠卖,成了被人三次易手的奴隶,卖到参军王叙宾部下。王叙宾是河南人,认为张瑾与一般孩子不同,就让张瑾陪儿子王铁儿读书。由于张瑾一直思念母亲和弟弟,又逢王叙宾要调到边远的地方去,就让他的弟弟把张瑾送回了家乡,终于脱离了奴籍。

康熙二年(公元1663年),经过艰苦的求学之路,张瑾考取举人。当初张瑾卖到参军府,王叙宾像对儿子一样待他,王铁儿像朋友一样对他。张瑾一直感念着王氏父子的恩德,寻找王家父子数十年以图报答,后来终于找到了家道衰落的王铁儿,重重地报答了。

康熙二十九年(公元1690年),张瑾出任云南昆明知县。当时,吴三桂"三藩之乱"刚刚平息,原来属于云南王府的军卫田,不管其收成如何,都要征收田赋,战后亦沿袭不变,人民负担沉重。而且平叛时督府衙署的兵备器用,均由下属各县供应,昆明人民的徭役负担,又远重于赋税。为此张瑾向上级请求减少当地的赋税,没有被批准。张瑾就规划荒地,召来那些流离失所的人,进行开垦。由政府提供耕牛和种子,只征收少量的赋税来缓和军卫田的赋银。这一规划很见成效,第一年开垦新田一千三百多亩,三年后垦荒达一万多亩。为减轻穷人的负担,张瑾又将徭役平均分配,使乡里土豪无从杂派,刁民也无法通包承揽,杜绝了各种坐收渔利的弊端。

以前每天均由老百姓供给县衙办公费用十两银子,张瑾说:"我吃皇粮,不吃老百姓的上供。"就把这项费用废除了。云南总督范承勋感叹道:"战国陈仲子固然清正廉洁,但他能像张瑾一样处理这么多繁杂的公务吗?"范承勋又问张瑾:"你现在家中有什么人?"张瑾回答道:"一个儿子,两个幕宾和两个仆人。"总督派人调查,确实如此,大家都很惊讶。张瑾的儿子张元贞,晚上睡觉都没有床,直接睡在地上。自从张瑾废除了每日十两银子的公务费后,上级向下级索要的钱也为之减少。

滇池由四周高山的流水汇入而成,在夏秋两季湖水暴涨,洪流泻入闸河。由于沙石沉淀堵塞,导致洪水泛滥,威胁到湖边的农田。每年都需要大量的人力来疏通闸河。晋宁州毗邻滇池,该州内东南方有几条河流入滇池。先前有几条河流入江,上级准备开通这些河流,以与闸河相通。为此张瑾依据地形走势作图,解释道:"由于深受沉沙石之害,仅滇池的水,闸河已不能完全容纳,难道还能再容纳晋宁的河流?现在闸河两岸河堤已经很高了,再也不能加高了。"上司固执己见,张瑾指着图,据理力争道:"匣河高,河岸两边地势低,一旦溃堤,老百姓不淹死才怪!"总督范承勋最后说:"县令言之有理。"提议才未被采纳。

昆明境内有止善、春登、利城等几片农田,地势高低不平,平时非旱则涝,没有丰年。张瑾得知此地附近有白沙河、马㲺河、清水河等三条河流,可以用于抗旱排涝,但因年久失修,淤塞严重。张瑾便带领全县人民疏浚这三条河流,经过三个月的艰苦劳动,河道疏通,周边的几片农田因此年年丰收。大东门和小东门外以前都是闹市,战乱后化为废墟,盗贼常常出没其中。张瑾在此处修建民房,安置流亡的百姓,又将城里的骡、马、羊等贸易市场迁到这里。从此这里又店铺云集,盗贼也因此绝迹。安阜园本是吴三桂的苑囿,张瑾请示上级将此地开垦耕种,以供养鳏、寡、孤独、废疾等无依无靠的人,扶助社会上生活无着落的弱势人群。

当时张瑾的上司多是贤明之人,非常器重并信任张瑾。兵备道想以流亡百姓辛苦开垦出来的农田用作牧马场,向张瑾要了一年,张瑾就是不给。时间长了,这位兵备道也知道张瑾一生正直,而非故意不给他。某将军的一个仆人杀了人,为摆脱其罪,云南按察使设宴,特请张瑾通融。张瑾表面上答应,回去后就将该仆人正法。云南巡抚一个仆从的儿子阴谋强夺读书人的未婚妻,张瑾就在县衙让这位读书人与未婚妻举行婚礼,并说:"法律规定,不得强娶有夫之妇。新娘子坐了我的轿子,新郎官骑了我的马,就是合法夫妻了。我请当差的护送他们回家,有敢抢亲的,我治他的罪!"为此,百姓创作歌曲和诗词来歌颂他。

张瑾上任伊始,积压的案件多达百余件。张瑾将这些案件一一审理,毫无差错。后来云南省一省的疑案均交给张瑾审理,屡屡平反冤狱,他执法公正,忠正耿直,不畏权势,深受百姓的赞赏和尊重。

康熙三十三年(公元 1694 年),因为积劳成疾,张瑾死于任上,殁时仍然端坐,如悄然入眠。他的去世引起巨大的震动,士民闻之,数千人奔哭。张瑾遗体归葬扬州之日,昆明人空城泣送。昆明的老百姓绘了张瑾的画像予以珍藏,并请求将其列入名宦祠以便祭祀。

张瑾,一个小小的县令,居官仅有三年,却留名青史,可见其政绩不俗,影响之大。

八一巡抚——张伯行

张伯行(公元 1651 年—公元 1725 年),字孝先,号恕斋,晚年改号敬庵,河南仪封(今河南兰考)人。

张伯行自幼聪敏好学,十三岁时就通读了四书五经。康熙二十年(公元 1681 年)考中举人,四年后殿试考取进士。张伯行刚中进士时,回家乡南郊建造了一座精制的房屋"正谊堂"。他摆上数千卷书,朝夕读书不辍,对天文、地理、医卜、农桑之书,无不涉猎。他看到《小学》《近思录》,以及程、朱的《语类》时,说:"进入圣人的门庭在这里呀!"他曾全力找到宋代理学四大学派周敦颐、程颢、程颐、张载、朱熹各位大儒的书,一边诵读一边抄录,前后七年。后来经过考核选拔,他被任命为内阁中书,又改任中书科中书。因父亲去世,张伯行回到老家,建立了请见书院,并讲解宣传儒学。仪封城北原有座堤,康熙三十八年(公元 1699 年)六月遭大水冲垮,张伯行招募民工用口袋装土堵塞。河道总督张鹏翮巡视黄河后,上书推荐张伯行治理河务。康熙命他以原来的官衔到河工任职,督修黄河南岸堤二百余里,以及马家港、东坝、高家堰各项工程。

康熙四十二年(公元 1703 年),张伯行授任山东济宁道,正值灾荒,人民流离失所,他就让人从家乡运来钱和粮食,并缝制棉衣,用来解救百姓的饥寒。康熙命令按各道救济灾民,张伯行拿出仓谷二万二千六百石粮食赈济所属汶上、阳谷二县,帮助百姓渡过难关。山东布政使责备他独断专行,擅动仓谷,准备上书弹劾。张伯行说:"皇上有旨救灾,不能说是独断专行。皇上如此重视民间疾苦,应该以仓谷为重呢?还是以人命为重?"布政使只好停止弹劾。

康熙四十五年(公元 1706 年),康熙南巡,赐予张伯行"布泽安流"匾额,张伯行升任江苏按察使。按照当时的官场旧例,新任的官员要给巡抚、总督等上司送礼,以示尊敬,也表示请求以后关照提拔。但张伯行秉性耿直,从不巴结上司,对此腐败风气深恶痛绝。他说:"我为官,誓不取民一钱,安能办此!"拒绝送礼。不但如此,在任内他还尽力革除地方弊病,整顿吏治,因而得罪了总督和巡抚,常受到他们的排挤。

康熙四十六年(公元1707年)正月,康熙再次南巡到达江苏,在苏州谕令总督和巡抚举荐贤能的官员。在举荐的名单中,康熙没有看到已闻名朝野的张伯行,就对总督、巡抚申斥道:"朕听说张伯行居官清廉,是个难得的栋梁之材,你们却不举荐!"说完又转向张伯行:"朕很了解你,他们不举荐你,朕举荐你。将来你要居官而善,做出些政绩来,天下人就会知道朕是明君,善识英才;如果贪赃枉法,天下人便会笑朕不识善恶。"提拔张伯行为福建巡抚,赐予"廉惠宣猷"的匾额。

在福建巡抚任上,张伯行兢兢业业,明察秋毫,抑恶扬善,造福百姓,使得全省风气大变,官清民乐。福建人多地少,每年的粮食要从外省购买,但前几任官员从不过问此事,致使奸商乘机囤积居奇,贱买贵卖,牟取暴利。百姓深受其害,叫苦不迭。张伯行经过调查,弄清原委后,请求动用国库的钱五万从湖广、江西、广东等地买来粮食,再平价卖给百姓。一方面使百姓免受奸商盘剥,另一方面也可以赚些钱用在下一年买粮济民上。此外他还以身作则,捐献衣物钱财,赈济一些受灾的百姓。在他任职期间,百姓没有因灾荒和饥饿而背井离乡。他兴学助教,建鳌峰书院,设置学舍,向鳌峰书院捐赠古今书籍460余种,数万卷,以教育学子。福建百姓多祭祀瘟神,张伯行命令毁掉这些瘟神的偶像,改祠堂为义学,祭祀朱熹。民间有很多尼姑,是贫苦人家卖掉的女子,以致削发为尼者成百上千。张伯行命令这些人家赎回自己的女子,为她们选择配偶,有家境贫穷无法赎回的,由官府出钱赎出。

康熙四十八年(公元1709年),张伯行调任江苏巡抚,福建的百姓痛哭相送,如失青天。赴任后,张伯行立即发布《禁止馈送檄》,严禁下属馈送钱物,以整顿当时日益盛行的贪腐之风。文中写道:"一丝一粒,我之名节;一厘一毫,民之脂膏。宽一分,民受赐不止一分;取一文,我为人不值一文。谁云交际之常,廉耻实伤。倘非不义之财,此物何来?本都院既冰蘖盟心,各司道亦激扬同志,务期苞苴永杜,庶几风化日隆。"平常公务也杜绝礼品，不受一分一毫，康熙称之为"八一巡抚"。有的州县官吏为了考科成绩，以利升迁，就不顾百姓困苦，任意加重赋税，百姓不堪忍受，张伯行果断地废除了许多的苛捐杂税。

布政使宜思恭因布政司库存亏空被总督噶礼弹劾罢免，康熙派尚书张鹏翮查处。陈鹏年以苏州知府的身份代理布政使职务，建议布政司库所亏空的三十四万，以分别扣除官员的俸银及使用差役的费用来抵补。张伯行行文噶礼要求联名上书，没有被答应。张伯行便自己上书，康熙得知后命张鹏翮一并调查。张伯行又上书说明了噶礼的不同意见，康熙对廷臣说："看了张伯行的这个上书，知道他与噶礼不和，作为臣子，应该以国事为重。我办理机务将近五十年，未曾让一个人施展他的私欲，这个上书应当放置不予理睬。"张鹏翮请求责成前任巡抚于准及宜思恭赔偿十六万，其余用官员俸银及使用差役的费用来抵补。康熙说："江南亏空钱粮，并不是因为官吏侵吞。我南巡时，总督、巡抚随意挪用公款而下级官吏不敢议论。如果责成新任官吏来补偿，我实在于心不忍。"让查明南巡时用款情况上报。张伯行又上书，奏明各府州县现无着落的钱粮十万八千，康熙命令一律免于赔偿。

康熙四十九年（公元1710年），因为和总督的矛盾很深，备受压制，张伯行以病为由请求退休。康熙爱惜人才，不准他退休："张伯行操守清洁，立志不移，朕所深悉。江苏重地，正资料理，不得以衰病求罢。"张伯行只好忍辱负重，继续任职，为民为国尽力。次年江苏乡试发生了作弊案，副主考赵晋内外勾结串通，接受贿赂，大肆舞弊。发榜以后，读书人议论喧哗，抬着财神进入学宫。康熙命令尚书张鹏翮、安徽巡抚梁世勋会审此案。由于牵涉到噶礼受贿银五十万两，案子错综复杂，审理一个多月没有任何结果。张伯行请求解除噶礼的职务，交有关部门严肃审理。噶礼心中不安，也找出张伯行的所谓七条罪状上奏。康熙下令：张伯行与噶礼解任，再命主审官审理。扬州百姓听到消息后罢市抗议，哭声震动了扬州城。第二天，扬州百姓拥到会馆，因为平时就知道张伯行清廉不贪，肯定不会接受礼物，便用水果蔬菜相送。张伯行依然婉言拒绝，百姓们哭道："公在任，止饮江南一杯水；今将去，无却子民一点心！"最后张伯行只收了一棵青菜，两块豆腐（一清二白）。受审结束回来听候结果的路上又路过扬州，百姓们为防有什么不测，竟有数万人聚集江岸护送。张鹏翮等奏报：赵晋受贿事实清楚，应按刑律治罪；噶礼暗中受贿事属诬告，张伯行应撤职。康熙痛斥大臣"伯行任官清正，这是天下所了解的。噶礼才干虽有余，但喜好无事生非，并没有清正的名声，这个意见是非颠倒。"第二天，康熙召九卿等说："伯行居官清正廉洁，噶礼的操行我不能相信，如果没有张伯行，那么江南必然受到他的盘剥，大概要达到一半地区。这次二人互相参奏的案子，起初派官去审理，被噶礼阻挠，以致不能得到其中的真实情况；再派官去审理，与前面的意见没有区别。你们应能体会我保全清官的心意，要使正直的人没有什么疑虑和恐惧，那么天下将会出现安定的局面。"下令夺去噶礼的官位，命张伯行复职。消息传出，江苏官民争相庆祝，纷纷写下红幅贴在门旁："天子圣明，还我天下第一清官。"更有上万人进京到了畅春园，跪谢皇恩，上书表示愿每人减寿一岁，以便让圣上活到万万岁。

康熙五十二年（公元1713年），张伯行弹劾江苏布政使牟钦元将通海盗的罪犯张令涛隐藏官署中，请求逮捕治罪。张令涛的哥哥张元隆住在上海，造海舱，出入海洋，拥有大量资产，交接豪贵。赶上刑部下檄文搜缉海盗郑尽心余党，崇明水师捕住一条渔船。此船的主人是福建人，却假冒华亭籍，经过查验船照，知是张元隆所代领。张伯行准备一追到底，当时张令涛在噶礼府内任职，张元隆托病逃避逮捕，案子未结却死于家中。噶礼先前弹劾张伯行，曾抓住这件事作为七条罪状之一。正巧上海县百姓顾协一起诉张令涛占据他的房屋，另外还有几处水寨窝藏海贼，声称张令涛现在居住在牟钦元官署中。康熙命总督赫寿调查审理，赫寿庇护张令涛，以通贼事查无实据上报。又命张鹏翮及副都御史阿锡鼐调查此案，张鹏翮等奏报张元隆、张令涛都是良民，请求夺去张伯行的官职。康熙命复查，并让张伯行自己陈述。张伯行上书说："张元隆通贼，虽然上报已死，然而他财产丰厚，党徒众多，人人可以冒名，处处可以领到执照。张令涛是顾协一首先告发的，如果顾协一举报不实，照例应以诬陷治罪。由于牟钦元庇护，致使此案久悬未决。我作为地方长官，应该在事情刚刚发生时即加以防止，怎能不追究呢？"张伯行解任后，张鹏翮等仍以他诬陷良民，挟私报复，要求斩首。刑法部门讨论后，同意这一建议,康熙最终免了张伯行的罪,将他调到京城。

康熙五十四年(公元1715年),有人以"狂妄自矜"的罪名弹劾张伯行,康熙认为他无罪可治,留任南书房行走。康熙五十九年(公元1720年)任户部右侍郎。康熙六十一年(公元1722年),张伯行奉旨赴千叟宴,康熙称赞他是"真能以百姓为心者"。而当时"天下言廉吏者,虽隶卒贩负皆知称公"。

雍正元年(公元1723年),世宗即位,对张伯行也很敬重,军国大事都听从他的建议。九月,升张伯行为礼部尚书,赐他"礼乐名臣"的匾额。

雍正三年(公元1725年)二月十六日,张伯行不幸病逝,享年七十五岁。赠太子太保,谥号"清恪",意思是为官清廉,恪勤职守,很精确地概括了张伯行的一生。张伯行做官虽晚,但他任官始终坚持做官为民的原则,忠于职守,克勤克俭,因而声名闻于天下,以清廉刚直著称,不但康熙对他多次表彰、擢升,百姓也称赞他是"天下第一清官"。

便民良吏——刘棨

刘棨(公元1657年—公元1718年),字弢子,号青岑,山东高密(原属诸城)人。父亲刘必显,字微之,号四水。19岁补庠生,岁试第一。明天启四年(公元1624年)中举人,清顺治九年(公元1652年)中进士。初授行人司行人,奉使粤东等地,后升户部河南司主事,官至户部广西司员外郎,阶奉直大夫。

刘棨自幼才思敏捷,聪颖过人,博学多才,十一岁补诸生,人们称誉其为佼佼乡童。康熙二十四年(公元1685年),刘棨中进士。十年后他被授予湖南长沙知县,以居官清廉、尤善应变而著称。当时流传着裁军的谣言,有一千多名巡抚下辖的兵丁聚集在军营大门,准备闹事。刘棨为之宣明大义,讲明事理,答应预付给兵丁三个月的军饷,以示并无裁兵之意,这件事才平息下来。湖广总督吴碘以循吏向朝廷推荐他。

康熙三十七年（公元 1698 年），刘榛擢升为陕西省宁羌州知州。这一年关中发生大饥荒，汉南更为严重。宁羌缺乏储备的粮食，并且又处在崇山峻岭之中，粮食运输十分困难。刘榛向相邻的州县借粮。为解决运输困难，设计一方案，即每运进一斗粮来宁羌者，就送给他三升米。这样，人们踊跃参加运粮，不到十日，输送到宁羌的仓米就达三千石。由于这一方法奏效，陕西巡抚通报所属州县表彰刘榛赈灾救民的措施，并采取这一方法赈济其他的州县，刘榛也被人们称颂为便民良吏。刘榛又奉命赈济洋县。他将粮食集中于汉水两岸，亲自查验过目，定期装船出发，借汉水顺流而下。刘榛先对全县灾情进行调查，然后约定时间统一发放，仅用几天时间就把赈济粮食发到了受灾百姓的手中。刘榛对洋县县令说："这些赈济粮是我们以官方名义借的，倘日后百姓不能偿还，责任当由我俩完全承担。"这年秋天，庄稼大丰收，洋县的百姓纷纷主动偿还政府所借的粮米，根本不用官府催促。

宁羌州土地贫瘠，生产凋敝。刘榛到任后，平均分配田赋，又自己代交了人们拖欠的赋税，还修补栈道，修葺旅馆，招抚并安顿好来到这里的百姓。一年后宁羌人烟富庶。宁羌盛产槲树，槲叶可以养蚕，但这里的人民不知道蚕为何物。刘榛派人在乡间分发蚕种，并派人回诸城老家，请来会养蚕的人，传授养蚕技术和抽丝织绸之法，宁羌百姓从养蚕中大获其利。为感谢刘榛，他们把蚕丝织的绸子叫作"刘公绸"。当地文化落后，士子们苦于没有书读，刘榛招来书商开书店，为读书人买书提供方便，又修建义塾，并亲自授课。自此宁羌州有了乡试者。

康熙四十一年（公元 1702 年），刘榛被升为甘肃宁夏中路同知，还未赴任，他母亲去世了。由于刘榛代百姓交纳拖欠的赋税，负债累累无法返乡。刘榛嘱咐他的弟弟代他卖掉母亲留下的遗产，仍然不足，他的弟弟又变卖了自己的家产为他还债。老百姓听说了这件事情后，争先恐后地送钱送粮来帮助他，刘榛均婉言谢绝。服丧期满，刘榛补授长沙府同知，进京觐见康熙。他奉旨在乾清门策试文艺，当天他就被提升为山西平阳知府。刘榛到任后，裁汰陋习，免除苛捐杂税，诉讼案件无不当即判决。

康熙四十八年（公元 1709 年），朝廷九卿应康熙之令，从全国各地选拔操守清廉、才学优长、又有能力的官员,以知府被举荐的仅有刘榘和陈鹏年二人。次年刘榘升任直隶天津道副使,在淀津恭迎圣驾。康熙下诏允许随从官员观赏自己泼墨挥毫。刘榘奏称自己的哥哥刘果昔日在河间任知县时,受到皇帝"清廉爱民"的褒奖。他祈求康熙赐予"清爱堂"的匾额,康熙欣然应允。此后刘家即称"清爱堂"。刘榘又升任江西按察使,时值大赦,他详细调查死囚案件,使百多人得够保全性命。后任四川布政使,到蜀后仍勤励,颇得民众爱戴。

康熙五十五年(公元 1716 年),康熙询问九卿:本朝有几位清廉大臣,谁可与比,九卿推举了四个人,其中就有刘榘。康熙驾幸汤泉,向随从的大臣讲述刘榘为官造福百姓的事情。此时正赶上朝廷推荐巡抚,大臣们一致推荐刘榘,康熙很高兴地采纳了。由于四川正在打仗,不能轻易调动。

康熙五十七年(公元 1718 年),刘榘病逝于任所。刘榘是一位清正廉洁、勤于民事的地方官,他关心民间疾苦,重视发展生产,开发民智,深受民众爱戴。其子刘统勋(官至东阁大学士兼军机大臣,为官清廉果敢,乾隆说他"遇事既神敏,秉性复刚劲,得古大臣风,终身不失正")、孙刘墉(人称"刘罗锅",官至内阁大学士,为官清廉,谥文清)、曾孙刘镮之,皆为一代名臣。

清白自持——施世纶

施世纶(公元 1659 年—公元 1722 年),字文贤,号浔江,福建晋江衙口乡(现晋江龙湖镇衙口村)人,祖籍河南固始,后被编入清朝八旗汉军镶黄旗。靖海侯"水霹雳"施琅的次子,清朝著名的清官。

康熙二十一年(公元 1682 年)六月,福建水师提督施琅受命武力平台。他的儿子施世纶和施世骠都参与了武力攻台。施琅率领水师两万余人、战舰百余艘,从铜山出发,直抵澎湖,经过数天鏖战,大败守军。施世纶当时随父出征,亲眼看见了这场波澜壮阔、激烈空前的澎湖海战,满怀激情地写下了一首律诗:

独承恩遇出征东,仰借天威远建功。带甲横波摧窟宅,悬兵渡海列艨艟。

烟消烽火千帆月,浪卷旌旗百万风。生夺澎湖三十六,将军仍是旧英雄。

因施琅收复台湾有大功,康熙让他挑几个儿子出来让朝廷照顾,这样他们将来事业起点会靠前一点。施琅将所有的儿子都说到了,偏偏不提施世纶。后来施世纶的为官能力被康熙所赏识,康熙终于明白了,施琅对这个二儿子最有信心,认为他绝对可以凭自己的本事做出一番事业,所以才不提他的名字。

康熙二十四年(公元 1685 年),施世纶因父荫出任江苏泰州知州。在担任泰州知州期间,施世纶廉洁勤政,关心百姓疾苦,把泰州治理得井井有条。

康熙二十七年(公元 1688 年),江苏淮安遭遇洪水,康熙派遣大臣监督河堤的修缮。跟从钦差大臣的人非常多,沿途居住驿站,扰民十分严重,施世纶严厉惩治了其中的不法分子。湖北地区发生了民变,救援平乱的官兵路过泰州,沿途骚扰抢掠百姓。施世纶将粮草供应准备充足,放在路旁,命令手下每人手握一根大棒列队站在路边,他也亲自到场,士兵中有犯禁扰民的,立即逮捕法办。因政绩卓越,施世纶被提拔为扬州知府。当时,扬州一带民间争讼很多,施世纶经办的案件,既无久拖不决,更无冤假错案,他长于断案的美名由此远播。因为负责修缮京口(今镇江)的沙船迟误了,吏部商议将施世纶降级处分。两江总督傅腊塔上书为施世纶求情,说他清廉公正,希望朝廷将其留任,康熙允许了傅腊塔的请求。扬州百姓喜欢四处游荡,不务正业,既扰乱了社会秩序,又有碍于发展农工生产。施世纶严治这种风气,经过四年的努力,扬州地区的风俗为之一变。

康熙三十二年(公元 1693 年),施世纶升任江宁知府,管辖上元、江宁等八个县。他到任后,立即革除旧规,严惩贪吏,民众安居乐业。施琅去世后,两江总督范成勋上书说,施世纶深受百姓爱戴,请让他留在任上为父服丧。御史胡德迈上书,则表示应该让施世纶去守父丧,施世纶乃去官守制。百姓闻知,乞请施世纶不要辞职,希望他在任上为父守制,舍不得他离去,参加请求的达到万人以上。百姓见无法挽留,便每人出一文钱,在府署前建起了两座亭子以示怀念,俗称"一文亭"。一年多以后,朝廷授予施世纶苏州知府的官职,但他仍请求守制到期满,未曾赴任。直到康熙三十八年(公元 1699 年),守制期满,施世纶才接受江南淮徐道道员之职。

康熙四十年(公元 1701 年),湖南按察使职位空缺,朝廷九卿共同推举施世纶出任,文华殿大学士伊桑阿上奏保举。康熙回复说:"我很了解施世纶,他为官清廉。但他做事不免偏执,如果百姓与读书人打官司,他一定袒护百姓;读书人与士绅打官司,他一定袒护读书人。处理事情唯一的标准是适宜,怎能偏执呢?像施世纶这样的人,让他去管钱粮,是挺合适的。"施世纶出任湖南布政使,主管湖南财政钱粮。当时湖南的田赋、人头税中还要外加徭役费,运往京师的漕米要加收运京费,百姓苦不堪言。他到任后,将徭役费全部革除,又减去四分之一的运京费。湖南百姓万民欢腾,为他刻碑立传,四处传颂。三年后施世纶被调任为安徽布政使。次年调任太仆寺卿。

康熙四十五年(公元 1706 年),因施世纶担任湖南布政使时,对营兵抢掠当铺一事有失察之责,被罢官。这年三月,施世纶被授官顺天府府尹,大力整治京师面貌。他上书指出,顺天府之五城司坊官多擅理词讼,收受贿赂;奸徒包揽捐纳,从中谋利;牙行霸占货物,操纵物价;贵族官宦子弟吃喝嫖赌,无所不为。这些人多有政治背景,炙手可热。施世纶敢于顶住压力,上书奏请严禁,其意见皆为康熙采纳并付诸实施。步兵统领托合齐当时正受到康熙的宠幸,每次出门都由骑卫前呼后拥,如众星捧月。有一次,施世纶在路上与他相遇,就拱手站立在道路旁边。托合齐下马车惊奇讯问,施世纶大声回答:"按国家的规定,只有王爷才能带有骑兵为随从。我以为哪个王爷到了,才拱手立一旁,没想到是你!"施士纶准备上书弹劾,托合齐慌忙向他道歉。后被授为左副都御史,兼管顺天府尹的事务。

康熙四十九年(公元 1710 年),施世纶升户部侍郎,监管铸钱事宜。很快又调任仓场总督。康熙五十四年(公元 1715 年),施世纶被授为云南巡抚,还没来得及上任,就被任命为漕运总督。全名为"总督漕运兼提督军务巡抚凤阳等处兼管河道",为清朝漕运事务的高级官员。为保证漕粮在运输过程中不被挪用、盗窃,并及时送抵指定地点,施世纶往往亲自押船督运。他觉察出漕运长久以来的弊端,便革除羡金,惩办贪官污吏,废除了劳役中的不合理成分。他治理漕运非常严格,因而漕运大治。他能根据河道的曲直和水流的缓急,准确地估算出漕船到达目的地的时间。故他任漕运总督七年,运送粮食皆能按时到达,从未延误。

漕运是一个肥缺,连负责押运的低级武官们都能扣克漕米、藏货纳赃。施世纶作为漕运总督,根本没想到利用职权去大捞一把。他亲临基层,身体力行,踏实干练地解决漕运内部管理混乱的痼疾。当时漕运船只往往不能按期,路上天寒地冻,驾船的兵丁们非常辛苦。当官的又经常克扣漕米、敲诈船丁。施世纶就坐在淮河边,等漕米过来时,亲自上船开舱检视米色好坏分量多少。在船上他只和船丁悄悄说话,不许当官的在旁边窥探偷听,使船丁们免除了被敲诈之苦。施世纶每天还带两三个文书坐上船,沿河驶去。在船上他用一本小册子详细记下晴雨风候以及水流缓急深浅情况,预测某船某日应到某处,十分准确。他的船先行,碰到有水浅滩急,就预先想到某船货重人少,先在这里准备好驳船。如有押运的官员因私滞留而借口遇上逆风什么的,他就拿出小册子给他看。对于那些敲诈克扣、中饱私囊的官员,"立杖辕门,耳箭示众"。不过三四年,原先一团糟的漕运政务便被肃清,船丁不再受苦,百姓不再被欺,漕船按期往返,官员安分守己。施世纶整顿的漕运善政,多年后仍被百姓焚香祷祝。

康熙五十九年(公元 1720 年),陕西爆发旱灾,出现了饥荒。康熙命施世纶到陕西帮助总督鄂海筹集军饷,并令他在去陕西的途中沿路勘察河南府至西安的黄河漕运的路径,考察陕西现存谷石的数目上奏。施世纶就沿着黄河西上,上书说:"河南府孟津县至陕西太阳渡,大小数十滩,纤道高低不等,有的黄河以南比较高,有的黄河以北比较高。从渑池以下,船下水后可以载粮三百多石;从渑池往上游,河流比较高,仅可承载数十石。自砥柱至神门没有纤道,惟路旁石往往有方眼,又有石鼻,从前挽运,它的痕迹仍然可以看到。自陕州到西安府,河水比较平稳,都有运输的路径。所以描绘了河道图上呈。"又上奏说:"从河南府到陕州三门,如今没有船可以运输。太阳渡以下可以改为车运,太阳渡到西安府党家码头行船比较便利。党家码头入仓后可再次改为车运,可以运输粮食二十万石、白银十万三千两。但运送二十万石谷子,仅仅能运送十万石米。请皇上令河南拿二石谷换一石米,那么运输的成本可以节省一半。如果担心米难以存储,就请照例送出陈的放入新的。"奏章送入后,康熙挂念陕西的灾害,拿出帑金五十万两,并下令开仓放粮;又因为地方上大半的官吏在军前,下令选拔部院的官员到达陕西,命施世纶负责这些事。施世纶下令分十二路去考察贫民,按照每家的人口分给粮食,远近都得到了救助。赈灾时,施世纶查出陕西的仓库积贮大多受到虚耗,他便上书弹劾鄂海。鄂海知道后,有意把他儿子施廷祥在会宁做知县的一些事情讲给他听,暗示如果他上书弹劾,将对他儿子不利。施世纶坦言:"我自当官后,连自己的生命都不顾,对于挟儿吓父的举动我还怕什么?"他坚持上书,终使鄂海罢官。

康熙六十年(公元1721年)春天,天下大雨,灾情得到了缓解。康熙下令让施世纶继续去总督漕运。次年四月施世纶以生病为由请求退休,想要告老还乡。康熙下旨挽留,并且让他的儿子施廷祥飞马到驿站探望。同年五月施世纶病逝于淮安任上,终年六十四岁。在遗折中,他恳请随伴父亲施琅葬于福建。康熙答应了,并下诏奖誉他为人清廉、办事慎重勤劳,予以祭葬。

施世纶为政,聪明坚毅,果断坚决,清正廉洁,摧毁压制豪强狡诈之人,清除和打击不良胥吏,所至皆有惠政,在民众中极富威望,百姓称之为"施青天"。施世纶被康熙称为"自州牧荐历大吏,清白自持,始终如一"。

苦行老僧——陈瑸

陈瑸(公元1656年—公元1718年),字眉川,号眉川,广东海康(今属雷州)人,与海瑞、丘濬合称岭南三大清官。

陈瑸少年时家境清贫,常年离家外出教塾馆为生。有一年年底,他带着仅剩的束脩四千铜钱返家。途中一个名叫鼠嘴的流贼见其包袱沉重,以为内装银两,便欲抢劫。路上行人络绎不绝,无法下手,就暗中尾随至其家,隐藏在他家阁楼上,准备待陈瑸睡熟后,下手盗窃,但其行踪早被陈瑸发觉。到晚饭时,陈瑸叫妻子多摆上一副碗筷,招呼鼠嘴下来吃饭,并解开包袱,将四千铜钱分出一半,赠予鼠嘴。嘱他今后务要洗心革面,痛改前非,可将此二千铜钱作个小本生意,安分淡泊度日。鼠嘴以赠银作本,干起他以往惯做的屠猪卖肉生意。为了表达心意,鼠嘴每天杀猪后,必先提一斤瘦肉,悄悄挂在陈瑸家门口,然后才回去卖肉。三四天后,陈瑸知是鼠嘴所为,便亲自将肉送回,对鼠嘴说:"你的心意,我已尽知,但你本少利微,纵然勤俭经营,亦只可日谋两餐,怎能如此日日常供? 虽说你是一番诚心,但却大违我对你照顾的本意,今后切莫如此。"鼠嘴感动得再次泣叩听教。

康熙三十三年(公元 1694 年),陈瑸考取进士,授翰林院编修。

康熙三十九年(公元 1701 年),陈瑸任福建古田知县。古田是多山之地,人口难稽,田地错乱,赋税和徭役不均。百姓不堪重负,有的逃出家乡,有的迁徙他乡,一些胆大者就做贼盗。陈瑸首先整顿吏治,举行了一场公开招聘吏胥的考试,使水平差的差役和"白役"被淘汰,进入"正册"的吏胥则被置于严格的管束之中。多年的弊政得以消除,为其他的革新铺平了道路。然后他奏请上司,把赋税徭役平均分配,人们的经济状况慢慢好转起来。陈瑸居官清廉,励精图治,布衣素食。古田人民听说对陈瑸进行离职查验,清理粮库时因仓鼠糟蹋毁坏,仓谷储备斤两有所亏欠,古田百姓争携升斗,把粮食补足。

清廷收复台湾后,战乱始平,人心不稳,加上酷吏当政,急敛暴征,农业普遍失收。贼匪四起社会动荡致民不聊生,牢房人满为患。朝廷连换几任知县,都不能解决问题,未见成效。康熙四十一年(公元 1703 年),陈瑸调任台湾知县。他根据实际情况,改革吏治,革除弊端,留下"海疆治行第一"的特殊政绩。原任知县为了隐瞒劣迹,采取高压手段,将三百名无辜的百姓加以抗交租罪名,逮捕入狱。陈瑸接任知县,一路私访,已深知其中底细。上任后,陈瑸认真审阅案卷,并以医生身份进入牢房,到犯人中了解实情。他知道这些囚犯,本属良民,均系无法缴交官吏的勒索苛捐,才无辜为因,便即上书代为平冤求释,但知府已受污吏的贿赂,不准放释。时值年关在即,他体念众犯无辜入监,受尽折磨拷打。同时其家中父母饥寒,妻儿悲啼,甚至有的父母无依,妻离子散,惨绝人寰。他便张榜告示后,释放这批犯人返家和家人团聚过年,并安心生产。消息传遍后,人人都称赞他为"陈青天",欢呼之声不绝于耳。知府闻报后,认为他严重违犯法律,并伤害自己的官威尊严,立即呈报朝廷奏参陈瑸。不久朝廷派钦差到来,查点犯人,并拟法办陈瑸。

消息传开后,被释放的犯人及其家属纷纷奔走相告,均决定即时返监听候点名,宁愿接受处理,也不让"陈青天"受累。及至钦差到来时,发现在押点名的犯人比原来该押的人数还多出几名。钦差惊奇后细究此事,方知实情,大受感动。钦差随即回奏朝廷,对陈瑸的德政倍加赞誉,朝廷下令释放全部无辜人员。

台湾诸罗山一带,绵亘千里,水足地肥,但杂居其地的土著人,只惯打猎不习耕稼,以捕猎换米充饥,土地荒废,民生凋敝。陈瑸在任期间,裁减赋税,鼓励人民开荒,并奏请允许台湾对岸的漳州、泉州百姓过海垦荒,使其耕食凿饮,安居乐业。一时间开荒种田,蔚成风气,漳泉两府百姓,也纷纷带领妻子渡海安居,民无失业,地无遗利。又从雷州半岛引入耕牛和番薯,教当地人开垦耕耘,养禽圈畜。同时他还将大陆的耕作、施肥、除害等比较先进的农业生产技术,在台湾推广,大大改变了台湾原来农业生产的落后状态。教育迁来的汉人和当地人要互爱互助,逐渐消除了汉人和当地人之间的隔阂。

陈瑸深刻认识到欲使台湾兴旺,要大力开发文明,促进文化教育事业的发展,才能从根本上改变其闭塞落后状态。他以前就写过"不学方知愧,无才信是贫。文章宁小技,报国最为真"这样的诗句。在任上,他一方面大力改革当地的陋习,一方面大力开办和奖掖当地的文教事业。他积极创办学堂和府学,广招学生进行文化教育;修文庙,建文昌阁,在各坊里兴办社学,在少数民族地区(番社)每社都设立一学宫;鼓励读书,教导学生治学做人的道理;常常深夜躬巡学区,听到读书声,则重奖之。经过他的一番努力,终于改变了社会风气,"民知礼让","骎骎乎海东邹鲁矣",把台湾治理得井井有条。陈瑸任台湾知县期间,励精图治,体察民情,清廉正直,爱民如子;对高山族等少数民族实行优抚政策,使生产丰收、社会安稳。他离任时,百姓万人夹道,挥泪道别,频呼"青天"。

康熙四十八年(公元 1709 年),陈瑸任四川提学道。次年台湾再次发生民变,官兵久战不能平,福建巡抚张伯行向朝廷推荐陈瑸任台厦道,他在奏章里特别强调"为四川省找一学政容易,为台厦道物色一个适当人选难"。康熙同意张伯行的看法,授陈瑸为台湾厦门兵备道,率兵回台。消息传来后,台湾百姓奔走相告,不费朝廷一兵一卒,民变自平。

台湾的"官庄"是供给当地文武官员所谓"养廉"的庄田,经营官庄的佃户每年要负担国课(地租)和官租双重税收,苦不堪言。按旧例台厦兵备道有两所官庄,为了革除其弊,陈瑸以身作则,把两所官庄的收入全部交付台湾府库,"官庄岁入三万两,陈瑸悉以归公,秋毫不染,其廉介如此"。儿子想去探望他,竟苦于路途遥远,缺少路费盘缠,难以成行,一次都没能去。陈瑸没有延请幕僚,只有一两个仆从,经常以瓜果蔬菜为食,没有肉吃。他不但廉洁自励,并谆谆申饬随员,不准敲勒群众,贪染民财。陈瑸在台五年,革陋规,禁酷刑,恤番民,重教化,施政得体,民心向化,深受百姓拥戴。《台湾通史》说:"康熙中,陈瑸任台湾道,吏治为疆第一。"

康熙五十三年(公元 1714 年)春,陈瑸被提拔为湖南巡抚。一上任,他就弹劾湘潭知县王爰溱放纵衙役剥削百姓,而长沙知府薛琳声给予包庇。结果王爰溱被罢官,薛琳声降秩三级。不久陈瑸上奏,逐条陈述治理湖南的十件大事:禁加耗以苏民困,禁酷刑以重民命,臬积谷以济民食,置社仓以从民便,崇节俭以惜民财,禁馈送以肃官箴,先起运以清钱粮,隆书院以兴文教,饬武备以实营伍,停开采以防民患等。康熙下诏嘉奖勉励,告知他要具体落实,不要追求虚名。同年冬他北上京都谒见,上奏说:"即使官吏只拿一文钱的混财,这和拿百千万两银子没有什么差别。人之所以贪污受贿,就是因为觉得钱不够。但我刚做知县时,就没有穷苦之感。我不多拿一分钱,也足够用了。"康熙对他极其奖誉,称他为"苦行老僧",并赠他一首诗:

留犊从来汉史传,建牙分阃赖官贤。宽弘驭吏当持法,休养安民务使全。

岭海屏藩靖蜃气,关山保障息烽烟。迎年节近新春至,援笔枫宸饯别篇。

康熙对群臣说:"我昨天召见了陈瑸,仔细观察他的言行,的确是个清官。他本是一个沿海务农之人,既不是什么世家大族,又没有门生故吏,而天下人都称赞他清廉。如果没有实际行动,哪能得到这么崇高的声誉呢?他有才能办大事,国家有这样的官吏,实在是天下的大好事,应该从优表扬,为清廉者作鼓励。"十二月陈瑸调任福建巡抚,他重视吏治,对失职者坚决弹劾;对秉公办事,勤政爱民的优加奖励。他特别注意属下官吏作风,讲求办事效率,机构虽精简,办事效率反而提高了,将节省下来的衙门公费三万余两全部用来营造炮台,加强海防。他经常去郊野询访疾苦,遇到灾荒,身先士卒,深入现场抗灾,还常微服暗访,掌握情况。对街访市肆,也常巡察,采取整顿措施,使市场繁荣,经济发展,动荡的局面安定下来。

康熙五十四年(公元 1715 年)冬,闽浙总督入京,陈瑸暂兼总督事。奉命巡海,他自带行粮,摒绝沿途供顿,同时把所属公费一万五千两,拨充公响,用于地方事业。在个人生活上,做到"衣御布素,食无兼味",生活十分俭朴,但凡是于民有利之事,他便尽力而为,往往是"不动声色,焕然一新"。当时,雷州城之东,洋田万顷,堤岸逼近大海,咸潮年年冲击,渐多崩毁。陈瑸虽远处福建,却时刻关心家乡人民的生命财产,他奏请康熙饬令广东拨给专款修筑雷州东西洋堤围,他又担心上面拨下的公款 5300 余两不够费用,便于康熙五十七年(公元 1718 年)把自己俭积下的俸银 5000 两,送到雷州,协助修堤。

康熙五十七年(公元 1718 年)十月,因操劳过度,陈瑸死于任上,享年六十三岁,临终时又疏请以任内所应得廉俸一万三千四百余两上交国库。康熙追授他礼部尚书,赐祭葬,谥号"清端"。陈瑸二十余年孑身在外,持政办事亲力亲为,平日节衣缩食,"官厨惟进瓜蔬",俸禄都用在民生疾苦上,一生清正廉洁,勤政爱民,康熙称之为"清廉中之卓绝者"。

清风两袖返韩城——王杰

王杰(公元 1725 年—公元 1805 年),字伟人,号惺国,陕西韩城庙后村人。

王杰家境贫寒,自幼聪明好学,曾考取陕西蓝田县的教谕,但还没有去任职,他的父亲就去世了。父亲去世后,家里更加贫困,他靠做文字工作来养活母亲。王杰先后担任了两江总督尹继善、江苏巡抚陈宏谋的幕僚,均受器重。起初他跟从武功孙景烈学习,研习濂、洛、关、闽各派学说;等到见了陈宏谋,他的学问日益增进,他自己也说生平为人做官都得益于此。当时正值理学衰落,朴学兴起,他十分崇拜关学创始人张载的实学风格。公元1762年,即王杰中状元的第二年,时值张子祠再次修缮告竣,故乡去函请他撰写楹联,王杰欣然命笔两联。第一联:道学振关中十六字渊源摇接,教译留梓里千百年俎豆常馨。第二联:三代可期井田夙愿经时略,二铭如揭俎豆能往阐道功。以表明他愿意继承张载的治世之道。

乾隆二十六年(公元1761年),王杰考中进士,殿试进呈试卷时,排名第三。乾隆阅卷后,大加赞赏,钦拔为第一,成为自清朝开国以来第一名陕西籍状元。据记载,此次科举考试是为庆祝皇太后七十岁大寿而特设的万寿恩科,科考殿试的第一名本是名诗人赵翼(江苏常州人),王杰位居第三。王杰字迹工整清秀,乾隆对王杰的书法有很好印象。另外,陕西自清初以来没有出过状元,而江苏人到乾隆二十六年(公元1761年)为止,已经出了29个状元。又恰逢兆惠经略回疆顺利,天山南北纳入清朝版图,乾隆非常高兴,特地将赵、王的名次做了调换,当时王杰36岁。王杰考中状元后,山东籍的举人们很不服气,出了一副对联来考他,上联是:"孔子圣,孟子贤,自古文章出齐鲁。"王杰略假思索,便对答道:"文王昭,武王穆,而今道统在西秦。"山东举子由此态度一变,对他十分尊敬。王杰一生才思敏捷,留下了许多脍炙人口的应对故事,因此被称为有"真才实学的宰相"。王杰初在南书房当值,后经多次升迁,官至内阁学士,刑部侍郎,左都御史。

乾隆四十八年(公元1783年),王杰母亲去世服丧在家时,被升为兵部尚书。乾隆南巡,王杰前来拜谢,乾隆说:"你来很好。我们君臣分开很久了,你应该知道我很想念你。但是你信奉儒家之道,我不想强迫你丧服未满就出来做官,你还是回乡为母亲守完孝吧。"三年丧期服满,王杰还朝。

乾隆五十一年(公元1786年),王杰出任军机大臣,上书房总师傅。王杰性格耿直,在上书房任总师傅时,教皇子颙琰读书,总是严加教训,并罚跪罚站。有一次乾隆碰见皇子被王杰罚跪,即令皇子站起,并对王杰说:"你教了后是天子,他不让你教也是要当天子的,这难道不是君臣之道吗?"王杰见状答道:"教育了后,便是尧舜一样的君主,而不教育便会变成桀纣一样的昏君,这是为师之道!"

王杰在朝身担要职十余年,为官清正,敢于直言,是当时统治集团中一名难得的廉洁之士。特别是在与奸贪之臣和珅的斗争中他表现出了刚正不阿的品格，经常与和珅在朝中争得面红耳赤。有一次，和珅拿出一幅水墨画，请王杰一起观赏，王杰为讽刺和珅贪得无厌，便用双关语说："贪图财利的风气，居然到了这个地步！"和珅听罢，无言以对，只好悻悻离开。一天上朝，在朝房等候观见时，王杰坐在一个角落里搓手自暖。和珅为了讨好他，走过来握着王杰的手搭讪说："状元宰相，您的手如此柔软，生得真好啊！"王杰冷冷地回答："手是好，但不会捞钱，有什么好？"只一句话便让和珅的笑容僵在了脸上。和珅正是以会捞钱而名冠古今的，博得了"天下第一贪官"的名号。

和珅在忍受王杰嘲弄、批驳乃至弹劾的同时，也无时无处不在寻机报复他。有一次，和珅听说王杰在家乡盖有"三王府""四王府"，如获至宝，得意忘形，顾不得弄清原委，便匆匆跑去告御状，说："王杰徇私舞弊，贪赃枉法，大奸似忠，欺君傲下，结党营私，罪当斩杀！"乾隆虽未全信，但也没有不信，遂密令亲信到陕西韩城，实地调查王杰在家乡的住宅。当那人来到王家住处一看，竟是"湫隘如寒士"。问起"三王府""四王府"是怎么回事？才知道这是当地人就其姓氏及排行，而作为一种开玩笑的称呼，待那人回京"以实密奏"后，乾隆不禁哈哈大笑。随后，特诏王杰、和珅进宫，并对王杰说："你作为宰相，家宅太简陋了。"随即"赏银三千两修之"。王杰至此都不知是怎么一回事，但他还是谢绝了乾隆的美意。虽然和珅对王杰心存芥蒂，怀恨在心，伺机报复，但由于王杰为人谨慎，正直清廉，他无机可乘，抓不住任何陷害王杰的把柄，况且王杰深得乾隆的信任，和珅也拿他无可奈何。后来，王杰出任东阁大学士，掌管礼部，先后参与平定台湾、廓尔喀，两次在紫光阁被画像褒奖，加太子太保衔。

嘉庆即位后，和珅锒铛入狱，因迫于其内外的势力，竟无人敢担任主审。这时大学士兼礼部尚书王杰挺身而出，主动要求担此重任。和珅在狱中仍然目中无人，倨傲不服。王杰铁面无私，秉公执法，查明了和珅贪污纳贿的种种罪状。按照和珅所犯事实，宣布了和珅二十大罪状，判处其死刑，并没收了家产。清政府年税收银七千余万两，而和珅家产折银竟达八亿余两，相当于朝廷十余年税收的总和。和珅巨额家产没收后，"和珅跌倒，嘉庆吃饱"的民谣，回荡在京城内外。

嘉庆即位前后,川、陕、豫、楚土地兼并和剥削十分严重,百姓生活困苦不堪。豫、陕、川暴发了白莲教起义,清军派兵围剿,久久不能平息。王杰时值因病免官,但他密切关注白莲教起义,立即上书嘉庆:"剿灭白莲教的进展很慢,因为白莲教所到之地的灾民穷苦没有依赖,地方官没有安顿他们,以至于胁从的人天天增多,官军兵力日减而乱贼的气焰日益嚣张。这个时候应当安顿良民以化解他们跟从乱贼的心,安抚官兵以激励他们的士气。三年之内,川、楚、秦、豫四省因战乱而伤亡的人不下数百万,幸存下来没有跟从乱贼的,也都是刀箭之下的残余。男子没有时间耕种,女子没有时间纺织。如果再按照田亩征税,甚至额外增加摊派,吏胥跟着逼迫勒索,百姓艰难困苦的情况,皇上都不知道。请求将战乱灾祸地方的赋税免去,不要让官吏舞弊重复征收,来归顺的人不要严加追究,乱贼的势力也许就逐渐减弱了。至于用兵三年还没有成功,实在是因为将帅有恃无恐,懈怠轻率,不完全是由于士兵没有拼命。请求颁发谕旨,好好体恤征战的将士,对于桀骜不驯的人,下令把主管将领一律撤回,也可以就近更换调整重新招募,申明纪律,鼓励军队。这样士兵们受到了慰问关照,大家都会众志成城。"他又上书说:"白莲教之所以蔓延,朝廷的弊端有两个:一是派出剿匪的首领有名无实。勒保虽然为统领,但是多名统兵大员的名位与他相当,人人都能够专折向上奏事,导致了政出多门。于是乱贼来的时候,都畏缩不前,乱贼离去的时候则捏造说取得了胜利。就像前几年乱贼到兴安,领兵大员上奏说:'乱贼已经渡江五天,地方官并没有禀报。'畏惧躲避的样子显而易见。又如去年乱贼扰乱西安城南,杀伤数万人,官兵没有靠近乱贼,抚臣没有做任何事情;探知乱贼已经离开很远了,然后才虚张声势地追贼,实际上连贼都没有见到。最近听说张汉潮势力蔓延到商洛地区,高均德屯据洋县,来往冲杀,就像进入无人之境。陕西都是这样,四川省就更可以知道了。这一切均由统领不一、赏罚不明所致。一是由于统兵将领依靠乡勇。因为乡勇阵亡,不用上报,人数也可以虚构捏造;用乡勇担任前阵,既可以避免官兵的伤亡,又可以省下费用作为他日的开销,导致了朝廷耗费国库而无处核查。我认为军务中紧要的事情,莫过于赶快除去乡勇的虚名而实实在在地把他们招募入兵,这样做共有五个好处:其一,百姓穷苦无依,多半跟从盗贼,苟延残喘,招募为士兵,就有了口粮,多了一个当兵的人,就少了一个当贼的人;其二,从别的省份调兵,时间很长,就近招募士兵,则马上就可以招到人;其三,从遥远的地方征兵,路程遥远,筋疲力尽,而就近招募人,没有必要长途跋涉地去找;其四,从别的省份来的士兵,水土不服,不熟悉当地交通,而就近的人,则没有这种担心;其五,乡勇不能战胜敌人,失败逃散了没法惩罚,招募的士兵逃跑躲避,则有兵法。有这五个好处,为什么不多招募士兵,一鼓作气歼灭乱贼呢? 如果说士兵多,相应的军费也多,为什么不考虑到一万名士兵吃掉十个月的粮食和十万兵吃掉一个月的粮食,两者的费用相等,但是十万士兵参战则很快就能得到胜利。"王杰的意见被采用了。

嘉庆五年(公元 1800 年),七十六岁高龄的王杰以年老体衰,乞请解职,嘉庆下诏挽留,并特许他挂杖入朝。三年后他辞职还乡,临行前还专门上书请求解决政治上的腐败问题,并提出通过吏治整顿堵塞国家财政上的漏洞。王杰上书说:"各省亏空的弊端,开始于乾隆四十年(公元 1775 年)以后。州县官员谋求馈赠送礼,以国家的财物作为向上攀附的资本,上级官员受到挟制,亏空的弥补因而遥遥无期。到嘉庆四年(公元 1799 年)以后,大官知道崇尚廉洁,州县级的官员仍然十分窘迫。由于苦乐不平均,贤良与奸佞不分,吾皇应该尽快找到整治的方法。另外,按旧有的制度,驿丞专门管理驿站,对驿丞没有其他的过分需求,但自裁归州县自己管理,便胡乱支出摊派,官员与百姓都受其害。所以,应当首先清理驿站,以杜绝亏空的状态。现在战争结束了,朝廷努力治理国家,目前没有比这两件事情更大的了。请皇上做出英明果断的决定,挽回积重的形势。"王杰所说的话切中时弊,嘉庆嘉奖并采纳了他的意见。王杰辞职离京之日,嘉庆赐给他一把乾隆御用过的手杖和两首御制诗,以表尊敬和器重。诗中写道:"直道一身立廊庙,清风两袖返韩城。"盛赞王杰的生平和为人。王杰在朝四十余年,忠清劲直,老成端谨,不结党营私,不趋炎附势。

嘉庆九年(公元 1804 年),王杰八十岁生日,巡抚方维甸带着嘉庆的贺诗、题匾和所赐珍宝登门拜贺,王杰赴京答谢。次年(公元 1805 年)正月,病逝于北京,享年八十一岁。嘉庆治祭文,赐银两千两,着荣亲王治丧,赠太子太师,谥号"文端"，入祀贤良祠，祠联为："文见长，清风两袖，不畏权贵；端品高，言道一身，敢斥恶邪。"

人到无求品自高——林则徐

林则徐（公元 1785 年—公元 1850 年），字元抚，又字少穆、石麟，晚号俟村老人、俟村退叟、七十二峰退叟、瓶泉居士、栎社散人等，福建侯官（今福州市）人。中国近代"睁眼看世界的第一人"，主张严禁鸦片，有"民族英雄"之美誉。

林则徐的父亲林宾日原名林天翰，字孟养，号旸谷，嘉庆侯官岁贡生，是当地的教书先生。虽然林宾日为私塾教师，中了秀才后又可领取公粮，但家里人口众多，一日三餐都无以为继。林则徐每天上书塾之前，都会先将母亲和姊妹做的工艺品拿到店铺寄卖，放学后，再到店铺收钱交回母亲。贫苦的童年和严格的家教，使他一生都保持清俭的习惯和察民疾苦的作风。

尽管家境贫寒，林宾日非常重视教育。四岁时林宾日已将林则徐携入塾中，教以晓字。七岁时已经熟练文体，在当时来说是非常早的事。八九岁时，他就写出了"海到无涯天作岸，山登绝顶我为峰"的诗句。十二岁时，孔庙招童生任佾生，经一轮选拔后，林则徐当选任佾生，为祭祀乐舞的人员。鳌峰书院是福建当时的最高学府，入院读书者皆非泛泛之辈。院长是敢于蔑视和珅、刚直不阿的教育家郑光策。在郑光策指导之下，林则徐专心向学，写有读书札记《云左山房杂录》，将诸子百家一同兼收。入读期间，林则徐结识了汉学家陈寿祺。陈寿祺为人愤世嫉俗，对现实的社会问题和官场有深刻的思考，他经世匡时之思想对林则徐有潜移默化的作用。十四岁时林则徐考上秀才。嘉庆九年（公元 1804 年），林则徐参加乡试，考取举人。

嘉庆十一年（公元 1806 年），林则徐担任厦门海防同知书记，专责处理商贩洋船来往、米粮兵饷的文书记录。厦门的走私鸦片问题非常严重，历任厦门海防同知皆是贪官污吏,贿赂成风,无人打击走私,林则徐初步认识到鸦片的危害。任内他得到福建巡抚张师诚赏识,招他成为幕僚。张师诚对典章大政等政治学问均有所知,他将自己公事上的知识、权术一一传授给林则徐。嘉庆十四年(公元 1809年)八月,张师诚镇压海盗蔡牵时亦令其随同前往,让林则徐间接参与兵事。

嘉庆十六年(公元 1811 年),林则徐赴京会考,殿试及第,选为庶吉士,授翰林院编修。在此期间,林则徐加入了由地位不高的京官组成的宣南诗社,结交黄爵滋、龚自珍、魏源等人,并成为他们的领袖。

嘉庆二十一年(公元 1816 年)闰六月,林则徐离开翰林院,前往江西南昌担任考官。父亲林宾日得知此事后,特意致信林则徐,要求他慎选人才。林则徐此后多次任考官,均公正严肃,在士人间赢得良好的声誉,甚至落第的考生都致信向林则徐请教。

嘉庆二十五年(公元 1820 年)二月,林则徐任江南道监察御史。河南南岸河堤缺口,河南巡抚琦善办事不力,引发大水灾。林则徐不惧琦善满洲贵族的背景,向嘉庆直奏琦善的无能。林则徐为官清廉,不畏权势,行事果敢,不假情面,导致同僚的猜忌和冷嘲热讽,因此产生对官场的厌倦情绪。次年父亲林宾日病危,林则徐以照顾父亲为由,辞官回乡。

道光三年(公元 1823 年)正月,林则徐被召,任江苏按察使。在任期间,他澄清吏治,改革审判程序,亲自裁决案件,甚至黑夜潜行,明察暗访,验尸时亦亲自动手。在任短短四个月内,他就把江苏的积压案件处理了十之八九,被江苏人民称颂为"林青天"。他认为江苏之风气败怀,全因鸦片害人,于是下令禁烟。同年夏季,江苏发生大水灾,官府照样征收苛捐杂税,社会动荡不安,人民聚集,将成民变。江苏巡抚韩文琦力主派兵镇压,林则徐极力反对。他乘船前往灾变地区,赈济灾民,平息民愤,恢复社会秩序。

道光七年(公元 1827 年)六月,林则徐任陕西按察使、代理布政使,在任一月即调任江宁布政使。等待交接期间,陕南略阳一带发生水灾,遂留陕暂理原职。他于是赴略阳察看灾情,安置受灾百姓。

道光十年(公元 1830 年)秋,林则徐任湖北布政使,次年春调任河南布政使,升任河东河道总督。面对关系到河道安全,人民生命财产安全的重大民生问题,林则徐决心"破除情面","力振因循",以求"弊除帑节,工固澜安"。为了治理黄河,他亲自顶着寒风,步行几百里,对备用的几千个治水设施进行检查,还将沿河地势、水流情况等记录备案。

道光十二年(公元 1832 年)二月,林则徐调任江苏巡抚,提倡新的农耕技术,推广新农具。他在实践活动中认识到:"地力必资人力,土功皆属农功。水道多一分之疏通,即田畴多一分之利赖。"当时江苏境内再次遭遇饥荒,林则徐奏请免除当地拖欠的赋税,又筹集资金,以抚恤百姓。之前,任江苏布政使的时候,林则徐曾制定行之有效的赈务章程,现在仍用其法,积弊一清。赈务结束后,林则徐就筹集粮谷备荒。同时整理遗留旧案,了结京控等案件。关于考核属吏,林则徐上书道:"要考察属吏,应先考察自己,一定要将各属的大小政务,逐一了然于胸,然后才能考验属下对自己是否尽心。如果自己都不尽心,又怎么去考察属吏尽心与否?我一直持此信念,不敢有丝毫怠慢,事事与下属探求实际情况。"朝廷下诏嘉奖,鼓励他身体力行。

道光十七年(公元 1837 年)正月,林则徐升任湖广总督。当时湖北荆州、襄樊一带发生水灾,林则徐采取有力措施,提出"修防兼重",大修堤坝,使"江汉数千里长堤,安澜普庆,并支河里堤,亦无一处漫口",切实保障了江汉沿岸百姓的生命财产安全。他又整顿盐政,严厉打击食盐走私,政府盐的销量大增。

道光十八年(公元 1838 年),鸿胪寺卿黄爵滋奏请查禁鸦片,此奏交与各大臣商议。林则徐请求严厉查禁,认为:"此祸不除,十年之后,朝廷不仅没有饷银可筹,而且也不会有可用之兵。"道光读后深表赞同,命其入朝面圣,单独召见林则徐达十九次。十一月任命林则徐为钦差大臣,前往广州禁烟。次年春天(公元 1839 年 3 月),林则徐抵达广州。3 月 19 日,林则徐会同邓廷桢等传讯十三行洋商,责令转交谕帖,命外国鸦片贩子限期缴烟,并具结保证今后永不夹带鸦片。他还严正声明:"若鸦片一日不绝,本大人一日不回,誓与此事相始终,断无中止之理。"下令禁止外国人离开广州。3 月 21 日下令包围商馆,3 月 22 日下令查拿英国鸦片贩子颠地,经过坚决的斗争,收缴全部鸦片近 2 万箱,约 237 万余斤,于 6 月 3

日在虎门海滩当众销毁。7 月 28 日，道光阅毕林则徐的虎门销烟报告，欣喜万分，誉为："可称大快人心事！"不久，林则徐过 55 岁生日，道光帝又亲笔书写"福""寿"二字的大楷横匾，差人送往广州，以示嘉奖。虎门销烟是我国近代史上反帝斗争的光辉一页，向全世界宣告了中华民族决不屈服于侵略的决心，严厉地打击了外国鸦片贩子，维护了中华民族的尊严和利益，增长了中国人民的志气。在广州禁止鸦片的过程中，林则徐意识到英国殖民者不肯放弃罪恶的鸦片贸易，而且蓄谋要用武力侵略中国。为抗击鸦片侵略，战胜敌人，他进行了大量的军事变革实践，积极备战，修建炮台，拉拦江木排铁链，招募五千多渔民编成水勇，屡败英军的挑衅。在 1839 年下半年，取得九龙之役、川鼻官涌之役等反击战的胜利。

林则徐在与侵略者斗争的实践中，意识到自己对西方知识的贫乏、国人对王朝之外世界的无知。他急于改变"沿海文武大员并不谙诸夷情，震于英吉利之名，而实不知来历"的状况，开始有意识、有目的地收集外文报刊、书籍进行翻译，把外国人讲述中国的言论翻译成《华事夷言》；为了解西文的军事、政治、经济情报，将英商主办的《广州周报》译成《澳门新闻报》；为了解西方的地理、历史、政治，较为系统地介绍世界各国的情况，又组织翻译了英国人慕瑞的《世界地理大全》，编为《四洲志》；还组织翻译瑞士法学家瓦特尔的《国际法》等一系列著作，提出"师夷长技以制夷"的主张。

道光二十年（公元 1840 年）六月，英军派舰队封锁珠江口，进攻广州，鸦片战争爆发。林则徐严密布防，使英军的进攻未能得逞。英国船只到达厦门，被闽浙总督邓廷桢所拒。英军受阻后沿海北上，7 月 5 日攻占定海，继而攻掠宁波。鉴于此，林则徐上书自请治罪，陈述战事不可中途停止，大致说："英国人在广东吃了亏，现在却滋扰浙江，虽然这种变动出于意外，但其穷蹙，其实是在意料之中的。只因为他们虚骄成性，越是穷蹙时，就越想显示他们桀骜不驯的一面。企图以此威胁我们，甚至另外想出什么诡计，来显示他们的奸诈。当一切办法都不奏效时，他们仍然得服服帖帖。只是恐怕有人会认为内地船炮不是英国的对手，与其旷日持久地打消耗战，倒不如设法对其实行羁縻政策。要知道英国人不会轻易满足，喜欢得寸进尺。如果我们不能威慑住他们，必后患无穷，其他国家也会纷纷效仿，我们不能不担忧啊。"请求戴罪前往浙江,随军效力。8月9日义律到达天津,致书直隶总督琦善,说广东虎门销烟之事皆因林则徐、邓廷桢二人所起,索要赔偿他们不给,又遭到诬陷和驱逐,所以现在才不远万里致书总督大人。琦善将此上报朝廷,道光开始动摇。9月道光下诏说:"鸦片毒害中国人民,朕特派遣林则徐会同邓廷桢查办。原希望他们因时因地制宜,肃清内地,断绝其来源。但自查办以来,内地则不法之徒不能消灭干净,外面则鸦片仍源源不断运来。沿海各省纷纷为之费钱劳军。这一切,都是林则徐办事不力所致。"下令林则徐回京,接受严惩,并以琦善代替。

道光二十一年(公元 1841 年)六月二十八日,道光帝下旨,林则徐"从重发往新疆伊犁,效力赎罪"。7 月 14 日林则徐踏上戍途。在赴戍途中,他仍忧国忧民,在古城西安写下了"苟利国家生死以,岂因祸福避趋之"的激励诗句。林则徐不顾年高体衰,从伊犁到新疆各地"西域遍行三万里",实地勘察了南疆八个城,加深了对西北边防重要性的认识。林则徐从所译资料中发现沙俄对中国的威胁,促成了他抗英防俄的国防思想,成为近代"防塞论"的先驱。他明确向伊犁将军布彦泰提出"屯田耕战",有备无患。还领导群众兴修水利,推广坎儿井和纺车,人们为纪念他的业绩,称为"林公井""林公车"。

道光二十五年(公元 1845 年),朝廷重新起用林则徐,任陕甘总督。次年四月授陕西巡抚。这时的陕西,各种社会矛盾十分尖锐:鸦片战争时,清廷为解决军费困难,除调拨陕西征收的盐税外,还强令陕西捐银一百多万两。鸦片战争后给外国侵略者的赔款也摊派到陕西,仅西安府咸宁、长安两县的赔款银,年征收就在二万两以上,相当于上缴正银数的三分之一;加上各地接连发生灾荒,劳苦群众生活异常艰难。渭南、富平、三原、大荔、蒲城等地的"刀客"与当地回民联合起来,反抗官府的斗争此起彼伏。林则徐上任后,将刀客首犯马得讽判以斩刑、就地正法,将刀客赵恩科子、史双儿等人,"不分首从,发云贵两广充军"。到年底,由于林则徐积极督剿,在关中东部各县,以及陕北的安塞等县,又相继缉获 146 人,其中明确称为"刀匪"的有 46 人,均从严惩处。在镇压了"刀客"后,林则徐采取了一系列赈灾措施。一方面把西安府等地的一百多万石存粮向贫民平粜,对于无力购粮的极贫户与老弱病残,由官方收养,省城西安即收养极贫百姓三四千人;劝绅商富户出钱出粮救济其所在村寨的贫困户,并令地方官与各地富户收买、质押耕牛,以免影响耕种。另一方面请求朝廷缓征钱、粮,使陕西局势得到暂时的稳定。

道光二十七年(公元1847年),清廷命林则徐为云贵总督,当时云南汉、回民相互械斗焚杀,已历十余年。恰逢保山回民来京师,控告汉民抢夺、侵犯回民,毁坏官署,并拆毁澜沧江桥以抵御,当地官府无可奈何。林则徐主张只分良莠,不分汉人、回人。第二年林则徐亲自督师前往云南剿匪,途中闻知弥渡客民、回民滋事作乱,率兵攻破匪巢,歼匪徒数百人。保山百姓听说后非常害怕,绑缚了犯人前去迎接军队。林则徐诛杀了作乱的首要分子,解散了胁从的人,并召集汉、回父老乡亲,抚恤受害平民。林则徐告诉他们朝廷给予他们的恩泽与信任,威德震四方,边境得以安宁。第三年腾越遭到外族滋扰,林则徐遣兵将其平定,因病请求归养。

道光三十年(公元1850年)九月,清廷为进剿太平军作乱,再次任命林则徐为钦差大臣,督理广西军务,去广西镇压拜上帝会的反清武装起义。可是林则徐根本没有康复,疝气不时发作。他要躺在特制的卧轿,由福建、广东山区,一路直达广东。到潮州时,开始严重下痢。到了普宁,已病入膏肓,不得不暂住普宁行馆。在儿子林聪彝及幕僚刘存仁陪伴下,十月十九时(公元1850年11月22日)辰时,与世长辞,享年六十六岁。赠太子太傅,照总督例赐恤,谥号"文忠"。

林则徐从政为官四十年,他的正直清廉,不仅为他的人民所敬仰,也赢得"林青天"的美誉。就连他的敌人,也不得不钦佩他的品德和贡献。第二次鸦片战争的罪魁——英国人包令这样评价林则徐:"忠诚地、几乎不间断地为他的国家服务了三十六年。在社会生活中,他以廉洁、睿智、行为正直和不敛钱财而著称。"

中兴第一名臣——曾国藩

曾国藩(公元1811年—公元1872年),初名子城,字伯涵,号涤生。

嘉庆十六年十一月十一日(公元 1811 年 12 月 26 日)曾国藩出生于湖南长沙府湘乡荷叶塘白杨坪(今湖南省娄底市双峰县荷叶镇大坪村)的一个普通耕读家庭,祖辈以务农为主,生活较为宽裕。祖父曾玉屏虽少文化,但阅历丰富,父亲曾麟书为塾师秀才。曾国藩五岁启蒙,六岁入家塾"利见斋"读书,自幼勤奋好学,八岁能读四书、诵五经,十四岁能读《周礼》《史记》《文选》。曾国藩小的时候天赋并不高,学习起来非常吃力。一天晚上,他在家里读书,有一篇文章重复读了很多遍,就是背不下来。他就一遍一遍地读,一遍一遍地背。夜已经很深了,仍然没有背下来,这可急坏了一个人。原来,他家来了一个贼人,潜伏在书房的屋檐下,想等他读完书睡觉后再进屋偷点什么。可是贼人在屋外等啊等,就是不见曾国藩睡觉。贼人实在等不下去了,就十分生气地跳进屋子,对曾国藩说:"你这么笨还读什么书?我听几遍就会背了!"贼人将那篇文章从头到尾地背诵了一遍,然后扬长而去。

道光十二年(公元 1832 年)曾国藩考取秀才。道光十四年(公元 1834 年),他进入长沙岳麓书院学习,同年参加湖南乡试,考中举人。第二年,曾国藩会试未中,寓居北京长沙会馆读书。次年恩科会试再次落第,返回长沙,与同乡刘蓉、郭嵩焘等居于湘乡会馆。道光十八年(公元 1838 年),曾国藩再次参加会试,终于成功登第,赐同进士出身,选为翰林院庶吉士。道光二十年(公元 1840 年),散馆考试,授翰林院检讨。三十岁以前,曾国藩也有很多平常人的毛病和缺点,到北京任职后,他每天用于社交的时间特别多,喝酒、聊天、听戏、下棋,根本没有时间坐下来读书。有一次,翰林院放了 40 天假,在假期结束的时候,他在日记中做了一个自我总结,在 40 天里除了写了几封家书,什么事都没有做。

北京的任职生涯,使曾国藩见到了很多的鸿学大儒,深受触动,开始研究理学,思考要重新做人。他把自己每天的所作所为,用工整的蝇头小楷记下来,特别是把不符合圣人标准的都摘出来,深刻反省。在日记中,曾国藩还给自己定下每天攻克课业的下限,每日读史十页,每日记茶余偶谈一则,每日读一经,每隔三天练习作文。自此曾国藩一步一步地踏上仕途之路,并成为军机大臣穆彰阿的得意门生,历任翰林院侍讲、詹事府左庶子、侍讲学士、日讲起居注官、文渊阁直阁事、内阁学士、礼部右侍郎、兵部工部左侍郎等职。

咸丰元年(公元1851年)元月,洪秀全在广西桂平金田村起事。咸丰诏群臣言得失,曾国藩进言"今日急务,首在用人",推荐李棠阶、吴廷栋、王庆云、严正基、江忠源五人。他再上书《敬陈圣德预防流弊疏》,直指咸丰的过失。咸丰"怒掷其折于地",数日后复阅,才心服而纳谏,并对其加以褒奖。次年曾国藩因母丧归家。这时太平天国运动已席卷半个中国,清政府屡次颁发奖励团练的命令,力图利用各地的地主武装来遏制太平军势力的发展。借着清政府急于寻求力量镇压太平天国的时机,曾国藩因势在家乡湖南一带,依靠师徒、亲戚、好友等关系,建立了一支地方团练,称为湘勇。"凡枪炮刀锚之模式,帆樯桨橹之位置,无不躬自演试,殚竭思力",并派人赴广东购买西洋火炮,筹建水师。在团练湘勇期间,他严肃军纪,建立新的军队模式,将5000人的湘勇分为十营,并将团练地点由长沙迁至湘潭,避免与长沙的绿营发生直接矛盾。咸丰四年(公元1854年)二月,曾国藩发表《讨粤匪檄》,命褚汝航为水军统领,塔齐布为陆军统领,率大小船舰240艘,水陆大军17000人,挥师东下,攻克武昌、汉阳。咸丰六年(公元1856年)九月二日,洪秀全与杨秀清内讧,史称天京事变。咸丰九年(公元1859年)十一月,曾国藩拟四路进兵之策:曾国藩攻取安庆,多隆阿、鲍超攻取桐城,胡林翼攻取舒城,李续宜攻取庐州。咸丰十年(公元1860年)六月,曾国藩任两江总督,以钦差大臣身份督办江南军务。第二年九月五日,湘军攻陷安庆。十二月二十日,曾国藩加太子太保衔,奉旨督办苏、皖、浙、赣四省军务,其巡抚、提镇以下悉归节制。年底,定三路进军之策:"以围攻金陵属之国荃,而以浙事属左宗棠,苏事属李鸿章,于是东南肃清之局定矣。"

同治三年(公元1864年)七月,湘军攻破天京,太平天国运动失败。南京攻克后,曾国藩精选汉唐以来各臣奏疏17首,编成《鸣原堂论文》;主持修葺钟山、尊经两座书院;收养八百多名孤寒子弟,并从自己养廉银中捐款课奖。将金陵制造局迁往上海虹口,和李鸿章原设的炮局及购自美国人的铁厂合并,再加容闳购回的百多部机器建成江南制造总局。在江南制造总局下设造船所试制船舰,会同李鸿章将江南制造总局由虹口迁高昌庙,征地扩迁,规制大增。同治七年(公元1868

年)九月,江南造船厂试制的第一艘轮船驶至江宁,曾国藩登船试航,取名"恬吉"。同时拟设译书馆,建立并核定长江水师章程及营制营规。同治十年(公元 1871 年)八月十九日,与李鸿章联衔会奏《拟选子第出洋学艺折》,提出选派学子留学的主张。同治十一年(公元 1872 年)二月二十七日,曾国藩再次领衔上奏,促请对"派遣留学生一事"尽快落实,并提出在美国设立"中国留学生事务所",推荐陈兰彬、容闳为正副委员,常驻美国管理。在上海设立幼童出洋肄业局,荐举刘翰清"总理沪局选送事宜"。

曾国藩

从这一年初开始,曾国藩时发脚麻之症,舌蹇不能语。同治十一年(公元 1872 年)三月十二日午后,曾国藩在南京西花圃散步,突发脚麻,曾纪泽扶回书房,端坐三刻去世。百姓巷哭,绘像祀之。朝廷闻讯,辍朝三日,追赠太傅,谥号"文正",祀京师昭忠、贤良祠,各省建立专祠。六月二十五日,灵柩运抵长沙。七月十九日,葬于长沙南门外之金盆岭。同治十二年(公元 1873 年)十二月十三日,改葬善化县(今望城区)湘西平塘伏龙山。

曾国藩一生始终保持一介寒士之风,勤俭廉劳,修身律己,不事奢靡,生活俭朴。在总督府内,曾国藩不允许雇佣太多的仆从,人手不够用,就要求自己的女眷自力更生,自己动手做家务活。曾国藩给女儿、儿媳妇定了一个工作日程表,每天早饭后要做小菜、点心、酒浆,叫食事;上午纺花或织麻,叫衣事;中饭之后做刺绣之类的细工。晚上还要做鞋,这是粗工。所以总督府的女眷们从早上睁开眼到晚上睡觉,几乎不能休息。每天晚上,在总督府里,曾国藩在一边秉烛批阅公事,女眷们在一边点灯织布,也是一幅感人的画面。

曾国藩穿衣十分简朴,平时不穿衣帛,布袍鞋袜多系夫人所做,衣服上常有补丁。三十岁时,曾国藩做天青缎马褂一件,平时从不轻易穿,唯遇庆贺及新年时才穿一下,这件马褂三十年后犹如新衣。同治二年(公元 1863 年),洋枪队的首领戈登到安庆和曾国藩见面。戈登的随员写了一本回忆录,提到了这次会面。这些外国人惊讶地发现,堂堂两江总督,衣服陈旧、打皱,上面还有一些油渍。他对自身如此,对眷属也是如此。一次,李鸿章请曾夫人和小姐吃饭,二人仅有一件绸裤,相争以至于哭泣。曾国藩听到后安慰女儿说:"如果明年继续担任总督,一定为你添制一条绸裤。"在饮食方面,曾国藩反对服食贵重的补品。他巡视扬州一带,扬州的盐商特备盛宴,山珍海味罗列满桌,他仅就面前所设数菜稍食而已,饭后,他说:"一食千金,吾不忍食,目不忍睹。"

在住行方面,曾国藩的床上铺草席、盖土布,家中老屋已有百余年。由于人口增多,同治六年(公元 1867 年),曾国藩为家人修理旧屋花钱七千串而不安,写信责问"即新造一屋,亦不应费钱许多。余生平以大官之家买田起居为可愧之事,不料我家竟尔行之。凡居官不可无清名,若名清而实不表,尤为造物所怒。"曾国荃准备另建新屋一栋,需费资三千余串,曾国藩去函责备说:"新屋落成后,搬进容易搬出难,我此生决不住新屋。"

曾国藩始终反对官场上的裙带之风,早在道光二十五年(公元 1845 年),曾国藩在给楚善叔的信中,就劝亲属们"莫进县城,莫管公事"。他说:"为蒋市街曾家说坟山事,长寿庵和尚说命案事,此虽积德之举,然亦是干预公事。"他多次对家人说:"我家既为乡绅,万不可入署说公事,致为官长所鄙薄。即本家有事,情愿吃亏,万不可与人构讼,令官长疑为倚势凌人。此门一开,则求者踵至,必将日不暇给,不如一切谢绝,杜门谢客。"他经常告诫子弟不要拉关系、走后门,儿子曾纪鸿考中秀才后,数次参加岁考科举都不顺利。同治三年(公元 1864 年),已是大学士的曾国藩写信叮嘱说"尔在外以谦谨二字为主,世家子弟,门第过盛,万目所瞩,场前不可与州县来往,不可送条子。进身之始,务知自重。"曾国藩誓言"绝不以一钱自肥以贻前人羞",自始至终坚持"武官不怕死,文官不爱钱"的信念。他在遗嘱中交代:"我死后,诸君送我的奠银,都要全部用来建设好书院,而不要拿去挥霍!"

曾国藩的崛起,对清王朝的政治、军事、文化、经济等方面都产生了深远的影响。在曾国藩的倡议下,建造了中国第一艘轮船,建立了第一所兵工学堂,印刷翻译了第一批西方书籍,安排了第一批赴美留学生,可以说曾国藩是中国近代化建设的开拓者。史称曾国藩为晚清"中兴第一名臣",与张之洞、李鸿章、左宗棠并称"四大名臣"。毛泽东评价说:"予于近人,独服曾文正。观其收拾洪、杨一役,完美无缺,使以今日易其位,其能如彼之完满乎?"蒋介石评价说:"曾公乃国人精神之典范。"

布衣宰相——阎敬铭

阎敬铭(公元 1817 年—公元 1892 年),字丹初,陕西朝邑(今大荔县)人,理财有道,有"救时宰相"之称。

道光二十五年(公元 1845 年),阎敬铭考中进士,入选翰林院庶吉士。通过散馆考试,任户部主事。他当户部主事的时候就因为做事一丝不苟、井井有条而小有名气。

咸丰九年(公元 1859 年),湖北巡抚胡林翼在长江中游镇压太平军,前方战事吃紧,最头疼的就是粮饷。胡林翼把时任户部主事的阎敬铭"借调"到前线,让他"总办湖北前敌后路粮台兼理营务"。阎敬铭确实是个超级管理能手,在湖北总管军需时,为了减少暗箱操作和防止贪贿行为的发生,他别开生面地发明了一个"公开办公"的制度,他在办事厅"左右中,各设长案,己与诸司环坐,昕夕治事",即一天到晚都和同僚们在一个办公室里做事,即使有人想做苟且图利之事,也很难找到合适的机会。阎敬铭开源节流,多方筹措,让胡林翼既无粮忧又无饷愁,很快就以极出色的工作绩效扭转了军队粮草供给不足的困境,名声大噪。胡林翼极力向朝廷吹捧胡林翼,说他:虽气貌不扬,却心雄万夫。

咸丰十一年(公元 1861 年)三月,胡林翼给朝廷打报告,对阎敬铭作出高度评价:"敬铭公正廉明,是心任事,为湖北通省仅见之才。自接任粮台依赖,删浮费,核名实,岁可省钱十万余缗。"此时胡林翼已身染重症,自知命不长久,在报告中极力向朝廷推荐阎敬铭:"臣敢保其理财用人必无欺伪。"朝廷任命阎敬铭为湖北按察使。

湖广总督官文手下的一个副将，率领几名新兵闯入武昌城外一户居民家里，强抢民女，民女哭骂不从，竟被他们乱刀砍死，死者父母进城告状，县、府官员都不敢过问。阎敬铭闻知此事后勃然大怒，决心为民除害。那恶棍听说阎敬铭要出面问案，赶紧跑到官文的总督府中，官文竟把他藏匿起来。阎敬铭找到总督府，向官文要凶犯，官文推说自己病重，拒不接见，阎敬铭即向随从传话："去把我的被子拿来！我就在总督府的门房过道里住宿、办公，总督的病不好，我阎敬铭绝不回去！"阎敬铭真的在这里住了下来。三天过去，官文被困府中实在想不出拒客的办法，只得着人请湖北巡抚严树森和武昌知府李宗寿来府劝说阎敬铭归去。二人百般劝说，阎敬铭立誓不杀凶犯绝不回府。官文无奈，只得出来相见，求阎敬铭给一个面子。阎敬铭提出条件：立即交出凶犯，当众剥夺凶犯的官职，押回原籍，不许逗留片时。官文只得接受，把凶犯交出。阎敬铭一见凶犯，立呼衙役将其捆拿，剥去衣服，当众重杖四十，杖毕具律发落报边，立即执行。

同治元年（公元1862年），严树森举荐阎敬铭为湖北第一贤才，授予其布政使一职，主理财政。阎敬铭因父亲去世，按礼制回家守丧，受命丧事办完赴军中。尚未出发，朝廷任命他为山东盐运使，升任山东巡抚。但阎敬铭上书朝廷，说自己应在家服丧不应领职，未得到准许。当时山东一带的农民起义军已经流入新泰（今山东泰安），捻军、幅军也已打到邹县、曲阜，已投降的起义军流窜到阳谷、聊城。阎敬铭受命消灭起义军，亲自领军攻打淄川，起义军被打败。那时已革职的参将宋景诗带领已降起义军屯驻东昌（今山东聊城），再次叛乱。按察使丁宝桢讨伐宋景诗，宋景诗的军队窜到莘县。阎敬铭下令以运河作为军事防卫，命令："不能让一个匪徒偷渡过运河，否则格杀勿论！"他亲自率军到博平。总兵保德和丁宝桢的军队已经在唐邑马桥连连打败起义军，攻克了王家海，另一支官军也攻克了甘官屯，起义军逃到开州。起义平息后，阎敬明再次向朝廷请辞，未被准许。

同治三年（公元1864年），阎敬明的服丧期结束，他才名副其实地上任。他上奏请求抽调绿营兵训练骑兵队伍。朝廷下旨同意，命令立刻遣散招募的乡勇。阎敬铭说："山东省变乱仍频频发生，暴乱刚刚平定，投降的那些人未必心里驯服。

绿营兵已经废弛很久了,突然裁撤容易引起他们叛乱。我不敢说节省军费开支这类虚饰无根,以遗留后患。"又说:"军队之所以强盛,凭借的是将领。将领之所以成为将领,也依靠其影响力。比如胡林冀、曾国藩、左宗棠在湖南一呼百应,楚将之名因而著称。以前僧格林沁上奏称不宜只是用南方的兵勇,启朝廷会越来越被轻视之始。自古以来的名将,北方人居多。我是北方人,惭愧我不懂军事。因为在军队久了,看到各军的成败优劣,必须会分析其原因,深深知道不求将而谈军事,使有兵与无兵一个样。目前北方正在招募兵勇,那不过是乌合之众。当指挥官的贪婪、欺诈、虚伪,不知道尊君亲上是怎么回事,让他们掌握兵权,只会有老百姓闹事、军队哗变的后果,后患甚大,所以要强兵必先重用将帅。北方人中智勇兼备的人,应该是多隆阿了。请命令多隆阿招募北方将士,训练他们作战布阵。选择其中的忠义勇敢的人,授予提标、镇标、参将、游击等军官,使绿营成为劲旅,何必再招募兵勇呢?"当时捻军正盛,朝廷的大臣们商议办团练。阎敬铭说:"搜敛地方的财富作为军饷,集合种地的农民作为士兵,于事有害无益,不如坚决执行坚壁清野的办法。"举办团练的事就被搁置下来了。

同治四年(公元 1865 年),僧格林沁死在曹州,捻军势力扩张,逐渐到了张秋的南面,将要侵入到省城了。阎敬铭督率军队在东昌作战,回师抵御,增设了大炮,设置了河防,捻军转向东面而去。阎敬铭挥师兖州,捻军窜到丰、沛一带。命令总兵杨飞熊抄近路向藤县进发,以防捻军回师。捻军果然进入湖滨地区,因杨飞熊控制了运河,不能得逞,就跑到了徐州。第二年捻军到了巨野,游击王心安失利。阎敬铭因病卧床,他坚持爬起来去视察东平的军队,他又去济宁,与曾国藩商定分头控制黄河、运河的事。捻军大股进犯巨野、金乡,分扰大运河以西。阎敬铭派遣知府王成谦等人中途拦截,亲自督军巡河,风餐露宿四昼夜,捻军连连败退,向西逃跑。有个叫张积中的人,在山东肥城黄崖山,集结众人武装自保,因不接受招抚,被消灭了。同治六年(公元 1867 年),阎敬明因病请辞回乡,住了一段时间,朝廷任命他为工部侍郎,他没有赴任。

阎敬明是一个出奇的俭朴之人,他生活上非常低调,生活简约,两袖清风,廉洁到了几乎无可指责的程度,饮食粗茶淡饭就好,衣着蔽体御寒足矣。他穿的衣服,布料又厚又硬,时称褡裢布,相当耐磨耐脏,而且还是他夫人亲手织的。阎敬铭看人先看衣服,如果穿得相当上档次,他就觉得那人不廉不洁,很可能立马打入冷宫,所以要想讨好阎敬铭,那衣服穿得越久越朴实越好。他在山东当巡抚时,当地的布衣比绸缎还贵。一次他设家宴招待新任学政,饭食简单,只是桌子中间摆放一碟干烧饼,这位阎大人手掰烧饼,吃得津津有味,那位学政大人却受不了,"终席不下一箸,故强之,勉尽白饭半盂"。新学政回去直对别人抱怨:"此岂是请客? 直祭鬼耳! "

光绪三年(公元 1877 年),山西大灾饥荒,清廷屡派官赈济,犹不解饥情。于是朝廷调派阎敬铭去视察赈务,他一路弊车荆服,行李萧然。到任后,他穿一身粗糙的"褡裢布"做的官服,并让属下也都穿这样的粗布。他强调,有敢穿绸缎者,处罚捐铜,用之济灾。他执法不苟,查处了吉州知州段鼎耀侵吞国库财物,将其依法惩治。他请求裁减山西、陕西各省摊派的徭役,检举礼部尚书恩承、都察院左都御史童华,追究他们先前奉命出使四川时,所到之处,索取财物和吃喝的积案,均送吏部审理。

光绪八年(公元 1882 年),阎敬铭调任户部尚书。他曾在户部任过职,深知户部弊端,尤其天下财赋总汇的北档房,积弊更深。他决心革除积弊,实行改革,"立科条",明章程,把这些文件公开张贴在墙上,让所有的人都看得到,"使吏胥不克上下其手"。上任第一天他就亲自看账,并找来档房司官问账,查了账目再查银库、缎匹库和颜料库等。阎敬铭一反过去堂官所为,花了很大力量,亲自入库清点,认真查对出纳档案,清查了二百余年的库存和出纳账目,他的做法震动了朝野。通过查账查库,阎敬铭当场斥逐一批书办和差役,他奏参了号称"四大金刚",原在户部司官的姚觐元、董俊汉、杨洪典及旗人启某,四人受到"革职回籍"的严厉惩处。他发现前任户部司员、现任广东布政使姚觐元有"假公图利,把持诈骗"的行为,便毫不客气地进行了弹劾。同时他"举廉吏李用清等为各省藩司","为吏胥所畏",整个朝廷为之震撼。

阎敬铭整顿户部积弊,揭开了户部的许多黑幕,最惹眼的是掀出了云南的军费报销案。军费报销向来是报销者和户部司官、书办的贪污门路。报销者可以把并非军费的款项纳入军费中去报销,使大量款项揣入私囊;户部明知有弊而给予报销,就要私收贿赂。云南的军费报销,早在阎敬铭职掌户部的半年前就已开始。粮道崔尊意和永昌知府潘英章,携带巨数公款,来京打点门路。户部书办一口要十三万两的"打点费",潘英章等人嫌太多,正在讨价还价的当儿,传来了阎敬铭即将进京接管户部尚书的消息。行贿和受贿双方抢在前面,以八万两白银的贿款,把云南军费报销了结。阎敬铭上任后大刀阔斧地整顿,使言官们打消了顾虑。首先是御史陈启泰上了一道折,参太常寺卿周瑞卿和户部司官在云南报销案中受贿。随后,御史洪良品、邓承修、张佩纶、盛昱等人也连上奏折,呼吁严行审理云南军费报销案,对王文韶等人严厉制裁。与此同时,阎敬铭以户部的账目不清、三库混乱,参劾户部司官"含混草率",进一步把矛头指向原为户部尚书的景廉和王文韶。清政府在各方力量的敦促下,派户部尚书阎敬铭会同刑部加紧对此案的审理,与案情有牵连的数十名大小官员,都受到了应得的惩处。如受赃的户部云南司主事孙家穆革职赔赃,徒三年;太常寺卿周瑞卿革职赔赃,流三千里;潘英章、户部主事龙继栋、御史李郁华等也都被革职流放;军机大臣景廉、王文韶都受到降级处分,王文韶被逐出了军机处。其他如户部侍郎许某、崇礼、工部侍郎翁同龢、兵部侍郎奎润等也因失察之责或有一定瓜葛,分别受到降级罚薪等处分。

阎敬铭工作十分勤勉,起早贪黑,不辞劳苦,对各项收支的数字,更是较真到招人厌烦的地步。他随身自备一册,视文牍要语伏案手自抄之,"精校财赋",统筹安排,一口气推行了理财、节流等二十四事。各项收支均严定章程,"无不力求搏节,以裕饷源",且专找大项开支下手整顿。阎敬铭对饮食也相当的不讲究,把部里例行的美味点心都裁了,他自带干粮,常从衣袖里拿出一种又硬又粗的饼,旁若无人吃得津津有味。

光绪九年(公元 1883 年),阎敬铭被任命为军机大臣,总理各国事务衙门大臣,晋协办大学士。后授东阁大学士,仍领户部,"知遇之隆,一时无两"。一次宫中议事,慈禧询问恭亲王,恭亲王回道:"此事丹翁最清楚,太后可以问他。"慈禧遂转过头来对阎敬铭说:"丹翁以为如何?"阎敬铭一时手足无措,赶紧跪下磕头。慈禧笑着说:"我平时在宫中提到你,也是这样叫的。"阎敬铭字丹初,因受时人敬重,被尊称为"丹翁"。现在连太后也这么称呼,可见当时此人在朝野上下的名头之盛。

光绪十二年(公元 1886 年),阎敬铭七十寿诞,慈禧太后亲笔题赐"龙""虎"字匾。同年,阎敬铭以年老奏请将军机处或户部二职去其一,朝廷准免其军机大臣职,俾得专心部务。

光绪十四年(公元 1888 年),慈禧为了享乐,要重修清漪园(即颐和园)。阎敬铭觉得国家正困难,还是以大局为重的好,左劝右推,被革职留任,不久复职。但他以有病为由四次上书辞官,得到允准,同年八月回老家养老去了。阎敬铭回陕西后热心公益事业,捐款修建义学,积极倡导、督促在县城西侧建起一座丰图义仓。这是当时全国唯一的一座民间粮仓,可储粮 1000 万斤。慈禧太后题写仓名"天下第一仓"。

光绪十八年二月初九日(公元 1892 年 3 月 7 日),阎敬铭病逝于陕西原籍家中。朝廷追授太子少保,谥号"文介"。